ΚΩΣΤΑΣ Δ. ΡΑΜΠΟΤΑΣ

DIECI - Το 10 το καλό

Ο ρομαντισμός στον αθλητισμό

FYLATOS PUBLISHING

FYLATOS PUBLISHING

Πηγές φωτογραφιών:

non è solo un gioco
figlioto ti racconto una storia
romanzo calcistico
my football heroes (fb)
Il Calcio Della Gente (fb)
Dribbling Il futbol sudamericano

Συγγραφέας: Κώστας Δ. Ραμπότας
Facebook page: https://www.facebook.com/Dieci-579024932151646/

© Εκδόσεις Φυλάτος, © Fylatos Publishing
e-mail. contact@fylatos.com
web: www.fylatos.com
Σχεδιασμός Εξωφύλλου: © Εκδόσεις Φυλάτος
Σελιδοποίηση-Σχεδιασμός: © Εκδόσεις Φυλάτος
ISBN: 978-618-5318-41-3

DIECI - Το 10 το καλό

Ο ρομαντισμός στον αθλητισμό

ΚΩΣΤΑΣ ΡΑΜΠΟΤΑΣ

Εκδόσεις Φυλάτος
Fylatos Publishing
MMXVIII

Πρόλογος

Ο πρώτος αγώνας ποδοσφαίρου που είδα και προσπαθούσα να ψιλοκαταλάβω τι γίνεται, ήταν το Ιταλία- Αργεντινή, ο ημιτελικός του Μουντιάλ του 1990. Τα ονόματα που συγκράτησα ήταν -Ρομπέρτο Μπάτζιο, Σκιλάτσι, Μαραντόνα, Κανίγια, Γκοιγκοιτσέα-. Έξι χρονών ήμουν και είναι μια ηλικία που με ότι ακούς και με ότι βλέπεις κολλάς. Υποστήριξα Ιταλία και από τότε ήμουν ταγμένος στην Σκουάντρα Ατζούρα, αλλά με μεγάλη συμπάθεια και στην Αργεντινή. Ότι και να με ρωτούσαν μετά απο εκείνο το ματς, απαντούσα Σκιλάτσι και Γκοιγκοιτσέα. Το ποδόσφαιρο με γέμιζε περισσότερο απο καθετί, ούτε παιδικά με ενδιέφεραν, ούτε κόμικς. Έλεγα πάντα στον βιβλιοπώλη του χωριού να μου κρατάει μια αθλητική εφημερίδα για να την παίρνω όταν σχολάω, αυτό γινόταν απο τότε που ήμουν Γ΄ Δημοτικού. Το Spor Time κατά προτίμηση, ενώ πάντα μελετούσα και το μπασκετικό περιοδικό Τρίποντο. Ήταν τόσο καλογραμμένο, με τρομερά αφιερώματα που το διάβαζα σαν παραμύθι, όπως λίγο αργότερα και το ποδοσφαιρικό περιοδικό «ΟΙ ΠΑΓΚΟΣΜΙΟΙ», απ' το οποίο προσπαθούσα να αποστηθίσω μέχρι και τα σημεία στίξης, κάτι εντυπωσιακό για τα ελληνικά δεδομένα, σε μια εποχή όπου ο ακραίος οπαδισμός δεν είχε κάνει την εμφάνισή του και όλα ήταν πιο αγνά και στη γραφή και στον λόγο.

Το πρώτο ποδοσφαιρικό μου ίνδαλμα ήταν ο Ρομπέρτο Μπάτζιο. Έκλαψα με μαύρο δάκρυ όταν έχασε το πέναλτι στον τελικό του Μουντιάλ του 1994,απέναντι στην Βραζιλία. Εκπληκτική ποδοσφαιρική μορφή ο μικρός Βούδας ο οποίος στάθηκε σαν δάσκαλος σε όλη την επόμενη ιταλική σπουδαία φουρνιά, όπου χρόνια αργότερα θα τον έβγαζε ασπροπρόσωπο, κατακτώντας αυτό το οποίο τόσο άδικα στερήθηκε. Το Παγκόσμιο Κύπελλο.

Το 10 έγινε ο αγαπημένος μου αριθμός και μελετούσα πάντα τους παίκτες που έπαιζαν στη συγκεκριμένη θέση. -Ντελ Πιέρο, Τότι, Ρουί Κόστα-. Όταν έβλεπα αγώνες του ιταλικού πρωταθλήματος αμέσως μεταφερόμουν σε άλλη διάσταση. Δεν έχει ξαναυπάρξει τόσο δυνατό πρωτάθλημα, με τόσες πολλές προσωπικότητες σε κάθε ομάδα και σε κάθε θέσΓ. -Μπατιστούτα, Γουέα, Ρονάλντο, Μαλντίνι, Ζανέτι, Καφού-και πόσοι ακόμα. Οι καλύτεροι έπαιζαν εκεί. Ενώ όταν η τηλεόραση έδειχνε αγώνες Τσάμπιονς Λιγκ, Ουέφα και Κυπέλλου Κυπελλούχων ήταν ένα όνειρο. Ένα όνειρο που μας ακολουθεί όλους μέχρι σήμερα, ασχέτως αν μας πονάει το γεγονός ότι το ποδόσφαιρο δεν έχει την μορφή που είχε όταν το αγαπήσαμε. Δεν έχει τις προσωπικότητες, δεν έχει την ψυχή, δεν έχει την αγάπη για την φανέλα. Λείπουν τα συστατικά που μας έκαναν να αγαπήσουμε το ποδόσφαιρο και αυτό είναι κάτι που πονάει.

Αυτό που πάντα μας κρατάει σε εκείνα τα παλιά όμορφα και αγνά χρόνια, είναι η ανεμελιά και η χαρά του παιχνιδιού. Στιγμές οι οποίες μας σημάδεψαν και οι οποίες δε θα ξεχαστούν, θα τις κουβαλούμε πάντα μαζί μας, όπου κι αν βρεθούμε. Αυτή είναι η ταυτότητά μας, αυτή είναι η υπόσταση μας. Μέσα από το Dieci (Ντιέτσι), το οποίο σημαίνει 10 στα ιταλικά, τη σελίδα που δημιούργησα στο Facebook και την αγκάλιασε πολύς κόσμος από την πρώτη στιγμή και ευχαριστώ γι' αυτό, προσπαθώ να μας μεταφέρω στην εποχή που αγαπήσαμε, στην εποχή της αλάνας, στην εποχή της αγάπης για την φανέλα, στην εποχή του ρομαντισμού. Μέσα από ιστορίες μεγάλων ποδοσφαιριστών, μέσα από ατάκες, αποφθέγματα, μέσα από ιστορίες μεγάλων αθλητών, μέσα από ιστορίες δικές μου, οι οποίες είναι και δικές σας, προσπαθούμε όλοι μαζί να ξεσκονίσουμε τη μνήμη μας και να διατηρήσουμε την παιδικότητά μας και την ανθρωπιά μας.

Μέσα από τα ωραία σας λόγια και μέσα από τη δική σας στήριξη, αποφάσισα, όλη αυτή τη δουλειά που έγινε μέσα στη σελίδα, να της δώσω ζωή, να της δώσω πνοή, καταγράφοντάς τη σε βιβλίο. Σ' αυτό το βιβλίο, είναι συγκεντρωμένες όλες οι ιστορίες από το Dieci και άλλες πολλές. Το βιβλίο από την πρώτη στιγμή ήθελα να είναι με ένθεση εικόνων, καθώς έτσι, είναι πολύ πιο εύκολο να ταξιδέψει ο νους και το ταξίδι είναι το κύριο μέλημα αυτού του βιβλίου. Το ταξίδι στα όμορφα χρόνια, στις όμορφες μέρες τις οποίες πάντα θα φέρνουμε στη μνήμη μας και θα τις έχουμε για πάντα στην καρδιά μας.

Σας ευχαριστώ πολύ,

Κώστας Ραμπότας

ΥΓ. Το βιβλίο αφιερώνεται στους γονείς μου, στα ανίψια μου και σε όλους αυτούς, γνωστούς και άγνωστους οι οποίοι από την πρώτη στιγμή αγκάλιασαν τη δουλειά μου, αγκάλιασαν τον Dieci και βοήθησαν ώστε όλη αυτή η προσπάθεια να αποκτήσει υπόσταση. Αφιερώνεται επίσης, σε όλους αυτούς, με τους οποίους έχουμε γράψει ιστορία σε αλάνες, σε σοκάκια, σε λάκκους, σε γήπεδα, σε χωράφια κλωτσώντας μια μπάλα.

ΑΛΕΣΑΝΤΡΟ ΛΟΥΚΑΡΕΛΙ, Ο ΑΡΧΗΓΟΣ ΤΗΣ ΠΑΡΜΑ

Το είπα από την πρώτη μέρα, όταν επρόκειτο να πέσουμε στην Serie D. Είπα ότι είχα προτάσεις από πολλές ομάδες και από Serie A και από Serie B, αλλά έμεινα για τη φανέλα και επειδή ήμουν ο αρχηγός. Οι παίκτες δεν είχαν να σκεφτούν τα χρήματα, αλλά την ιστορία της Πάρμα. Μόνο ποδοσφαιριστές που ήταν πραγματικά πεινασμένοι για το ποδόσφαιρο έμειναν.

Έδωσα μια υπόσχεση σε όλους τους οπαδούς ότι θα επιστρέψουμε. Πήγα στο πιο σκοτεινό σημείο με αυτή τη φανέλα και τώρα βλέπω το φως. Σήμερα νιώθω περήφανος γι' αυτό που έκανα. Μπορεί να έχεις όλα τα λεφτά του κόσμου, μπορείς να τα έχεις όλα, αλλά η στοργή των ανθρώπων είναι κάτι που δεν μπορείς να αγοράσεις. Θέλω να πιστεύω ότι οι οπαδοί, μια μέρα, θα με θυμούνται σαν τον αρχηγό, που από την κόλαση τους έφερε πίσω στον παράδεισο.

ΟΤΑΝ Ο ΖΛΑΤΑΝ ΙΜΠΡΑΪΜΟΒΙΤΣ ΗΡΘΕ ΑΝΤΙΜΕΤΩΠΟΣ ΜΕ ΤΟ ΙΝΔΑΛΜΑ ΤΟΥ

Πολλές εφημερίδες, μία ημέρα μετά από αυτό το παιχνίδι, απέδωσαν το βλέμμα μου, στην αλαζονεία. Είπαν ότι δεν σεβάστηκα τον Ρονάλντο. Το πρωί όταν ξύπνησα, διάβασα το πρωτοσέλιδο μιας εφημερίδας και γέλασα. Το χαρτί δεν μας κατάλαβε. Το βλέμμα μου ήταν ένα μείγμα δυσπιστίας και ικανοποίησης. Ήμουν ευτυχισμένος. Ο Ζλάταν, η πρόκληση και το όνειρο μιας ζωής. Τον κοίταξα, τον ξανακοίταξα γιατί ήταν το είδωλό μου, όταν ήμουν παιδί. Ο μεγαλύτερος παίκτης που εμφανίστηκε ποτέ σε γήπεδο ποδοσφαίρου. Δεν έχω ξαναβρεθεί σε τέτοια κατάσταση. Ήθελα να τον αγκαλιάσω, να τον ευχαριστήσω για όλα, αλλά υπήρχε ένα ντέρμπι για να παίξω.

Στο τέλος του παιχνιδιού, πήγα να τον δω στα αποδυτήρια της Μίλαν, μιλήσαμε για μισή ώρα και του είπα ό,τι ένιωθα γι' αυτόν, σαν να μην ήταν μια απλή αγάπη, αλλά κάτι παραπάνω. Μου έδωσε τη φανέλα και υπέγραψε ένα αυτόγραφο. Όλες τις φανέλες που μου έδωσαν οι διάφοροι ποδοσφαιριστές μετά τους αγώνες, τις πέταξα σε μια ντουλάπα στο σπίτι. Όχι τη δικιά του. Την έχω σε έναν πίνακα, στο δωμάτιό μου, στο Μάλμε. Το «φαινόμενο» είναι η παιδική μου ηλικία, το όνειρό μου όταν ήμουν παιδί...

Για μένα είναι τα πάντα!

Ο ΖΛΑΤΑΝ ΙΜΠΡΑΪΜΟΒΙΤΣ, ΚΑΤΑ ΤΗΝ ΠΑΙΔΙΚΗ ΗΛΙΚΙΑ

Όταν ήμουν μικρός με κορόιδευαν στο σχολείο για τα ρούχα μου, για τα παπούτσια μου, επειδή ήμουν ξένος και πολλά άλλα. Όταν πηγαίναμε στο σούπερ μάρκετ θυμάμαι τη μητέρα μου να κοιτάει πάντα τις τιμές και να διαλέγει πάντα τα πιο φτηνά προϊόντα. Ήταν δύσκολα χρόνια. Ακόμα και στην μπάλα, τα άλλα τα παιδιά είχαν το προνόμιο να έχουν τον πατέρα τους μαζί για να τα στηρίζει, εμένα μου μιλούσαν ειρωνικά.

Ήρθε κάποτε η ημέρα που μπήκα σε ένα κατάστημα ρούχων, μαζί με τη μητέρα μου, και της είπα να ψωνίσει ό,τι θέλει, χωρίς να κοιτάει τις τιμές. Εκείνη ήταν μια ημέρα ορόσημο, ήταν η ημέρα που ξεφύγαμε από τη φτώχεια.

Όσον αφορά τους συμμαθητές μου που με κορόιδευαν, σε τρεις από αυτούς είχα αφήσει ένα σημείωμα στο αυτοκίνητό τους, το οποίο έγραφε: «εγώ είμαι ο Ζλάταν, εσύ είσαι ένα τίποτα».

Η ΑΝΘΡΩΠΙΑ ΤΟΥ ΦΙΛΙΠΠΟ ΙΝΤΖΑΓΚΙ

Ήταν σπουδαίος επιθετικός, πλέον είναι προπονητής, αλλά πρώτα απ' όλα είναι σπουδαίος άνθρωπος. Ο Πίπο Ιντζάγκι, ο προπονητής της Βενέτσια, δεν μπορούσε να πει όχι στην έκκληση του Φράνκο και της Λουσία, γονείς του Άντζελο Ρίτσιο.

Ο Άντζελο υποφέρει από νευροϊνωμάτωση, μια ασθένεια που προκαλεί τη συνεχιζόμενη ανάπτυξη όγκων καρκίνου σε διάφορα μέρη του σώματος. Από τον Δεκέμβριο και μετά, από επιπλοκές κατά τη διάρκεια της χειρουργικής επέμβασης, βρίσκεται σε κώμα. Ο Ιντζάγκι είναι το είδωλό του και ίσως αν τον έβλεπε ξανά θα μπορούσε να συμβεί το θαύμα.

Ο Πίπο Ιντζάγκι, γενναιόδωρος στο γήπεδο όπως και στη ζωή, δεν το σκέφτηκε, επικοινώνησε με την οικογένεια του Άντζελο. Ενημερώθηκε από τον πρόεδρο της Φότζια για την κατάσταση του Άντζελο και ρώτησε να μάθει πού βρίσκεται το παιδί. Έτσι, το απόγευμα ο Ιντζάγκι πέρασε το κατώφλι του δωματίου του. Μισή ώρα έκατσαν μαζί, σαν παλιοί φίλοι. Ο Άντζελο δε μιλάει, αλλά «είμαστε σίγουροι ότι κατάλαβε τα πάντα», είπαν οι γονείς του. Οι παλμοί του άρχισαν να ανεβαίνουν και, στη συνέχεια, από τα μάτια του άρχισαν να τρέχουν δάκρυα από τη συγκίνηση. Ο Ιντζάγκι τόνισε «ήμουν σε διακοπές αλλά δεν μπορούσα να μην έρθω. Ελπίζω η επίσκεψή μου να έκανε τα πράγματα καλύτερα. Ήθελα να του φέρω τη φανέλα της Μίλαν, αλλά είχα μόνο της Βενέτσια. Μόλις μπορέσω θα του στείλω τη φανέλα της Μίλαν και όταν θα παίξουμε με τη Φότζια, θα επιστρέψω να τον δω, το υπόσχομαι!»

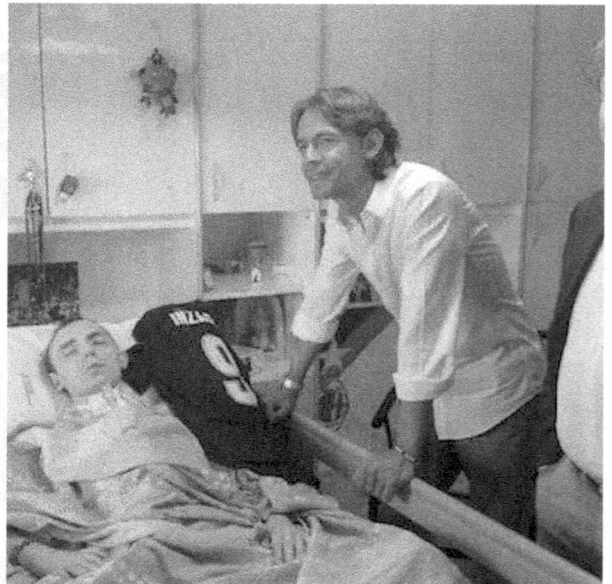

Ο ΚΑΡΛΟ ΜΑΤΣΟΝΕ
ΓΙΑ ΤΟΝ ΦΡΑΝΤΣΕΣΚΟ ΤΟΤΤΙ

«Ο Φραντσέσκο, είναι σαν γιος μου. Ο Φραντσέσκο Τόττι ήταν ένα αγόρι αμούστακο όταν ήρθα στη Ρώμη».

Ο Κάρλο Ματσόνε, τότε προπονητής σε ακαδημίες στη Ρώμη, είχε πάρει πολύ προσωπικά την περίπτωση του Τόττι και παραδέχεται ότι ήταν τρομερά αυστηρός ο τρόπος με τον οποίο τον προστάτευε και τον κρατούσε μακριά από τα φώτα της δημοσιότητας και από σκάουτερ που θα μπορούσαν να του... φουσκώσουν τα μυαλά. «Είχα δώσει ρητή εντολή στους βοηθούς μου, να μη μιλήσουν για το πόσο καλός ήταν ο Τόττι. Όλοι ξέρουμε τη Ρώμη. Δεν ήθελα κανείς να του χαλάσει ή να του επηρεάσει τη βελτίωση και την αγωνιστική ωριμότητα.

Παραδέχομαι ότι ήταν κάπως εγωιστική η συμπεριφορά μου γιατί σκεφτόμουν ότι δεν ήθελα να τον ανακαλύψουν άλλες ομάδες. Στα 17 σου χρόνια είναι πολύ εύκολο να σου φουσκώσουν τα μυαλά και να στα γεμίσουν φρούδες ελπίδες. Γι' αυτό και προσπαθούσα να τον προστατεύσω» ήταν τα λόγια του Ματσόνε και συνέχισε: «Αυτό το παιδί ήταν ήδη πάνω από τον μέσο όρο των παικτών μου, ήταν έξω από την κανονικότητα. Όταν τον είδα πρώτη φορά, του είπα, θέλω όνομα, ηλικία και να μου πεις αν οδηγείς μηχανάκι».

«Κύριε, το όνομά μου είναι Φραντσέσκο...», μου απάντησε.

«Φραντσέσκο, μέχρι το Σάββατο το μηχανάκι να το αφήσεις, δεν κάνει καλό στη βρογχίτιδά σου και, να ξέρεις, ότι έχω μεγάλα σχέδια για σένα».

Ο ΑΝΤΟΝΙΟ ΝΤΙ ΝΑΤΑΛΕ
ΓΙΑ ΤΟΝ ΑΛΕΞΙΣ ΣΑΝΤΣΕΖ

Θυμάμαι την ημέρα που έκανε ντεμπούτο. Ο Αλέξις Σάντσεζ έτρεμε, ήταν φοβισμένος, έχανε την μπάλα πολύ εύκολα. Μια μέρα μετά πήγα στο σπίτι του. Είχε ένα γρήγορο αυτοκίνητο και μου έλεγε για τα όνειρά του. Το ένα ήταν να έχουμε γρήγορα και ακριβά αυτοκίνητα. Όταν άκουσα αυτές τις λέξεις, του είπα «Αλέξις, εσύ σε τρία χρόνια, θα μπορείς να πληρώσεις δέκα λαμποργκίνι, όλα είναι στο κεφάλι σου. Σκέψου να κάνεις στην πράξη, αυτά που θέλεις και θα δεις ότι σε λίγο καιρό, θα είσαι ο καλύτερος». Μετά από αυτές τις λέξεις, ήταν σαν να ταρακουνήθηκε.

Στη συνέχεια τον πήρε η Μπαρτσελόνα και για λίγο καιρό δεν είχα νέα του, μέχρι την ημέρα πριν τα γενέθλιά μου, όταν με κάλεσαν από μια αντιπροσωπεία αυτοκινήτων, λέγοντάς μου ότι θα μπορούσα να περάσω όταν ήθελα να πάρω ένα αυτοκίνητο της επιλογής μου. Ήμουν σαν ηλίθιος. Την επόμενη μέρα, πήρα ένα μήνυμα από τον Αλέξις που έλεγε «αρχηγέ, χρόνια πολλά, ως δώρο θα σου κάνω ένα αυτοκίνητο της επιλογής σου. Θέλω να ζητήσω συγγνώμη που δεν επικοινώνησα για αρκετό καιρό, αλλά αν έφτασα τώρα εδώ, το οφείλω σ' εσένα. Δέξου το δώρο μου».

Φυσικά, δεν το δέχτηκα, τον κάλεσα αμέσως.

«Το δώρο μου είναι, ότι δεν ξέχασες τα λόγια μου και ότι με θυμήθηκες στα γενέθλιά μου».

ΓΙΑΠ ΣΤΑΜ, ΡΑΜΜΑΤΑ

Ολλανδία -Τσεχία εναρκτήριος αγώνας του Euro 2000. Ο Γιαπ Σταμ, θα συγκρουστεί στον αέρα, με έναν άλλο γίγαντα, τον Γιαν Κόλερ. Έχει αρχίσει να χάνει πολύ αίμα από το φρύδι του και φαίνεται ότι πρέπει να φύγει από το παιχνίδι. Οι κάμερες τον ακολουθούν στον πάγκο τη στιγμή που του κάνουν ράμματα για να συνεχίσει να αγωνίζεται κι εκείνος κάθεται σαν να μη συμβαίνει τίποτα, με ένα περήφανο και ατρόμητο βλέμμα.

Ο ίδιος θα πει «δεν θα μπορούσε αυτό το σκίσιμο στο φρύδι να με κρατήσει εκτός παιχνιδιού».

ΦΡΑΝΤΣΕΣΚΟ ΤΟΤΤΙ

Σε ερώτηση που του είχε γίνει «γιατί δεν πήγε στη Ρεάλ Μαδρίτης» απάντησε: «Στο σχολείο μας έμαθαν ότι η οικογένεια είναι το πιο σημαντικό πράγμα για έναν άνθρωπο. Η Ρόμα είναι η οικογένειά μου. Άκουσες ποτέ κανέναν να αφήνει τους φτωχούς γονείς του για να ζήσει με πλούσιους ξένους;»

Ο ΠΡΩΤΑΘΛΗΤΗΣ ΤΟΥ ΜΜΑ ΚΟΝΟΡ ΜΑΚ ΓΚΡΕΓΚΟΡ

Είμαστε μαζί με την κοπέλα μου για χρόνια. Μέναμε στην Ιρλανδία, 188 χιλιόμετρα από το Δουβλίνο, σε ένα ενοικιασμένο διαμέρισμα, με επίδομα ανεργίας 188 λίρες.

Δεν είχα δουλειά, γιατί όλη μου η ζωή ήταν η προπόνηση. Νόμιζα ότι θα ήμουν πρωταθλητής.

Πίστευε σ' εμένα. Παρά την έλλειψη χρημάτων, έκανε την προσπάθεια, με στήριξε και αυτό ήταν κάτι που έπρεπε να σεβαστώ.

Με ενθάρρυνε.

Όταν πήγαινα στο σπίτι μετά από σκληρή προπόνηση, χωρίς δύναμη, κουρασμένος, πάντα έλεγε: «Κόνορ, ξέρω ότι θα τα καταφέρεις...»

Τώρα μπορώ να βγάλω εκατομμύρια δολάρια. Υπάρχουν 50-70 χιλιάδες θεατές στις μάχες μου. Μπορώ να αγοράσω οποιοδήποτε αυτοκίνητο, οποιοδήποτε ρούχο, οποιοδήποτε σπίτι.

Δεν ζητάει τίποτα, αλλά της αξίζει ό,τι είναι πιο όμορφο σ' αυτόν τον κόσμο.

Είναι πάντα δίπλα μου και συνεχίζει να μου λέει ότι μπορώ να κάνω τα πάντα. Αν τα κατάφερα, είναι κυρίως εξαιτίας της.

Ποτέ της, δεν με άφησε μόνο.

Ο Ντιεγκο Σιμεονε για τον τραυματισμο του Ροναλντο, του Φαινομενου

Συχνά όταν βλέπω έναν παίκτη να χτυπάει στο παιχνίδι ή στην προπόνηση, οι σκέψεις μου πάνε σ' εκείνη την καταραμένη νύχτα. Ήμουν ένας από τους πρώτους που ήταν κοντά στον Ρονάλντο. Είχε το πρόσωπο του πόνου. Είχε δάκρυα στα μάτια του, έκλαιγε και φώναζε, «τελείωσε, τελείωσε!»

Δεν θα ξεχάσω ποτέ αυτό το βλέμμα. Εκείνη τη στιγμή ήταν σαν ένα παιδί: Έκλαιγε για τη μοίρα του.

Θυμάμαι το χειροκρότημα όλων στο γήπεδο, τη στιγμή που ο Ρονάλντο βγήκε ουρλιάζοντας σε ένα φορείο. Στο τέλος του παιχνιδιού, θυμάμαι επίσης τα δάκρυα του Ζαμοράνο στα αποδυτήρια, σαν ένας πατέρας που νοιαζόταν για τον γιο του, έλεγε συνέχεια, «δεν μπορεί να τελειώσει έτσι!»

Είναι σαν ένας εφιάλτης που επιστρέφει συχνά. Μια σκοτεινή στιγμή, που ακόμα μου παγώνει το αίμα στις φλέβες.

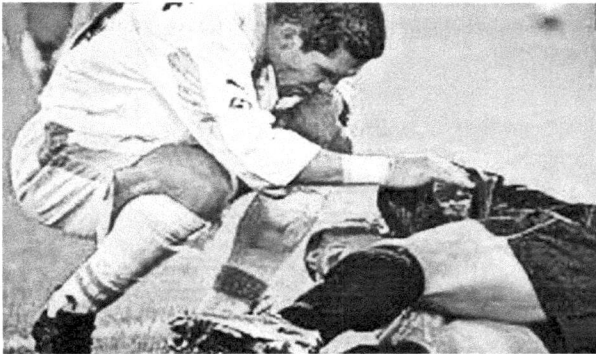

Ο Ραϊαν Γκιγκς για τον Ρικαρντο Κακα

Αν με ρωτήσεις για έναν παίκτη που με έκανε να τον παραδεχτώ για την κομψότητα και την προσωπικότητά του, μέσα και έξω από το γήπεδο, θα σου πω τον Κακά.

Ήταν το ημίχρονο στο απόρθητο τότε Ολντ Τράφορντ. Εκείνο το βράδυ, είχε αυτό το άγγιγμα της μαγείας, περισσότερο από τις νύχτες που κάνουν τη διαφορά. Δεν τον είχα δει να παίζει ζωντανά μέχρι εκείνη τη στιγμή. Υπήρξε ένα επεισόδιο, όπου ο Ρικάρντο έκανε ένα φάουλ στο κέντρο και εγώ πήγα απευθείας στον διαιτητή για να του πω να τον τιμωρήσει. Όταν είδε αυτή τη χειρονομία, σηκώθηκε και με άρπαξε από τον λαιμό. Ήξερα ότι ήταν ένας θρήσκος άνθρωπος, «ένας άντρας που πρεσβεύει τον λόγο του Κυρίου με πιάνει από τον λαιμό» σκέφτηκα.

Μετά το ματς, στα αποδυτήριά μας ήταν ο Γκατούζο ως μεταφραστής, για να μου πει ότι ο Κακά ήθελε να το ξεκαθαρίσει. Του είπα ότι δεν υπάρχει πρόβλημα, είμαστε άντρες. Ο Ρικάρντο με αγκάλιασε και μου έδωσε μια εικόνα του Χριστού, λέγοντάς μου ότι δεν είχε συνειδητοποιήσει την κίνηση. Είπα, «Ρικάρντο, δεν υπάρχει πρόβλημα, είμαστε ποδοσφαιριστές και στο γήπεδο έτσι γίνεται πολλές φορές. Παίζουμε ως πρωταθλητές, μπορεί να συμβεί. Όλοι στα αποδυτήρια χειροκρότησαν. Εξακολουθώ να έχω την εικόνα μέχρι σήμερα. Μου θυμίζει μια από τις πιο σημαντικές στιγμές της καριέρας μου.

ΑΛΕΣΑΝΤΡΟ ΝΤΕΛ ΠΙΕΡΟ

Όταν είμασταν παιδιά, παίζαμε μπάλα παντού, στις αλάνες, στο τσιμέντο, στο χώμα, όπου βρίσκαμε. Κοιμόμασταν και ξυπνούσαμε με μια μπάλα. Έτσι είναι το σωστό, η φαντασία του παιδιού μπορεί και αναπτύσσεται μέσα στην αλάνα. Θεωρώ λάθος το να πληρώνεις και να ενοικιάζεις χώρο για να παίξεις ποδόσφαιρο σ' αυτές τις ηλικίες, όπως και το να κλείνεσαι από μικρή ηλικία σε μια ακαδημία και να ζεις σαν μεγάλος. Η μπάλα είναι παντού εκεί έξω, και το παιδικό παιχνίδι είναι πολύ σημαντικό.

ΡΟΜΠΕΡΤΟ ΜΠΑΤΖΙΟ, ΤΟ ΠΕΝΑΛΤΙ

Ως μικρό παιδί είχα ένα όνειρο ότι θα έπαιζα σε τελικό Παγκοσμίου Κυπέλλου, κόντρα στη Βραζιλία. Είμαι ένας από τους ελάχιστους ανθρώπους που είναι τυχεροί, που έζησαν το όνειρό τους. Υπέφερα, έκλαψα και φοβήθηκα αλλά αυτή η ημέρα ήρθε.

Φανταστείτε αυτή την εκπληκτική σκηνή όπου το όνειρό μου γίνεται πραγματικότητα. Είμαι στο Παγκόσμιο Κύπελλο, σε κάθε παιχνίδι η Ιταλία προχωράει περισσότερο. Από τη φάση των νοκ-άουτ αγώνων και έπειτα δεν σταμάτησα να σκοράρω.

Κάθε φορά που πετύχαινα ένα γκολ σκεφτόμουν τι γινόταν στα σπίτια των Ιταλών που έβλεπαν τα ματς. Τότε πηγαίνουμε στα πέναλτι στον τελικό και χάνω το πέναλτι. Αισθανόμουν ότι πέθαινα μέσα μου και την ίδια στιγμή σκέφτηκα την αντίδραση που θα είχαν οι συμπατριώτες μου.

Είναι κάτι πολύ δύσκολο και μέχρι τώρα δεν έχω αποδεχτεί αυτό που έχει συμβεί. Ήμουν εγώ που έστειλα το χαρούμενο τέλος στο όνειρό μου στις εξέδρες, ένα όνειρο που την ίδια στιγμή το είχαν όλοι οι Ιταλοί. Ακόμα με στοιχειώνει αυτή η φάση.

Φρανκο Μπαρεζι

Ζήσαμε σκοτεινές εποχές, ειδικά το 1982-83, είχα τόσες ευκαιρίες να φύγω, αλλά αποφάσισα να μείνω, επειδή η Μίλαν μου έδωσε τόσα πολλά. Υπήρχαν πολλές προσφορές, αλλά ποτέ δεν σκέφτηκα να φύγω, η Μίλαν είναι πάντα στην καρδιά μου. Ήταν τα πάντα για μένα, ήταν οικογένεια, δεν θα την άφηνα για τίποτα στον κόσμο, ήξερα ότι αργά ή γρήγορα θα ήμασταν πίσω δυνατοί και έτσι έγινε. Το να σηκώνω κύπελλα με αυτή τη φανέλα και να φοράω το περιβραχιόνιο του αρχηγού, ήταν η μεγαλύτερη ικανοποίηση στη ζωή μου.

Ο Τζεναρο Γκατουζο για το Μιλαν-Μαντσεστερ, εν ετει 2007

Όταν μπήκα στο γήπεδο, είδα μια φοβερή ατμόσφαιρα, συνειδητοποίησα ότι δεν χάναμε εκείνο το βράδυ. Περίπου είκοσι λεπτά αργότερα, το βλέμμα μου στράφηκε στον Κρίστιαν, ένα αγόρι που καθόταν σε μια πινακίδα και κοιτούσε τον Κριστιάνο Ρονάλντο. Πήγα και ρώτησα τι συμβαίνει. Με κοίταξε και είπε «είδες τον Κριστιάνο Ρονάλντο να παίζει με την μπάλα; Είναι δυνατός». «Είναι δυνατός, αλλά έχει δύο χέρια σαν κι εμένα, δύο πόδια σαν κι εμένα, ίσως είναι λίγο πιο ψηλός, πιο όμορφος, αλλά είναι ένας άντρας σαν κι εμένα, ένας παίκτης σαν κι εμένα. Υπάρχει μόνο μια διαφορά μεταξύ μας, ξέρεις ποια είναι; Εγώ θα πάω στον τελικό της Αθήνας, αυτός θα πάει στο σπίτι του».

Ο ΦΑΜΠΙΟ ΚΑΝΑΒΑΡΟ ΚΑΙ Ο ΔΙΑΛΟΓΟΣ ΜΕ ΤΟΝ ΠΙΡΛΟ, ΣΤΑ ΠΕΝΑΛΤΙ ΤΟΥ ΤΕΛΙΚΟΥ ΤΟΥ ΜΟΥΝΤΙΑΛ ΤΟΥ 2006

Είμαι Ναπολιτάνος. Πριν τα πέναλτι εναντίον της Γαλλίας, δεν ήθελα κανέναν κοντά. Η σκέψη της στιγμής ήταν μόνο μία «μείνετε μακριά». Θυμόμουν το Μουντιάλ της Γαλλίας το 1998. Δεν μπλέκεις με ιστορικές εκκλήσεις. Είχα κολλήσει, ήμουν ένα άγαλμα. Εν τω μεταξύ, ο Πίρλο με πλησίασε, με αγκάλιασε. «Τελείωσε, χάσαμε» ήταν η πρώτη μου σκέψη.

Δεν αντέδρασα ούτε στο δοκάρι του Τρεζεγκέ. Ο Φάμπιο Γκρόσο ανέβηκε και άρχισε να περπατάει προς το ημικύκλιο. Σ' εκείνο το σημείο ο Αντρέα σχεδόν μου ψιθύρισε:

«Φάμπιο, αν ο Γκρόσο σκοράρει, κερδίσαμε το Μουντιάλ, αλλά είσαι σίγουρος;»

«Ναι, Αντρέα. Τώρα είμαι σίγουρος».

ΡΕΚΟΜΠΑ ΚΑΙ ΥΙΟΣ

Σε ένα ωραίο εστιατόριο στο Μαϊάμι, μια οικογένεια κάθεται στο τραπέζι και αρχίζει να τρώει. Το μικρό αγόρι, ο Τζερεμάια, ρίχνει περίεργες ματιές στους άλλους καλεσμένους του εστιατορίου. Ξαφνικά τα μάτια του σταματούν σ' ένα τραπέζι.

«Μπαμπά, μπαμπά, ο Μαρτσέλο της Ρεάλ Μαδρίτης!»

«Τζερεμάια, να είσαι καλός, μείνε στη θέση σου και μην ενοχλείς κανέναν».

Το συναίσθημα του παιδιού είναι συντριπτικό και τελικά τραβά την προσοχή του αμυντικού της Ρεάλ Μαδρίτης, που κοιτάζει το τραπέζι και μετά από μια προσεκτική ματιά, πηγαίνει στον πατέρα του Τζερεμάια και του λέει:

«Γεια, συγγνώμη, δεν ήθελα να σε ενοχλήσω, είμαι ο Μαρτσέλο, θαυμαστής σου». Και ενώ ο Μαρτσέλο βγάζει φωτογραφίες μαζί του και με τον πατέρα του, ο Τζερεμάια σκέφτεται ότι το ίδιο συνέβη και με τον Λουίς Σουάρεζ. «Πώς είναι δυνατόν αυτοί, να θέλουν να βγάλουν φωτογραφία με τον μπαμπά μου;»

Ο Τζερεμάια ξέρει ότι ο πατέρας του ήταν ποδοσφαιριστής. Έχει ακούσει ιστορίες για τις ικανότητές του. Ως παιδί έπαιζε σε μια μικρή ομάδα, που την οδήγησε ως στον τελικό σε ένα αναγνωρισμένο Εθνικό Τουρνουά και για να γιορτάσει πήγε για ψάρεμα με έναν συγγενή. Του άρεσε το ψάρεμα τόσο πολύ που δεν κατάλαβε την ώρα που πέρασε. Είχε ξεχάσει ότι είχε αγώνα. Οι συμπαίκτες του δέχτηκαν τρία γκολ, μέχρι τη στιγμή που έφτασε. Άλλαξε στο αυτοκίνητο, μπήκε στο δεύτερο ημίχρονο και έβαλε πέντε.

Ποιο είναι το όνομα του πατέρα του Τζερεμάια; Αλβάρο Ρεκόμπα! Αυτό είναι...

Ο ΦΡΑΝΤΣΕΣΚΟ ΤΟΤΤΙ ΠΑΡΑΔΙΔΕΙ ΤΟ ΠΕΡΙΒΡΑΧΙΟΝΙΟ ΤΟΥ ΑΡΧΗΓΟΥ ΣΤΗ ΝΕΑ ΓΕΝΙΑ

Τον ρώτησα πριν λίγες μέρες, ποιο ήταν το όνειρό του. Μου είπε «το όνειρό μου είναι να γίνω σαν εσένα, να φοράω το νούμερο 10 της Ρόμα και να είμαι για πάντα ο αρχηγός».

Είμαι σίγουρος ότι θα τα καταφέρει, γιατί πέρα απ' το ότι είναι καλός με την μπάλα, είναι και ένα απλό παιδί. Η ομάδα ήθελε να αποσύρει τη φανέλα μου, αλλά είπα «όχι, το νούμερο 10 είναι το όνειρο κάθε παιδιού που αρχίζει να παίζει ποδόσφαιρο».

Ο Φραντσέσκο Τόττι παραδίδει το περιβραχιόνιο του αρχηγού, στη νέα γενιά και συγκεκριμένα στον Ματία Αλμαβίβα.

ΠΑΒΕΛ ΝΕΝΤΒΕΝΤ

«Τα πράγματα είναι απλά. Οι παίκτες θα φύγουν, οι άντρες θα μείνουν!» είπε όταν έπεσε η Γιουβέντους κατηγορία, λόγω του σκανδάλου Καλτσιόπολις.

ΤΖΙΑΚΙΝΤΟ ΦΑΚΕΤΙ

Ο Τζιακίντο Φακέτι, αφιέρωσε τον εαυτό του στο ποδόσφαιρο και στην Ίντερ. Θεωρείται ένας από τους πρωτοπόρους αμυντικούς που μπορούσε να προωθηθεί, φορούσε τη φανέλα της Ίντερ από το 1960 έως το 1978 και αποτελεί μέρος της καλύτερης ιστορίας της.

Αν και έπαιζε στα αριστερά, ο Φακέτι μπορούσε να χρησιμοποιήσει και τα δυο πόδια. Ήταν πρωταθλητής Ευρώπης με την Ιταλία το '68 και φιναλίστ στο Μουντιάλ του '70. Πάνω απ' όλα κέρδισε τον σεβασμό από ολόκληρο τον κόσμο του ποδοσφαίρου, για την κομψότητα και την ευγένειά του. Πέθανε το 2006 εξαιτίας ενός καρκίνου, λίγο μετά την κατάκτηση του Μουντιάλ από την Ιταλία.

Ήταν ένας πραγματικός ποδοσφαιριστής, του οποίου η ιστορία σήμερα κινδυνεύει να εξαφανιστεί. Ήταν ένας άρχοντας του ποδοσφαίρου, τον οποίο για να ευχαριστήσει η Ίντερ απέσυρε τη φανέλα του με τον αριθμό 3.

Ο Λουΐς Φελιπε Σκολαρι, ο προπονητης της Εθνικης Βραζιλιας και τα προβληματα του

Το πρόβλημα αυτής της Βραζιλίας; Απλό. Μπήκα στα αποδυτήρια με την επιθυμία να τους κάνω να καταλάβουν πώς να παίζουν και πώς να κινούνται. Μετά είδα να κάθονται δίπλα-δίπλα, ο Καφού, ο Ρομπέρτο Κάρλος, ο Λούσιο, ο Έμερσον, ο Κακά, ο Αντριάνο, ο Ροναλντίνιο και ο Ρονάλντο και αναρωτιόμουν αν έκανα λάθος.

Τι θα μπορούσα να εξηγήσω σ' αυτούς τους ανθρώπους;

Οτο Ρεχαγκελ

Ήμασταν με τους δημοσιογράφους και τον Κριστιάνο, τον σούπερ σταρ. Ρώτησαν τον Κριστιάνο αν ξέρει τους Έλληνες και είπε «δεν ξέρω κανέναν». Εμείς το πήραμε χαμπάρι και είπα στον Σεϊταρίδη: «σήμερα σου είπε ότι δεν ξέρει ποιος είσαι, δεν ξέρει κανέναν από εμάς. Απόψε το βράδυ όμως, όταν καταφέρεις να το ανατρέψεις αυτό, μετά το παιχνίδι θα ξέρει πολύ καλά ποιος είσαι».

Γκαμπριελ Ομαρ Μπατιστουτα

Με το ζόρι περπατούσα, είναι η αλήθεια. Αυτό είναι το αποτέλεσμα της δουλειάς μου, χωρίς ποτέ να κάνω διάλειμμα από το γήπεδο και τις μάχες. Πάντα έβαζα τα δυνατά μου, ακόμα κι όταν ήμουν άρρωστος. Ένα πράγμα είναι σίγουρο: έδωσα περισσότερα από ό,τι έπρεπε και απ' ό,τι μπορούσα.

Τζεναρο Γκατουζο

Σήμερα οι ποδοσφαιριστές, πριν το παιχνίδι, νομίζουν ότι είναι μοντέλα. Ελπίζω να μη δω ποτέ αυτές τις αηδίες στα δικά μου αποδυτήρια. Αν παίκτης μου κάνει κάτι τέτοιο, θα τον κρεμάσω ανάποδα. Μπορούν να κάνουν ό,τι θέλουν έξω, αλλά στα αποδυτήρια πρέπει να προετοιμάζονται για πόλεμο, όπως έκανα εγώ.

Ο Παολο Μαλντινι για το παιχνιδι με την Κορεα στο Μουντιαλ του 2002

Δεν είναι εύκολο να το εξηγήσω, αλλά σε αυτό το αιματηρό παιχνίδι, με την Κορέα, υπήρχε κάτι διαφορετικό. Μέρες πριν τον αγώνα, όλη η ομάδα δεν μπορούσε να κοιμηθεί, δεν ήμασταν ευτυχισμένοι. Κάθε άτομο, από τους περαστικούς μέχρι και τον σερβιτόρο στο ξενοδοχείο, μας κοίταζε διαφορετικά απ' ό,τι συνήθως. Όσο πλησίαζαν οι ημέρες για το παιχνίδι, τόσο πιο πολύ βλέπαμε αυτό το μίσος και τα ειρωνικά χαμόγελα.

Έπαιξα χιλιάδες παιχνίδια, αλλά αυτές οι ημέρες ήταν οι πιο περίεργες της καριέρας μου. Πριν μπούμε στο γήπεδο, υπήρχαν περίεργα χαμόγελα εκ μέρους όλων, ήταν τα χαμόγελα αυτών που είχαν τη σιγουριά ότι κάτι καλό θα γινόταν γι' αυτούς. Θυμάμαι ότι ο Τόττι κοίταξε έναν νοσοκόμο του Σταδίου, ο οποίος τον κοιτούσε επίμονα και χαμογελούσε κοροϊδευτικά. Εκείνη τη στιγμή ο Φραντσέσκο μού είπε κάτι που το σκεφτόμουν σε όλη τη διάρκεια του παιχνιδιού. «Πάολο, αυτοί εδώ σήμερα, δεν ξέρω γιατί, αλλά μας θέλουν νεκρούς. Αν ακόμα με κοιτάζει, θα του σπάσω τα δόντια».

Δεν ξέρω αν ήταν η μοίρα που θα μας έκανε να προχωρήσουμε, αλλά σ' εκείνο το στάδιο, εκείνη την ημέρα, υπήρχε ένα φάντασμα. Επαναλαμβάνω για άλλη μια φορά. Ήταν το χειρότερο παιχνίδι που έζησα.

Γκαρι Μεντελ

Στη ζωή μου, μέχρι ένα σημείο, έκανα πολλά λάθη. Μαλακίες.

Όταν ήμουν παιδί, ήμουν ένας τρελός, ένα φρικιό. Σκαρφάλωνα σε δέντρα μέχρι πάνω ψηλά, ανέβαινα πάνω σε στέγες.

Στη γειτονιά που γεννήθηκα, παραλίγο να μπω στα ναρκωτικά. Έπαιζα ποδόσφαιρο κάθε μέρα. Ήμουν πάντα στον δρόμο. Ο πατέρας μου συνήθιζε να με παίρνει και να με πηγαίνει στο σπίτι με το ζόρι.

Ήμουν μια χαρά στη γειτονιά, επειδή οι φίλοι μου ήταν εκεί για να παίζουμε μπάλα, αλλά είμασταν επίσης γύρω από ανθρώπους που ασχολούνταν με ναρκωτικά.

Απλά, ένας αντιπερισπασμός ήταν αρκετός για να πάρεις το λάθος μονοπάτι. Αν δεν είχα κλωτσήσει την μπάλα, ίσως να ήμουν έμπορος.

Ο ΚΑΡΛΟ ΑΝΤΣΕΛΟΤΙ
ΓΙΑ ΤΟΝ ΠΑΟΛΟ ΜΑΛΝΤΙΝΙ

Κάθε φορά που παίρναμε μια νίκη, άλλοι έτρεχαν προς αυτόν ενώ άλλοι έτρεχαν προς το μέρος μου. Το όμορφο με τον Πάολο ήταν ότι πάντα έλεγε «ευχαριστώ».

Μετά από κάθε επιτυχία, σαν πραγματικός ηγέτης, επιστρέφοντας στα αποδυτήρια, έκανε δυο πράγματα συγκεκριμένα: Το πρώτο ήταν να βγάλει το περιβραχιόνιο και να το βάλει στο ντουλάπι του. Το δεύτερο ήταν να τους ευχαριστήσει όλους, δίνοντάς τους το χέρι του.

Δεν έχω ξαναδεί τέτοιο ηγετικό χάρισμα. Την ημέρα του τελευταίου αγώνα του, στη Φλωρεντία, την ώρα της εξόδου με αγκάλιασε για τελευταία φορά. Εκείνη τη στιγμή συνειδητοποίησα ότι κάτι σπάει μέσα στη Μίλαν, κάτι χάνεται. Είναι αυτή η αίσθηση που δημιουργούν μόνο οι μεγάλοι άντρες.

Ο Πάολο ήταν ο αρχηγός αυτής της ομάδας. Αν ένας παίκτης έκανε λάθος, ή δεν συμπεριφερόταν σωστά, έφτανε μια ματιά του για να τον βάλει στη θέση του. Δεν θυμάμαι κανέναν να του λέει τίποτα, ακόμα κι όταν εξοργιζόταν, πάντα τον άκουγαν με προσοχή. Υπήρχαν πρωταθλητές όπως ο Σέεντορφ, ο Νέστα, ο Σέβα οι οποίοι μπροστά στα μάτια του Πάολο ήταν σαν το χιόνι στον ήλιο.

Αν κάποιος αργούσε στην προπόνηση, ήξερε ότι πρώτα θα έπρεπε να μιλήσει με τον Πάολο. Ερχόταν νέοι άνθρωποι στην ομάδα και αυτός τους εξηγούσε πώς έχουν τα πράγματα, πάντα το έκανε μέχρι και την τελευταία μέρα. Κάποια στιγμή τον ρώτησα «Πάολο, γιατί το κάνεις αυτό;» για να πάρω την απάντηση «το κάνω για να δείξω σε όλους πού έρχονται».

Ακόμα και στα σαράντα του πάντα ήταν το βαρόμετρο της ομάδας γιατί ήταν ο αρχηγός και έπρεπε να δώσει το παράδειγμα σε όλους. Η Μίλαν κέρδιζε επειδή είχε πολλούς σπουδαίους παίκτες. Αλλά αυτός είχε την ψυχή, την προσωπικότητα. Αυτή η ψυχή και αυτή η προσωπικότητα λεγόταν «Πάολο Μαλντίνι».

ΚΛΑΡΕΝΣ ΖΕΕΝΤΟΡΦ

Μια συμβολική φωτογραφία της καριέρας μου, είναι αυτή από το παιχνίδι της Μίλαν με τη Μάντσεστερ Γιουνάιτεντ, το 2007. Δεν είχα δει ποτέ έτσι το Σαν Σίρο, μια τρελή ενέργεια, μια ένωση που δεν έχει ξαναγίνει.

Εκείνο το βράδυ, είδα τη Μίλαν, όπως πρέπει να είναι. Η Μίλαν μεταξύ 2003 και 2007 ήταν το ισχυρότερο κλαμπ στην Ευρώπη. Φτάσαμε σε τρεις τελικούς σε πέντε χρόνια, κερδίζοντας δύο. Ο Νέστα, ο Μαλντίνι, ο Σέβα, ο Ρούι Κόστα, ο Κακά, ο Πίρλο, μια ομάδα από ιερά τέρατα, υπό την ηγεσία ενός άρχοντα του ποδοσφαίρου και της ζωής, τον Αντσελότι. Υπήρχε μια εξαιρετική οικογένεια. Ήμασταν σχεδόν ανίκητοι, τουλάχιστον στην Ευρώπη.

ΠΑΟΛΟ ΜΟΝΤΕΡΟ

Ή ο παίκτης ή η μπάλα. Ποτέ και τα δύο...

Δεν με ενδιαφέρει να είμαι παράδειγμα στο γήπεδο...

Στο γήπεδο, με ενδιαφέρει μόνο να κερδίζω...

ΡΟΥΝΤ ΦΑΝ ΝΙΣΤΕΛΡΟΪ

Ο Ρουντ Φαν Νιστελρόι, είναι ένας από τους μεγαλύτερους επιθετικούς στην ιστορία του ποδοσφαίρου.

Η καριέρα του ξεκίνησε από τη Ντεν Μπος, όπου παρέμεινε μέχρι το 1997, με 69 παιχνίδια και 17 γκολ. Μετά πήγε στη Χερένφεν (31 αγώνες και 13 γκολ). Το 1998 αγοράστηκε από την Αϊντχόφεν και χάρη στα 62 του γκολ σε 3 χρόνια κέρδισε 2 πρωταθλήματα και 2 κύπελλα Ολλανδίας.

Το 2000 η Αϊντχόφεν πούλησε τον παίκτη στη Μάντσεστερ Γιουνάιτεντ για 28 εκατ. ευρώ. Ο Ολλανδός επιθετικός, επρόκειτο να εγκατασταθεί στην Ιταλία, τον ήθελε σαν τρελός ο Φάμπιο Καπέλο για τη Ρόμα, αλλά ένα πολύ σοβαρό ατύχημα εμπόδισε τις διαπραγματεύσεις. Τότε μπαίνει στη μέση ο Άλεξ Φέργκιουσον και τον αγοράζει.

Στην Αγγλική ομάδα, άρχισε να παίζει από το 2001, εξαιτίας αυτού του άσχημου τραυματισμού που είχε από το ατύχημα. Κέρδισε την Premier League και το Σούπερ Καπ το 2003, το κύπελλο Αγγλίας το 2004 και το Λιγκ Καπ το 2006. Με τη Μάντσεστερ έφτασε για τον Φαν Νιστελρόι η αναγνώριση και η παγκόσμια φήμη και κέρδισε μια θέση μεταξύ των ισχυρότερων επιθετικών στον κόσμο.

Ναι, ήταν ο παίκτns που έφτασε τα 100 γκολ, πιο γρήγορα από κάθε άλλον στην ιστορία της Μάντσεστερ, αφού κατάφερε να τα πετύχει σε δυόμιση χρόνια, με μέσο όρο, ένα γκολ ανά παιχνίδι. Ήταν επίσης ο πρώτος σκόρερ των πρωταθλητών το 2003, με 42 γκολ.

Όμως η συνεχής αντιπαράθεση με τον Σερ Άλεξ τον ανάγκασε να ζητήσει να φύγει από την ομάδα και το 2006/2007 αγοράστηκε από τη Ρεάλ Μαδρίτης. Εκείνη τη χρονιά συναντήθηκε με τον Φάμπιο Καπέλο, ο οποίος τον ήθελε μαζί του από τον καιρό που ήταν στη Ρόμα. Και τελικά τον είχε τώρα στη Ρεάλ Μαδρίτης. Στο τέλος της πρώτης του σεζόν στην Ισπανία σκόραρε 25 γκολ. Τα γκολ του ήταν πολύ καθοριστικά για την κατάκτηση του τίτλου. Μετά την εμπειρία τεσσάρων ετών στη Μαδρίτη, θα παίξει έναν χρόνο στο Αμβούργο και έναν χρόνο στη Μάλαγα, και στη συνέχεια θα αποσυρθεί. Δυνατός, σωματικά και γρήγορος, φοβερό ένστικτο, με απίστευτη αίσθηση του στόχου, ένα αληθινό σέντερ φορ περιοχής. Με καλή τεχνική και καλή κεφαλιά.

ΡΟΝΑΛΝΤΙΝΙΟ

Όταν πέθανε ο πατέρας μου, ήμουν μόλις οκτώ χρονών και ο αδελφός μου είπε: «ο μπαμπάς ήθελε να γίνεις ποδοσφαιριστής. Να το θυμάσαι πάντα».

Την ημέρα του ντεμπούτο μου, μετά από λίγα λεπτά, άρχισε να βρέχει. Κοίταξα ψηλά στον ουρανό και ήμουν σίγουρος ότι αυτά ήταν τα δάκρυα του μπαμπά, που έκλαιγε από χαρά.

Ο ΤΖΙΑΝΛΟΥΙΤΖΙ ΜΠΟΥΦΟΝ ΓΙΑ ΤΟ ΙΝΔΑΛΜΑ ΤΟΥ, ΤΟΜΑΣ Ν'ΚΟΝΟ

Ήταν ο Τόμας Ν'Κόνο και οι θεαματικές του επεμβάσεις, που με έκαναν να αγαπήσω τη θέση του τερματοφύλακα. Ήταν ο ήρωάς μου και στον γιο μου έδωσα το όνομα Λουΐς Τόμας, προς τιμήν του. Όταν γεννήθηκε (ο γιος μου), ο Ν'Κόνο με πήρε τηλέφωνο για να με συγχαρεί και να με ευχαριστήσει.

Ένα εντυπωσιακό Νούμερο 1, το οποίο έχει τεράστια αξία ακόμα και τώρα.

Ήταν το ίνδαλμά μου και, στα μάτια μου, ήταν ο μεγαλύτερος τερματοφύλακας που υπήρξε ποτέ.

ΤΟ ΤΡΟΜΕΡΟ ΑΜΥΝΤΙΚΟ ΔΙΔΥΜΟ ΦΡΑΝΚΟ ΜΠΑΡΕΖΙ-ΠΑΟΛΟ ΜΑΛΝΤΙΝΙ

Μια φορά κι έναν καιρό, υπήρχαν δύο παίκτες που ήταν σε θέση να σου πάρουν την μπάλα, με μια ματιά.

Μια φορά κι έναν καιρό, υπήρχαν δύο παίκτες που ήταν λες και είχαν κάνει συμφωνία με τους επιθετικούς: «κανείς δεν περνάει».

Μια φορά κι έναν καιρό υπήρχαν δύο θρύλοι που τους έλεγαν Φράνκο και Πάολο.

196 παιχνίδια έπαιξε ο ένας στο πλευρό του άλλου, δέχτηκαν μόλις 23 γκολ, από αυτά, τα 11 ήταν σουτ έξω από την περιοχή.

ΚΑΡΛΕΣ ΠΟΥΓΙΟΛ

Ήταν ο ημιτελικός με τη Ρεάλ Μαδρίτης στο Μπερναμπέου. Υπήρχε ένα κόρνερ και πέταξαν έναν αναπτήρα στον Πικέ, που έξυσε τον ώμο του. Είδα τα πάντα γιατί ήμουν εκεί εκείνη τη στιγμή. Τον πήρε για να τον πάει στον διαιτητή, αλλά τον σταμάτησα. Πήρα τον αναπτήρα από τα χέρια του, τον πέταξα έξω από το γήπεδο και του είπα «στα αποδυτήρια θα τα πούμε εμείς».

Η κίνησή μου αυτή είχε ως αποτέλεσμα να με χειροκροτήσουν κάποιοι φίλοι της Ρεάλ. Για μένα σημασία είχε το τέλος του παιχνιδιού. Στο τέλος του παιχνιδιού μου λέει «Κάρλες, θα μπορούσαμε να είχαμε κερδίσει στο τραπέζι, θα είχαν αποκλειστεί χωρίς να κουραστούμε». Του απάντησα «Σ' αρέσει να κερδίζεις, έτσι; Σ' αρέσει να φέρεσαι έτσι ενάντια στους αντιπάλους σου; Άκου να σου πω. Θέλω να κερδίζω στο γήπεδο. Είμαι ο αρχηγός αυτής της ομάδας και, όσο είμαι όρθιος, θέλω να κερδίσω περισσότερα από αυτούς, αλλά πάντα μέσα στο γήπεδο. Αν το ίδιο πράγμα συνέβαινε στο Καμπ Νόου, θα ήθελες να χάσεις με αυτόν τον τρόπο;»

Με κοίταξε και δεν μου είπε τίποτα. Το να είσαι αρχηγός, σημαίνει ότι πρέπει να δίνεις το καλό παράδειγμα. Το να είσαι αρχηγός σημαίνει πάντα να σέβεσαι τον αντίπαλό σου.

Ο ΝΤΑΒΙΝΤ ΤΡΕΖΕΓΚΕ ΓΙΑ ΤΟΝ ΑΛΕΣΑΝΤΡΟ ΝΤΕΛ ΠΙΕΡΟ

Τη χρονιά της Serie B, ο Ντελ Πιέρο μόλις είχε γίνει παγκόσμιος πρωταθλητής. Όταν ήρθε από τις διακοπές του είπε σε όλους: «έμεινα γιατί είμαι ο αρχηγός της Γιουβέντους και έχω καθήκον να δώσω ένα παράδειγμα. Είναι μόνο ένας χρόνος. Ας το κάνουμε γρήγορα».

Ο Μπουφόν, ο Καμορανέζι και πολλοί άλλοι ήταν έτοιμοι να φύγουν, αλλά μετά από αυτές τις λέξεις έκαναν πίσω. Αν ο Άλεξ έφευγε, είμαι πεπεισμένος ότι πολλοί θα έκαναν το ίδιο. Αγαπούσε τη Γιουβέντους πάρα πολύ, για να κάνει κάτι άλλο. Γι' αυτό είναι τιμή μου να έχω παίξει στο πλευρό του, γιατί πρώτα απ' όλα, είναι ένας άντρας και μετά ένας εξαιρετικός ποδοσφαιριστής. Βρες μου έναν παίκτη, με τη δική του ιστορία, πρόθυμο να πάει στη Serie B, με την αγάπη του. Στο σημερινό ποδόσφαιρο, όλοι θα την είχαν κοπανήσει σε μερικά λεπτά.

ΣΑΜΟΥΕΛ ΕΤΟ

Πριν παίξουμε στον τελικό του Τσάμπιονς Λιγκ, ο καθένας μας είχε πολλές σκέψεις. Περνούσαν απ᾽ το μυαλό μας όλες οι θυσίες που κάναμε για να φτάσουμε εκεί.

Είχαν περάσει 40 χρόνια από τότε που κερδίσαμε το κύπελλο τελευταία φορά και το κοινό μας το ήθελε όσο τίποτα. Ο Μουρίνιο στα αποδυτήρια δεν είπε λέξη και αυτό μου φάνηκε παράξενο. Το μόνο που είπε ήταν «τώρα ο Σάμουελ θα σας πει πώς είναι να κερδίζεις αυτό το κύπελλο». Δεν το περίμενα. Έχω παίξει πολλούς αγώνες αλλά η πείνα για νίκες και τίτλους δεν μου έλειψε ποτέ.

«Πρέπει να κάνουμε κάτι για τους ανθρώπους της Ίντερ, για τον κόσμο που το αξίζει και περιμένει αυτή τη νίκη για τόσα πολλά χρόνια. Ή θα πεθάνουμε εκεί μέσα και θα βγούμε έξω με το κύπελλο, ή θα πεθάνουμε επειδή δεν θα επιστρέψουμε στο Μιλάνο». Μετά από αυτά τα λόγια, δεν νομίζω ότι μπορούσαμε να χάσουμε. Αυτό το κύπελλο δεν μπορούσε να το πάρει κανένας μακριά μας.

Δόξα τω Θεώ όλα πήγαν καλά και κερδίσαμε.

ΤΖΙΟΒΑΝΙ

«Είναι αργός, δεν μπορεί να μπει σε καλούπια, είναι απείθαρχος, δεν έχει συγκεκριμένη θέση. Πείτε μου σε ποια θέση παίζει για να τον χρησιμοποιήσω».

Έτσι δήλωνε ο Λουίς Φαν Γκάαλ για τον Τζιοβάνι.

Ο Καταλανικός Τύπος, έγραψε όταν πήρε μεταγραφή στον Ολυμπιακό: «Έφυγε η χαρά των φιλάθλων».

ΠΑΟΛΟ ΜΑΛΝΤΙΝΙ

40.000 άτομα στάθηκαν όρθια στο Σαν Μαμές του Μπιλμπάο, για να χειροκροτήσουν έναν θρύλο του ποδοσφαίρου. Αυτός ο θρύλος έλαβε το βραβείο One club man award με το οποίο τιμά η κοινωνία των Βάσκων, παίκτες που φορέσαν μόνο μία ποδοσφαιρική φανέλα.

Ένα αυθεντικό χειροκρότημα τον συνόδευσε στο γήπεδο.

Όλοι ήταν όρθιοι γι᾽ αυτόν, για τον Πάολο Μαλντίνι.

Ο ΝΤΙΕΓΚΟ ΜΑΡΑΝΤΟΝΑ ΓΙΑ ΤΟΝ ΦΡΑΝΚΟ ΜΠΑΡΕΖΙ

Πόσα χτυπήματα δέχτηκα από τον Μπαρέζι! Πάντα έκανα ειδική προπόνηση. Πήγαινα στο κέντρο, με ακολουθούσε. Ήμουν στο πλάι και έκοβα προς τα μέσα, με ακολουθούσε. Προσπαθούσα να τον ντριμπλάρω και έβγαινε συνέχεια μπροστά μου. Ένας εφιάλτης!

Το καλό είναι ότι μετά από κάθε ποδοσφαιρικό αγώνα ήταν πάντα ο πρώτος που ζητούσε συγγνώμη, ακόμα κι αν δεν με είχε ακουμπήσει. Πάντα τον σεβόμουν πολύ. Στο σπίτι μου, στο Μπουένος Άιρες, έχω ακόμα τη φανέλα του. Το νούμερο 6. Ένας πραγματικός κύριος! Ένας μεγάλος ηγέτης. Ένας αρχηγός!

ΠΑΟΛΟ ΚΑΝΑΒΑΡΟ

Για μένα και τον Φάμπιο, η θέση του κεντρικού αμυντικού είχε να κάνει με το να μαρκάρουμε τους αντιπάλους. Τώρα στα παιδιά εξηγούν ότι ο κεντρικός αμυντικός πρέπει πρώτα να είναι σε θέση να κάνει παιχνίδι.

Τα τελευταία χρόνια, το επίπεδο της άμυνας έχει μειωθεί. Όταν ήμουν νέος, ένας παίκτης σαν τον Ματεράτσι δεν μπορούσε να βρει θέση στην Εθνική ομάδα και δεν ήταν σίγουρος ποτέ κανένας ότι θα είναι στην αποστολή. Κανείς όμως δεν έκανε παράπονα γιατί μπροστά τους υπήρχαν ιερά τέρατα, όπως ο αδελφός μου και ο Αλεσάντρο Νέστα. Όσον αφορά τους ξένους αμυντικούς του πρωταθλήματος, ξεχώριζα τον Λιλιάν Τουράμ, φοβερός παίκτης. Δυστυχώς, δεν παράγουμε μεγάλους αμυντικούς πλέον, επειδή δεν μαθαίνουν τον ρόλο τους στο γήπεδο. Οι ακαδημίες ποδοσφαίρου μας, έχουν λάθος στρατηγική. Δεν μπορώ να σκεφτώ νέους ποδοσφαιριστές που θα μπορούσαν να γίνουν οι κληρονόμοι των μεγάλων Ιταλών αμυντικών.

ΣΕΜΠΑΣΤΙΑΝ "ΛΟΚΟ" ΑΜΠΡΕΟΥ

Με λένε τρελό. Στην πραγματικότητα το πρώτο μου παρατσούκλι ήταν …Αφρικανός, γιατί ο πατέρας μου είχε αφρικάνικες ρίζες, ήταν μελαμψός. Πάντοτε ήμουν σαν παιδί, ο Αφρικανός Αμπρέου, και πάντα κουβαλούσα αυτό το παρατσούκλι, με μεγάλη υπερηφάνεια.

ΑΛΕΣΑΝΤΡΟ ΝΤΕΛ ΠΙΕΡΟ

Γιατί δεν άφησα τη Γιουβέντους όταν πήγε στη Serie B; Γιατί ένας αληθινός Κύριος, δεν αφήνει ποτέ την Κυρία του!

ΠΑΜΠΛΟ ΓΚΑΡΣΙΑ

Πήγαινα με το ζόρι κάθε μέρα στο σχολείο, γιατί δεν το αγαπούσα καθόλου. Σήμερα το μετανιώνω, γιατί καταλαβαίνω πόσο σημαντική είναι η μόρφωση. Έκανα πολλά λάθη με τα συμβόλαιά μου, φερόμουν σαν ένας αθώος επαρχιώτης που εμπιστευόταν απόλυτα τον εκπρόσωπό του και έβαζε την υπογραφή του εύκολα, χωρίς σκέψη. Πίστευα ότι ο λόγος είναι πιο σπουδαίος από ένα συμβόλαιο. Δυστυχώς, δεν είναι έτσι.

Ρομπερ Πιρες

Πριν από κάθε παιχνίδι στο Χάιμπουρι, είχα το ίδιο συναίσθημα όπως την πρώτη μέρα. Αυτό ήταν ένα γήπεδο που δεν συγκρίνεται. Οι φίλαθλοι ήταν τόσο κοντά και σε έκαναν να νιώθεις την υποστήριξή τους. Ήξερα τα μέρη και τα πρόσωπα των οπαδών. Θα μπορούσες να ακούσεις τις ομιλίες των ανθρώπων. Ο Ανρί, πριν από κάθε σέντρα, στεκόταν μπροστά μου, έδενε τα παπούτσια του και μου έλεγε στα γαλλικά: «Μην ανησυχείς, Ρομπέρ, θα τα κανονίσω όλα εγώ...»

Θέλω να πω, ότι πραγματικά το έκανε. Όταν κλείνω τα μάτια μου και σκέφτομαι αυτό το στάδιο, οι κύριες αναμνήσεις μου είναι αυτές: Οι οπαδοί, πάντα στη θέση τους και το βλέμμα αυτοπεποίθησης του Ανρί.

Ο Λιλιαν Τουραμ για τον Τζεναρο Γκατουζο

Στο ποδόσφαιρο υπάρχουν αισθήματα περίεργα για να τα εξηγήσω. Ο τελικός του Βερολίνου ήταν πολύ δυνατός. Ήταν για άνδρες. Είμασταν καλή ομάδα, όμως δεν είμασταν η καλύτερη ομάδα. Θέλαμε αυτό το κύπελλο, αλλά άλλοι το ήθελαν περισσότερο από εμάς. Το ένιωθα στα μάτια τους. Όταν έβαλε το πέναλτι ο Ζιντάν, θυμάμαι ένα πράγμα: Πήραν την μπάλα και επέστρεψαν αμέσως στο κέντρο. Το πρώτο πράγμα που άκουσα ήταν μια κραυγή του Γκατούζο που έλεγε «πάμε, μπορούμε». Δεν θα ξαναχάσουμε από αυτούς τους τύπους. Κυνηγούσε όλες τις μπαλιές, είχε τον διάβολο στα μάτια. Είχε τα μάτια αυτουνού που θέλει να κερδίσει. Νομίζω ότι χάσαμε εκείνη τη στιγμή. Η Ιταλία σήκωσε ένα τείχος κι εμείς φοβηθήκαμε. Ο Γκατούζο το ήξερε αυτό και οι περισσότεροι από εμάς το καταλάβαμε. Όλοι μιλούν για τους μεγάλους Μπουφόν και Καναβάρο που έκαναν ένα καταπληκτικό τουρνουά, αλλά η ψυχή αυτής της ομάδας ήταν ο Γκατούζο με το φοβερό του ταπεραμέντο.

ΦΙΛΙΠΠΟ ΙΝΤΖΑΓΚΙ

Όταν ακούω τα παιδιά να λένε «δεν μπορώ ή δεν μπορούσα να διεκδικήσω αυτή την μπάλα», πάντα ρωτάω: «προσπάθησες;»

Για μένα η λέξη «αδύνατον» δεν υπάρχει. Αν το μυαλό σου παραμείνει κολλημένο και δεν παίρνει στροφές δεν θα τα καταφέρεις ποτέ. Έπαιξα στον τελικό του Κυπέλλου Πρωταθλητριών και έβαλα δύο γκολ, μέσα από τη δύναμη του μυαλού. Πολλοί είπαν ότι το πρώτο μου γκολ ήταν τυχερό, αλλά δεν είναι. Εγώ, εκείνη τη χρονιά, βοήθησα πολύ την ομάδα με σημαντικά γκολ. Όλα αυτά συνέβησαν επειδή μελετούσα τα πάντα, ακόμα και τον τρόπο που κλωτσάνε την μπάλα οι συμπαίκτες μου. Το έκανα γιατί έπρεπε να είμαι έτοιμος. Πολλοί λένε ότι «η μπάλα θα ερχόταν να με βρει», αλλά δεν είναι έτσι. Στο ποδόσφαιρο δεν υπάρχει τίποτα τυχαίο. Στο ποδόσφαιρο είναι μόνο η δουλειά, αυτό λέω στα παιδιά.

Ο ΤΖΙΑΝΛΟΥΙΤΖΙ ΜΠΟΥΦΟΝ ΓΙΑ ΤΟΝ ΑΛΕΣΑΝΤΡΟ ΝΤΕΛ ΠΙΕΡΟ

Ο Άλεξ μου ομολόγησε ότι είχε ένα τηλέφωνο γεμάτο κλήσεις. Η Ρεάλ Μαδρίτης επικοινώνησε μαζί του, μου το είπε σε μια κοινή έξοδο: «Έχω ήδη αρνηθεί!», είπε τότε.

Πήρα μια ανάσα ανακούφισης και σκέφτηκα ότι το να μείνω στο Τορίνο ήταν το σωστό. Το να είσαι με την πλευρά του Άλε ήταν καθήκον. Με τη Γιουβέντους στη Β, αν αρνηθείς όλες τις προτάσεις, είσαι ένας μύθος. Όταν με ρώτησαν σε ποια ομάδα ήθελα να πάω, είπα, «πρέπει να φύγω; Όχι! Μένω με τον Άλεξ...»

Την ημέρα του αποχαιρετισμού, πήγαμε στα αποδυτήρια με το τρόπαιο. Ο Άλεξ τράβηξε μερικές φωτογραφίες με τον Μαρκίσιο, μετά τον πλησίασα και του έκανα μια μεγάλη αγκαλιά. «Θα μου λείπεις πάρα πολύ, φίλε μου» του το είπα στο αυτί και έκλαιγε σαν μικρό παιδί. Ο Πίρλο προσπάθησε να τον ηρεμήσει: «Κανείς δεν θα είναι ποτέ σαν εσένα». Αυτός προσπαθούσε να συγκρατήσει τα δάκρυά του, σαν ένα πεισματάρικο παιδί, αλλά δε γινόταν. «Φίλοι σαν εμάς δεν μπορούν πάρα να έχουν αμοιβαία αισθήματα ο ένας για τον άλλον, είμαστε πολύ κοντά, θα συνεχίσω να είμαι ένας από εσάς για πάντα...»

Ο Ντελ Πιέρο με βοήθησε περισσότερο από οποιονδήποτε άλλον στη Γιουβέντους. Δεν θα συναντήσω ποτέ κανέναν σαν τον Άλεξ.

ΧΑΒΙΕΡ ΖΑΝΕΤΙ

Το 1995 δεν υπήρχε ίντερνετ, ούτε βίντεο, κανείς δεν με ήξερε. Πήγα στο γήπεδο, με μια σακούλα νάιλον στο χέρι μου και τίποτα άλλο. Στην προπόνηση, υπήρχαν άνθρωποι που ερχόταν να δουν την ομάδα, προφανώς κανείς δεν ήξερε ποιος ήμουν. Όταν μπήκα στο γήπεδο, έβαλα τα παπούτσια μου και ξεκίνησα την προπόνηση. Από εκείνη την ημέρα, ποτέ δε σκέφτηκα να φύγω. Ήθελα να αφήσω το σημάδι μου στην Ίντερ.

Αυτή είναι η οικογένειά μου σήμερα.

Ο ΜΑΝΟΥΕΛ ΡΟΥΙ ΚΟΣΤΑ ΓΙΑ ΤΟΝ ΓΚΑΜΠΡΙΕΛ ΟΜΑΡ ΜΠΑΤΙΣΤΟΥΤΑ

Έπαιξα με μεγάλους ποδοσφαιριστές σε όλη μου την καριέρα. Έχω ζήσει από κοντά δύο μεγάλους αρχηγούς, όπως ο Μαλντίνι και ο Μπατιστούτα. Ο Πάολο πριν τα παιχνίδια δεν μιλούσε, κοιτούσε και παρατηρούσε αν όλα πήγαιναν καλά και ένα βλέμμα του ήταν αρκετό, για να σου μεταφέρει το πάθος.

Ο Μπατιστούτα είχε μια απίστευτη υπερένταση, καθόταν στη θέση του στα αποδυτήρια, φιλούσε το περιβραχιόνιο του αρχηγού, έκανε μασάζ στις γάμπες του και πριν μπει στο γήπεδο, πάντε χρησιμοποιούσε την ίδια πρόταση, άλλα μας επηρέαζε, σαν να ήταν να μας σκοτώσει. Συνήθιζε να μας λέει «αν δω κάποιον χωρίς πάθος, θα του σπάσω τα μούτρα».

Ήταν περισσότερο παθιασμένος από τους οπαδούς μας. Έμοιαζε σαν να πήγαινε σε πόλεμο. Έτσι ήταν, μόνο που δεν είχε όπλα, είχε ένα μπαζούκα, το δεξί του πόδι.

Ο ΛΟΥΚΑ ΤΟΝΙ ΓΙΑ ΤΟΝ ΡΟΜΠΕΡΤΟ ΜΠΑΤΖΙΟ

Όταν ο Ρομπέρτο έπαιζε, έδινε τα πάντα. Πάντα έμοιαζε με παιδί και τον ζήλευα. Εκείνη την εποχή, ήταν ο πατέρας μας. Πάντα μας μιλούσε και πάντα ήταν εκεί για κάθε πρόβλημα. Ήμουν νέος τότε και ζητούσα τη συμβουλή του. Υπήρξε μια εποχή που έχανα πολλά γκολ. Δεν μπορούσα να βρω εστία. Μια μέρα ο Ρομπέρτο, στην προπόνηση, ήρθε και μου είπε: «Λούκα, αν μπορώ να σου δώσω μια συμβουλή, όταν θα είσαι μπροστά από το τέρμα, πριν τελειώσεις τη φάση, σήκωσε το μάτι σου για ένα εκατοστό του δευτερολέπτου. Να θυμάσαι, η εστία είναι μεγάλη και ο τερματοφύλακας καλύπτει μόνο το ένα έβδομο της εστίας. Στο τέλος της προπόνησης, έλα να κάνουμε μια εξάσκηση με τον τερματοφύλακα».

Δεν θα σας πω ότι πάντα έβρισκα στόχο. Από εκείνη την ημέρα, όμως και χάρη στον Ρομπέρτο έμαθα να είμαι πιο ήρεμος.

ΦΑΜΠΙΟ ΚΑΝΑΒΑΡΟ

Όταν μπήκαμε στο γήπεδο, στο Ντόρτμουντ, σταθήκαμε όρθιοι για να ακούσουμε τους ύμνους των χωρών. Περνούσαμε και τους δίναμε το χέρι, αλλά κάθε φορά που κρατούσα το χέρι ενός Γερμανού δεν με κοιτούσε στο πρόσωπο, κρατούσε τα μάτια του χαμηλά. Ήταν φοβισμένοι. Τόσο φοβισμένοι.

Είναι σωματικά τεράστιοι, αλλά φοβούνται.

«Τζίτζι!».

«Τι θέλεις, Φάμπιο;»

«Τέλειωσε...»

«Τι τέλειωσε;»

«Τους έχουμε ήδη νικήσει».

«Τι λες;»

«Δεν μας κοιτάνε στα μάτια, μας φοβούνται».

«Είσαι χαζός!»

Μπορεί να ήμουν ανόητος, αλλά κερδίσαμε στο γήπεδο, όπου η Γερμανία δεν είχε χάσει ποτέ. Ήταν το φυλαχτό τους, αν και σε κάποιο σημείο του αγώνα ο Τζίτζι κι εγώ νομίζαμε ότι είχαμε τρελαθεί τελείως.

Πολλοί από εμάς άρχισαν να σκέφτονται τα πέναλτι. Ο Μίστερ μάς είχε τρελάνει όμως, τα έπαιζε όλα για όλα. Ο διάλογος ανάμεσα σε μένα και τον Μπουφόν έχει αρχίσει:

«Φάμπιο, τι κάνει;»

«Δεν ξέρω, Τζίτζι...»

Αρχίσαμε να ουρλιάζουμε, προς την κατεύθυνση του Μίστερ! Δεν μπορούσε να μας ακούσει. Στην πραγματικότητα ήταν πολύ καλός, αλλά έκανε τον κουφό εκείνη τη στιγμή. Είχε δίκιο, αλλά η περιέργειά μας έπρεπε να ικανοποιηθεί, οπότε τελικά ρωτάω τον Λίπι:

«Συγγνώμη, Μίστερ, αλλά γιατί συνέχισες να βάζεις επιθετικούς;»

«Φάμπιο, Τζίτζι, δεν μπορούσατε να δείτε ο ένας τον άλλον, έτσι δεν μπορέσατε να καταλάβετε πως ήσασταν εκεί πίσω. Αλλά πίστεψέ με, ήσασταν υπέροχοι. Εσείς οι δύο και ο Ματεράτσι και ο Γκατούζο μπροστά. Σας διαβεβαιώνω, οι Γερμανοί, δεν θα μπορούσαν ποτέ να σκοράρουν».

Το σχέδιό του ήταν ξεκάθαρο. Το παιχνίδι έπρεπε να το πάρουμε πριν τα πέναλτι. Ο Λίπι το πρόσεξε και πήγε ευθεία σαν τρένο.

Είναι αλήθεια, δεν είχαμε συνειδητοποιήσει πόσο δυνατοί ήμασταν.

ΕΡΙΚ ΚΑΝΤΟΝΑ, Η ΘΡΥΛΙΚΗ ΚΛΩΤΣΙΑ

Αυτός ο ηλίθιος άρχισε να προσβάλλει όλη μου την οικογένεια. Ξεκίνησε με τη μητέρα μου, μετά τους παππούδες μου, τον πατέρα μου, όλο το οικογενειακό δέντρο. Δεν ξέρω τι τον έπιασε. Τον είδα. Σκέφτηκα, «ποιος στο διάολο είναι αυτός και τι θέλει από μένα;»

Αυτό που με ενόχλησε ήταν η κακία στα μάτια του. Όταν πήρα κόκκινη, για ένα φάουλ, αποφάσισα να πάω στα αποδυτήρια. Θα περπατήσω λίγο, αλλά όταν άκουσα ξανά αυτή την ενοχλητική φωνή, που πρόσβαλε τη μητέρα μου, με μια ιπτάμενη κλωτσιά τον χτύπησα. Θυμάμαι τη βοή από το κοινό. Δεν μετανιώνω. Στην πραγματικότητα, μετά από τη χειρονομία μου σκέφτηκα «έπρεπε να τον σκοτώσω!»

ΜΑΡΙΟ ΚΕΜΠΕΣ

Φόρεσα τη φανέλα με το Νο 10 και ο Ντιέγκο Μαραντόνα, τον οποίο δεν είχα δει ποτέ να παίζει, έμεινε έξω. Φυσικά, ο Ντιέγκο θα γινόταν ο μεγαλύτερος Αργεντίνος παίκτης όλων των εποχών.

Ο άνθρωπος που έβαλε το Αργεντίνικο ποδόσφαιρο στον χάρτη, είπε ο Ντιέγκο Μαραντόνα για τον Μάριο Κέμπες.

Ο Κέμπες μνημονεύεται, όχι μόνο ως δεινός σκόρερ, αλλά και για το γεγονός ότι δεν πήρε ποτέ κίτρινη ή κόκκινη κάρτα σε διεθνή αναμέτρηση.

Ο ΧΟΣΕ ΛΟΥΪΣ ΤΣΙΛΑΒΕΡΤ ΚΑΙ ΤΟ ΠΑΙΧΝΙΔΙ ΜΕ ΤΟΥΣ ΓΕΡΜΑΝΟΥΣ ΣΤΟ ΜΟΥΝΤΙΑΛ ΤΟΥ 2002

Ήταν παραμονή του αγώνα, Παραγουά-η-Γερμανία για τους 16 του Μουντιάλ, το 2002. Στο ξενοδοχείο μας ήρθε ο Καρλ Χάιντζ Ρουμενίγκε, πρόεδρος της Μπάγερν, ο οποίος ήθελε να συναντήσει τον Ρόκε Σάντα Κρουζ. Εκείνη την εποχή, ο Ρόκε ήταν 21 ετών, είχε άλλον ένα χρόνο συμβόλαιο και ο Ρουμενίγκε ήθελε να μιλήσουν για ανανέωση, μια μέρα πριν από το ματς Παραγουάη-Γερμανία.

Εγώ ως ο αρχηγός της Παραγουάης, έπρεπε να παρακολουθώ τα πράγματα. Πήγα λοιπόν και τον βρήκα στο ξενοδοχείο και του είπα, στα ισπανικά, «δεν με νοιάζει αν είσαι πρόεδρος της Μπάγερν, πρέπει να φύγεις». Είμαι σίγουρος ότι κατάλαβε, ακόμα και αν δεν ήξερε Ισπανικά. Στο παιχνίδι, μετά από μισή ώρα ο Σάντα Κρουζ, βγήκε αλλαγή.

Λίγες μέρες αργότερα, ο Σάντα Κρουζ έπαιζε βόλεϊ στην παραλία. Τον πήρα στην άκρη και του είπα: «δε θέλω να σκέφτομαι άσχημα για σένα, αλλά μια μέρα, αν πρόκειται να γίνω προπονητής ή πρόεδρος της Παραγουάης, τέτοιες συμπεριφορές δε θα δεχτώ».

Ήταν σαφές ότι η Γερμανία έπρεπε να περάσει. Ο διαιτητής ήταν από τη Γουατεμάλα και σφύριζε Γερμανία.

Το Παγκόσμιο Κύπελλο είναι ένα μεγάλο ποδοσφαιρικό πάρτι, είναι ωραίο να συμμετέχεις, αλλά υπάρχει μια σκοτεινή πλευρά και είναι αδύνατο να προσποιηθείς.

ΠΑΘΟΣ ΓΙΑ ΠΟΔΟΣΦΑΙΡΟ

Πολλοί πιστεύουν ότι είναι απλά μια μπάλα, που κυλάει περίεργα στο έδαφος και την κυνηγάνε 22 ηλίθιοι. Δείτε τα παιδιά με κινητικά προβλήματα και σκεφτείτε ότι, κάθε μέρα, τα μεταφέρουν οι γονείς τους με τρένο, με λεωφορείο, με αυτοκίνητο στο γήπεδο, ώστε να παίξουν ποδόσφαιρο, για να ταξιδέψουν στο όνειρό τους. Έχουν τα ινδάλματά τους, όπως όλος ο κόσμος. Τι είναι πιο όμορφο στον κόσμο; «Να ονειρεύεσαι ότι είσαι ο αγαπημένος σου ήρωας, παρά τις δυσκολίες». Το ποδόσφαιρο δημιουργεί αυτή τη μαγεία και δεν έχει σημασία αν την μπάλα τη χτυπήσεις μ' ένα αναπηρικό καρότσι ή με πατερίτσες. Το σημαντικό είναι η κλωτσιά στην μπάλα. Εκείνη τη στιγμή, είναι ευτυχισμένοι όλοι και δεν σκέφτονται τίποτα άλλο εκτός από το όνειρο που λέγεται «ποδόσφαιρο».

Δεν είναι ένα παιχνίδι. Είναι η ζωή.

ΤΟ ΝΟΥΜΕΡΟ 2 ΤΗΣ ΕΘΝΙΚΗΣ ΚΟΛΟΜΒΙΑΣ

Ο Αντρές Εσκομπάρ, με το αυτογκόλ που πέτυχε στον αγώνα με την Αμερική, στο Μουντιάλ του 1994, έγινε κόκκινο πανί για κάποιους στην πατρίδα του. Μετά την επιστροφή του στο Μεντεγίν, την πόλη ενός αλλού Εσκομπάρ, του Πάμπλο, κάποιοι τον δολοφόνησαν.

Ο Αντρές βρήκε τον θάνατο στα χέρια μιας ομάδας μικρών κακοποιών που πίστευαν ότι θα γίνουν οι νέοι Εσκομπάρ.

Το νούμερο 2 στη φανέλα αποσύρθηκε από την Εθνική Κολομβίας. Για μεγάλο χρονικό διάστημα, κανείς δεν το φόρεσε ξανά, ως ένδειξη σεβασμού.

Κατά τη διάρκεια του Κόπα Αμέρικα του 2001, που διοργανώθηκε στην Κολομβία- παρά τα πολλά κοινωνικά προβλήματα- το νούμερο 2 ήταν πίσω στο γήπεδο. Ο Ιβάν Κόρντοβα που το φόρεσε, στον τελικό στην Μπογκοτά, έδωσε το πρώτο τρόπαιο στην ιστορία της Εθνικής ομάδας της Κολομβίας.

Σε όλο το ματς όλοι νόμιζαν ότι ο Αντρές φορούσε το νούμερο 2 και ότι αυτός έσπρωξε την μπάλα στα δίχτυα του Μεξικού.

ΝΤΙΕΓΚΟ ΜΑΡΑΝΤΟΝΑ

Όταν ήμουν στην κλινική (απεξάρτησης) ήταν ένας τύπος που νόμιζε ότι είναι ο Ναπολέων κι ένας άλλος που πίστευε πως είναι ο Ροβινσώνας Κρούσος. Εγώ πάλι δεν πίστευα πως είμαι ο Μαραντόνα.

Ποτέ δεν έλειψε φαγητό από το τραπέζι γιατί έλειπε συνεχώς ο πατέρα μας. Ο Δον Ντιέγκο σηκωνόταν κάθε πρωί στις 6 για να πάει στο εργοστάσιο, δίπλα στον μολυσμένο ποταμό Ριατσουέλο, ο οποίος αποτελούσε το άτυπο διαχωριστικό της πλούσιας με τη φτωχή πλευρά του Μπουένος Άιρες. Όταν το φαγητό ήταν λίγο και δεν έφτανε, η μητέρα μου προσποιούταν στομαχόπονο...

ΜΑΤΙΑΣ ΑΛΜΕΪΝΤΑ

Σε όλη μου την καριέρα, κάπνιζα τσιγάρα κάθε μέρα. Το αλκοόλ ήταν επίσης πρόβλημα. Έκαψα τα πάντα μέσα μου, αλλά ζούσα στα άκρα. Μια φορά στο Αζούλ, στο χωριό μου, ήπια αλκοόλ, ούτε εγώ θυμάμαι πόσο, σαν νερό και κατέληξα σε κάποιου είδους κώμα. Είδα τον ήλιο να γυρίζει ανάποδα. Ένας γιατρός μου έδωσε 5 ώρες ζωή. Όταν ξύπνησα και είδα όλη μου την οικογένεια γύρω από το κρεβάτι, νόμιζα ότι ήταν η κηδεία μου.

ΧΟΣΕ ΛΟΥΪΣ ΤΣΙΛΑΒΕΡΤ

Οι γονείς μου ήταν φτωχοί και μέχρι δέκα χρονών δεν είχα παπούτσια. Δεν μεγάλωσα εύκολα, αλλά μεγάλωσα σωστά. Φυσικά και είμαι περήφανος. Δεν άλλαξαν οι ιδέες μου, όταν γέμισαν οι τσέπες μου με πέσος. Κυκλοφορώ άνετος στη φτωχογειτονιά που μεγάλωσα, γιατί όλοι ξέρουν ποιος είναι ο Τσιλαβέρτ και πόσο τους έχει βοηθήσει ο Τσιλαβέρτ και ότι δεν τους ξέχασε ο Τσιλαβέρτ, όταν έγινε γνωστός.

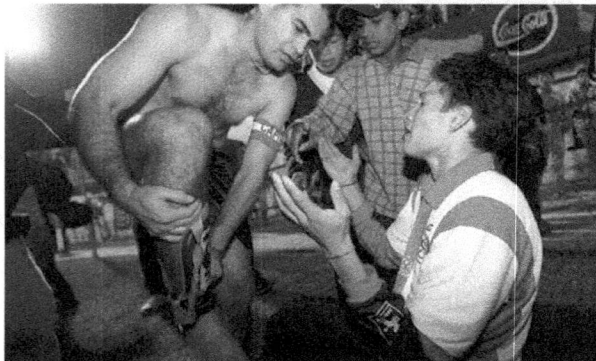

ΜΑΡΕΚ ΧΑΜΣΙΚ

Είμαστε στο έτος 2002, ένα πολύ μικρό αγόρι έχει το όνειρό του: να παίξει ποδόσφαιρο. Υπάρχει ένα τουρνουά που διοργανώνει η Μπρατισλάβα.

Το αγόρι δείχνει το ταλέντο του και η ομάδα αποφασίζει να τον υπογράψει. Υπάρχει πρόβλημα. Η οικονομική κατάσταση είναι δύσκολη και η ομάδα δεν μπορεί να αγοράσει τα δικαιώματά του. «Είναι το ποδόσφαιρο, αυτό που διαλέγεις;» ρώτησε ο πατέρας το αγόρι, που απάντησε «ναι», χωρίς καθυστέρηση.

Ο πατέρας πουλάει το οικογενειακό αυτοκίνητο, μια Σκόντα Φελίτσια και ζητάει δάνειο από φίλους.

Από τότε έχει περάσει αρκετός καιρός και ο Μάρεκ Χάμσικ, έγινε το σύμβολο μιας πόλης και μιας ομάδας, της Νάπολη.

ΦΑΜΠΙΟ ΚΑΝΑΒΑΡΟ

Λατρεύω το ποδόσφαιρο της αλάνας. Έτσι ακριβώς ξεκίνησα κι εγώ να παίζω ποδόσφαιρο. Όταν ήμουν παιδί στη Νάπολη δεν έβλεπα την ωρα να τελειώνω με τα διαβάσματά μου και να κατεβαίνω στον δρόμο για να παίξω με τους φίλους μου.

Μαζί μου ήταν και ο αδερφός μου, ο Πάολο, και μαζί με τα άλλα παιδιά μιμούμασταν τους κορυφαίους ποδοσφαιριστές της εποχής, από τους πιο διάσημους συλλόγους, και κάναμε φοβερά παιχνίδια. Εκείνη την εποχή η Νάπολη είχε μια πολύ δυνατή ομάδα κι εγώ, όπως και κάθε παιδί στην πόλη, ήθελα να μοιάσω στον Ντιέγκο Μαραντόνα.

ΚΡΙΣΤΙΑΝ ΒΙΕΡΙ

Μετά το πρωτάθλημα που χάθηκε στις 5 Μαΐου, έπεισα τον Ρονάλντο και τον Ρεκόμπα. Θα δεχόμαστε μείωση στις αποδοχές μας για να ερχόταν ο Νέστα στην Ίντερ.

Ο Αλεσάντρο ήταν σύμφωνος. Ένα πρωινό είμαι στον ιππόδρομο και μου τηλεφωνεί ο γιος του προέδρου Μοράτι: «Μπόμπο, το ξέρω ότι θα νευριάσεις αλλά ο Νέστα κόστιζε πάρα πολύ».

Ήμασταν έτοιμοι να κόψουμε τις αποδοχές μας.

«Και ο μπαμπάς είναι θυμωμένος αλλά μην ανησυχείς: πήραμε έναν πρωταθλητή».

«Μα, ποιον πήρατε; Δεν υπάρχουν στην αγορά παίκτες όπως ο Νέστα. Ποιος είναι;».

«Ο Γκαμάρα».

Δεν λέω τίποτα. Χωρίς να κλείσω το τηλέφωνο το πετάω στην πίστα των αλόγων με όλη μου τη δύναμη. Δεν το ξαναείδα ποτέ εκείνο το τηλέφωνο.

Εκ των υστέρων μπορώ να πω ότι δεν είχα τίποτα εναντίον του Γκαμάρα, ήταν ένας άξιος αμυντικός, αλλά εκείνη την εποχή ο Νέστα ήταν στην κορυφή και ήταν έτοιμος να έρθει σ' εμάς.

Το μεγαλειο του Μαραντονα

Ήταν το 1984, όταν ο Πιέτρο Πουτσόνε, πρώην επιθετικός της Νάπολη, ήρθε σε επαφή με έναν άνθρωπο στην πόλη Ατσέρα, που βρισκόταν κοντά στην Νάπολη. Ήταν ένας απελπισμένος πατέρας που ήθελε να διοργανωθεί ένα φιλανθρωπικό παιχνίδι για να μαζευτούν όσα περισσότερα χρήματα γινόταν, για το άρρωστο μωρό του. Αυτό το αγόρι, είχε μια επείγουσα ανάγκη να κάνει μια εγχείρηση που θα του σώσει τη ζωή, αλλά η οικογένεια ήταν φτωχή και δεν ήξεραν πώς να πληρώσουν γι' αυτό. Προσπάθησε να επικοινωνήσει με τη Νάπολη αλλά ο τότε πρόεδρος δεν συμφώνησε με το αίτημα.

Η φωνή έφτασε στα αυτιά του Μαραντόνα, που επαναστάτησε εναντίον του προέδρου. Ο Ντιέγκο αποφάσισε να πάει σ' εκείνο το λασπωμένο χωράφι των προαστίων, ξεχασμένο από τον Θεό και επίσης να ρισκάρει να τραυματιστεί στη μέση του πρωταθλήματος. Τα λόγια του Μαραντόνα ήταν: «Αυτό το παιχνίδι πρέπει να το παίξω γι' αυτό το μωρό».

Πήγε σ' αυτό το παιχνίδι ο Ντιέγκο χωρίς να υπακούσει στον πρόεδρο, άλλα υπακούοντας στην καρδιά του. Πήγε στους ανθρώπους που τον είχαν ανάγκη και βοήθησε για έναν ευγενή σκοπό και ο σκοπός επετεύχθη. Όλα πήγαν καλά για το παιδί.

Τζιανλουιτζι Μπουφον, για τη μεγαλη ομαδα της Τορινο

Σε μία όμορφη ημέρα ύστερα από νίκη, οι σκέψεις μου είναι με τα ξαδέρφια μας, της Τορίνο. Με τους φιλάθλους τους και τους δοξασμένους παίκτες που γέμισαν υπερηφάνεια το έθνος και τους πιστούς της Γκρανάτα.

Αιώνια τιμή σ' εσάς, τους πρωταθλητές της Μεγάλης Τορίνο και, συγχωρέστε αυτούς που είναι ένοχοι για τις ακατανόμαστες πράξεις, που δείχνουν ασέβεια ακόμα και σήμερα, σχεδόν 70 χρόνια αργότερα. Οι νεκροί είναι νεκροί και δεν ενοχλούν κανέναν.

Πρέπει να αφήνονται στην ησυχία τους και να τους σέβονται. Οι νεκροί έχουν συζύγους, παιδιά και εγγόνια και το να τους κάνουμε να υποφέρουν δεύτερη φορά είναι απάνθρωπο.

Αντιπαλότητα, οπαδισμός, αθλητισμός... Η ζωή σού δίνει πολλά συναισθήματα, μερικά από αυτά ευγενή και μερικά από αυτά ίσως κάπως λιγότερο. Αλλά όταν γράφεις απρεπή και ακατάλληλα συνθήματα, ίσως χωρίς συναίσθηση, είσαι πιο νεκρός από τους νεκρούς.

Το να βλέπω τους 39 αγγέλους του Χέιζελ να βασανίζονται ακόμα και σήμερα, μου προκαλεί θυμό και αηδία. Μην επιτρέψετε να υποκύψουμε στα ίδια λάθη. Είμαστε άντρες, πρέπει να διαχωρίσουμε τους εαυτούς μας, αν θέλουμε να δείξουμε κάτι αιώνιο και εποικοδομητικό για την ανθρωπότητα, η οποία έχει πληγές. Δεν μπορούμε να είμαστε ικανοποιημένοι με τη μετριότητα και τη μοχθηρία, απλά για να πούμε κάτι τώρα. Σε κάποιες περιπτώσεις είναι καλύτερα να είσαι το θύμα παρά ο θύτης, διότι οι θύτες θα καταδικαστούν από τη ζωή σε σύρσιμο μέσα από την κόλαση της κενής ύπαρξής τους. Τα θύματα θα υποφέρουν στιγμιαία, αλλά μετά θα αντιληφθούν ότι, το να είναι διαφορετικά από τους θύτες, θα τους δώσει δύναμη και ασφάλεια να βασίσουν τις ζωές τους σε αυθεντικές αξίες και θα γίνουν οι φορείς της ομορφιάς, της συνείδησης, του σεβασμού και της πίστης. Μάλιστα, χωρίς να καταφύγουν σε κανέναν ανταγωνισμό ή αντιπαλότητα. Φίλαθλοι της Γιουβέντους, απευθύνομαι σ' εσάς, επειδή γνωρίζω ότι μπορώ, μετά από όλα όσα μοιραστήκαμε μαζί. Φίλαθλοι της Γιουβέντους, επιτρέψτε μου να είμαι υπερήφανος για εσάς, επειδή εάν σκεφτούμε και πραγματικά πιστέψουμε τι αντιπροσωπεύει «το στιλ της Γιούβε» και οι απόλυτες αρχές που μας χαρακτηρίζουν, είναι αδιανόητο να βεβηλώνεις και να καταστρέφεις τα αισθήματα αυτών που έχουν υποφέρει κι ακόμα υποφέρουν. Δεν προσβάλλουμε την αφοσίωση, τα συναισθήματα και τις αναμνήσεις.

Μια αγκαλιά σε αυτούς που πιστεύουν ότι

ακόμα -και ειδικά- στον αθλητισμό, είναι απαραίτητο να είσαι άντρας με τιμή. Σήμερα, αύριο, πάντοτε και για πάντα: Μέχρι το τέλος.

ΡΟΜΠΙ ΦΑΟΥΛΕΡ

Το «σνιφάρισμα στη γραμμή» ήταν ένας πανηγυρισμός που έκανα μετά από γκολ μου με τη Λίβερπουλ σε ντέρμπι του Μέρσεϊσαϊντ με την Έβερτον. Νομίζω ότι ξέφυγε λίγο η κατάσταση εκεί.

Δημιουργήθηκε τεράστια αίσθηση και μόνο τώρα που έχουν περάσει χρόνια μπορώ να καταλάβω το γιατί. Τότε όμως αισθανόμουν ότι μόνο μέσα από εκείνον τον πανηγυρισμό μπορούσα να απαντήσω σε εκείνους τους ανθρώπους.

Φυσικά και υπάρχουν ανόητα πράγματα που θα ήθελα να αλλάξω όμως έμαθα από αυτά και αυτό είναι το σημαντικότερο.

ΚΛΑΟΥΝΤΙΟ ΛΟΠΕΖ

Είχα να σκοράρω για αρκετό καιρό. Είχαμε ξεκινήσει άσχημα τη σεζόν. Ο προπονητής μας, όμως, ο Έκτωρ Κούπερ, μας είχε βοηθήσει πολύ στο να μείνουμε συγκεντρωμένοι και εκείνη τη βραδιά τα είχαμε καταφέρει.

Ο Αμεντέο Καρμπόνι εκτέλεσε το μακρινό φάουλ και έτρεξα προς την μπάλα, όπως έκανα πάντα. Το συνηθίζαμε. Εκείνη τη φορά, όμως, με την μπάλα στον αέρα, αποφάσισα να κάνω απευθείας το σουτ και όχι να προσπαθήσω να την κατεβάσω. Το ρίσκο ήταν μεγάλο, καθώς ξέρεις ότι υπάρχει ο κίνδυνος να μη βρεις καλά την μπάλα. Όμως τα κατάφερα. Ο αντίπαλος που με μάρκαρε δεν μπορούσε να κάνει τίποτα, ενώ ο τερματοφύλακας σε καμία περίπτωση δεν το περίμενε.

Ο Κίλι Γκονσάλες ήταν ο πρώτος από τους συμπαίκτες μου που με πλησίασε και υποκλίθηκε, για να δείξει ότι το γκολ δεν ήταν καθόλου συνηθισμένο.

Ο ΖΟΖΕ ΜΟΥΡΙΝΙΟ ΓΙΑ ΤΟΝ ΦΙΛΙΠΠΟ ΙΝΤΖΑΓΚΙ

Η Μίλαν την περίοδο 2010/11 είχε παίκτες σαν τον Πάτο, τον Ροναλντίνιο, τον Ζλάταν, τον Πίρλο, τον Σέεντορφ, τον Γκατούζο, τον Νέστα. Ήταν μεγάλη ομάδα, αλλά δεν με τρόμαξε. Πριν από τον αγώνα Μίλαν - Ρεάλ, στη συνέντευξη τύπου είπα: «Ο Ιντζάγκι, με τρομάζει περισσότερο από κάθε άλλον». Σε αυτό το ματς έπαιξε μισή ώρα και έβαλε δύο γκολ. Στο τέλος του παιχνιδιού ήρθε να με χαιρετήσει, τον κράτησα και του είπα: «ποτέ δεν τα παρατάς Φίλιππο. Σε 10 λεπτά άλλαξες την ιστορία του ματς».

Είναι ένας παίκτης που κάνει τη διαφορά. Απίστευτη αδρεναλίνη στο παιχνίδι του, θα μπορούσε να παίξει μόνος εναντίον όλων.

ΡΟΜΠΕΡΤΟ ΚΑΡΛΟΣ

Πάντα χτυπούσα τα φάουλ στη βαλβίδα της μπάλας, καθώς αυτό είναι το πιο δυνατό της σημείο και της δίνει μεγαλύτερη δύναμη. Πάντα χτυπούσα την μπάλα κάτω και αριστερά, κάτι που της έδινε μεγάλη καμπύλη.

Θα θυμάμαι πάντα τη διαφήμιση πίσω από το τέρμα! Σημάδευα το «Α» στη La Poste, όμως όταν έκανα το σουτ, η μπάλα πήγε... μίλια μακριά και έδειχνε να καταλήγει σε άλλη πινακίδα! Είδα μέχρι και το ballboy να σκύβει για να την αποφύγει. Θα έπρεπε να μου έχει περισσότερη εμπιστοσύνη! Γκολ σαν και εκείνο έρχονται μία φορά στην καριέρα σου. Το χτύπησα, όπως ακριβώς έκανα στην προπόνηση. Ήταν πανέμορφο γκολ. Αξέχαστο.

ΧΟΣΕ ΛΟΥΪΣ ΤΣΙΛΑΒΕΡΤ

Η Παραγουάη είχε αναλάβει τη διοργάνωση του Κόπα Αμέρικα 1999, ξοδεύοντας χρήματα αναγκαστικά σε γήπεδα και υποδομές. Δεν δίστασε να επικρίνει την κυβέρνηση της χώρας για τις κινήσεις της, διατυπώνοντας δημόσια την άποψη πως είναι λάθος να σπαταλούνται πόροι για το ποδόσφαιρο, όταν υπάρχουν ανάγκες στην παιδεία. Σε συνέπεια των λόγων του, αρνήθηκε να συμμετέχει στη διοργάνωση.

Ο Ζοζε Μουρινιο για τον Μπαλοτελι

Θυμάμαι κατά τη διάρκεια ενός αγώνα στο Καζάν με τη Ρούμπιν για το Τσάμπιονς Λιγκ (1-1 τελικό) είχα ξεμείνει από επιθετικούς. Δεν είχα ούτε τον Μιλίτο, ούτε τον Ετό, μόνο τον Μπαλοτέλι. Ο Μάριο πήρε κίτρινη κάρτα στο 42΄- 43΄. Έτσι, όταν πήγαμε στα αποδυτήρια ξόδεψα τα 14 από τα 15 λεπτά που είχα στη διάθεσή μου, μιλώντας μόνο στον Μάριο.

Του είπα: «Μάριο, δεν μπορώ να σε αλλάξω, δεν έχω άλλον επιθετικό στον πάγκο, μην αγγίζεις κανέναν, παίξε μόνο με την μπάλα. Όταν χάνεις την μπάλα μην αντιδράς, αν σε προκαλούν μην αντιδράς, εάν ο διαιτητής κάνει κάποιο λάθος μην αντιδράσεις, σε παρακαλώ Μάριο». Στο 46΄ δέχθηκε κόκκινη κάρτα...

Ο Φιλιππο Ιντζαγκι, για τον τελικο του Τσαμπιονς Λιγκ του 2007

Εκείνο το πρωί ξύπνησα γεμάτος όρεξη. Πλησίασα το παράθυρο και κοίταξα έξω: απέμεναν πολλές ώρες για το παιχνίδι και ανυπομονούσα να κατέβω στο γήπεδο. Αισθανόμουν πολύ όμορφα, που είναι κάτι διαφορετικό από το να είμαι σε φόρμα. Αισθανόμουν ότι μπορούσα να κάνω κάτι το εξαιρετικό. Κάτι που θα περνούσε στην αθανασία.

Η αυτοπεποίθησή μου είχε να κάνει με τη δουλειά στην προπόνηση, στους άξιους συμπαίκτες μου, στην πίστη ότι θα μπορούσαμε να πάρουμε εκδίκηση από τη Λίβερπουλ, στο πεπρωμένο, με δεδομένο πως το 2005 δεν είχα παίξει, αλλά και στην ηρεμία του Κάρλο Αντσελότι, που το προηγούμενο βράδυ μου είχε πει: «Πίπο, στον τελικό θα σκοράρεις δύο γκολ».

Κατά τη διάρκεια της μετακίνησής μας στο στάδιο υπήρχαν πάρα πολλοί οπαδοί της Μίλαν που μας χαιρετούσαν και σχεδόν ακολουθούσαν το πούλμαν. Έπειτα το παιχνίδι: ο Πίρλο κάνει το φάουλ, εγώ μετακινούμαι επειδή ξέρω πού θα πάει η μπάλα.

Μάλλον μπέρδεψα τον γκολκίπερ με την κίνησή μου, βρίσκω λίγο την μπάλα και γκολ, 1-0 για μας.

Στο δεύτερο μέρος κρατούσαμε μέχρι τη στιγμή που ο Κακά σηκώνει το κεφάλι και με βλέπει. Είναι το πιο «μακρύ» γκολ της ζωής μου: τρέχω με την μπάλα στα πόδια, βλέπω τον Ρέινα να έρχεται προς το μέρος μου, αποφασίζω να τον ντριμπλάρω, τον αποφεύγω, κάνω το πλασέ και η μπάλα πηγαίνει σιγά σιγά με ακρίβεια. Γκολ!

Τρέχω προς το σημαιάκι, τρελαμένος από ευτυχία. Νικήσαμε, είμαστε πρωταθλητές Ευρώπης. Μου δίνουν επίσης το βραβείο του MVP του τελικού. Δεν καταλαβαίνω το παραμικρό για μερικές ώρες. Στο δείπνο τρώω ελάχιστα. Δεν κοιμάμαι για δέκα ώρες. Και δέκα χρόνια μετά η μαγεία της Αθήνας είναι ακόμα μέσα μου».

Ο ΚΑΡΛΕΣ ΠΟΥΓΙΟΛ ΓΙΑ ΤΟ «ΦΑΙΝΟΜΕΝΟ»

Την πρώτη φορά που ήρθα αντιμέτωπος με τον Ρονάλντο, ήμουν μπερδεμένος. Παίζαμε στο Μπερναμπέου. Φαινόταν ανύπαρκτος στο γήπεδο. Μετά έκανε μια γρήγορη ανταλλαγή μπάλας με τον Ζιντάν, για να πάει αριστερά και ξαφνικά πήγε δεξιά, με μια ταχύτητα που δεν είχα ξαναδεί. Πήγα να τον σταματήσω, αλλά τίποτα, έπεσα κάτω. Ο Ραίζιγκερ το ίδιο. Με χτύπησε η φυσική του δύναμη και τα πόδια του. Κι όμως αυτός ακούμπησε μόνο την μπάλα.

Στα αποδυτήρια, ο Ρομπέρτο Κάρλος, ίσως για να με τρομάξει, μου είπε: «Πουγιόλ, φαντάσου τον Ρονάλντο πριν τον τραυματισμό και με δέκα κιλά λιγότερα». Και έφυγε γελώντας.

Έμεινα για 15 λεπτά, σκεπτόμενος μόνο τα λόγια του Κάρλος. Έχω αντιμετωπίσει πολλούς στην καριέρα μου, αλλά Ρονάλντο δεν έχω ξαναδεί.

ΕΝΑΣ ΑΠΛΟΣ ΟΠΑΔΟΣ ΓΙΑ ΤΟΝ ΑΛΕΣΑΝΤΡΟ ΝΤΕΛ ΠΙΕΡΟ

Χθες, μέσω του Ίνσταγκραμ, ανακάλυψα ότι ο Ντελ Πιέρο ήταν σε ένα εστιατόριο κοντά μου. Πηγαίνω εκεί και τον βλέπω, κάθεται ήσυχος και τρώει με έναν φίλο του. Πάω πιο κοντά και πριν μιλήσω ο φίλος του προσέχει αμέσως το τατουάζ μου: «Άλεξ, κοίτα, αυτό το αγόρι έχει τατουάζ το πρόσωπό σου στο χέρι του!».

Ο Αλεξ σηκώθηκε από την καρέκλα, με αγκάλιασε δυνατά και άρχισα να κλαίω σαν μωρό. «Σ' ευχαριστώ για το τατουάζ στο χέρι σου, είναι τρελό αυτό που έκανες, κάτσε δίπλα μου». Μετά του είπα, «ξέρεις πόσο έκλαψα όταν έφυγες από τη Γιουβέντους! »

Ας τραβήξουμε δύο φωτογραφίες, μία με το κινητό σου και μία με το δικό μου, γιατί θέλω να σε θυμάμαι».

ΓΡΑΜΜΑ ΤΟΥ ΡΟΝΑΛΝΤΙΝΙΟ ΣΤΟΝ ΟΧΤΑΧΡΟΝΟ ΕΑΥΤΟ ΤΟΥ

Αγαπητέ οχτάχρονε Ροναλντίνιο.

Αύριο, όταν θα γυρίσεις στο σπίτι έχοντας παίξει ποδόσφαιρο, θα υπάρχουν πολλοί άνθρωποι εκεί. Οι θείοι σου, φίλοι της οικογένειας και κάποιοι άλλοι άνθρωποι, που δεν θα αναγνωρίσεις, θα βρίσκονται στην κουζίνα. Στην αρχή, θα νομίσεις ότι απλά άργησες για το πάρτι. Όλοι θα είναι εκεί για να γιορτάσουν τα 18α γενέθλια του αδερφού σου, Ρομπέρτο. Συνήθως, όταν επιστρέφεις στο σπίτι έχοντας παίξει ποδόσφαιρο, η μαμά είναι πάντα εκεί, γελώντας ή κάνοντας αστεία. Αλλά αυτή τη φορά θα κλαίει. Και μετά θα δεις τον Ρομπέρτο. Θα τυλίξει το μπράτσο του γύρω σου και θα σε φέρει μέσα στο μπάνιο, ώστε να είστε μόνοι. Μετά θα σου πει κάτι που δεν θα καταλάβεις: «Έγινε ένα ατύχημα. Ο μπαμπάς έφυγε. Είναι νεκρός». Δεν θα μπορέσεις να το καταλάβεις.

Τι σημαίνει αυτό; Πότε θα επιστρέψει; Πώς μπορεί να έφυγε; Ο μπαμπάς ήταν ο μόνος που σου είχε πει «να παίζεις δημιουργικά στο γήπεδο», ο μόνος που σου είχε πει «να παίζεις με ελεύθερο στιλ -απλά να παίζεις με την μπάλα». Πίστευε σ' εσένα περισσότερο από οποιονδήποτε...

Όταν ο Ρομπέρτο ξεκίνησε να παίζει επαγγελματικό ποδόσφαιρο για την Γκρέμιο την προηγούμενη χρονιά, ο μπαμπάς είπε σε όλους: «ο Ρομπέρτο είναι καλός, αλλά περιμένετε να δείτε τι θα κάνει ο νεότερος αδερφός του, που έρχεται». Ο μπαμπάς ήταν ένας υπερήρωας. Αγαπούσε το ποδόσφαιρο τόσο πολύ, ώστε ακόμα και αφού είχε δουλέψει στις αποβάθρες, κατά τη διάρκεια της εβδομάδας, θα δούλευε ως security στο γήπεδο της Γκρέμιο το Σαββατοκύριακο.

Πώς γίνεται να μην τον ξαναδείς ποτέ;

«Δεν πρόκειται να νιώσεις στεναχώρια αμέσως. Θα έρθει αργότερα. Λίγα χρόνια μετά, θα αποδεχθείς ότι ο μπαμπάς δεν θα ξαναέρθει ποτέ στη Γη. Αλλά αυτό που θέλω να καταλάβεις είναι ότι κάθε φορά που θα έχεις την μπάλα στα πόδια σου, ο μπαμπάς θα είναι μαζί σου. Όταν έχεις μια μπάλα ποδοσφαίρου στα πόδια σου, είσαι ελεύθερος. Είσαι ευτυχισμένος. Είναι σχεδόν σαν να ακούς μουσική. Το αίσθημα αυτό θα σε κάνει να θέλεις να μοιράσεις χαρά στους άλλους».

ΓΚΑΜΠΟΡ ΚΙΡΑΛΙ

Όσο πιο πολλά καλά παιχνίδια έκανα, τόσο πιο πολύ φορούσα τη φόρμα μου. Έχω πραγματοποιήσει πολλά εξαιρετικά ματς με την γκρι φόρμα μου, ειδικά με τη Χέρτα Βερολίνου στο Champions League, αλλά και την Εθνική Ουγγαρίας. Φοράω φόρμα από το 1996. Θυμάμαι πως μια μέρα, η μαύρη ήταν για πλύσιμο και έτσι αναγκάστηκα να συμβιβαστώ με την γκρι.

Μείναμε αήττητοι για οχτώ ή εννιά παιχνίδια και σωθήκαμε από τον υποβιβασμό. Έτσι τις καθιέρωσα. Ήταν οι τυχερές μου φόρμες, δεν θα μπορούσα να τις αλλάξω.

ΧΑΒΙΕΡ ΖΑΝΕΤΙ

Δούλευα ως χτίστης με τον πατέρα μου.

Αυτή ήταν μία από τις καλύτερες περιόδους της ζωής μου, ένα από τα πράγματα που απολάμβανα περισσότερο. Όχι μόνο επειδή τον βοηθούσα και περνούσα χρόνο μαζί του, αλλά και γιατί ήταν μια εμπειρία να βλέπω, από πρώτο χέρι, τις θυσίες που έκανε ο πατέρας μου για να προσφέρει στην οικογένεια.

Ήταν μαζί μου σε όλη μου τη ζωή και με οδήγησε κατά τη διάρκεια της καριέρας μου. Και φυσικά, ακόμα ξέρω πώς να χτίσω έναν τοίχο, δεν το ξέχασα. Αν έπρεπε να το κάνω, θα το έκανα. Η ημέρα που ο πατέρας μου με ενθάρρυνε να γίνω ποδοσφαιριστής ήταν όταν δουλεύαμε έναν τοίχο και ήμουν δώδεκα χρονών. Πριν γίνω επαγγελματίας πήγαινα γάλα στα σπίτια, ξυπνούσα στις 4 κάθε πρωί, μετά πήγαινα στο σχολείο και το απόγευμα στην προπόνηση.

ΖΛΑΤΑΝ ΙΜΠΡΑΪΜΟΒΙΤΣ

Όπως είπε κάποτε ένας από τους φίλους μου, η ιστορία μου είναι ένα παραμύθι. Είναι ένα ταξίδι από τα προάστια σε ένα όνειρο. Πριν λίγο καιρό, μου έστειλαν μια φωτογραφία της γέφυρας, η οποία βρίσκεται στην περιοχή Ρόζενγκαρντ. Σ' εκείνη τη γέφυρα, κάποιος έγραψε: «Μπορείτε να πάρετε το αγόρι από το Ρόζενγκαρντ, αλλά ποτέ το Ρόζενγκαρντ από το αγόρι» με υπογραφή Ζλάταν.

Πήγα να το δω από κοντά. Ήταν καλοκαίρι, είχα βγει από το αυτοκίνητο και κοίταξα αυτές τις λέξεις, δεν ήταν ακριβώς δικές μου. Ήταν μια παραλλαγή ενός παλιού ρητού, για τα παιδιά του γκέτο. Κάτω από τη γέφυρα, θυμήθηκα τον πατέρα μου. Ήταν η γειτονιά της παιδικής μου ηλικίας. Ήταν οι δρόμοι που ξεκίνησαν όλα και ένιωσα κάτι μεγάλο και μικρό ταυτόχρονα.

Είδα τον μπαμπά και τη φόρμα του, άδεια ψυγεία και κουτάκια μπύρας, αλλά και την ημέρα που αγόρασε το κρεβάτι μου. Είδα το πρόσωπο της μαμάς μου, όταν γυρνούσε από τη δουλειά.

Είδα τα πρώτα μου παπούτσια ποδοσφαίρου, αυτά που αγόρασα για 59 κορώνες και 90 σεντς, και στέκονταν δίπλα στις ντομάτες και τα λαχανικά.

Θυμήθηκα τα όνειρό μου να γίνω ποδοσφαιριστής και ένιωσα μια τεράστια αίσθηση ευγνωμοσύνης.

ROSENGÅRD

"MAN KAN TA EN KILLE FRÅN ROSENGÅRD MEN MAN KAN INTE TA ROSENGÅRD FRÅN EN KILLE"

CITAT ZLATAN

ΜΙΚΑΕΛ ΕΣΙΕΝ

Ο πατέρας του ήταν παντρεμένος με άλλες τρεις γυναίκες, με αποτέλεσμα η μητέρα τού Εσιέν, μια μέρα να πάρει τα παιδιά της και να φύγει από το σπίτι.

Ο Εσιέν όταν υπέγραψε το πρώτο του συμβόλαιο στην Μπαστιά, το πρώτο που έκανε δεν ήταν ούτε να αγοράσει αυτοκίνητο, ούτε μια πανάκριβη βίλα. Πήγε πίσω στην Γκάνα, αγόρασε ένα καινούριο σπίτι στη μητέρα του και της προσέφερε τα πάντα, ώστε να σταματήσει να δουλεύει.

Η μητέρα του ήταν και ο λόγος για τον οποίο μετέπειτα ο Εσιέν δημιούργησε ένα ίδρυμα, το οποίο φροντίζει, εκτός από μικρά παιδιά, και ανύπαντρες κακοποιημένες μητέρες.

ΓΚΑΜΠΡΙΕΛ ΟΜΑΡ ΜΠΑΤΙΣΤΟΥΤΑ

Είμαι περήφανος για το γεγονός ότι πολλά μεγάλα κλαμπ με ήθελαν. Ερωτεύτηκα την πόλη και την ατμόσφαιρα και είπα στον εαυτό μου ότι θα μείνω εκεί. Ήταν μια εποχή που με ήθελαν ομάδες όπως η Ρεάλ και η Μάντσεστερ Γιουνάιτεντ, αλλά το να κερδίσω έναν τίτλο με τη Μάντσεστερ και τη Ρεάλ θα ήταν κάτι εύκολο. Ένας τίτλος με τη Φιορεντίνα ισοδυναμεί με δέκα της Γιουβέντους.

Έβαλα γκολ και αντιμετώπισα τους καλύτερους αμυντικούς στην Ιταλία, που ήταν και οι καλύτεροι στον κόσμο εκείνη την εποχή.

Θα είχα κερδίσει τη χρυσή μπάλα αν πήγαινα στη Γιουνάιτεντ ή στην Μπαρτσελόνα, αλλά ήθελα να πάρω τίτλους με τη Φιορεντίνα.

ΣΕΡ ΑΛΕΞ ΦΕΡΓΚΙΟΥΣΟΝ ΓΙΑ ΡΑΟΥΛ ΓΚΟΝΖΑΛΕΣ ΜΠΛΑΝΚΟ

«Η Ρεάλ Μαδρίτης αγοράζει πολλούς μεγάλους παίκτες, όπως ο Φίγκο, ο Ζιντάν ή ο Ρονάλντο, αλλά ο δυνατότερος παίκτης τους, κατά τη γνώμη μου, είναι ο Ραούλ».

Ο ΑΛΕΣΑΝΤΡΟ ΝΤΕΛ ΠΙΕΡΟ ΓΙΑ ΤΟΝ ΝΤΑΒΙΝΤ ΤΡΕΖΕΓΚΕ

Στη Γιουβέντους, όπου θα παραμείνει για δέκα χρόνια, θα μπει στην καρδιά των οπαδών της.

Ο φίλος του ο Άλεξ, που ποτέ δεν έκρυψε τον βαθύ θαυμασμό του, για τον συμπαίκτη του, το έκανε την ημέρα του αποχαιρετισμού του και με ένα γράμμα: «Αγαπητέ Νταβίντ, ήρθε η ώρα να πεις ένα γεια. Έχασα την αίσθηση των χρόνων που παίξαμε μαζί και των στόχων που πετύχαμε. Σίγουρα, είμαστε το ζευγάρι που σκόραρε τα περισσότερα γκολ στην ιστορία της Γιουβέντους, είναι μια μεγάλη υπερηφάνεια και για τους δύο. Πόσες νίκες, πόσες απογοητεύσεις, πόσες αγκαλιές. Δεν υπάρχει άλλος παίκτης στην επίθεση με τον οποίο έχω παίξει περισσότερο. Ένας μεγάλος σκόρερ -το μαρτυρούν και τα γκολ που πέτυχες. Αλλά για μένα που έπαιξα στο πλευρό σου, δεν υπάρχει λόγος να μείνω στους αριθμούς. Ήταν τιμή μου να είμαι στο γήπεδο με έναν από τους μεγαλύτερους επιθετικούς στον κόσμο.

Ο ΚΛΑΟΥΝΤΙΟ ΚΑΝΙΓΙΑ ΓΙΑ ΤΟΝ ΝΤΙΕΓΚΟ ΜΑΡΑΝΤΟΝΑ

Κάπου εκεί, τον Ιούνιο του 1987. Η στιγμή που γνώρισα για πρώτη φορά τον Μαραντόνα. Στη Ζυρίχη, σε ένα Ιταλία - Αργεντινή 3-1.

Στα αποδυτήρια, βρίσκω μπροστά μου τον Μαραντόνα, που μόλις είχε κατακτήσει το Μουντιάλ στο Μεξικό. Είναι ο καλύτερος ποδοσφαιριστής του κόσμου και μέχρι εκείνη τη στιγμή τον έβλεπα μόνο στην τηλεόραση. Θυμάμαι ακριβώς τα λόγια του Μαραντόνα: «Κλαούντιο, αδερφέ μου, μου έχουν μιλήσει με ωραία λόγια για σένα».

Από εκείνη τη στιγμή, γίναμε σπουδαίοι φίλοι.

ΜΠΑΛΑ

Αγαπημένη μου μπάλα, για να σε έχω πάντα μαζί μου, ξεπέρασα τους μεγαλύτερους φόβους μου.

Χαβιερ Ζανετι

Το «el tractore» ξεκίνησε στην Αργεντινή και είχε να κάνει με τον τρόπο που έπαιζα, με το ότι κάλυπτα όλο το γήπεδο χωρίς να σταματάω. Όταν πήγα στο Μιλάνο, οι Ιταλοί δημοσιογράφοι ρώτησαν συναδέλφους τους στην πατρίδα μου. Έμαθαν το παρατσούκλι μου και το προσάρμοσαν σε «el tractore». Και έμεινε έτσι μέχρι που έγινα αρχηγός και τότε έγινα «il capitano». Κανείς δεν με ανέφερε ως «el tractore» ξανά.

Η επίσημη παρουσίασή μου στην Ίντερ έγινε στο ξενοδοχείο Terrazzo Martini. Έφτασα με τον Σεμπαστιάν Ραμπέρ, έναν επιθετικό που θα πήγαινε στην Ίντερ από την Ιντεπετιέντε. Μας καλωσόρισε ο πρόεδρος, ο αρχηγός Τζουζέπε Μπέργκομι, όπως και κάποια μέλη της διοίκησης. Ήταν η πρώτη φορά που βρισκόμουν στο Μιλάνο και έβρεχε καταρρακτωδώς. Ύστερα από αυτό, η ομάδα πήγε για προετοιμασία και εγώ πήγα εκεί έχοντας τα παπούτσια μου σε μια πλαστική σακούλα. Κανένας δεν ήξερε ποιος ήμουν, ήταν άλλη εποχή, ήμουν ξένος. Πέρασα ανάμεσα από τους οπαδούς που έψαχναν τα είδωλά τους και μερικά λεπτά μετά κατάλαβαν ότι είμαι η νέα μεταγραφή.

Στην πρώτη μου σεζόν στην Ίντερ έμενα μόνος μου και τότε τα κινητά ήταν καινούρια και ακριβά. Υπήρχε ένα καρτοτηλέφωνο κοντά στο σπίτι μου, στο Κόμο, οπότε έπαιρνα κάρτα και στεκόμουν μιλώντας στην κοπέλα μου Πάολα. Ο κόσμος που περίμενε έλεγε άσχημα πράγματα, ειδικά αφού τον χειμώνα έκανε πολύ κρύο, όμως εγώ συνέχιζα να μιλάω.

Υπήρχαν κάποιες φήμες ότι η Μάντσεστερ Γιουνάιτεντ ήθελε να με αποκτήσει στα τέλη της δεκαετίας του '90. Συναντήθηκα μια φορά με τον Άλεξ Φέργκιουσον στο αεροδρόμιο, καθώς βρισκόμουν στην Αγγλία με τη γυναίκα μου. Μιλήσαμε λίγο για ποδόσφαιρο, όμως πάντα έμενα με την ιδέα να παραμείνω στην Ίντερ, ακόμα και στα δύσκολα χρόνια. Θα ήταν πολύ δύσκολο για μένα να φύγω κάτω από οποιεσδήποτε συνθήκες. Δεν ήταν μόνο η Μάντσεστερ Γιουνάιτεντ, υπήρχαν και άλλες μεγάλες ομάδες, όμως η αγάπη μου για την Ίντερ ήταν πάνω απ' όλα.

Τα αδερφια Μιλιτο

Ο Ντιέγκο Μιλίτο παίκτης της Ρασίνγκ, ο Γκάμπι Μιλίτο παίκτης της Ιντεπετιέντε.

Ο Γκάμπι ανατρέπει τον Ντιέγκο εκτός περιοχής. Ο Ντιέγκο ισχυρίζεται ότι ήταν ο τελευταίος παίκτης. Ο Γκάμπι το αντίθετο.

«Το μ@@νι της μάνας σου» λέει ο Γκάμπι στον Ντιέγκο.

Πρόκειται για τα αδέρφια Μιλίτο.

«Εγώ τον αντιμετώπισα σαν ακόμα έναν επιθετικό και αυτός εμένα σαν ακόμα έναν αμυντικό» δηλώνει ο Γκάμπι.

Ο πατέρας δηλώνει: «Μπορούν να σκοτώσουν για τα χρώματα που υπερασπίζονται...»

Το Ντεμπουτο του Μπουφον στη Σκουαντρα Ατζουρα

1997. Είναι δεκαεννιά και αγωνίζεται βασικός στην Πάρμα.

29 Οκτωβρίου η Ιταλία αντιμετωπίζει τη Ρωσία για τα νοκ άουτ της πρόκρισης στο Μουντιάλ της Γαλλίας.

Χιόνι, πάγος, τσουχτερό κρύο, πορτοκαλί μπάλα. Βασικός ο Τζιανλούκα Παλιούκα. Λίγο μετά το μισάωρο ο Παλιούκα κάνει την έξοδο για να προλάβει τον Καντσέλσκις, ο Ρώσος γλιστρά στον πάγο, συγκρούεται με το γόνατο του Παλιούκα.

Ο Παλιούκα αποχωρεί σφαδάζοντας, ο τέταρτος σηκώνει τον πίνακα. Το 12 μπαίνει στο γήπεδο απλώς με τη φανέλα και το σορτσάκι. Είναι η πρώτη φορά του Μπουφόν στην εθνική. Θα νικηθεί μόνο με το αυτογκόλ του συμπαίκτη του στην Πάρμα, Φάμπιο Καναβάρο, οι Ιταλοί θα αποδράσουν με το πολύτιμο 1-1 από τη Μόσχα. Ήταν οι χειρότερες δυνατές συνθήκες για ντεμπούτο, η πιο ακατάλληλη στιγμή για να ξεκινήσει μια καριέρα με το εθνόσημο.

Μέσα στην κακουχία και το ψύχος γεννήθηκε ο Superman.

Ρομπερτο Μπατζιο

Τον Ιανουάριο του 1998, αρνήθηκε να πάει στην Ίντερ με την οποία είχε συμφωνήσει η Μπολόνια, αναβάλλοντας τη μεταγραφή για το καλοκαίρι.

«Ο κόσμος πήρε εισιτήρια διαρκείας επειδή η διοίκηση διαφήμιζε εμένα. Θα τους επιστραφούν τα λεφτά αν φύγω στη μέση της σεζόν;»

Ζοζε Μουρινιο

Το 2004 ο Ρομάν Αμπράμοβιτς, μου είπε ότι «μπορεί να διαθέσει όσα χρήματα χρειάζονται, για να φέρει στην Τσέλσι τον Ροναλντίνιο». Εγώ του είπα, ότι «αυτόν που θέλω να φέρει οπωσδήποτε, ήταν ο Ντιντιέ Ντρογκμπά».

ΡΕΝΕ ΧΙΓΚΙΤΑ

«Κάναμε μία τηλεοπτική διαφήμιση και κάποιο από τα παιδιά έκανε ένα από τα κόλπα με την μπάλα στο στήθος του και πίσω από την πλάτη του. Έτσι αποφάσισα να το κάνω και εγώ. Στην αρχή δεν ήξερα πώς θα αντιδράσει ο κόσμος, αλλά εκείνη τη στιγμή ο σκορπιός βγήκε από μέσα μου».

Οι θαυμαστές και οι φίλοι του, βλέποντας την διαφήμιση, του ζητούσαν επίμονα να επαναλάβει το κόλπο σε έναν πραγματικό αγώνα. Παρά την εκκεντρικότητά του κανείς δεν πίστευε πραγματικά ότι θα δοκίμαζε την κίνηση του σκορπιού, μέχρι που ήρθε η 6η Σεπτεμβρίου του 1995.

Σε ένα φιλικό εναντίον της Αγγλίας, στο Γουέμπλει, ο Κολομβιανός παρουσίασε θεαματικά την κλωτσιά του σκορπιού. Με αυτοπεποίθηση που ταίριαζε σε έναν απόλυτο σταρ, πραγματοποίησε ένα από τα εκπληκτικότερα ποδοσφαιρικά κόλπα όλων των εποχών.

ΝΤΑΒΟΡ ΣΟΥΚΕΡ

Ονειρευόμουν να κερδίσω το Χρυσό Παπούτσι σε Μουντιάλ. Έτσι, η διοργάνωση του 1998 ήταν, κατά μία έννοια, πραγματοποίηση του ονείρου μου. Τότε, έπαιζα το καλύτερο ποδόσφαιρο στην καριέρα μου. Ήταν απίστευτο το ότι τερματίσαμε στην 3η θέση τότε με την Κροατία, μπροστά από κάποιες από τις μεγαλύτερες ομάδες στον πλανήτη. Τερματίσαμε πιο πάνω από την Αγγλία, την Αργεντινή, την Ολλανδία, την Ισπανία, τη Γερμανία και την Ιταλία, κάτι που ήταν εκπληκτικό για μία τόσο μικρή χώρα.

ΜΑΝΟΥΕΛ ΡΟΥΙ ΚΟΣΤΑ

Όταν ήμουν μικρός δεν είχα παιχνίδια. Δεν με ενδιέφεραν, δεν μου άρεσε να παίζω με τίποτα άλλο, εκτός της μπάλας. Την έπαιρνα μαζί μου για ύπνο.

«Φως», τον αποκάλεσαν στην πόλη της Αναγέννησης, τη Φλωρεντία.

ΝΤΙΝΤΙΕ ΝΤΡΟΓΚΜΠΑ

Ήμουν πολύ κοντά στην Ίντερ. Εκείνες τις μέρες παίρνω ένα μήνυμα από τον Λαμπάρντ. «Γεια σου Ντιντιέ, έχουμε μια δουλειά, πρέπει να κερδίσουμε την Πρέμιερ Λιγκ και το Τσάμπιονς Λιγκ μαζί».

ΕΡΝΕΣΤΟ ΧΑΒΙΕ ΣΕΒΑΝΤΟΝ

Ο πραγματικός μου μισθός είναι η αγάπη των ανθρώπων και όχι τα χρήματα. Για μένα, η αγάπη τους, είναι το πιο σημαντικό πράγμα. Ξέρω πόσο πολύ με αγαπάνε και αυτό είναι αρκετό για μένα, να είμαι ευτυχισμένος.

Ένας πολεμιστής, ένας πραγματικός μαχητής, που ήθελε να παίξει με εξάρθρωση ώμου:

«Κύριε, άσε με να μπω!»

«Πού να πας μ' αυτόν τον ώμο;»

«Κύριε, σε παρακαλώ...»

Δεν μπορούσε να μείνει έξω εκείνη τη στιγμή. Ήθελε να δοκιμάσει. Ήθελε να είναι ο τελευταίος που θα πηδήξει από το πλοίο. Αυτός ο χρόνος τελείωσε άσχημα για τη Λέτσε, αλλά η χειρονομία του, η αγάπη του για την ομάδα, δεν θα ξεχαστεί.

«Φόρεσα τις φανέλες της Μονακό, της Σεβίλλη, της Αταλάντα και της Κολόν, αλλά ποτέ δεν έβγαλα τη φανέλα της Λέτσε, αυτό είναι το δέρμα μου».

ΟΛΙΒΕΡ ΚΑΝ

Το ποδόσφαιρο του σήμερα μού μοιάζει με μπαλέτο. Οι ποδοσφαιριστές μόλις τους ακουμπάς αρχίζουν να κλαίνε. Παραπονιούνται για τη «σκληρή ζωή» τους μετά από τρία σερί ματς αλλά όταν δίνουν συνεντεύξεις είναι οι καλύτεροι ηθοποιοί στον κόσμο.

Δεν είναι σωστό να υποστηρίζει κανείς πως οι τίτλοι είναι το μοναδικό πράγμα που μένει σε μία καριέρα. Ποιο είναι το νόημα αν έχεις πάρει 10.000 τίτλους αλλά είσαι ηλίθιο άτομο; Κανένα...

ΝΤΙΝΟ ΤΖΟΦ

Είναι ο μοναδικός Ιταλός παίκτης που έχει κατακτήσει Ευρωπαϊκό Πρωτάθλημα (1968) και Παγκόσμιο Κύπελλο (1982).

Είναι ο γηραιότερος κάτοχος Μουντιάλ, το οποίο κατέκτησε ως αρχηγός της Εθνικής Ιταλίας, στα γήπεδα της Ισπανίας το 1982 (3-1 τη Γερμανία) σε ηλικία 40 ετών, 4ων μηνών και 13ών ημερών.

ΜΑΡΣΕΛΟ ΜΠΙΕΛΣΑ

Όταν μου λένε ότι «τα σχέδιά μου δεν μπορούν να αναπτυχθούν λόγω έλλειψης πόρων» τους δείχνω μια φωτογραφία με παιδιά, στην Αφρική, που παίζουν μπιλιάρδο.

ΤΙΕΡΙ ΑΝΡΙ

Όταν γυρνούσα στο σπίτι, η Τέα, η μικρή μου κόρη, μόλις με έβλεπε άρχιζε να κλαίει. Με θεωρούσε ξένο. Ανάμεσα στα παιχνίδια, την προπόνηση, στα ταξίδια, δεν μπορούσα να τη βλέπω όσο θα ήθελα.

Όταν φτιάχτηκε το άγαλμά μου, αποφάσισα να την πάρω μαζί μου, για να της πω ότι δεν ήταν δικό μου λάθος που την είχα αφήσει μόνη σε όλο αυτό το διάστημα. Όταν είδε το άγαλμα, γύρισε και είπε «μπαμπά, αυτός είσαι εσύ, γιατί σου το έκαναν αυτό; Δεν πέθανες...»

Εγώ εκείνη τη στιγμή, δεν είπα τίποτα. Πίσω μου, υπήρχε ο Αρσέν Βένγκερ, που τα άκουσε όλα και είπε: «βλέπεις, μωρό μου, ο πατέρας σου δεν θα πεθάνει ποτέ. Είναι σαν υπερήρωας εδώ πέρα. Αυτό το πράγμα έγινε επειδή έκανε πολλούς ανθρώπους ευτυχισμένους. Θα πρέπει να τον αγαπάς, όπως κι όλοι αυτοί οι άνθρωποι γύρω μας».

Μετά από αυτές τις λέξεις, η κόρη μου έβγαλε ένα χαμόγελο και είπε: «Μπαμπά, είσαι ο υπερήρωάς μου!»

Από εκείνη την ημέρα, η Τέα με αποκαλεί «σούπερ ήρωα» και βλέπει βίντεο με τα γκολ μου στο youtube. Νομίζω ότι σε λίγα χρόνια θα τη δούμε στη γυναικεία ομάδα. Εξάλλου, είναι κόρη μου, θα έχει πάρει τα γονίδια.

ΜΑΟΥΡΟ ΚΑΜΟΡΑΝΕΖΙ ΓΙΑ ΜΑΡΤΣΕΛΟ ΛΙΠΙ

Ακόμα ανατριχιάζω όταν σκέφτομαι την ομιλία του Μαρτσέλο Λίππι πριν από τον τελικό. Είπε τα ονόματα όσων βγήκαν στο γήπεδο και άρχισε να μας μιλάει για τακτικές: «πρόσεχε εδώ, πρόσεχε εκεί, σου προτείνω αυτό...» Τότε, ξαφνικά άλλαξε έκφραση, σταμάτησε και είπε: «παιδιά, όλα αυτά είναι μαλακίες, ήρθαμε για να κερδίσουμε, οπότε ας κερδίσουμε!»

Μια τρελή ενέργεια. Έβγαλε μια πολύ δυνατή κραυγή... Μας έδωσε μια απίστευτη δύναμη.

ΣΕΡ ΑΛΕΞ ΦΕΡΓΚΙΟΥΣΟΝ ΓΙΑ ΤΗ ΛΑΤΣΙΟ ΤΩΝ '00Σ

Δεν ήταν απλά μια ομάδα. Ήταν σαν αμερικανική ομάδα μπάσκετ. Μια ομάδα αστέρων. Υπήρχαν άνθρωποι που μπορούσαν να παίξουν ποδόσφαιρο μόνοι τους, εναντίον όλων. Είχαν αστέρια σε κάθε μέρος του γηπέδου.

ΑΛΑΝ ΣΙΡΕΡ

«Όταν ήμουν παιδί, δεν έβλεπα κινούμενα σχέδια. Ήμουν πολύ απασχολημένος με το να ονειρεύομαι ότι μια μέρα θα παίξω στη Νιούκαστλ».

Ήξερε ότι μπορεί να μην κερδίσει κάποιον τίτλο μένοντας εκεί, αλλά δεν τον ένοιαζε.

«Δεν θα φύγω ποτέ. Λατρεύω αυτή την πόλη. Η ζωή μου είναι εδώ».

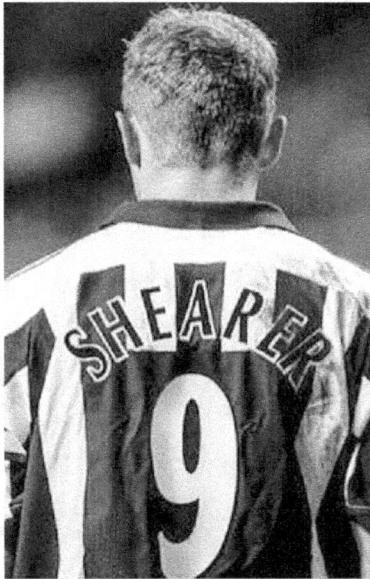

ΜΑΡΚΟ ΦΑΝ ΜΠΑΣΤΕΝ

Στις 17 Αυγούστου 1995, στην αίθουσα των αποδυτηρίων, είναι ο πιο ήρεμος από όλους. Σε αυτό το δωμάτιο είναι ο μόνος που έχει αποδεχθεί τη μοίρα του. Καθησύχασε το κοινό, τους δημοσιογράφους και τόνισε ότι η Μίλαν θα συνεχίσει να κερδίζει.

«Το ποδόσφαιρο συνεχίζεται, μαζί μου δεν θα τελειώσει η Μίλαν. Εδώ είναι ο Μπάτζιο, ο Σαβίσεβιτς, ο Γουεά, ο Μαλντίνι και ο Μπαρέζι.

Ανυπομονώ να δω το νούμερο 9, τη φανέλα της Μίλαν.

Να αποσυρθεί; Δεν μου αξίζει αυτό. Τώρα είναι δίκαιο να το φοράει ο Γουεά.

Έχω παίξει πολλά άσχημα παιχνίδια. Τώρα μου λέτε ότι ήμουν ο καλύτερος, αλλά η αλήθεια είναι ότι ήμουν μέλος μιας ομάδας.

Ελπίζω να μην κλάψω. Δείχνω χάλια όταν κλαίω...»

ΦΑΟΥΣΤΙΝΟ ΑΣΠΡΙΓΙΑ

Νιούκαστλ – Μπαρτσελόνα 3-2 (17 Σεπτεμ-βρίου 1997).

Δε θα έπαιζα. Ήμουν με την εθνική και αντί να επιστρέψω αμέσως στο Νιούκαστλ, πήγα μια βόλτα από το ράντσο μου για να κάνω πάρτι με κάτι κορίτσια. Ο Νταγκλίς ήταν έξαλλος, όμως πριν τη σέντρα διάβασε την ενδεκάδα και ήμουν σε αυτήν. Πέτυχα το πρώτο γκολ με πέναλτι και στη συνέχεια δύο κεφαλιές έπειτα από σέντρες του Γκιλέσπι. Δεν πρόκειται ποτέ να ξεχάσω τους οπαδούς της Νιούκαστλ να φωνάζουν ρυθμικά το όνομά μου. Δεν τους πολυκαταλάβαινα, όμως μπορούσα να δω πόσο χαρούμενοι ήταν!

Ο ΛΟΥΪΣ ΦΙΓΚΟ ΣΤΗΝ ΕΠΙΣΤΡΟΦΗ ΤΟΥ ΣΤΟ ΚΑΜΠ ΝΟΟΥ, ΩΣ ΠΑΙΚΤΗΣ ΤΗΣ ΡΕΑΛ

Ο Φίγκο «βούλωνε» τα αυτιά του για να μην ακούει, ενώ τα κέρματα, τα κινητά, τα τούβλα και κάθε λογής αντικείμενα έπεφταν ασταμάτητα γύρω του.

Στα κόρνερ ο Μίτσελ Σαλγάδο είχε αποφα-σίσει να πηγαίνει κοντά στον Φίγκο, για να εκτελεί γρήγορα με κοντινή πάσα προς αυτόν, και να φεύ-γει σύντομα απ' το σημαιάκι.

Μετά από τα πρώτα δυο-τρία κόρνερ, γύρι-σε στον Πορτογάλο και του είπε «φίλε, ξέχνα το, είσαι μόνος σου πια». Όπως αποκάλυψε έπειτα από καιρό ο Ισπανός, «δεν γινόταν διαφορετικά. Κάθε φορά που κερδίζαμε κόρνερ και ο Λουίς πή-γαινε προς τα 'κει, έπεφτε μέσα ό,τι μπορεί κανείς να φανταστεί. Κέρματα, γυαλιά, μαχαίρια, μέχρι και μπουκάλι ουίσκι, νομίζω J&B ή Johnnie Walker. Σκέφτηκα πως ήταν καλύτερα για μένα να μείνω μακριά».

ΖΛΑΤΑΝ ΙΜΠΡΑΪΜΟΒΙΤΣ ΓΙΑ ΑΝΤΡΙΑΝΟ

Έπαιξα με πρωταθλητές, με παίκτες που ήταν τεράστιοι, έπαιξα με παίκτες που το ταλέντο τους θα τους οδηγούσε να γίνουν τεράστιοι, αλλά αυτός που πραγματικά θα μπορούσε να κάνει το κάτι παραπάνω και δεν το έκανε, ήταν ο Αντριάνο. Όταν είμασταν συμπαίκτες, το πρώτο πράγμα που είπα στον Πρόεδρο ήταν να τον κρατήσει, γιατί ήθελα να παίξω μαζί του. Ήταν ένα ζώο, μπορούσε να σουτάρει από κάθε θέση, κανείς δεν μπορούσε να τον σταματήσει, κανείς δεν μπορούσε να του πάρει την μπάλα. Ήταν πραγματικό ζώο. Αλλά κράτησε λίγο. Δεν ξέρω γιατί. Αν δεν έχεις το σωστό μυαλό για να παίξεις ποδόσφαιρο, είναι δύσκολο. Στην περίπτωση του Αντριάνο, πέρασα καλά παίζοντας μαζί του, τον είδα, ήμουν ευτυχής να παίξω μαζί του και εναντίον του. Είναι κρίμα που κράτησε τόσο λίγο.

ΕΡΙΚ ΚΑΝΤΟΝΑ

Την πρώτη φορά που μίλησα με τον Άλεξ Φέργκιουσον, μου είπε: «Αναρωτιέμαι αν είσαι αρκετά καλός για να παίξεις στο Ολντ Τράφορντ». Εγώ του απάντησα: «Αναρωτιέμαι αν η Μάντσεστερ Γιουνάιτεντ είναι αρκετή για μένα».

ΑΛΕΞ ΦΕΡΓΚΙΟΥΣΟΝ ΓΙΑ ΑΝΤΥ ΚΟΟΥΛ ΚΑΙ ΝΤΟΥΑΪΤ ΓΙΟΡΚ

Η χημεία τους στο γήπεδο και η φιλία τους, ήταν φαινόμενο. Όταν ο Γιορκ έφτασε στην ομάδα, δεν ήξερα ποιος ήταν ποιος, αλλά αυτοί τα βρήκαν μεταξύ τους κατευθείαν. Στην προπόνηση δούλευαν μαζί, ήταν σαν ένας άνθρωπος, σαν κάτι ψεύτικο. Τέλεια συγχρονισμένοι...

ΦΑΜΠΙΟ ΚΟΥΑΛΙΑΡΕΛΑ

«Μιλούσαν για σχέση μου με την καμόρα, είπαν ότι είμαι παιδόφιλος, ότι έστηνα παιχνίδια. Όλα ήταν ψέματα, αλλά ήταν εξαιρετικά δύσκολο να ζω όλα αυτά για τόσα χρόνια» είπε ο Κουαλιαρέλα, όταν είδε τον άνθρωπο που διέδιδε τις φήμες σε βάρος του, να καταδικάζεται σε φυλάκιση τεσσάρων ετών και οκτώ μηνών.

«Ήταν ένας αστυνομικός, ο οποίος έκανε τη ζωή μου μια πραγματική κόλαση. Δεν εύχομαι σε κανέναν να περάσει όσα πέρασα. Δεν μπορούσα να βγω από το σπίτι μου, ούτε εγώ ούτε η οικογένειά μου. Ευχαριστώ τη δικαιοσύνη για την αποκατάσταση της αλήθειας. Με απειλούσαν, φοβόμουν για τη ζωή μου, για την οικογένειά μου, για όλους τους δικούς μου ανθρώπους. Ήταν σοκαριστικά όσα ακούστηκαν μετά τη μεταγραφή μου στη Γιουβέντους».

«Μου έφυγε ένα βάρος και αυτός είναι ο πραγματικός λόγος που έπρεπε να φύγω από τη Νάπολη και από την ομάδα. Ήμουν πολύ χαρούμενος εκεί, αλλά επηρεάστηκα από αυτή την κατάσταση, που εξελίχθηκε σε πραγματικό εφιάλτη. Δεν θα το ευχόμουν σε κανέναν».

Οι φίλαθλοι των «παρτενοπέι» θεώρησαν ότι τους πρόδωσε επιλέγοντας τα λεφτά της Γιουβέντους και κάθε φορά που επέστρεφε είτε στο Σαν Πάολο είτε στη γενέτειρά του, τον αποδοκίμαζαν με κάθε τρόπο. Κανείς δεν γνώριζε το δράμα του.

ΚΛΑΣ ΙΝΓΚΕΝΣΟΝ

Ήταν ο «πολεμιστής» που κυνηγούσε όλες τις μπάλες και τους αντιπάλους.

Φαινόταν ανίκητος, αλλά το 2009, ο Ίνγκενσον διαγνώστηκε με καρκίνο.

«Όταν ο γιατρός είπε ότι είχα καρκίνο, τα είδα όλα μαύρα. Είχα πολλούς αρρώστους στην οικογένειά μου, και αυτή η λέξη σήμαινε θάνατο για μένα. Όταν το σοκ πέρασε, αποφάσισα να επιλέξω τη ζωή. Και η επιλογή της ζωής σήμαινε αυτόματα, να επιλέξω το ποδόσφαιρο».

Ξεκίνησε να προπονεί ομάδες νέων, μέχρι να πάρει τη μεγάλη ευκαιρία να προπονήσει πρώτη ομάδα. Αλλά η αρρώστια δεν του έδωσε πάρα πολλές στιγμές για να απολαύσει την περιπέτεια. Στην αρχή, έφτασε στον πάγκο με πατερίτσες και τελικά έκατσε στην αναπηρική καρέκλα.

Ωστόσο, ο Κλας ήταν πάντα στο γήπεδο, πάντα εκεί, παρά το γεγονός ότι η ασθένεια τον έκανε πιο αδύναμο. Μια φορά, κατά τη διάρκεια ενός αγώνα, έπεσε από την αναπηρική καρέκλα στο έδαφος «Δεν μπορούσαμε να τον πάρουμε μακριά, ήθελε να κάτσει μέχρι το τέλος στο γήπεδο» εξήγησε ο γιατρός της ομάδας.

Με την ομάδα του κέρδισε και γιόρτασε το σουηδικό κύπελλο.

Δύο εβδομάδες αργότερα, παραιτήθηκε, γνωρίζοντας ότι δεν ήταν πλέον σε θέση να εκπαιδεύσει. Υποσχέθηκε να αγωνιστεί ενάντια στην ασθένεια και σαν καλός πολεμιστής, πολέμησε μέχρι το τέλος, πριν φύγει.

ΜΑΡΚΟ ΜΑΤΕΡΑΤΣΙ ΚΑΙ ΤΖΕΝΑΡΟ ΓΚΑΤΟΥΖΟ

«Ο Μάρκο κι εγώ ξεκινήσαμε μαζί στην Περούτζια. Ήμουν ανήλικος, ενώ εκείνος είχε ήδη επαγγελματικό συμβόλαιο. Ήταν σαν μεγάλος αδερφός, με οδηγούσε στην Περούτζια και θα με οδηγούσε οπουδήποτε αν χρειαζόμουν κάτι. Ήταν αδερφός μου. Μερικές φορές μου έδινε και λεφτά για να με βοηθήσει, όταν δεν είχα. Δεν θα ξεχάσω ποτέ τι έκανε για μένα...»

Ενώ όταν κάποια στιγμή είχαν μαλώσει, ο Ματεράτσι δήλωσε: «Είναι φυσικό να τα ξαναβρούμε. Ο Ρίνο είναι αδερφός μου. Ήταν μικρό παιδί στην Περούτζια όταν ζήσαμε σαν αδέρφια».

ΑΛΕΣΑΝΤΡΟ ΝΤΕΛ ΠΙΕΡΟ

Αρχηγός σημαίνει να βάζεις πρόσωπο μπροστά όταν τα πράγματα πάνε στραβά. Σημαίνει να μπορείς να μένεις σιωπηλός όταν θες να μιλήσεις και να μιλάς εκ μέρους όλων όταν θέλεις να το βουλώσεις.

ΓΙΑΓΙΑ ΤΟΥΡΕ

Η Άρσεναλ άμεσα ενδιαφέρθηκε, τον πήρε ο Βενγκέρ κοντά του για ένα καλοκαίρι, όμως οι νόμοι στην Αγγλία αποτέλεσαν εμπόδιο να συνεργαστεί με τον αδελφό του. «Μπορεί να είναι ο επόμενος Πατρίκ Βιεϊρά», έλεγε ο αδελφός του, ο Κόλο Τουρέ και επέμενε: «έχει το ίδιο σώμα και μπορεί να φτάσει στο επίπεδό του. Είναι πολύ καλύτερος από εμένα».

Η προσπάθεια έπεσε στο κενό, αφού ο άγνωστος Γιάγια δεν είχε τις απαιτούμενες συμμετοχές για να πάρει πιστοποιητικό εργασίας στην Αγγλία.

Ο Γιάγια Τουρέ θα έπαιρνε μεταγραφή σύντομα, όμως το δέλεαρ των χρημάτων ήταν τέτοιο, που ουδείς ενδιαφέρθηκε για το πού θα κατέληγε ο νεαρός Αφρικανός. Η Μπέβερεν βρήκε μια καλή ευκαιρία να βγάλει λεφτά και τον πούλησε προς 2,1 εκ. ευρώ στην Ουκρανία.

«Στην Ουκρανία ήταν όλα διαφορετικά. Πέρασα δύσκολα, όμως με βοήθησε η περιπέτειά μου να ωριμάσω και να γίνω άντρας. Εκεί κατάλαβα ότι το ποδόσφαιρο είναι πολύ πιο διαφορετικό απ' ό,τι πίστευα. Μπορεί να σου προσφέρει υπέροχες στιγμές και μεγαλεία, αλλά δεν παύει να είναι δουλειά. Εκεί έγινα επαγγελματίας. Εξάλλου, δεν υπήρχαν και πάρτι για να πάω!»

Στις 12 Ιουλίου του 2005, ο νεαρός άσος από την Ακτή Ελεφαντοστού, θα προσγειωθεί στην Αθήνα για τον Ολυμπιακό.

ΧΟΥΑΝ ΜΑΤΑ

Ο Ισπανός μέσος της Μάντσεστερ Γιουνάιτεντ αποφάσισε να δωρίζει το 1% του μισθού του κάθε φορά που ο τραπεζικός του λογαριασμός γεμίζει, προκειμένου να βοηθήσει τον συνάνθρωπο.

Όπως τονίζει «κάθε φορά που κάποιος υπογράφει σε κάποια ομάδα, κάθε φορά που λαμβάνει τον μισθό του, κάθε φορά που υπάρχει έσοδο, το 1% μπορεί να πηγαίνει σε φιλανθρωπικούς οργανισμούς. Μπορεί ν' αποτελέσει μια μεγάλη βοήθεια για φαγητό, για ευαισθητοποίηση, για ενεργοποίηση ενός ολόκληρου συστήματος.

Θέλω να γίνει κάτι το φυσιολογικό, αυτή η δωρεά. Μακάρι να κάνουμε τη διαφορά. Ψάχνω κι άλλους, συμπαίκτες, πρώην συμπαίκτες, αντιπάλους, προπονητές, προέδρους. Όχι πολλούς. Άλλους δέκα. Μπορεί να ακούγεται συνηθισμένο και κλισέ, αλλά είναι αλήθεια ότι μπορούμε να κάνουμε τη διαφορά».

ΑΝΤΡΕΑ ΜΠΑΡΤΖΑΛΙ

Η πιο δύσκολη περίοδος της ζωής μου ήταν όταν βρισκόμουν μακριά από το σπίτι μου. Στο Παλέρμο ήμουν καλά. Ο Λίπι με ήθελε ως τρίτη επιλογή για το Μουντιάλ και στη συνέχεια ήρθε η Βόλφσμπουργκ, μια εξαιρετική ομάδα, ένα περιβάλλον λίγο δύσκολο. Στα τριάντα μου αισθανόμουν ένας ποδοσφαιριστής τελειωμένος, δεν είχα πλέον ερεθίσματα και αμυνόμουν ελάχιστα.

Ήταν το 2011, βράδυ, σε δείπνο με μερικούς φίλους. Το τηλέφωνό μου χτυπάει αρκετές φορές, δεν απαντώ ποτέ διότι πιστεύω πως θα ήταν κάποιος από τη Βόλφσμπουργκ, δεν είχα τη διάθεση να ακούσω κανέναν. Επιστρέφω στο σπίτι στις δέκα, κοιτάω ποιος είναι και ανακαλύπτω το νούμερο του Αλεσάντρο Ντελ Πιέρο. Τον ξανακαλώ:

«Άλεξ, σ' ενοχλώ»;

«Όχι, Μπάρτζα, σε κάλεσα για να σου ζητήσω κάτι. Πώς είσαι από πλευράς φυσικής κατάστασης;»

«Όχι όπως όταν γίναμε πρωταθλητές».

Γέλασε και στη συνέχεια μου ανέλυσε το σχέδιό του: «Η Γιουβέντους μου ζήτησε να της προτείνω έναν αμυντικό για να έρθει εδώ και έδωσα το όνομά σου. Πρέπει να πάρεις το πρώτο αεροπλάνο και να έρθεις εδώ, χρειάζονται την εμπειρία σου».

Στο πρώτο λεπτό έμεινα χωρίς να πω λέξη. Παρακολουθούσα τον Ντελ Πιέρο να «καταστρέφει» τον κόσμο όταν ήμουν μικρός, να τον ακούω από το τηλέφωνο ήταν ένα τεράστιο συναίσθημα.

«Δεν μπορώ, Άλεξ, ίσως μάλιστα αποσυρθώ».

«Τι; Θέλεις να αποσυρθείς; Έχασες το μυαλό σου; Κουνήσου διότι στο Τορίνο πρέπει να αναγεννηθούμε και ένας ηγέτης στην άμυνα, όπως εσύ, χρειάζεται».

«Μα, είμαι τριάντα ετών και δεν έχω καμία όρεξη για να παίζω».

«Στα τριάντα σου έχεις επιθυμία να κάνεις αξιοπρεπείς σεζόν, έλα στη Γιουβέντους...»

Δεν ευχαρίστησα ποτέ αρκετά τον Ντελ Πιέρο, που έδωσε νόημα στην καριέρα μου. Τα χρόνια με τη Γιουβέντους έχουν υπάρξει τα καλύτερα της καριέρας μου, έπαιξα σπουδαία παιχνίδια και δεν υπάρχει καλύτερη ομάδα. Μιλάτε για τη Ρεάλ, την Μπαρτσελόνα. Η Γιουβέντους είναι μοναδική και κανείς δεν φαίνεται να το καταλαβαίνει. Η Φιορεντίνα προσπάθησε να με αποκτήσει, προσφέροντάς μου 400 χιλιάδες ευρώ περισσότερα τον χρόνο και απέρριψα την πρόταση. Η καριέρα μου είναι αφιερωμένη σε αυτή την ομάδα».

Ρομπερτο Μπατζιο

Έδωσα τα πάντα στο ποδόσφαιρο. Μπορεί να ακούγεται παράδοξο αλλά εκείνη τη στιγμή που αποσύρθηκα αισθανόμουν χαρά που είχα εκπληρώσει τους στόχους μου.

Δεν θα μπορούσα να είχα κάνει περισσότερα. Στο San Siro, στο τελευταίο μου παιχνίδι για τη Serie A, και στη Γένοβα στην τελευταία μου εμφάνιση για την εθνική Ιταλίας, οι οπαδοί με ξεπλήρωσαν για όλα αυτά.

Θα μου άρεσε να παίζω στη σημερινή εποχή. Με τους νέους κανονισμούς και την πολλή τηλεόραση, σίγουρα θα δεχόμουν λιγότερες κλωτσιές και θα είχα λιγότερους τραυματισμούς.

Γραμμα ενος οπαδου της Ριβερ Πλεϊτ, προς τον Χουαν Ρομαν Ρικελμε

Είναι η νύχτα της 30ής Μαρτίου του 2014.

Έχουν περάσει 21 λεπτά από το δεύτερο ημίχρονο και κερδίζαμε 1-0 στο Μπομπονέρα.

Περιμέναμε χρόνια για να κερδίσουμε ένα ντέρμπι, αλλά σήμερα φαίνεται να υπάρχει ελπίδα.

Ξαφνικά, φάουλ μπροστά στην περιοχή μας.

Πηγαίνει ο Ρικέλμε και παίρνει την μπάλα.

Ο φίλος μου κι εγώ παρακολουθούμε, δεν λέμε τίποτα, αλλά συγχρόνως λέμε τα πάντα.

Χαμογελάει ψεύτικα για να σε κάνει να νομίζεις ότι είναι όλα ήσυχα και ωραία.

Σουτάρει ο Ρικέλμε και γκολ.

Ένα από τα πιο όμορφα στην ιστορία αυτού του ντέρμπι.

Θα σηκωθώ και θα χειροκροτήσω.

Θυμωμένος, νευριασμένος, ενώ τον βρίζω, συγχρόνως ήθελα να τον χειροκροτήσω. Είναι έτσι το ποδόσφαιρο που μερικές φορές ξεχωρίζεις την ομορφιά πάνω από κάθε φανέλα.

Δεν θα μπορούσα ποτέ να σε μισήσω, Ρομάν. Και πίστεψέ με, προσπάθησα.

Το εννοώ, αλλά δεν μπορώ. Λυπάμαι.

Έμαθες στους συμπαίκτες σου και στην ομάδα σου ότι μπορείς να συνδυάσεις το θάρρος και την κομψότητα ακόμα και μέσα στη λάσπη.

Πώς θα μπορούσα να μην σ' αγαπώ;

Πώς να μη σε σέβομαι, όταν πάντα είχες τόσο μεγάλο σεβασμό για τον ιστορικό αντίπαλό σου;

Ναι, Ρομάν, πολλοί από εμάς σ' αγαπάμε και σε θαυμάζουμε.

Μερικοί άνθρωποι έχουν επίσης το θάρρος να το πουν, άλλοι το κρατούν για τον εαυτό τους.

Θα είσαι ο καλύτερος αντίπαλος στην ιστορία μας.

Ο ΓΚΑΜΠΡΙΕΛ ΜΠΑΤΙΣΤΟΥΤΑ ΓΙΑ ΤΟΝ ΕΝΤΜΟΥΝΤΟ

Ήμασταν πολύ κοντά με τον Εντμούντο, μέχρι που τραυματίστηκα στο γόνατο το '99. Τότε τον πήρα στο σπίτι και του είπα:

«Ζώο, μείνε εδώ στη Φλωρεντία, πάρε την ομάδα στους ώμους σου. Αυτή τη φορά, μην πας στο καρναβάλι».

«Αρχηγέ, είναι πολύ σημαντικό για μένα, δεν μπορώ να το κάνω, προσπάθησε να με καταλάβεις».

Εγώ πάντα πάλευα και έδινα τα πάντα για να κάνω τους φιλάθλους ευτυχισμένους.

Δεν μπορούσα να αφήσω κάποιον ηλίθιο, να εγκαταλείψει την ομάδα, για να πάει να κάνει ταξιδάκι αναψυχής. Την άλλη μέρα μου τηλεφώνησε και μου είπε, «Λυπάμαι, θα πάω...»

Από εκείνη τη μέρα, δεν έχω νέα του ξανά, δεν ξαναμιλήσαμε.

ΦΙΛΙΠΠΟ ΙΝΤΖΑΓΚΙ

Την παραμονή του τελικού της Αθήνας, ο Κάρλο Αντσελότι δεν ήταν σίγουρος αν θα παίξει μ' εμένα ή τον Τζιλαρντίνο. Στο τέλος με διάλεξε, Βγήκα έξω στο γήπεδο, δίνοντας τα πάντα και σκόραρα δύο γκολ. Στη συνέχεια σκόραρα ένα γκολ στη Σεβίλλη, για το Σούπερ Καπ, και δύο στην Μπόκα για το Διηπειρωτικό. Αν το σκεφτείς, ακούγεται απίστευτο, πέντε γκολ σε τρεις τελικούς! Οι τρεις πιο σημαντικοί τελικοί. Όλους τους κέρδισα. Αυτό είναι το ρεκόρ μου, και το κρατώ σφιχτά.

ΝΙΚΟΛΑ ΒΕΝΤΟΛΑ ΓΙΑ ΡΟΝΑΛΝΤΟ ΚΑΙ ΤΑΡΙΜΠΟ ΓΟΥΕΣΤ

Όλοι έβλεπαν τον Ρονάλντο στα παιχνίδια, αλλά λίγοι ήταν αρκετά τυχεροί για να τον θαυμάσουν κατά τη διάρκεια της προπόνησης, όπου έκανε απίστευτα πράγματα. Θυμάμαι ότι του άρεσε να κάνει πλάκα με τους αμυντικούς της ομάδας, ειδικά με τον Ταριμπό Γουέστ, λέγοντάς του: «φίλε, θα σου περνάω την μπάλα κάτω από τα πόδια συνέχεια, όπου σε βρίσκω, οπότε να είσαι σίγουρος ότι δεν μπορείς να κλείσεις τα πόδια σου».

Ο Ταριμπό τον περίμενε, ήταν προσεκτικός για να μην του δώσει χώρο, τα πόδια του ήταν κλειστά, αλλά δεν μπορούσε τίποτα να κάνει.

Η τρίπλα πάντα ερχόταν.

Απίστευτο, αλήθεια. Μια μέρα ο Ταριμπό είπε:

«Ρονάλντο, πώς το κάνεις; Τα έκλεισα τα πόδια.

«Ταριμπό, το πουλί σου είναι πολύ μεγάλο, και δυσκολεύεσαι να τα κλείσεις καλά».

ΚΡΙΣΤΙΑΝ ΒΙΕΡΙ

Την παραμονή του Ατλέτικο-ΠΑΟΚ μιλάω με τον Πάουλο Φούτρε. Ο Πάουλο ήταν ο άνθρωπος που μετέφερε στον πρόεδρο όλες τις σκέψεις μας και τα προβλήματά μας. «Θέλω να πεις στον πρόεδρο ότι αν βάλω τρία γκολ, θέλω μια Φεράρι. Ο Φούτρε πραγματικά πήγε και το είπε στον Χιλ και μετά επιστρέφει. «Εντάξει, Μπόμπο, βάλτα και η Φεράρι είναι δική σου».

Θυμάστε το απίθανο γκολ που έβαλα σε εκείνον τον αγώνα, σχεδόν από τη σημαία του κόρνερ; Η εικόνα αυτού του γκολ έκανε τον γύρο του κόσμου, αλλά κανείς δεν ήξερε ότι μ' αυτό το γκολ κέρδισα μια Φεράρι.

Εκείνο ήταν το τρίτο μου γκολ στο παιχνίδι.

Η ΑΓΑΠΗ ΤΟΥ ΠΑΠΠΟΥ

Οι παππούδες σε βλέπουν να μεγαλώνεις, ξέροντας ότι θα σε αφήσουν πριν τους άλλους. Ίσως γι' αυτό να σ' αγαπούν περισσότερο απ' όλους.

Ο Ροϊ Κιν για τον Μπραϊαν Κλαφ

«Ο καλύτερος προπονητής που είχα δεν ήταν ο Άλεξ Φέργκιουσον, αλλά ο Μπράιαν Κλαφ... Ποτέ δεν με αποκάλεσε με το όνομά μου, μόνο «Ιρλανδέ...»

Κάποτε με χτύπησε. Μετά από ένα παιχνίδι για το κύπελλο με την Κρίσταλ Πάλας. Εκείνη τη μέρα έκανα ένα λάθος με τον τερματοφύλακα, ένα λάθος που μας κόστισε ένα γκολ.

Στο τέλος του παιχνιδιού, ο Κλαφ με πλησίασε και με κατηγόρησε που έδωσα την μπάλα πίσω. «Μην δίνεις την μπάλα πίσω στον τερματοφύλακα, ποτέ» είπε. Μετά ο Μπράιαν με χτύπησε στο πρόσωπο με μια γροθιά. Ήμουν σε σοκ και δεν αντέδρασα.

Ο Κλαφ δεν μου ζήτησε ποτέ συγγνώμη γι' αυτή τη γροθιά. Ποτέ δεν του κράτησα κακία. Πάντα τον σεβόμουν. Αυτή η γροθιά ήταν το καλύτερο πράγμα που έκανε ο Μπράιαν για μένα.

Ο Τζεναρο Γκατουζο για το Μουντιαλ του 2006

Μόλις έφτασα στο στάδιο του Βερολίνου, ένιωθα κράμπες στο στομάχι. Δεν ξέρω πόσες φορές πήγα στο μπάνιο πριν μπω στο γήπεδο. Αποφασίζω να κάνω μια παλιά αλλά αποτελεσματική θεραπεία: Έβαλα πάγο στη μέση, αλλά μόλις άκουσα τον εθνικό ύμνο, πέρασαν όλα. Ήμουν περήφανος, είμαι περήφανος που είμαι Ιταλός.

Στα πέναλτι είμαι εξαντλημένος. Είμαι τόσο φοβισμένος. Σαν να μην είμαι εκεί, σαν να είμαι έξω από το γήπεδο. Τρεζεγκέ. Δοκάρι. Έρχεται το τελευταίο πέναλτι και στη συνέχεια ένα τρέξιμο κι εγώ δεν ήξερα για που... Είμαστε πρωταθλητές του κόσμου! Δεν το πιστεύω, τρέχω σαν τρελός. Πάω στον Λίππι και του φωνάζω. Μην με ρωτήσεις τι... για εκείνη τη νύχτα δεν έχω μνήμη. Από το τελευταίο πέναλτι μέχρι που σηκώσαμε το κύπελλο, δεν θυμάμαι τίποτα, πολλές εικόνες μπερδεμένες στο μυαλό. Κάναμε μια αξέχαστη προσπάθεια. Παίρνω το κύπελλο στα χέρια μου, το φιλώ και λέω: «πόσα μίλια μ' έκανες να κάνω για να έρθω σ' εσένα!»

Τα αποδυτήρια, είναι ένα χάος. Το πάρτι συνεχίζεται όλη νύχτα, και ποιος κοιμάται...

Αργά το βράδυ, θα δω τα πέναλτι για πρώτη φορά. Κάθε φορά που τα κοιτάζω, μετά το τελευταίο πέναλτι, τρελαίνομαι... Όταν επιστρέψαμε στην πατρίδα μας, μπήκαμε σε ένα ανοιχτό λεωφορείο, και σε κάθε δρόμο που πηγαίναμε βλέπαμε τρελούς ανθρώπους, όλοι αγκαλιασμένοι, μας ευχαριστούν, άνθρωποι που σκαρφάλωσαν στην οροφή των αυτοκινήτων τους και πανηγύριζαν. Δεν έχω δει ποτέ τόσους πολλούς ανθρώπους μαζί στη ζωή μου. Χάρη σ' εμάς, τουλάχιστον για εκείνη την ημέρα, η Ιταλία ήταν μια ενωμένη χώρα.

ΣΤΙΒΕΝ ΤΖΕΡΑΡΝΤ

Η Ρεάλ Μαδρίτης με πλησίασε πολλές φορές. Ήθελαν να έχω έναν πόλεμο στο Λίβερπουλ με την ομάδα, έτσι ώστε να τους πιέσω και να με πουλήσουν σε μια συγκεκριμένη τιμή. Όταν ακολουθούν έναν ποδοσφαιριστή, τον κάνουν να σκέφτεται «είμαστε η Ρεάλ Μαδρίτης και πρέπει να παλέψεις για να έρθεις σ' εμάς».

Ο Ντέιβιντ Μπέκαμ με κάλεσε να τον συναντήσω στην Ισπανία. Πολλοί απεσταλμένοι τους ήρθαν στο σπίτι μου. Η απάντησή μου ήταν πάντα η ίδια: «Όχι, αγαπώ την ομάδα μου και ποτέ δεν θα κηρύξω πόλεμο σ' αυτή. Μεγάλωσα με αυτή τη φανέλα και δεν θα την άφηνα για όλο τον κόσμο. Η Λίβερπουλ είναι η ζωή μου».

ΑΛΕΣΑΝΤΡΟ ΝΤΕΛ ΠΙΕΡΟ, ΣΤΟ ΤΕΛΕΥΤΑΙΟ ΤΟΥ ΠΑΙΧΝΙΔΙ ΜΕ ΤΗ ΦΑΝΕΛΑ ΤΗΣ ΓΙΟΥΒΕΝΤΟΥΣ

«Έκανα μερικούς γύρους. Μου έριξαν εκατό κασκόλ. Μερικές φορές σταματούσα να απολαύσω τη στιγμή. Είδα ανθρώπους να κλαίνε.

Μια αξέχαστη στιγμή, η πιο συναρπαστική».

Ο Άλεξ Ντελ Πιέρο γυρίζει στο γήπεδο, όπου μαζεύει όλα τα κασκόλ που οι θαυμαστές του ήθελαν να του δώσουν.

Ο χρόνος φαίνεται να σταματά.

Η τελευταία πράξη αγάπης στην αγαπημένη του Κυρία, αλλά η πιο αντιπροσωπευτική. Ανέβηκε πάνω στον πάγκο και σήκωσε τα χέρια του στον ουρανό... Ρίγη, ανατριχίλα, πες το όπως επιθυμείς.

Ο Άλεξ, δεν γεμίζει πια την ποδοσφαιρική Κυριακή, όλοι νιώθουν λίγο πιο άδειοι. Το ποδόσφαιρο, είναι λίγο πιο άδειο.

Μια σημαία, ένα παράδειγμα, έναν πρωταθλητή, έναν αρχηγό, κανείς δεν τον αντικαθιστά εύκολα.

«Τίποτα, και το εννοώ, δεν μπορεί να συγκριθεί με αυτό που έγινε εκείνη την ημέρα στο Juventus Stadium. Τα πάντα ήταν εκεί και μπορώ να προσπαθώ να το εξηγώ για τα επόμενα σαράντα χρόνια, χωρίς να βρω τις σωστές λέξεις. Είναι όλα μέσα στην καρδιά μου και θα παραμείνουν εκεί για το υπόλοιπο της ζωής μου».

ΑΝΤΡΕΑ ΜΠΕΛΟΤΙ

Όταν έφτασα στο Τορίνο, την πρώτη μέρα της προπόνησης υπήρχε ένας άνθρωπος που δούλευε για την ομάδα και παρατηρούσε τις κινήσεις μου. Εκείνη την ημέρα μου είπε «θα είσαι ένας από τους πιο δυνατούς επιθετικούς που θα θυμάται το ιταλικό πρωτάθλημα». Τον πήρα για τρελό. Δεν ήξερα ποιος ήταν. Μετά από λίγο, έμαθα ότι το όνομά του ήταν ο Τόνι Βιγκάτο. Σκέφτηκα μέσα μου «τι παίρνει αυτός;»

Με το πέρασμα του χρόνου, καταλαβαίνω ότι κάτι είδε σε μένα. Τώρα, όταν βάζω γκολ, τον ψάχνω. Όταν τον βρω, θα τρέξω και θα τον αγκαλιάσω. Αυτός ο άντρας έχει γίνει το κύριο φυλαχτό μου. Πριν το παιχνίδι με αγκαλιάζει και μου λέει: «αφηνόμαστε πάνω σου, ξέρω ότι θα το πετάξεις σήμερα».

Το ωραίο είναι ότι σε κάθε γκολ της ομάδας κλαίει και η χαρά του αυτή, με γεμίζει με περηφάνια.

ΑΝΤΡΕΑ ΠΙΡΛΟ ΓΙΑ ΤΟ ΠΕΝΑΛΤΙ ΕΝΑΝΤΙΟΝ ΤΗΣ ΑΓΓΛΙΑΣ

Δεν ήταν τρέλα. Νομίζω ότι ήταν το σωστό. Δεν μπορούσα να βαρέσω ένα απλό πέναλτι. Ο τερματοφύλακας φαινόταν πολύ σίγουρος. Εκείνη τη στιγμή, θυμήθηκα τον Τότι, ο οποίος έκανε κάτι τέτοιο στον Φαν Ντερ Σααρ, στον ημιτελικό του Euro 2000. Αποφάσισα να το κάνω κι εγώ. Είμαι σίγουρος ότι οι Βρετανοί μετά από αυτό το πέναλτι κατέρρευσαν ψυχολογικά.

ΚΑΦΟΥ

Μια φορά στο γήπεδο, ένας διαιτητής ήθελε να μάθει γιατί γελάω. Δεν έκανα τίποτα. Μου ζήτησε να σταματήσω και του είπα: «Συγγνώμη, από τώρα και στο εξής, θα κλαίω. Όταν παίζω ποδόσφαιρο πάντα γελάω, γιατί το ποδόσφαιρο είναι ζωή και εγώ χωρίς χαμόγελο είμαι ένας νεκρός άνθρωπος».

Μάρκο Μποριέλο

«Δεν νομίζω ότι είμαι ένα επιφανειακό άτο-μο, παρόλο που τα ΜΜΕ μου προσφέρουν μια εντελώς διαφορετική εικόνα από αυτό που είμαι. Έχω υποφέρει... έχω ζήσει ένα μέρος της ζωής μου μακριά από τις κάμερες, με θυσίες και ιδρώ-τα. Το άλλο το έζησα δημόσια, όπου δίνεις περισσότερη προσοχή στο πώς είναι τα μαλλιά σου και πώς ντύνεσαι. Αλλά αν έπαιξα 15 χρόνια στη Serie A και σκόραρα σχεδόν 100 γκολ, σημαίνει ότι έκα-να καλή καριέρα και θα συνεχίσω. Επέλεξα να αλ-λάξω πολλές ομάδες αντί να κάθομαι στον πάγκο. Δεν ήταν ποτέ πρόβλημα για μένα να ιδρώνω τη φανέλα. Όταν μπαίνω στο γήπεδο πάντα παίζω με την καρδιά μου...»

Ο Μποριέλο πέτυχε το πρώτο γκολ της Σπαλ στη Serie A, μετά από 49 χρόνια και ισοφάρι-σε ένα τρομερό ρεκόρ.

Ο 35χρονος Ιταλός επιθετικός μπορεί να καμαρώνει πως έχει σκοράρει με 12 διαφορετι-κές ομάδες στην κορυφαία κατηγορία της Ιταλίας, ισοφαρίζοντας το ρεκόρ του Νικόλα Αμορούζο! Το πρώτο του γκολ στη Serie A το σημείωσε πριν 14 χρόνια, όταν έπαιξε στην Έμπολι, ενώ συνολικά έχει πανηγυρίσει 96 τέρματα με τις: Έμπολι, Ρε-τζίνα, Σαμπντόρια, Τρεβίζο, Μίλαν, Τζένοα, Ρόμα, Γιουβέντους, Κάρπι, Αταλάντα, Κάλιαρι και Σπαλ.

Ροϊ Κιν και ο αποκλεισμός του, από το Μουντιαλ του 2002

«Μικ, είσαι ψεύτης και μαλάκας. Ήσουν μέ-τριος παίκτης και είσαι μέτριος προπονητής. Είσαι μαλάκας και μπορείς να βάλεις το παγκόσμιο κύ-πελλο εκεί που ξέρεις. Ο μόνος λόγος που έχω να κάνω μαζί σου είναι επειδή, με κάποιον τρόπο, έγινες προπονητής της ομάδας της χώρας μου και δεν είσαι καν Ιρλανδός, αλλά ένας Άγγλος μπά-σταρδος».

Ο Ρόι Κιν και ο λόγος που αποκλείστηκε από την Ιρλανδική αποστολή για το Μουντιάλ του 2002, από τον προπονητή του Μικ Μακ Κάρθι...

ΜΑΟΥΡΙΤΣΙΟ ΣΑΡΙ

Ξέρετε τι μ' ενοχλεί περισσότερο; Οι ταμπέλες. Για πολλούς, είμαι ο πρώην υπάλληλος της Τράπεζας που καπνίζει πάρα πολύ. Λες και πρέπει να αισθάνομαι ένοχος. Πριν από 15 χρόνια ήμουν τραπεζικός και έχω δουλέψει στο Λονδίνο, στη Γερμανία, στην Ελβετία και στο Λουξεμβούργο. Ήταν καλή δουλειά, και ήταν καλό για μένα, γιατί έμαθα την αξία της οργάνωσης και της ικανότητας λήψης αποφάσεων. Αλλά τότε, όταν παρουσιάστηκε η δυνατότητα, η καρδιά επικράτησε και επέλεξα να γίνω προπονητής. Ρίσκαρα όλη μου τη ζωή. Δεν είμαι εδώ τυχαία.

Λένε ότι οι προπονήσεις μου είναι εξαντλητικές. Εξαντλητικό είναι να σηκωθείς στις 5 το πρωί για να πας στο εργοστάσιο. Το μόνο που χρειαζόμαστε εδώ είναι η αρμονία των κινήσεων.

Τρία ταλέντα πρέπει να έχει ένας καλός προπονητής: Προσωπικότητα, να γίνεται κατανοητός όταν μιλάει, και να έχει γνώση... Τυχαίνει να μελετάω δέκα ώρες την ημέρα.

Στις χαμηλότερες κατηγορίες γνωρίζω πολλούς ανθρώπους που θα μπορούσαν να είναι στη θέση μου, γιατί υπάρχουν άνθρωποι που γνωρίζουν το αντικείμενο και αδικήθηκαν.

ΠΑΟΛΟ ΜΑΛΝΤΙΝΙ

Όταν χάσαμε από τη Λίβερπουλ, είχαμε κάνει ένα καλό παιχνίδι, πολύ καλύτερο από τη Λίβερπουλ. Αλλά όταν επιστρέψαμε· από την Κωνσταντινούπολη στο αεροδρόμιο, μας προκάλεσε απίστευτα μια μερίδα οπαδών. Πλησίασαν απειλητικά. Είπαν «πρέπει να ζητήσεις συγγνώμη». Έπαιζα και κέρδισα σε όλη μου τη ζωή πάρα πολλά τρόπαια και έπρεπε να ζητήσω συγγνώμη από ένα εικοσάχρονο αγόρι; Συγγνώμη, για ποιο πράγμα; Ότι χάσαμε ένα παιχνίδι στο οποίο παίξαμε πολύ καλά, εκτός από αυτά τα 15 λεπτά του δεύτερου μισού;

Στη συνέχεια, το δεύτερο επεισόδιο, στο Μόντε Κάρλο, στο Σούπερ Καπ του 2007, κάποιοι από το σκληροπυρηνικό πέταλο δεν επέτρεψαν σε κανέναν να μας χειροκροτήσει και ακόμα και στο πρωτάθλημα για μερικούς μήνες, παίζαμε σε ένα σουρεαλιστικό κλίμα. Ήταν απίστευτο. Μια ομάδα που είχε κερδίσει τα πάντα υπέφερε από αυτή την κατάσταση για μερικά χρόνια. Δεν μπορούσα να το πιστέψω.

Ο Χαβιερ Ζανετι για τον Ρομπερτο Μπατζιο

Το 1998 έφτασε στην Ίντερ ο Ρομπέρτο Μπάτζιο και δεν θα υπερβάλλω αν πω ότι, πέρα από μεγάλος πρωταθλητής, είναι ένας άνθρωπος που θα τον θαυμάζω πάντα, ακόμα και έξω από το γήπεδο. Από τους πιο γενναιόδωρους που έχω γνωρίσει ποτέ. Μεγάλος λάτρης του κυνηγιού, όπως και ο Άντζελο Περούτσι. Και οι δύο λάτρευαν τα σκυλιά. Είχαν πολύ πλάκα οι ιστορίες τους για το κυνήγι. Ο Ρομπέρτο μια μέρα προβάλλει ένα βίντεο, από το δικό του κυνήγι στην Αργεντινή. Βλέπω, από την πρώτη στιγμή, όταν πέφτει το θήραμα, ένα υπέροχο σκυλί να πετάγεται για να πάει να το πάρει. «Μεγάλα σκυλιά» λέω, «θα ήθελα να έχω ένα. Τι είδους σκύλος είναι; Μόλις το κάνω αυτό δώρο στην Πάολα, θα την τρελάνω».

Την επόμενη μέρα, ο Μπάτζιο με φωνάζει «έλα να πάμε για φαγητό, αγριογούρουνο με πατάτες. Πεινάς; Ένας φίλος μου έχει ένα εστιατόριο, θα το μαγειρέψει για μας». Αλλά πριν φτάσουμε στο εστιατόριο, ο Ρομπέρτο λέει «ξέχασα ένα πράγμα». Ανοίγει την πόρτα, και μέσα από μια μπάλα από γούνα, ξεπροβάλλει ένα κουτάβι λαμπραντόρ. Τι όμορφο που ήταν! «Έχεις ένα νέο κουτάβι, είναι δικό σου, δώσ' το στην Πάολα από μένα και εύχομαι να έχεις μια όμορφη οικογένεια...»

Η γενναιοδωρία του ήταν ίση με την ικανότητά του στο γήπεδο. Ό,τι του ζητούσες, δεν το ξεχνούσε ποτέ.

Κριστιανο Λουκαρελι

Φορούσε τη φανέλα με το νούμερο 99 για να τιμήσει τον σύνδεσμο οπαδών «Αυτόνομη Ταξιαρχία του Λιβόρνο», ο οποίος ιδρύθηκε το 1999. Όταν σκόραρε πανηγύριζε με υψωμένη τη γροθιά του, σήμα κατατεθέν του Ιταλικού Κομμουνιστικού κόμματος. Στο κινητό του, έχει ήχο κλήσης το περίφημο «Bandiera Rossa» και το 2005 ναύλωσε πούλμαν για να επιστρέψουν στην πόλη οπαδοί της Λιβόρνο, που είχαν συλληφθεί για επεισόδια και κρατούνταν στο Τορίνο.

Είναι θαυμαστής του Τσε Γκεβάρα και το έδειξε καθαρά το 1997, παίζοντας με την Εθνική Ελπίδων της Ιταλίας. Αφού σκόραρε σήκωσε τη φανέλα του και έδειξε το μπλουζάκι με το πρόσωπο του Αργεντινού επαναστάτη που φορούσε. Αυτή η χειρονομία τού στέρησε τη συμμετοχή στις εθνικές ομάδες επί σειρά ετών, αφού ξανακλήθηκε στη «Σκουάντρα Ατζούρα» το 2005. Μάλιστα ο Λουκαρέλι το 2005 γνώρισε την Αλέιδα Γκεβάρα, κόρη του Τσε, και προσπάθησε να πάει με την ομάδα του για φιλικό στην Κούβα.

Μεγάλο ποσό της μεταγραφής του, όταν πήγε στη Σαχτάρ, το έδωσε στην πόλη για να φτιαχτούν θέσεις εργασίας.

ΌΤΑΝ ΤΟ ΣΑΝ ΣΊΡΟ ΠΕΡΊΜΕΝΕ ΝΑ ΥΠΟΔΕΧΤΕΊ ΤΟΝ ΡΟΝΆΛΝΤΟ, ΑΛΛΆ ΑΝΑΚΆΛΥΨΕ ΤΟΝ ΆΛΒΑΡΟ ΡΕΚΌΜΠΑ

31 Αυγούστου, 1997.

Χάναμε στο Σαν Σίρο από τη Μπρέσια. Μέχρι που μπήκε στο γήπεδο ο Τσίνο. Μετά από λίγα λεπτά, αυτός ο νεαρός Ουρουγουανός μάς έδειξε τι μπορούσε να κάνει, να σκοράρει ένα γκολ από τα 30 μέτρα. Μόλις έβαλε το γκολ ήρθε σ' εμένα, για να του καθαρίσω το παπούτσι, ένας πανηγυρισμός που γεννήθηκε σαν αστείο, αλλά έγινε ένα τελετουργικό αυτών των χρόνων μεταξύ μας.

Φραντσέσκο Μοριέρο

Ο ΑΝΤΡΙΑΝ ΜΟΥΤΟΥ ΓΙΑ ΤΟΝ ΖΛΑΤΑΝ ΙΜΠΡΑΪΜΟΒΙΤΣ

Όταν ήμασταν συμπαίκτες στη Γιουβέντους με τον Ζλάταν κοιμόμασταν στο ίδιο δωμάτιο πριν τους αγώνες. Ένα βράδυ ξύπνησε και μου φωνάζει: «Άντι, ξύπνα! Είχα έναν εφιάλτη. Είδα ότι ο Κριστιάνο είναι καλύτερος από εμένα!»

«Όχι, Ζλάταν. Εσύ είσαι ο καλύτερος στον κόσμο. Ηρέμησε. Κοιμήσου!»

Ο ΚΑΡΛΟ ΑΝΤΣΕΛΟΤΙ ΓΙΑ ΤΟΝ ΠΑΟΛΟ ΜΟΝΤΕΡΟ

Η αποστολή γυρνούσε στο Τορίνο, μετά την ήττα από τον Παναθηναϊκό στην Αθήνα. Εκεί δύο άτομα του επιτέθηκαν, ενώ κάποιος τον έσπρωξε. Όλοι μας καταλάβαμε τι θα γίνει. Αυτός όμως έδειξε μια τρομερή ηρεμία και δεν αντέδρασε απευθείας. Έβγαλε τα γυαλιά του, τα έδωσε στον Ζιντάν να τα κρατάει και όρμησέ και στους δυο επί τόπου. Μετά γύρισε, πήρε τα γυαλιά, τα φόρεσε και συνέχισε σαν να μην συμβαίνει τίποτα.

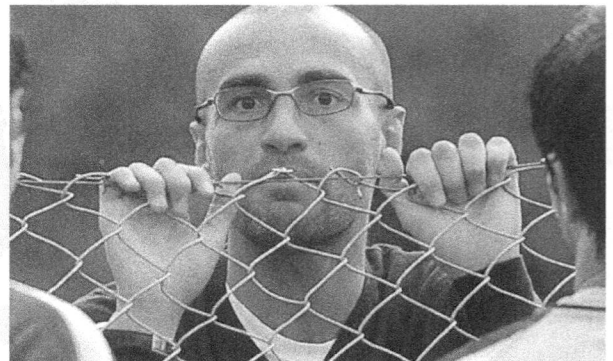

ΛΟΥΚΑΣ ΝΤΙΝΙΕ

Αρκετές ημέρες μετά την τρομοκρατική επί-θεση στη Βαρκελώνη, βγήκε στην επιφάνεια μια συγκεκριμένη ιστορία.

Σύμφωνα με πολλούς περαστικούς και μάρ-τυρες, λίγα λεπτά μετά την τρομοκρατική επίθεση, ο Λούκας Ντίνιε, ο οποίος πρόσφατα μετακόμισε στην πλατεία, μόλις δύο βήματα μακριά από τη σκηνή της επίθεσης που προκάλεσε 14ις θανάτους και πολλούς τραυματίες, πήγε αμέσως κάτω στον δρόμο και βοήθησε τους τραυματίες και κάποιους άλλους ανθρώπους, στρώνοντας σεντόνια κάτω και τραπεζομάντιλα, δίνοντας φάρμακα πρώτων βοηθειών, φαγητό και νερό. Περίμενε τη διάσωση και τα ασθενοφόρα, παρά τον γενικό πανικό και την αναστάτωση ανάμεσα στο φοβισμένο πλήθος.

Ο Ντίνιε δεν προώθησε τη χειρονομία αυτή, ήθελε να παραμείνει ανώνυμος, αλλά κάποιος από τους ανθρώπους τον αναγνώρισε και τα νέα έφτασαν στον τύπο.

Μια αγνή και αυθόρμητη χειρονομία που αξίζει μεγάλο σεβασμό.

ΚΡΙΣΤΙΑΝ ΒΙΕΡΙ

Η εκπροσώπηση της χώρας μου ήταν το πιο συναρπαστικό πράγμα για μένα. Φτύνω αίμα για την Εθνική. Δεν ήμουν στην ομάδα που σήκωσε το Μουντιάλ. Τι ένιωθα όταν η εικόνα του Καναβάρο με το κύπελλο στον ουρανό πήγε σε όλο τον κό-σμο; Ήμουν συντετριμμένος. Δεν σκεφτόμουν τί-ποτα. Δούλεψα για χρόνια, έβαλα 9 γκολ σε δυο τουρνουά και έχασα το όνειρό μου για έναν τραυ-ματισμό. Εγώ, με όλα αυτά τα αγόρια, με τους συ-ντρόφους πάντα στο μπλε, είμαστεν φοβερή γενιά. Η γενιά μας! Τι γενιά! Η πιο δυνατή ομάδα που είχε ποτέ η Ιταλία, μαζί με εκείνη του 1982. Κερδίσα-με το 2006 αλλά, ίσως την κορυφή θα τη φτάναμε και το 2002, αν δεν ήταν διαιτητής, αυτό το σκοτει-νό πρόσωπο. Παίζαμε μαζί από τα 17 μας χρόνια, ήμασταν πρωταθλητές Ευρώπης ακόμα και με την under 21. Φυσικά, εκείνο το βράδυ στο Βερολίνο όλα ήταν τέλεια, απλά δεν ήμουν εγώ εκεί.

Γιουργκεν Κλοπ

Υπάρχει ένα πράγμα που δεν καταλαβαίνω. Όταν κάθεσαι με κάποιους παίκτες, όταν πρόκειται να υπογράψουν συμβόλαιο ή να συζητήσουμε για την ανανέωση, πάντα λένε, «θέλω να παίξω στους πρωταθλητές». Σκέφτομαι, τι σημαίνει αυτό «θέλω να παίξω στους πρωταθλητές;» Πώς στον διάολο είναι αυτό; Διόρισε κανένας κάποιον πρωταθλητή; Δεν είναι ένας διαγωνισμός όπου ο καλύτερος κερδίζει το βραβείο; Δεν παίζει ένας, παίζει το σύνολο και κερδίζει το σύνολο. Έτσι δουλεύει μια ομάδα. Αυτοί που θέλουν τα πράγματα έτοιμα δεν είναι για μένα, δεν είναι σωστοί τουλάχιστον για μένα. Θέλει κόπο και ιδρώτα για να γίνουμε πρωταθλητές.

Ολιβερ Καν

Μ' αρέσουν οι σκληροί ποδοσφαιριστές που δίνουν μάχες μέσα στο γήπεδο και έχουν το θάρρος της γνώμης τους. Κάποιοι τους περιφρονούν, αλλά τουλάχιστον είναι σκληροί άνθρωποι που λένε στις κάμερες τι σκέφτονται πραγματικά και όχι αυτό που θέλουν να ακούσουν οι περισσότεροι, για να τους χαϊδεύουν τα αυτιά. Μερικές φορές αναρωτιέμαι αν οι ποδοσφαιριστές είναι ακόμα άντρες ή είναι απλά κότες.

Γκαμπριελ Ομαρ Μπατιστουτα

Δεν έχει σημασία τι έκανα σε ένα συγκεκριμένο παιχνίδι με αυτή τη φανέλα, είναι σημαντικό το πώς την υπερασπίστηκα. Έδωσα την καρδιά μου σε μία πόλη που μου έδωσε τη δική της καρδιά.

ΓΙΟΑΚΙΜ ΛΕΒ ΓΙΑ ΜΙΡΟΣΛΑΒ ΚΛΩΖΕ

Νομίζω ότι ο Μίροσλαβ είναι κάτι σαν ρομπότ. Είναι σχολαστικός σε όλα, βοηθάει τους νέους και στα αποδυτήρια φέρνει την κουλτούρα της δουλειάς. Όταν χάνει ένα γκολ, αν τον προσέξεις, βρίζει τον εαυτό του με χαμηλή φωνή, κουνώντας το κεφάλι του.

Μια μέρα, κατά τη διάρκεια μιας προπόνησης για το Μουντιάλ του 2014, είδα ότι δεν ήταν ιδιαίτερα ακριβής στα τελειώματά του. Έχασε πολλά, αλλά οι κακές μέρες υπάρχουν για όλους, ακόμα και για τους μεγάλους. Στο τέλος της προπόνησης όταν όλοι πήγαιναν στο ντους, είδα τον Μίρο να μαζεύει τις μπάλες και να τις πηγαίνει στην άκρη της περιοχής. Πήγα και του είπα «τι κάνεις; Δε θα κάνεις μπάνιο;» «Δεν φεύγω από εδώ μέχρι να πιάσω έναν καλό αριθμό στόχων. Κύριε, θέλω με τον Βαϊντενφέλερ (που ήταν ο τρίτος τερματοφύλακας στη Γερμανία), να συνεχίσω την προπόνηση».

Δεν τα κατάφερε δύο φορές, και μετά από πολλά γκολ που έχασε ακόμα, του είπα: «σταμάτα, Μίρο, πήγαινε στο ντους... ξέρω ότι είσαι σπουδαίος ποδοσφαιριστής, δε χρειάζεται να αποδείξεις τίποτα σε κανέναν». Μου έδωσε μια απάντηση που δεν περίμενα ποτέ. «Εσύ μπορεί να το ξέρεις, αλλά εγώ δεν φεύγω από εδώ μέχρι να πείσω τον εαυτό μου ότι έδωσα το 100 %».

Τον άφησα εκεί, δεν ξέρω για πόσο ακόμα, εγώ βαρέθηκα. Απλά ένιωσα λύπη για τον Βαϊντενφέλερ, που έπρεπε να κάνει διπλή προπόνηση. Τον είδα μετά από ώρα να μαζεύει όλες τις μπάλες. Ρώτησα τον Βαϊντενφέλερ γιατί δεν τον βοήθησε. Είπε, «προσπάθησα, αλλά με ευχαρίστησε λέγοντας, «μην προσπαθήσεις καν να τις πάρεις, πήγαινε και κάνε ένα ντους γιατί είσαι σίγουρα κουρασμένος, θα τα κανονίσω όλα εγώ».

Αν υπάρχει ένα αποφασιστικό παιχνίδι και πρέπει να βάλω κάποιον και να βασιστώ επάνω του, πάντα τον διαλέγω. Ακόμα και όταν θα είναι 50, είμαι σίγουρος ότι θα τα καταφέρει με κάποιον τρόπο.

ΑΛΕΣΑΝΤΡΟ ΝΤΕΛ ΠΙΕΡΟ

Παρόλο που έγινα πλούσιος, πάντα είχα την ίδια προσέγγιση για τη ζωή, μ' αυτήν που είχα όταν δεν ήμουν. Τα λεφτά λύνουν πολλά πρακτικά προβλήματα, αλλά ξέρω πολλούς πλούσιους -ακόμα και στο ποδόσφαιρο- που δεν τηρούν αυτή την τακτική. Είναι η αλήθεια. Σ' αυτόν τον κόσμο υπάρχει μοναξιά, μερικές φορές κατάθλιψη. Είμαστε άνθρωποι με αισθήματα, εύθραυστη ψυχολογία. Βλέπω ανθρώπους που σκορπάνε και πετάνε τα λεφτά τους χωρίς κανέναν λόγο, για να εντυπωσιάσουν. Είμαι περήφανος για το πώς με μεγάλωσαν οι γονείς μου. Είμαι περήφανος για τον πατέρα μου που έσπασε την πλάτη του ως ηλεκτρολόγος και για τη μητέρα μου που έπλενε πατώματα σε όλα τα σπίτια του Κονελιάνο. Ήμουν χαρούμενος που είχα αυτή την παιδική ηλικία, όπου ζούσαμε ανάλογα με τις δυνατότητές μας και όταν είχε καλό καιρό, βγαίναμε έξω στο γρασίδι με τα άλλα παιδιά, φυτεύαμε δέντρα, κλέβαμε κεράσια και καλαμπόκι και υπήρχε πάντα το αγαπημένο μου ποδόσφαιρο και ήταν όλα τόσο υπέροχα.

ΓΚΑΕΤΑΝΟ ΣΙΡΕΑ

Δεν περνάει χρόνος από εκείνη την τραγική 3η Σεπτεμβρίου, πριν 28 χρόνια, που η Γιουβέντους και ο κόσμος του ιταλικού ποδοσφαίρου να μην κάνει παύση για να θυμηθεί μια από τις πιο ευγενικές μορφές στην ιστορία αυτού του αθλήματος: Τον Γκαετάνο Σιρέα.

Παράδειγμα ειλικρίνειας, πίστης και εντιμότητας, χάρη στην κρυστάλλινη κλάση με την οποία ήταν προικισμένος και η οποία του επέτρεπε να στέκεται ανάμεσα στου αντιπάλους του με κομψότητα και ευφυΐα (ούτε μία αποβολή στην καριέρα του), εκτός γηπέδου ήταν ένα μοντέλο ανθρωπιάς και χάρης, ένας άνθρωπος αγαπητός και σεβαστός από όλους όσοι είχαν την τύχη να τον γνωρίσουν αλλά και από τις μελλοντικές γενιές.

Ο «Γκάι» έφυγε το 1989, μόλις 36 ετών, ενώ ήταν στην Πολωνία για λογαριασμό της «Γιούβε», για να παρακολουθήσει τον προσεχή αντίπαλο στο κύπελλο ΟΥΕΦΑ.

Εκείνο το βροχερό απομεσήμερο, στις 3 Σεπτεμβρίου του 1989, ο Γκαετάνο Σιρέα άφηνε την τελευταία πνοή του σε έναν Πολωνικό αυτοκινητόδρομο, παγιδευμένος στο φλεγόμενο FIAT 125 στο οποίο επέβαινε.

Ο ΑΛΕΣΑΝΤΡΟ ΝΤΕΛ ΠΙΕΡΟ ΓΙΑ ΤΟ ΜΟΥΝΤΙΑΛ ΤΟΥ 2006

Δεν μπορώ να κάνω ιεράρχηση των γκολ της καριέρας μου. Δεν είναι δίκαιο και δεν είναι καν εύκολο. Αλλά αυτό ενάντια στους Γερμανούς, στο Παγκόσμιο Κύπελλο του 2006, έχει κάτι ιδιαίτερο, επειδή αντιπροσωπεύει τη σύνθεση πολλών πραγμάτων. Η δράση, η κίνηση από τη μια περιοχή στην άλλη, η ταχύτητα και η ακρίβεια των βημάτων, η τέλεια εκτέλεση. Ήταν υπέροχο.

Ήμασταν στην παράταση για έναν παγκόσμιο ημιτελικό εκτός έδρας, μέσα στο σπίτι των Γερμανών. Όχι, δεν υπήρχε καλύτερη στιγμή, ήταν τέλεια. Όταν σηκώσαμε το Παγκόσμιο Κύπελλο στο Βερολίνο ήταν σαν να φτάσαμε σε μια ανώτατη Σύνοδο Κορυφής. Όταν σηκώνεις ένα τρόπαιο, έχεις την αίσθηση ότι αυτή η χειρονομία περικλείει κάθε βήμα για να φτάσεις εκεί. Αυτή η στιγμή είναι πάντα μαγική. Με το τρόπαιο στα χέρια, είδα τις ωραίες αλλά και τις κακές στιγμές με την μπλε ομάδα. Υπήρχε το μεγάλο όνειρο να φτάσουμε εκεί. Ήμουν μικρό παιδί όταν η Ιταλία κέρδισε μέσα στη Μαδρίτη το Παγκόσμιο Κύπελλο. Θυμάμαι το τέλος, ήμαστιν μπροστά από την τηλεόραση: Η μαμά, ο μπαμπάς και οι πιο στενοί φίλοι. Σε μια τέτοια μαγική μέρα, κάθε παιδί ονειρεύεται να φτάσει εκεί. Κάθε τόσο, κοιτάω τη φωτογραφία των βραβείων στο Βερολίνο. Είμαι στη σκηνή και είμαι έτοιμος να πάρω το κύπελλο από έναν συμπαίκτη. Θέλω να ουρλιάξω. Σκέφτομαι τη γυναίκα μου, την οικογένειά μου. Αλλά πάνω απ' όλα τον πατέρα μου, που έχει φύγει. Ναι, αυτό το κύπελλο είναι γι' αυτόν. «Για σένα, Πατέρα».

Ντιεγκο Φορλαν

Το 1991, ο Ντιέγκο Φορλάν ορκίστηκε, ενώπιον του Θεού, στην κατάκοιτη από αυτοκινητιστικό δυστύχημα αδερφή του: «Θα γίνω μεγάλος ποδοσφαιριστής, θα βγάλω πολλά λεφτά και θα σε πάω στους καλύτερους γιατρούς για να ξαναπερπατήσεις!»

Η αδερφή του Αλεξάνδρα και ο φίλος της Γκονζάλο είχαν πέσει με φόρα πάνω σ' έναν φοίνικα, ξημερώματα της 14ης Σεπτεμβρίου του 1991. Ο φίλος της σκοτώθηκε επιτόπου. Αυτή θα περνούσε το υπόλοιπο της ζωής της σε αναπηρικό καροτσάκι.

Η Αλεξάνδρα, που στα 17 της χρόνια, όπου περπατούσε στο Μοντεβίδεο, άφηνε συντρίμμια πίσω της τους άνδρες, ήθελε να γίνει μοντέλο! Τα νοσήλια για την Αλεξάνδρα πολλά, κόστιζαν περίπου 500.000 ευρώ τον χρόνο. Η οικογένεια είχε μαζέψει λεφτά από το ποδόσφαιρο, αλλά κάποτε τελείωσαν. Προσφέρθηκε και βοήθησε κι ο Ντιέγκο Μαραντόνα, αλλά η Αλεξάνδρα δεν κατάφερε να περπατήσει. Τότε άρχισε και ο αγώνας ζωής του Ντιέγκο Φορλάν. Παράτησε τα γράμματα, διέκοψε τις ξένες γλώσσες. Μιλούσε αγγλικά, γαλλικά, πορτογαλικά, ιταλικά και αφοσιώθηκε στο ποδόσφαιρο. Είχε έναν ιερό σκοπό απέναντι στην αδερφή του. Το τραγικό συμβάν είχε αλλάξει τα πάντα στη ζωή της οικογένειας. Ο Ντιέγκο, που στο μεταξύ γέμιζε τα συρτάρια του με βιβλία φιλοσοφίας, φιλοσόφησε τη ζωή:

«Προέχει ή ίδια η ζωή κι όχι το ποδόσφαιρο. Αυτό είναι απλά για να βοηθάει. Έβλεπα τους γονείς μου να κλαίνε συνέχεια. Δεν μπορώ να ξεχάσω εκείνες τις μέρες».

«Αν προπονηθείς σωστά, μπορείς να γίνεις σαν τον Μαραντόνα» τον προέτρεψε ο μπαμπάς του, Πάμπλο.

«Μαραντόνα είναι μόνο ένας, εγώ θα γίνω σαν τον Μάρκο Φαν Μπάστεν...»

Ο Πάμπλο Φορλάν γνώριζε κόσμο στην Αργεντινή, καθότι ο ίδιος είχε πάρει μέρος σε δύο Μουντιάλ, το '66 και το '74, αλλά εκεί είχε παίξει μπάλα στην Ιντεπετιέντε, ο πατέρας του, Χουάν Κάρλος Φορλάν Κοράσο -το δεύτερο επίθετο της οικογένειας Φορλάν, είναι το Κοράσο. Καρδιά δηλαδή.

Στην Αργεντινή τον Ντιέγκο Φορλάν υποδέχτηκε ο μέγας δάσκαλος του ποδοσφαίρου ο Λουΐς Σεζάρ Μενότι (τεχνικός της πρωταθλήτριας κόσμου Αργεντινής το 1978) και δύο χρόνια αργότερα το ΔΝΤ! Εξαγριωμένοι Αργεντινοί από την έλευση του ΔΝΤ και τις επιπτώσεις που είχε για τη χώρα τους, έβγαιναν κάθε μέρα στους δρόμους κι έκαιγαν το σύμπαν.

Ο νεαρός Φορλάν, 20χρονο παιδί τότε, ζούσε έναν εφιάλτη. Δεν γνώριζε αν θα έπαιρνε ποτέ τα λεφτά του. Μέχρι που μία μέρα τον ζήτησαν στα γραφεία της Ιντεπετιέντε. «Έχεις τηλέφωνο από το Μάντσεστερ! Hallo, Diego, Ferguson speaking. I want you here». Ήταν μόλις 22 ετών.

Το πρώτο πράγμα που έκανε στο Μάντσεστερ ήταν να κάνει τη βίλα προσβάσιμη στην αδερφή του. Αμέσως μετά, έδωσε ένα σεβαστό χρηματικό ποσό για τη δημιουργία του Fundacion Alejandra Forlan! Ένα ίδρυμα αποκατάστασης παρόμοιων τραυματισμών. Ο Ντιέγκο Φορλάν χαιρέτησε το Μάντσεστερ για την Ισπανία τον Αύγουστο του 2004 εκεί βρήκε την Ιθάκη του, εκεί μεγαλούργησε. Ο Φορλάν δεν προκάλεσε τον λαμπεροφεύτικο κόσμο του lifestyle, έστω κι αν παντρεύτηκε το μοντέλο Ζάιρα Νάρα. Είναι ήπιων τόνων, μιλάει λίγο και μόνο όταν έχει κάτι να πει. Όταν βάζει γκολ, το αφιερώνει πάντα στην Αλεξάνδρα του, «είναι πηγή έμπνευσης για μένα, είναι ή ίδια η ζωή», λέει ο Ντιέγκο. «Όταν τον βλέπω να τρέχει, ξέρω ότι το κάνει για μένα», δηλώνει η ΑΛΕΞΑΝΔΡΑ.

ΣΑΜΙ ΚΕΝΤΙΡΑ

Γερμανία-Νορβηγία για τα προκριματικά του Μουντιάλ του 2018, στη Στουτγκάρδη.

Ήταν ένα σημαντικό παιχνίδι για τον Σάμι Κεντίρα, που επέστρεψε στην πόλη που μεγάλωσε.

Και για να γίνει η βραδιά ξεχωριστή, έκανε κάτι πολύ καλό. Έδωσε 1200 εισιτήρια σε 15 τοπικά ινστιτούτα, που ασχολούνται με παιδιά που έχουν οικονομικές και υγειονομικές δυσκολίες.

«Είναι σημαντικό να κάνουμε δωρεές σ' αυτά τα θεσμικά όργανα, αλλά και να επιτρέπουμε στα παιδιά να βιώνουν εμπειρίες έξω. Πολλοί από αυτούς δεν είχαν ποτέ την ευκαιρία να δουν ένα παιχνίδι, ελπίζω να τους δώσω μεγάλη χαρά»...

ΚΑΡΛΟ ΜΑΤΣΟΝΕ ΓΙΑ ΤΟΝ ΡΟΜΠΕΡΤΟ ΜΠΑΤΖΙΟ

Ήταν συνεπής, σοβαρός και την Κυριακή μας έκανε πάντα χαρούμενους. Υπήρχε μια συμφωνία μαζί του. Δεν μου άρεσε όταν οι οπαδοί εισέβαλαν στο ξενοδοχείο, έπεφταν πάνω του και του έκοβαν την ανάσα. Μια μέρα του είπα «όταν κουραστείς να υπογράφεις αυτόγραφα, να αγγίζεις το κεφάλι σου κι εγώ θα έρχομαι αμέσως». Αλλά ποτέ δεν άγγιξε το κεφάλι του και μετά τον ρώτησα «μήπως δεν έχεις κεφάλι;» Είπε «κύριε, πώς μπορώ να απογοητεύσω ανθρώπους που έχουν κάνει εκατοντάδες χιλιόμετρα για να με συναντήσουν;»

ΧΟΣΕ ΛΟΥΪΣ ΤΣΙΛΑΒΕΡΤ

Είμαι ο πιο περήφανος άνθρωπος του κόσμου που ξεκίνησα φτωχός, πάμφτωχος, και μπόρεσα να δώσω στα παιδιά μου, αυτά που εγώ στερήθηκα. Μόνο αυτό κρατάω. Τα υπόλοιπα είναι καλά, αλλά δεν έχουν καμία αξία μπροστά σ' αυτό.

ΤΖΙΑΝΛΟΥΙΤΖΙ ΜΠΟΥΦΟΝ

Όσον αφορά εμένα, υπάρχουν κριτικές που είναι σωστές. Φυσικά, υπήρξαν υπερβολές, αλλά πάντα έτσι είναι. Η κριτική πρέπει να γίνει αποδεκτή, είναι αναπόφευκτη ως εναλλαγή των εποχών. Δεν έχω καμία δυσαρέσκεια. Μου λένε ότι είμαι «τελειωμένος». Μπορεί να είναι αλήθεια, μπορεί να έχουν δίκιο.

Αν έκανα 23 χρόνια καριέρας και 20 σε εθνικό επίπεδο, είναι επειδή ήμουν πολύ επικριτικός με τον εαυτό μου, χωρίς να δίνω σημασία ούτε στις θετικές, ούτε στις αρνητικές κριτικές των «ειδικών»

ΤΖΕΝΑΡΟ ΓΚΑΤΟΥΖΟ

Πάντα είχα έναν σκληρό ρόλο μέσα στο γήπεδο και έδινα τα πάντα γι' αυτόν. Οι άλλοι έτρωγαν χαβιάρι, ενώ εγώ έτρωγα αντζούγιες. Αλλά να θυμάσαι, στη ζωή όπως και στο ποδόσφαιρο, είναι σημαντικός ο χαρακτήρας του κάθε ανθρώπου.

Πάντα μιλάμε για επίθεση και ξεχνάμε ότι η μπάλα πρέπει να ανακτηθεί, από τα πόδια των αντιπάλων.

ΧΑΒΙΕΡ ΖΑΝΕΤΙ

Στην Serie A έχουμε πάντα διακοπή τα Χριστούγεννα, όμως για μόνο μία εβδομάδα, οπότε ήθελα να συνεχίσω την προπόνησή μου. Παντρεύτηκα στις 23 Δεκεμβρίου, μα ακόμη κι εκείνη την ημέρα έπρεπε να προπονηθώ. Έκανα τα συνηθισμένα πράγματα του γάμου και ύστερα από αυτό, βγήκα έξω για ένα γρήγορο τρέξιμο.

ΝΤΑΒΙΝΤ ΤΡΕΖΕΓΚΕ ΓΙΑ ΤΟΝ ΠΑΟΛΟ ΜΟΝΤΕΡΟ

Ο Πάολο ήταν ένας καλός χαρακτήρας, ένας από τους πιο σημαντικούς παίκτες στα αποδυτήρια. Σε έκανε να συνειδητοποιήσεις τι είναι η Γιουβέντους.

Για αυτόν, μετρούσε η Κυριακή.

Οι αντίπαλοι ήταν φοβισμένοι. Έβλεπα τον τρόμο στα ματιά τους.

Άλλαζαν πλευρά για να μην τον αντιμετωπίσουν. Η τεχνική του ήταν: Πρώτα ένα σκληρό τάκλιν, γ α να πάρει τον αέρα του αντιπάλου και μετά μιλούσε με τους αντιπάλους του όλη την ώρα, τους τρέλαινε, τον φοβόντουσαν.

Έπαιξα εναντίον του, σε ένα Ουρουγουάη-Γαλλία, όπου ήταν ζευγάρι με τον Λουγκάνο.

Έβγαλαν τον Ανρί μετά από 5 λεπτά.

Νομίζω ότι είναι η μόνη κόκκινη στην καριέρα του. Δεν ξέρω τι έκαναν ή τι του είπαν ακριβώς, αλλά έγινε τρελός και μετά από πέντε λεπτά, έκανε ένα δολοφονικό τάκλιν σε κάποιον άλλο παίκτη της Ουρουγουάης που δεν είχε καμία σχέση με αυτό.

Αμέσως κόκκινη.

Πήγα κοντά στον Πάολο και τον ρώτησα «τι του είπες;» για να πάρω την απάντηση «τίποτα, Νταβίντ» είπε με το αθώο πρόσωπό του.

Ο Μοντέρο πάντα έπαιζε δυνατά, αλλά αν ήσουν εναντίον του, ήταν πρόβλημα.

ΚΑΡΛΟ ΑΝΤΣΕΛΟΤΙ

Δυσκολεύομαι να θυμώσω. Όταν τα πράγματα πάνε στραβά, οι πρόεδροι με φωνάζουν και με κατηγορούν ότι «δεν είμαι πολύ σκληρός και δεν χρησιμοποιώ το μαστίγιο στους παίκτες». Αλλά κανείς ποτέ δεν χρησιμοποίησε το μαστίγιο σ' εμένα, ούτε καν ο πατέρας μου. Ήταν αγρότης και συχνά δεν πήγαινε καλά η δουλειά, δεν είχε λεφτά για να αγοράσει φαγητό, αλλά δεν τον είδα ποτέ να θυμώνει ή να πονάει. Ποτέ δεν μου φώναξε και δε χρησιμοποίησε σκληρές μεθόδους για να μου εξηγήσει ένα πράγμα.

Εγώ, προσπαθώ να κάνω το ίδιο με τους παίκτες μου. Προσπαθώ να δημιουργώ μια ανθρώπινη σχέση και με πολλούς από αυτούς έχω μια σχέση, όχι μόνο επαγγελματική, αλλά και προσωπική. Και δεδομένων των αποτελεσμάτων, τα πράγματα δεν πήγαν και τόσο άσχημα.

ΓΙΑΝΙΚ ΚΑΡΑΣΚΟ

Δεν έχω δει τον πατέρα μου εδώ και 15 χρόνια. Είναι προφανές ότι το να μεγαλώνεις με έναν γονιό οδηγεί στην κατασκευή ενός συγκεκριμένου χαρακτήρα. Η μητέρα μου ποτέ δε με εμπόδισε, ώστε να κάνω αυτό που επιθυμώ. Πόσοι γονείς θα μπορούσαν να αφήσουν τον εντεκάχρονο γιο τους να φύγει από το σπίτι του και να πάει στη Γκενκ, χωρίς να ξέρει ούτε μια λέξη φλαμανδικά, να ζει με μια οικογένεια υποδοχής και όλα αυτά για να ακολουθήσει ένα όνειρο; Και όταν στα 16 μου χρόνια, αποφάσισα να πάω σε μια άλλη χώρα, πάντα μόνος, η απάντησή της ήταν η ίδια: «Πήγαινε, είμαι μαζί σου».

Λένε ότι πίσω από τα επιτεύγματα ενός άντρα υπάρχει μια σπουδαία γυναίκα. Τις περισσότερες φορές μιλάνε για μια όμορφη φιλενάδα ή για μια όμορφη σύζυγο. Πίσω από τις επιτυχίες του Καράσκο όμως, κρύβεται η μητέρα του.

Μια μητέρα η οποία, εγκαταλελειμμένη από τον άντρα της, μεγάλωσε 4 παιδιά μόνη της.

Μια μητέρα που έδειξε θάρρος, όχι μόνο στο να μεγαλώνει τα παιδιά της, αλλά και στο να μη σταθεί εμπόδιο στα όνειρά τους, ακόμα και αν αυτές οι επιλογές ήταν δύσκολες.

Αυτές οι επιλογές που επέτρεψαν στον Καράσκο, να εκπληρώσει τα όνειρά του.

Μπομπι Ρομπσον

Τι είναι ένας σύλλογος, σε κάθε περίπτωση; Ούτε τα κτίρια, ούτε οι διευθυντές και οι διοικήσεις, ούτε οι άνθρωποι που πληρώνονται για να τον εκπροσωπούν. Δεν είναι τα τηλεοπτικά συμβόλαια, υπηρεσίες διαφήμισης και μάρκετινγκ, σουίτες και VIP εισιτήρια. Είναι η φασαρία, ο θόρυβος, το πάθος, η αίσθηση του «ανήκειν», η περηφάνια μιας πόλης! Είναι ένα αγόρι που μπαίνει στο γήπεδο για πρώτη φορά, κρατώντας το χέρι του πατέρα του, να βλέπει από ψηλά το χορτάρι του γηπέδου, μη μπορώντας να κάνει τίποτα για να το αποφύγει και, απλά, να το ερωτεύεται.

Ενδεικτικό για το στίγμα που άφησε στο αγγλικό ποδόσφαιρο ο Ρόμπσον είναι ο αδριάντας με τη φιγούρα του, που βρίσκεται έξω απ' το γήπεδο της Νιούκαστλ, για να θυμίζει την εμβληματική του παρουσία στον σύλλογο.

Ροναλντο, το Φαινομενο

Όταν ήμουν στη Μίλαν, ανακάλυψα ότι είχα ένα πρόβλημα που ονομάζεται υποθυρεοειδισμός, το οποίο επιβραδύνει τον μεταβολισμό. Για να ελέγξω αυτό το πρόβλημα, έπρεπε να πάρω μερικές ορμόνες που δεν επιτρέπονται στο ποδόσφαιρο. Είμαι βέβαιος ότι πολλοί με κορόιδεψαν για το τόσο μεγάλο βάρος μου. Αλλά δεν κρατάω κακίες.

Το τέλος της καριέρας μου, περνάει και από τα τραύματά μου. Δεν αντέχω τους πόνους στα γόνατα και στους μυς μου πια. Είναι πολύ δύσκολο να εγκαταλείψω κάτι που με έκανε τόσο ευτυχισμένο, που αγαπούσα τόσο πολύ. Είναι δύσκολο όταν το κεφάλι νομίζει ότι μπορείς να παρακάμψεις έναν αμυντικό και το σώμα δεν απαντά.

Συνέντευξη τύπου το 2011, ανακοινώνοντας το τέλος του από το επαγγελματικό ποδόσφαιρο.

Ο ΦΕΡΝΑΝΤΟ ΤΟΡΕΣ ΓΙΑ ΤΟΝ ΣΤΙΒΕΝ ΤΖΕΡΑΡΝΤ

Όταν αποφάσισα να πάω στο Λίβερπουλ, ένας από τους λόγους ήταν να έχω την ευκαιρία να παίξω με μεγάλα ονόματα. Ο Ράφα, ο Πέπε και ο Τσάμπι με κάλεσαν για να με πείσουν να πάω στο Λίβερπουλ. Τους ρώτησα κατευθείαν, ποια ήταν η γνώμη του Τζέραρντ. Ήταν χαρούμενος που ήρθα. Όταν έπαιζα μαζί του, γινόταν ευκολότερο. Μετά από λίγη εξάσκηση, βρήκαμε τη χημεία. Ήταν υπέροχο να παίζω μαζί του. Η καριέρα μου είναι χωρισμένη στο πριν παίξω με τον Τζέραρντ και μετά τον Τζέραρντ.

Το να παίζεις με τον Τζέραρντ είναι εύκολο, μπορεί πάντα και σου δίνει την μπάλα την κατάλληλη στιγμή. Στην καριέρα μου, ποτέ δεν θα βρω παίκτη σαν κι αυτόν. Όταν πήγα στο Λίβερπουλ έκανα ένα ποιοτικό άλμα, όταν έφυγα από την ομάδα, έχασα έναν παίκτη σαν κι αυτόν.

ΑΡΜΑΝΤΟ ΙΤΣΟ

Αυτοί που με κατηγόρησαν με λέγανε «αδαή». Οι αδαείς δεν μπορούν να ξέρουν τίποτα. Είχαν δίκιο. Είμαι αδαής και δεν ντρέπομαι. Μεγάλωσα στη Σκάμπια, ένα χωριό της Νάπολη. Ο μπαμπάς δούλευε 18 ώρες την ημέρα για να μας δώσει μια σχεδόν φυσιολογική ζωή. Τότε μια κεραυνοβόλος λευχαιμία τον πήρε μακριά. Ήταν 29 χρονών, η μαμά μου 27 κι εγώ σχεδόν 10. Στο κρεβάτι της κράτησε τα 3 αδέρφια μου, όλα μικρότερα. Ήμουν στην πόρτα. Προσπαθούσα να μην κλάψω. Από μακριά, μου έκανε ένα νεύμα. Έγινα ο αρχηγός της οικογένειας. Τέλος πάντων, χωρίς τον μισθό του μπαμπά, για μήνες το δείπνο μου ήταν γάλα και ξερό ψωμί.

Η μητέρα μου συνήθιζε να καθαρίζει σπίτια. Της δίνανε έξι ευρώ την ώρα και δεν σταμάτησε ποτέ. Εγώ ήμουν καλός με την μπάλα. Όταν ήμουν 14, πήγα στη Νάπολη. Η μαμά μου είπε «να θυμάσαι τον μπαμπά και να πετύχεις». Δεν ήταν εύκολο. Η υπόσχεσή μου στον μπαμπά μού έδωσε δύναμη. Η Νάπολη ξόδεψε μερικές εκατοντάδες ευρώ τον μήνα για μένα, αυτά προστέθηκαν στη βοήθεια του σπιτιού.

Τα υπόλοιπα είναι αποτέλεσμα του ιδρώτα και της αποφασιστικότητας.

Τα στημένα και οι σχέσεις με τη μαφία, για τις οποίες κατηγορήθηκα, δεν ήταν αλήθεια. Είπαν ότι δεν πρέπει να ξέρω τίποτα για την έρευνα. Είμαι αδαής, ναι, αλλά ειλικρινής.

Έφτασε μέχρι την προεπιλογή της Εθνικής Ιταλίας, αλλά αυτή η υπόθεση τον άφησε εκτός. Εναντίον του απαγγέλθηκε η κατηγορία της στήριξης μαφιόζικων οργανώσεων. Ο παίκτης όμως δικαιώθηκε, δεν είχε καμία ανάμειξη...

ΜΑΡΕΚ ΧΑΜΣΙΚ

Η Νάπολη και η Ιταλία μού έχουν δώσει ό,τι χρειάζομαι. Το ποδόσφαιρο είναι σημαντικό για μένα και παίζω για τη Νάπολη για δέκα χρόνια και είναι η μεγαλύτερη τιμή της ζωής μου. Αλλά ο λόγος που έμεινα στη Νάπολη είναι πέρα από το ποδόσφαιρο. Στη Νάπολη νιώθω μέλος μιας κοινότητας, μιας οικογένειας που έχει μια ιδιαίτερη θέση στην καρδιά μου. Στη ζωή δεν χρειάζομαι μόνο μισθό και τρόπαια, αλλά πρέπει να νιώσω βαθιά μέσα στην ψυχή μου την αγάπη. Η Νάπολη μου έδωσε αυτή την αγάπη και θα είμαι αιώνια ευγνώμων.

ΡΟΝΑΛΝΤΙΝΙΟ

Όταν έφτασα στην εθνική Βραζιλίας υπήρχε ο Ρονάλντο και επειδή εγώ ήμουν πιο νεαρός από εκείνον, με φώναζαν τελικά Ροναλντίνιο...

ΤΖΟΥΛΙΑΝ ΝΑΓΚΕΛΣΜΑΝ

11 Φεβρουαρίου, 2016.
Είσαι 28 ετών, 6 μηνών και 19 ημερών.
Είσαι ένας προπονητής που έχει πολύ καλά αποτελέσματα στο πρωτάθλημα των νέων. Η ομάδα σου είναι στην Μπουντεσλίγκα, παρόλο που είναι ένα κλαμπ χωρίς μεγάλη παράδοση.

Ο Πρόεδρός σου λέει ότι σε μερικούς μήνες, από τη σεζόν 2016/2017, θα είσαι ο πρώτος προπονητής της ομάδας.

Μόνο που η μοίρα αποφάσισε να επιταχύνει την ώρα και να σε ενημερώσει ότι θα προπονήσεις αμέσως την ομάδα, για να τη σώσεις από τον υποβιβασμό.

Έχεις λίγο χρόνο να προετοιμαστείς για την ευκαιρία της ζωής σου.

Θυμάμαι την πρώτη συνάντηση με την ομάδα και την ομιλία μου, αφού από πριν την έκανα πρόβα όλο το βράδυ.

Ήμουν πολύ νευρικός. Τα αποδυτήρια κάποια στιγμή φαινόταν τεράστια. Έπρεπε να προσέχω, όχι μόνο τι θα έλεγα, αλλά και τους τρόπους, τις κινήσεις του σώματος. Είναι σημαντικό αν είσαι προπονητής. Αλλά όλα ήταν μια χαρά. Τότε συνειδητοποίησα ότι θα ήμασταν μια ομάδα.

Στη σχέση με την ομάδα υπάρχουν δύο βασικοί παράγοντες: Ο ένας είναι η κοινωνική σου νοημοσύνη, ο άλλος είναι η γνώση του ποδοσφαίρου. Αν αυτά παραμείνουν σε ισορροπία, οι παίκτες καταλαβαίνουν ότι μπορείς να τους διδάξεις κάτι τεχνικά και η ηλικία ξεχνιέται πολύ γρήγορα.

Πάντα συμβουλεύομαι τους ποδοσφαιριστές στη λήψη αποφάσεων. Αν και έχω την τελευταία λέξη, δε θέλω να με ακολουθούν σαν στρατιώτες. Πρέπει να έχουν τις δικές τους απόψεις αλλά να προωθούν τις ιδέες μου μέσα στο γήπεδο.

Οι παίκτες αρχίζουν να ακολουθούν τις ιδέες μου, τις εφαρμόζουν και η σωτηρία έρχεται χωρίς να χρειάζονται τα πλέι οφ.

Η ευκαιρία της ζωής μου.

Ιδέες, γνώση, σχέση εμπιστοσύνης με παίκτες και αποτελέσματα.

ΤΖΕΝΑΡΟ ΓΚΑΤΟΥΖΟ

Δε θυμάμαι καν πόσες φορές έκανα κοπάνα από το σχολείο, μαζί με τους άλλους τρελούς φίλους μου. Κάναμε βόλτες όλο το πρωί, και μετά, λίγο πριν το τέλος των μαθημάτων, πηγαίναμε στο σπίτι, έτοιμοι να πούμε ένα ψέμα στις ερωτήσεις των γονιών.

Δεν ήταν έτσι πάντα όμως. Μια μέρα, μαζί με τέσσερα, πέντε φιλαράκια, αποφασίσαμε να πάμε μια βόλτα στο Κοριλιάνο. Δε θυμάμαι καν γιατί, ίσως για να πάμε να παίξουμε ηλεκτρονικά. Κάποια στιγμή, ξέρουμε ότι είναι πολύ αργά για να πάμε σπίτι για φαγητό. Έτσι, θα σταματήσουμε στην άκρη του δρόμου, για να περιμένουμε κάποια καλή ψυχή να μας πάρει και να μας πάει στο σπίτι με το αυτοκίνητο. Μετά από λίγα λεπτά, ένα αυτοκίνητο σταματάει. Θα τρέξουμε, δόξα τον Θεό που βρήκαμε κάποιον ...όταν ξαφνικά συνειδητοποιώ ότι στο τιμόνι υπάρχει ένας τύπος με ένα πολύ οικείο πρόσωπο για μένα. Ναι, ο μπαμπάς! Δανείστηκε το αμάξι του θείου μου εκείνη την ημέρα, και δεν τον αναγνώρισα. Η καρδιά μου τρέχει. Αλλά ό,τι ήταν να γίνει, έγινε. Αυτό συμβαίνει μία στο εκατομμύριο και συνέβη σ' εμένα. Θα σας πω τι έγινε στον δρόμο για το σπίτι. Έχω ακόμα το χέρι του σταμπαρισμένο στα μάγουλά μου, ενώ τα αυτιά μου, πονάνε ακόμα και σήμερα.

Τώρα μπορεί να γελάω, αλλά τότε είχα περάσει μια κακή εβδομάδα.

ΦΡΑΝΚ ΡΙΜΠΕΡΙ

Όταν ήμουν παιδί, δεν περνούσα καλά. Με έλεγαν Κουασιμόδο. Η απάντησή μου στις προσβολές ήταν η σιωπή και το κλάμα. Καθόμουν μόνος σε μια γωνιά, όπου κανείς δεν μπορούσε να με κοιτάξει, και έκλαιγα. Αλλά για κάτι που είμαι σίγουρος, είναι ότι κανένα από αυτά τα παιδιά δεν έπαιξαν μπάλα, όπως εγώ. Αυτό το κίνητρο με κράτησε. Όλες αυτές οι προσβολές με βοήθησαν να φτιάξω τον χαρακτήρα μου και να είμαι αυτός που είμαι σήμερα.

ΑΛΕΞ ΦΕΡΓΚΙΟΥΣΟΝ

Κάθε φορά που ένα μέλος της μεγάλης γενιάς έφευγε, μετρούσα τα υπόλοιπα. Δύο απ' αυτούς έμειναν μαζί μου μέχρι το τέλος της καριέρας μου: Ο Πολ Σκόουλς και ο Ράιαν Γκιγκς. Εξακολουθώ να θυμάμαι τα παιδιά αυτά, να κάνουν φάρσες μετά την προπόνηση.

Ήταν αληθινοί άντρες. Στάθηκαν δίπλα μου, υπερασπίστηκαν τις αρχές της δουλειάς μας. Κάθε γονιός φοβάται τη στιγμή που ο γιος ανακοινώνει ότι θα φύγει από το σπίτι ή ότι θα πάει να ζήσει με την κοπέλα του, ή ότι σκοπεύει να αναλάβει μια δουλειά σε μια άλλη χώρα... Έτσι έζησα μαζί τους το ποδόσφαιρο.

Με ενδιέφερε πολύ, τα παιδιά που ήταν μαζί μου από την εφηβεία, ο Γκιγκς, ο Μπέκαμ, ο Νίκι, ο Φιλ, ο Πολ και ο Γκάρι Νέβιλ, να τους δω να μεγαλώνουν μαζί μου, σαν οικογένεια.

Αν προσπαθήσω να φανταστώ τι θα ήταν αυτά τα χρόνια χωρίς αυτούς, δεν μπορώ να δω τίποτα.

Η Μάντσεστερ Γιουνάιτεντ είναι αλήθεια ότι είναι γνωστή για τους μεγάλους παίκτες που πέρασαν στα χρόνια μου, ως προπονητής. Αλλά αυτά τα υπέροχα αγόρια είχαν μέσα τους το πνεύμα της Μάντσεστερ Γιουνάιτεντ, αυτό δόθηκε στο κλαμπ, αυτοί έδιναν σε όλους να καταλάβουν τι θα πει «Μάντσεστερ Γιουνάιτεντ».

ΝΤΙΕΓΚΟ ΜΙΛΙΤΟ

Ένας παίκτης πρέπει πάντα να έχει στόχους. Αφού κέρδισα τα πάντα μ' αυτή τη φανέλα, ήμουν άτυχος σε ένα παιχνίδι. Δεν είχα ποτέ σοβαρό τραυματισμό πριν από αυτό. «Ντιέγκο, κάποτε θα συνέβαινε», έτσι είπαν οι γιατροί.

Κανείς δεν μπορεί να σώσει μια ομάδα μόνος του.

Το θέμα είναι ότι είχα εξαφανιστεί για μεγάλο χρονικό διάστημα. Από έξω, υποφέρεις πάρα πολύ, και θέλεις να βοηθήσεις χωρίς να μπορείς να το κάνεις, αυτό είναι ένα συναίσθημα που έδενε κόμπο το στομάχι μου, αν όχι τα νεύρα μου. Δεν κοιμόμουν τα βράδια, γιατί ο μόνος σκοπός μου ήταν να παίξω, πάντα έτσι ήταν...

Μια μέρα που ήμουν στο σπίτι, πήρα το ημερολόγιο και είδα ότι ο επόμενος αγώνας ήταν ενάντια στη Γιουβέντους, εντός έδρας. Αν υπήρχε ένας αγώνας που ήθελα να παίξω για να κάνω τους οπαδούς ευτυχισμένους, ήταν αυτός. Δούλεψα σκληρά, αλλά τα πράγματα δεν πήγαν όπως τα σχεδιάσαμε. Ήμουν πρόθυμος να παίξω με μισό πόδι, αλλά οι γιατροί είπαν όχι. Ένας παίκτης πρέπει να έχει σταθερά πόδια. Δεν μπορούσα να παίξω. Την επόμενη νύχτα, ήμουν στον καναπέ με τη γυναίκα μου, που με είδε λυπημένο. Έβαλε το dvd από τον τελικό της Μαδρίτης και είπε: «Ντιέγκο, τους έχεις κάνει ήδη ευτυχισμένους. Δε θα ξεχάσουν ποτέ τον Μιλίτο.

Αυτές οι λέξεις μου έδωσαν μια απίστευτη γαλήνη. Ήταν ένα όμορφο συναίσθημα. Ένα αίσθημα μεγαλείο. Πήγα στο κρεβάτι με τη γνώση ότι έκανα τον κόσμο ευτυχισμένο και, πιστέψτε με, δεν υπάρχει τίποτα πιο όμορφο.

ΜΑΝΟΥΕΛ ΡΟΥΙ ΚΟΣΤΑ

Πόσα παιχνίδια έγιναν στις παραλίες του Καρκαβέλος κατά τη διάρκεια των εθνικών υποχρεώσεων. Ήταν το ραντεβού μας και μετά πηγαίναμε για κολύμπι και ο χαμένος, υποτίθεται, δε θα είχε το δικαίωμα να κάνει μπάνιο.

Ο Νούνο Γκόμες ήταν τρελός μ' αυτά τα πράγματα. Πηγαίνοντας στην παραλία, και ως συνήθως για να τον προσέξουν, έφτιαχνε πρώτα τα μαλλιά του και μετά έπαιζε. Πόσες κλωτσιές είχαμε, πόσα γέλια...

Με τους περισσότερους από αυτούς γνωριζόμαστε από μικρά παιδιά. Περάσαμε όλη την εφηβεία μαζί. Εγώ, ο Σιμάο, ο Ζοάο Πίντο, ο Φερνάντο Κόουτο, ο Βιτόρ Μπαΐα, ζήσαμε σαν αδέρφια. Δεν είχαμε κερδίσει πολλούς τίτλους, αλλά ήμαστταν μια γενιά φαινομένων που μεγάλωσαν με τα απλά πράγματα της ζωής. Ήμασταν αυθόρμητοι άνθρωποι. Απλοί άνθρωποι.

Η ΕΠΙΣΤΟΛΗ ΤΩΝ ΟΠΑΔΩΝ ΤΗΣ LAZIO ΣΤΟΝ ΦΡΑΝΤΣΕΣΚΟ ΤΟΤΤΙ

«Ήταν 6 Μαρτίου του 1994 όταν συναντηθήκαμε για πρώτη φορά. Μπήκες στη θέση του Πιατσεντίνι και κέρδισες ένα πέναλτι, το οποίο έχασε ο Τζιανίνι. Τόσο νέος κατάφερες να περιγράψεις με τέλειο τρόπο την ιστορία της ομάδας σου, η οποία είναι γραμμένη με πέναλτι και χαμένες ευκαιρίες.

Από τότε, ενώ έκανες το ένα ρεκόρ μετά το άλλο, ενώ τα γήπεδα όλου του κόσμου σε χειροκροτούσαν, ενώ σκεφτόσουν τι t-shirt να μας αφιερώσεις, ανάμεσα σε ένα Sanremo και μια τηλεοπτική διαφήμιση, η Λάτσιο κατακτούσε ένα scudetto, ένα Κύπελλο Κυπελλούχων, ένα ευρωπαϊκό Σούπερ Καπ, πέντε Coppa Italia (στο ένα ήσουν κι εσύ εκεί, στην πιο όμορφη μέρα του Λατσιάλε ήσουν εκεί και σε νικήσαμε με χαρά) και τρία Ιταλικά Σούπερ Καπ.

Τι θα μπορούσε να κατακτήσει η Ρεάλ Μαδρίτης μ' εσένα στο γήπεδο, δεν θα το μάθει ποτέ κανείς. Είσαι ο μοναδικός μεγάλος ποδοσφαιριστής που δεν κατάφεραν να αποκτήσουν. Χωρίς εσένα «βολεύτηκαν» με δύο Διηπειρωτικά κύπελλα, δύο Παγκόσμια Κύπελλα Συλλόγων, πέντε κύπελλα Πρωταθλητριών, τρία ευρωπαϊκά Σούπερ Καπ, επτά πρωταθλήματα, τρία κύπελλα Ισπανίας και έξι Ισπανικά Σούπερ Καπ. Λίγα, για έναν ποδοσφαιριστή με το ταλέντο σου.

Σε κάθε περίπτωση, και ειδικά σε αυτούς τους καιρούς, πέτυχες κάτι που αξίζει σεβασμό. Τον σεβασμό που δεν σου έδειξαν ούτε οι οπαδοί σου, ούτε η διοίκησή σου και αυτό, στο λέμε με ειλικρίνεια, μας ενοχλεί. Εμείς δεν θα επιτρέπαμε ποτέ ένας ποδοσφαιριστής, όπως εσύ, να τύχει τέτοιας συμπεριφοράς. Δεν θα παρακολουθούσαμε ποτέ σιωπηλοί αυτό που σου κάνουν και σου έχουν κάνει. Σήμερα κανείς δεν σε υπερασπίζεται και εμείς, προφανώς, δεν μπορούμε να το κάνουμε.

Καμία πίκρα για τα φανελάκια που μας έχεις αφιερώσει. Καλώς το έκανες. Είμαστε στη Ρώμη και έτσι γίνεται εδώ, έτσι πρέπει να γίνεται. Ποιος ξέρει τι επίλογο θα έχει αυτή η ιστορία... Αν θα επιφυλάξει κάποια έκπληξη και κάποιος δε θα ξέρει πια ποιον να υποστηρίξει. Σε κάθε περίπτωση, μια χειραψία όπως αξίζει σε έναν αντίπαλο που -μετά από πολλά χρόνια- αφήνει το γήπεδο, από την πλευρά των καλύτερων εχθρών σου.

Irriducibili Lazio».

ΝΤΕΓΙΑΝ ΣΤΑΝΚΟΒΙΤΣ

Ήμουν συμπαίκτης με τον Μιχαΐλοβιτς, τον Γιούγκοβιτς, τον Προσινέτσκι. Ήταν ήδη ωραίο να μοιράζομαι τα συναισθήματα αυτής της σούπερ ομάδας. Είδα και έζησα με τα παραδείγματά τους, είδα πόσο καλή ήταν η νίκη. Σαν παιδί, σε έκαναν να μάθεις ότι το να κερδίζεις, είναι κάτι πολύ σημαντικό. Στα 18 μου, ήμουν ήδη αρχηγός, είχα το 10, το όνειρό μου ως παιδί.

Στην ομάδα που αγαπώ ακόμα και τώρα, στον Ερυθρό Αστέρα.

Ο ΤΖΙΑΝΛΟΥΙΤΖΙ ΜΠΟΥΦΟΝ, ΓΡΑΦΕΙ ΣΤΗΝ ΕΦΗΜΕΡΙΔΑ La Stampa ΓΙΑ ΤΑ ΤΕΛΕΥΤΑΙΑ 11 ΧΡΟΝΙΑ ΣΤΗ ΓΙΟΥΒΕΝΤΟΥΣ

«Νικήσαμε. Ξανά. Για έκτη συνεχόμενη φορά. Ένα ρεκόρ που μοιραζόμαστε με τον Μπάρτσα, τον Κιέλο, τον Λέο, τον Στέφαν και τον Κλαούντιο. Οι παλιοί του γκρουπ. Με το πέρασμα των μηνών, των παιχνιδιών, των επιτυχιών, πολλοί μίλησαν για προαναγγελθείσες νίκες, ένα εύκολο πρωτάθλημα, μια δεδομένη ανωτερότητα. Δε συμφωνώ.

Αυτοί που δεν έχουν κατακτήσει ποτέ τίποτα, κάνουν... μπανάλ τη σκληρή δουλειά αυτών που πετυχαίνουν. Για αυτό το 6° σερί scudetto δεν ήταν τίποτα αναμενόμενο, προβλεπόμενο ή σίγουρο. Ήμασταν φαβορί ασφαλώς, χάρη σε όσα είχαμε χτίσει την προηγούμενη πενταετία. Αρχίσαμε, όμως, από το τίποτα, αμφισβητηθήκαμε, παλέψαμε και νικήσαμε. Κανείς δεν μας έδωσε τίποτα.

Κάθε ομάδα που μας αντιμετωπίζει δίνει τα πάντα, όλοι είναι εναντίον μας. Αυτό είναι φυσιολογικό. Ο πιο δυνατός είναι πάντα και ο πιο μισητός. Κρατάω την αντιπάθεια όμως και αφήνω στους άλλους τη ζήλεια γι' αυτό που κατάφερε να κάνει αυτό το κλαμπ. Η πρώτη λέξη που σκέφτομαι μετά από κάθε νίκη είναι «αύριο». Είμαι υπερήφανος για τους τίτλους που κατέκτησα αλλά είναι αυτό που ακόμη με περιμένει, αυτό που με κρατάει ζωντανό και σε συνεχή κίνηση.

Είχα περισσότερα από όσα ονειρεύτηκα ποτέ στη ζωή μου, σίγουρα περισσότερα από όσα ζήτησα. Μπροστά σε μια νέα γραμμή τερματισμού, μπροστά σε έναν νέο στόχο που επιτεύχθηκε, έχω πάντα τη γνώση ότι έδωσα τα πάντα και πήρα, αν αυτό είναι δυνατόν, ακόμη περισσότερα. Είναι μια συνεχής εκτίμηση στη ζωή που με κάνει αισιόδοξο και με οδηγεί στο να ξεπεράσω τον εαυτό μου, πέρα από νίκες, πέρα από το όριο.

Έχω έξι πρωταθλήματα στη σειρά, αλλά και δέκα συνολικά στην καριέρα μου. Ναι, 10. Δεν ντρέπομαι να το πω αυτό. Τα κατάκτησα όλα στο γήπεδο, δίπλα σε πρωταθλητές των οποίων τα πρόσωπα, την κούραση και τα χαμόγελα μπορώ να τα δω καθώς γράφω.

Η Ομοσπονδία, η Wikipedia ή η Lega λένε ότι είναι οκτώ. Δε θα συζητήσω για διαιτητές, δικαστές ή νόμους, αλλά κανείς δεν μπορεί να μου αρνηθεί το δικαίωμα του να νιώθω όλα τα πρωταθλήματα. Καμία αντιπαράθεση. Καμία επιθυμία να ανοίξω κλειστά κεφάλαια. Απλά υπερηφάνεια για ό,τι έχτισα, νίκησα και κατέκτησα στο γήπεδο. Ποτέ μόνος, πάντα με την ομάδα!

Μια υπερηφάνεια, όπως αυτή του καλοκαιριού του 2006, ένα ζεστό και έντονο καλοκαίρι, ένα καλοκαίρι με κατανοητές εξόδους και μια έξοδο που δεν μπορούσε να κριθεί. Ένα καλοκαίρι επίσης, όμως, επιβεβαιώσεων και με επιθυμία να αλλάξουμε την ιστορία. Βασικά, να γράψουμε ιστορία. Κανείς δεν μας συμπαθεί. Κανείς πριν από εμάς.

Σκέφτομαι τον Πάβελ, τον Άλεξ, τον Νταβίντ, τον Μάουρο... και μετά εμένα. Αποφασίσαμε να μείνουμε μαζί για να τιμήσουμε τη φανέλα, το κλαμπ, τους οπαδούς. Χάσαμε τα πάντα για να κερδίσουμε πράγματα που δεν μπορείς να τα μετρήσεις ή να τα ανταλλάξεις: Σεβασμό, αγάπη. Να βάζεις αξίες για ένα γκρουπ και μια ομάδα, γιατί χωρίς εμάς δεν θα υπήρχαν νίκες, ρεκόρ και κατακτήσεις.

Χωρίς όλους αυτούς που δουλεύουν στο γήπεδο και έξω από το γήπεδο ώστε να μου επιτρέψουν να δίνω τον καλύτερό μου εαυτό, όλα αυτά δεν θα ήταν πιθανά. Και το πιο όμορφο είναι ότι όλο αυτό δεν έχει τελειώσει ακόμη...»

ΑΝΤΡΕΪ ΣΕΦΤΣΕΝΚΟ

Αρχές του 1997, η Δυναμό του Λομπανόφσκι ήταν η μεγάλη δύναμη στην Ουκρανία. Ήταν μια ομάδα που διέθετε στο ενεργητικό της, νέους ταλαντούχους παίκτες. Μεταξύ αυτών ήταν ένας παίκτης, ονόματι Σεφτσένκο. Κάπνιζε πάνω από 40 τσιγάρα την ημέρα. Στο γήπεδο ήταν κάτι πραγματικά απίστευτο, ένα σπάνιο μαργαριτάρι, αλλά στη φυσική κατάσταση ζοριζόταν. Κατηγορήθηκε ότι δεν μπορούσε να τρέξει. Όλα αυτά προκλήθηκαν από τον καπνό. «Μπορείς να είσαι το νούμερο ένα, αν κόψεις το κάπνισμα», του το λέγανε συνέχεια, αλλά δεν μπορούσε να σταματήσει.

Μια μέρα, μετά την προπόνηση, ο Λομπανόφσκι, τον είδε εξαντλημένο, τον πλησίασε και είπε, «αύριο θα σε περιμένω στο γραφείο μου. Θα σε κάνω να βγάλεις αυτό το καταραμένο πράγμα από μέσα σου...»

Την επόμενη μέρα, ο Σεβτσένκο πήγε να τον δει. Ο Λομπανόφσκι τον έβαλε να κάνει ένεση σχεδόν με τη βία, μια ένεση βασισμένη στη νικοτίνη, που τον έκανε να νιώθει χάλια, σε ένα σύνδρομο απόρριψης που του επέτρεψε να σταματήσει μόνιμα με τον καπνό. Από τότε δεν άγγιξε ποτέ τσιγάρο. Από εκεί και μετά έγινε το σύμβολο της ομάδας και ένας από τους πιο δυνατούς επιθετικούς σε διεθνές επίπεδο.

ΦΑΜΠΙΟ ΚΟΥΑΛΙΑΡΕΛΑ

Το 27 ήταν ο αγαπημένος αριθμός του Νικολό Γκάλι. Παίξαμε μαζί στην under 18 της Εθνικής Ιταλίας.

Όταν ήταν 17 χρονών είχε ένα τραγικό τροχαίο ατύχημα.

Όπου πηγαίνω διαλέγω αυτόν τον αριθμό, προς τιμήν ενός μεγάλου φίλου.

ΙΚΕΡ ΚΑΣΙΓΙΑΣ

Τα περισσότερα παιδιά ονειρεύονται να βάλουν το τέλειο γκολ. Το παιδικό μου όνειρο ήταν να τους σταματήσω.

ΤΖΙΑΝΛΟΥΙΤΖΙ ΜΠΟΥΦΟΝ ΓΙΑ ΡΟΝΑΛΝΤΟ

Είναι ο αγαπημένος μου Βραζιλιάνος όλων των εποχών. Ήμουν πολύ τυχερός που τον αντιμετώπισα αρκετές φορές στην καριέρα μου και πραγματικά είναι κρίμα που η δική του καριέρα στιγματίστηκε από αυτούς τους σοβαρούς τραυματισμούς.

Ήταν τρομερός ποδοσφαιριστής. Ήταν κάτι σαν... Άλιεν που μπορούσε να κάνει τα πάντα στο γήπεδο!

Ένας από τους κορυφαίους όλων των εποχών.

ΧΕΝΡΙΚ ΛΑΡΣΟΝ

Όταν ήμουν 20 χρονών, φόρτωνα λαχανικά σε φορτηγά. Δεν ήταν αυτό που ήθελα να κάνω, αλλά, ευτυχώς, με κάλεσε η Χέλσινγκμποργκ. Υπέγραψα συμβόλαιο. Ήταν υπέροχο συναίσθημα.

ΖΛΑΤΑΝ ΙΜΠΡΑΪΜΟΒΙΤΣ

Στην είσοδο του πολυτελούς διαμερίσματός του, στο Μάλμε, έβαλε μια γιγαντιαία αφίσα με δύο βρώμικα πόδια.

Οι φίλοι του τον λένε: «τα δικά σου είναι; Τι είδους χάλια πόδια είναι αυτά... Πώς μπορείς να βάζεις αυτές τις μαλακίες στον τοίχο;»

Ο Ίμπρα απαντάει: «Ηλίθιοι. Αυτά τα πόδια είναι, που τα πλήρωσαν όλα αυτά...»

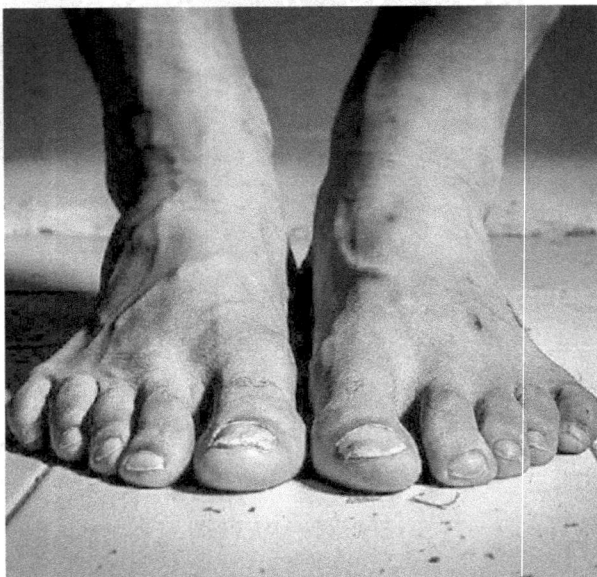

ΠΑΘΟΣ ΓΙΑ ΤΟ ΠΟΔΟΣΦΑΙΡΟ

Δεν υπάρχει τίποτα πιο όμορφο από το να μεταφέρεις το πάθος σου σε ένα παιδί. Έρχεται η ημέρα του παιχνιδιού, το παίρνεις από το χέρι και το πας στο γήπεδο, στον ναό σου.

Το μέρος που σε είδε να μεγαλώνεις, που σε έκανε να χύσεις δάκρυα πόνου και χαράς. Πάρτε το για να ανακαλύψετε μαζί μια άνευ όρων αγάπη που δεν θα τελειώσει ποτέ.

Φοράς τα χρώματα της ομάδας, περπατάς μαζί του χέρι με χέρι στο στάδιο, θα του πεις για τότε που η ομάδα σου κέρδισε ένα ντέρμπι... Ακόμα και όταν όλα στη ζωή σου φαίνονται να πηγαίνουν στραβά, κάποια στιγμή της ημέρας, το χαμόγελό σου θα επιστρέψει, γιατί ξέρεις ότι η ομάδα σου θα είναι στο γήπεδο. Σ' αυτές τις στιγμές θα ξεχάσεις τον υπόλοιπο κόσμο.

Είναι αυτά τα 90 λεπτά...

ΡΟΜΠΕΡΤΟ ΜΠΑΤΖΙΟ

«Ο καθένας είναι υπεύθυνος για ό,τι του συμβαίνει, διότι αυτό είναι και το ελάττωμα και η αξία του».

Ο 19χρονος Μπάτζιο, είχε συγκλονιστεί από τη διδαχή αυτή.

ΤΙΕΡΙ ΑΝΡΙ

Τρώω με το ποδόσφαιρο, κοιμάμαι με το ποδόσφαιρο, αναπνέω για το ποδόσφαιρο. Δεν είμαι τρελός, είμαι απλά παθιασμένος.

ΡΟΜΠΕΡΤΟ ΚΑΡΛΟΣ ΓΙΑ ΡΟΝΑΛΝΤΟ

Εν έτει 1998 ένα απόγευμα πήγαμε για προπόνηση στην παραλία Κοπακαμπάνα. Εκεί, ο Ρονάλντο είδε μια ντουζίνα αγόρια να παίζουν ποδόσφαιρο.

Ξαφνικά γυρνάει και λέει: «Δεν έχουν φανέλες, πρέπει κάτι να κάνουμε γι' αυτό». Του είπα, «αλλά πού θα πας, όταν σε δουν σίγουρα θα πέσουν πάνω σου όλοι».

Πήγε στο δωμάτιό του και πήρε παπούτσια, φανέλες, σορτσάκια, μπάλες, τα πάντα. Ήταν όλο το υλικό που είχε στείλει ο χορηγός μας, (nike) ως δώρο.

«Έλα, έλα, πάμε να κάνουμε αυτά τα αγόρια χαρούμενα, αυτοί είναι που τα χρειάζονται πραγματικά».

Τους μοίρασε τα πάντα... Δε θα ξεχάσω ποτέ τα πρόσωπα αυτών των παιδιών, ήταν ενθουσιασμένα, τον αγκάλιασαν σαν να είδαν έναν Θεό.

Όλη η παραλία ήθελε να βγάλει φωτογραφία μαζί του, και αυτός έκανε το χατίρι σε όλους...

ΑΛΕΞ ΦΕΡΓΚΙΟΥΣΟΝ. ΑΠΟ ΤΗΝ ΟΜΙΛΙΑ ΣΤΑ ΑΠΟΔΥΤΗΡΙΑ, ΣΤΟ ΗΜΙΧΡΟΝΟ ΤΟΥ ΤΕΛΙΚΟΥ ΤΟΥ CHAMPIONS LEAGUE, ΤΟ 1999.

Στο τέλος του παιχνιδιού, το κύπελλο θα είναι μόλις δύο μέτρα μακριά σας και δε θα μπορείτε ούτε καν να το αγγίξετε, αν χάσουμε. Και για πολλούς από εσάς θα είναι το κοντινότερο που θα φτάσετε ποτέ. Μη διανοηθείτε να ξανάρθετε εδώ πέρα αν δε δώσετε ό,τι έχετε...

ΝΤΙΕΓΚΟ ΣΙΜΕΟΝΕ

Διαχειρίζομαι μία ομάδα σαν να ήταν η οικογένειά μου. Με βάση αυτό, ο καθένας μπορεί να αισθάνεται ως μέλος της ομάδας μου. Από τον πρόεδρο μέχρι τον κηπουρό. Το πιο δύσκολο πράγμα είναι να τους κάνεις να νιώσουν σημαντικοί σε συνάρτηση με το σύνολο.

Ο ΜΕΓΑΣ ΜΠΑΛΑΔΟΡΟΣ ΧΟΥΑΝ ΚΑΡΛΟΣ ΒΑΛΕΡΟΝ

Υπήρξαν χρόνια, που η Ντεπορτίβο Λα Κορούνια μπορούσε να νικήσει όποια ομάδα έβρισκε αντίπαλό της, είτε στην Ισπανία, είτε στην Ευρώπη.

Υπήρξε ένας παίκτης που έχει οδηγήσει τη Λα Κορούνια σε τρομερή νίκη επί της Άρσεναλ, στο Χάιμπουρι. Ήταν πρωταγωνιστής στην απίστευτη νίκη επί της Μπάγερν μέσα στο Μόναχο, πήρε πάνω του την ομάδα στο 4-0 επί της Μίλαν και την οδήγησε στα ημιτελικά του Τσάμπιονς Λιγκ.

ΑΛΑΝ ΣΙΡΕΡ

Στην αρχή, όταν ήμουν στη Σαουθάμπτον καθάριζα τα παπούτσια των συμπαικτών μου, τα αποδυτήρια, τις τουαλέτες, τότε δεν μου φαινόταν καλό, αλλά όλο αυτό, μου δίδαξε να έχω σεβασμό. Σήμερα κοιτάζω πίσω και καταλαβαίνω πόσο σημαντικό ήταν για μένα, καθώς παρέμεινα ταπεινός σαν άνθρωπος...

ΚΑΡΛΟΣ ΤΕΒΕΖ

Η Κίνα δεν θα φτάσει ποτέ, ποδοσφαιρικά, τη Νότια Αμερική ή την Ευρώπη. Είναι έτη φωτός μακριά. Οι ποδοσφαιριστές εδώ δεν έχουν τεχνικά χαρίσματα, αλλά η πραγματική διαφορά είναι η πολιτιστική. Τα παιδιά δεν έχουν ονειρευτεί το ποδόσφαιρο από τότε που ήταν μικρά, δεν το παίζουν στους δρόμους όπως στη Νότια Αμερική ή στην Ευρώπη.

Η Κίνα δε θα γεμίσει ποτέ αυτό το κενό, όσα λεφτά κι αν ξοδέψει, ούτε καν σε 50 χρόνια.

ΦΕΡΝΑΝΤΟ ΤΟΡΡΕΣ

Στην τάξη μου υπήρχαν 20 παιδιά. Τα 19 ήταν Ρεάλ, εγώ ήμουν ο μοναδικός που υποστήριζα την Ατλέτικο.

Αλλά ήμουν απόλυτα περήφανος.

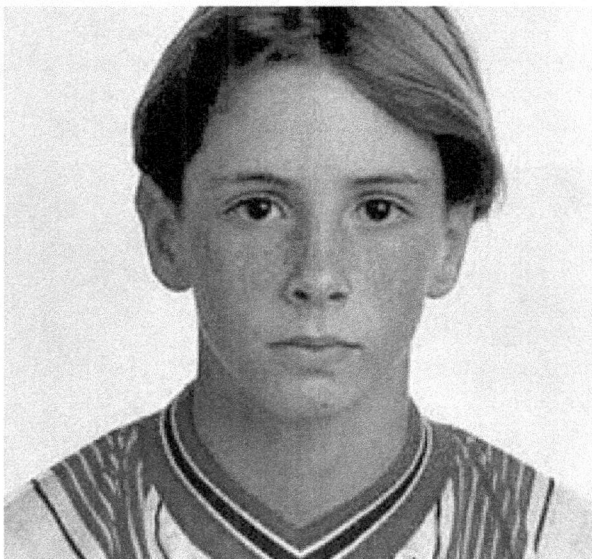

ΦΕΡΝΑΝΤΟ ΡΕΝΤΟΝΤΟ

Στη Μίλαν οι τραυματισμοί δεν τον άφησαν σε ησυχία. Εκεί ήταν που ο Ρεντόντο έδειξε το μεγαλείο του. Ζήτησε από τον Γκαλιάνι να σταματήσει να πληρώνεται και να επιστρέψει το αυτοκίνητο και το σπίτι, που του είχαν προσφερθεί από τη Μίλαν.

Ο σύλλογος δεν δέχτηκε και ο ίδιος ο Γκαλιάνι είπε ότι δεν είχε ξαναδεί ποτέ κάτι τέτοιο.

ΛΙΛΙΑΝ ΤΟΥΡΑΜ ΓΙΑ ΡΟΝΑΛΝΤΟ

Η πρώτη φορά που αντιμετώπισα τον Ρονάλντο ήταν στην Πάρμα. Ξεκίνησε το παιχνίδι και μετά από λίγο, ήμουν πάνω του. Χαϊδεύει την μπάλα με έναν ασυνήθιστο τρόπο... με μια επιτάχυνση που δεν είχα ξαναδεί. Κάποια στιγμή μου ξέφυγε και ήταν καθ' οδόν προς το τέρμα. Φώναξα στον Φάμπιο Καναβάρο, «ριξ' τον κάτω, ριξ' τον κάτω!» ο Φάμπιο τον έριξε και ο διαιτητής τον προειδοποίησε ότι θα τον βγάλει εκτός...

Την επόμενη φορά, στο ένας εναντίον ενός, θα πάρει την μπάλα με ταχύτητα, και το μόνο που θα μπορούσα να κάνω ήταν να τον σκοτώσω.

Ο Καναβάρο με κοίταξε και είπε, «Λίλι, τι θα κάνουμε απόψε μ' αυτόν εδώ;»

Ο ΦΡΑΝΚΟ ΜΠΑΡΕΖΙ ΓΙΑ ΤΟΝ ΝΤΙΕΓΚΟ ΜΑΡΑΝΤΟΝΑ

Αυτό που για μας τους ποδοσφαιριστές φαινόταν αδύνατο ότι μπορούσαμε να το κάνουμε με την μπάλα, ο Μαραντόνα το έκανε με ένα πορτοκάλι.

ΑΛΕΣΑΝΤΡΟ ΚΟΣΤΑΚΟΥΡΤΑ ΓΙΑ ΡΟΝΑΛΝΤΟ

Μιλούσα με έναν σπουδαίο αμυντικό σαν τον Μαλντίνι, ο Ρονάλντο μας έβαλε δύσκολα... Σας διαβεβαιώνω ότι προσπαθήσαμε να σταματήσουμε παίκτες σαν τον Μαραντόνα, αλλά και το Φαινόμενο ήταν κάτι το παράλογο. Αυτός, μπλόκαρε τον χώρο για να μη δώσει βάθος και σε πήγαινε στο ένας εναντίον ενός, χωρίς να το καταλάβεις...

ΝΤΕΜΗΣ ΝΙΚΟΛΑΪΔΗΣ

Θυμάμαι, είχα κατέβει στην Αθήνα με τον πρόεδρο του Εθνικού Αλεξανδρούπολης σ' ένα ξενοδοχείο στον Λυκαβηττό. Ήταν εκεί ο κ. Αλαμάνος, σοβαρός άνθρωπος, εγώ 20 χρονών, λίγο ψαρωμένος. Οπότε συζητά λίγο με τον πρόεδρο του Εθνικού, τα λένε οι δυο τους και μετά φωνάζει εμένα να υπογράψω συμβόλαιο. Αν και δεν μ' ένοιαζε τίποτε, πήγα να υπογράψω και εκεί που έγραφε το ποσό δεν υπήρχε, ήταν κενό. Τους λέω «μισό λεπτό πρέπει να μιλήσω στο τηλέφωνο».

Παίρνω τηλέφωνο τον πατέρα μου και του λέω: «Πήγα να υπογράψω συμβόλαιο στον Απόλλωνα αλλά δεν έχει χρήματα, είναι μηδέν». Και μου λέει ο πατέρας μου στο τηλέφωνο «υπόγραψε κι ας είναι μηδενικό το συμβόλαιο. Απλά φύγε από δω». Και γύρισα κι έβαλα την υπογραφή μου.

Ό,τι και να είναι, ήθελα να παίξω Α' Εθνική. Με πίστευα όπως κι ο πατέρας μου. Αυτό εννοούσε: «Πήγαινε στην Α' Εθνική κι ας είναι μηδέν. Θα έρθει. Θα έρθει και η οικονομική καταξίωση». Οπότε έτσι έγινε. Αργότερα, θυμάμαι, μου έβαλε κι έναν μισθό δήθεν ο κ. Αλαμάνος, μου έκανε κάποιες χάρες, με πρόσεχε γιατί ήμουν καλός παίκτης. Αν του ζητούσα λεφτά μου έδινε. Αλλά επειδή ήταν καλές χρονιές κι εκείνος φαντάζομαι ποτέ δεν έχει πληρώσει στον Απόλλωνα τόσα λεφτά για πριμ, τα χρήματα που πήραμε εκείνες τις δύο χρονιές, τουλάχιστον στον Απόλλωνα, ήταν πάρα πολλά. Δηλαδή για μένα που ήμουν μόνος μου και κατέβηκα στην Αθήνα ζούσα πάρα πολύ άνετα.

ΜΑΣΙΜΟ ΜΟΡΑΤΙ ΓΙΑ ΡΟΝΑΛΝΤΟ

Την ημέρα της παρουσίασης του Ρονάλντο, αποφασίσαμε να κάνουμε κάτι παρόμοιο με το στυλ της παρουσίασης του Μαραντόνα στη Νάπολη, που σημαίνει ότι θα έμπαινε, θα χαιρετούσε το κοινό, κάνοντας μερικά κόλπα με την μπάλα.

Πήρα ένα τηλεφώνημα το πρωί και ήταν ο Ρονάλντο.

Στην πράξη, αυτός αποφάσισε την παρουσίαση.

Στο τηλέφωνο, τον άκουγα να μιλάει πορτογαλικά με τον μεταφραστή του.

Είπε, «θέλω πολλά παιδιά γύρω μου. Μην ανησυχείτε κύριε... Θα πληρώσω για τα πάντα, φανέλες, σορτς, παπούτσια, τα πάντα. Όταν παίζω θέλω να φέρνω χαρά και τα παιδιά είναι ό,τι πιο όμορφο υπάρχει».

Έδωσα τη συγκατάθεσή μου και πλήρωσα για όλα. Ήταν σπουδαίος άνθρωπος.

Τα παιδιά... Πάντα σκεφτόταν τα μικρά παιδιά... Τον έκαναν πάντα χαρούμενο.

ΚΑΡΛΟ ΑΝΤΣΕΛΟΤΙ ΓΙΑ ΚΑΚΑ

Όταν τον είδα για πρώτη φορά, γυαλιά, μαλλί προσεγμένο, καλό παιδί, απλά δεν είχε βιβλία μαζί του... «Ω, Θεέ μου, έχουμε έναν φοιτητή μαζί μας», σκέφτηκα. «Θα ήρθε με τα Erasmus».

Έρχεται στην προπόνηση. Πρώτη ερώτηση που ήθελα να του κάνω, «προειδοποίησες τον μπαμπά και τη μαμά ότι δεν θα πας στο σχολείο σήμερα;» Αλλά μετά βγήκε έξω στο γήπεδο και... καταλάβαμε όλοι. Με την μπάλα ανάμεσα στα πόδια του, ήταν τέρας. Ένας από τους καλύτερους παίκτες που έχω προπονήσει... Τον βλέπω απέναντι από τον Γκατούζο, του κάνει ένα τρομερό τάκλιν, αλλά δεν μπορούσε να του κλέψει την μπάλα. Ο Γκατούζο, ο οποίος ήταν αντίθετος σαν χαρακτήρας με μια ακραία φιλοσοφία, παρόλα αυτά ήθελε να προωθήσει τον νέο του συμπαίκτη, γιατί τον είδε ότι αξίζει.

Όταν ο Κακά κρατούσε την μπάλα, δυσκολευόταν μέχρι και ο Νέστα να του την πάρει. Σκέφτηκα, «όχι, περίμενε ένα λεπτό, κάτι δεν πάει καλά..., τι ποδοσφαιριστής είναι αυτός εδώ;»

Πρώτη, δεύτερη, τρίτη, τέταρτη, πέμπτη προπόνηση, πάντα το ίδιο. Όταν έβγαζε τα γυαλιά του και έβαζε τα ρούχα της προπόνησης, γινόταν αυτό που δεν περίμενες. Μεταμορφωνόταν...

ΣΑΜΟΥΕΛ ΕΤΟ

«Γεια σας, είμαι ο Ζοσέ».

«Ποια φανέλα θέλεις; Το νούμερο 9 θα είναι καλά;»

Το πρώτο τηλεφώνημα με τον Μουρίνιο ήταν ακριβώς έτσι. Το αστείο είναι ότι δεν ήξερα τίποτα για το ενδιαφέρον της Ίντερ μέχρι το τηλεφώνημα αυτό... Μετά μίλησα με τον Μοράτι: «Σάμουελ, θέλω να έρθεις σ' εμάς. Είσαι σπουδαίος παίκτης και απ' ό,τι μου είπαν, είσαι κι ένας πολύ καλός άνθρωπος. Θα ήθελα πολύ να σε δω να φοράς τη φανέλα μας. Ακόμα και ο Ματεράτσι μου έστειλε ένα μήνυμα, και αρχικά δεν ήξερα αν ήταν πραγματικά αυτός: Σε παρακαλώ, έλα εδώ, είσαι ο καλύτερος επιθετικός στον κόσμο και μαζί σου θα κερδίσουμε τα πάντα».

Δεν είχα πειστεί ότι ήταν πραγματικά αυτός, έτσι ρώτησα τον Αλμπερτίνι, ο οποίος μου απάντησε «Αυτός ήταν. Είναι ο αγαπημένος του τρόπος να επικοινωνεί...»

Είχα και άλλες προσφορές, αλλά αυτά τα δύο τηλεφωνήματα και αυτό το μήνυμα, μου άλλαξαν τη ζωή. Θα μπορούσα να παίξω στη Μίλαν ή στην Τσέλσι. Δεν το έκανα. Επέλεξα την Ίντερ. Μου δημιούργησαν θετικά συναισθήματα από την αρχή...

ΙΓΚΟΡ ΠΡΟΤΤΙ

Ο Ιγκόρ Πρόττι, είναι ο τεχνικός διευθυντής της ομάδας του Λιβόρνο.

Πέρυσι, στην αρχή της σεζόν, έκλεισε την ομάδα στα αποδυτήρια και έδωσε σε κάθε ποδοσφαιριστή ένα χαρτί, στο οποίο ήταν γραμμένος ο ύμνος της ομάδας: «Αγόρια, αυτός είναι ο ύμνος του Λιβόρνο. Μέχρι την επόμενη εβδομάδα θα πρέπει να το απομνημονεύσετε, τότε θα σας δώσω και ένα βιβλίο που θα εξηγεί την ιστορία της πόλης. Πρέπει να καταλάβετε τι σημαίνει να φοράς αυτή τη φανέλα, αλλιώς θα είστε πάντα απλοί ποδοσφαιριστές και δεν υπάρχουν απλοί ποδοσφαιριστές εδώ...»

Ο Τσάρος του Λιβόρνο.

ΜΑΤΙΑΣ ΑΛΜΕΪΝΤΑ

Ως ποδοσφαιριστής, ποτέ δεν φοβήθηκα μπροστά σε κανέναν. Όταν έπαιζα για μια ομάδα, έδινα τον εαυτό μου, τα πάντα. Στα ντέρμπυ μού ανέβαινε το αίμα στο κεφάλι και μπορούσα να κάνω ακραία πράγματα...

ΑΛΕΣΑΝΤΡΟ ΝΕΣΤΑ ΓΙΑ ΦΙΛΙΠΠΟ ΙΝΤΖΑΓΚΙ

Στις 13 Μαΐου 2012, τελείωσαν όλα. Όταν αγκάλιασα τον Πίπο για τελευταία φορά, μετά το γκολ του. Έπαιξα ποδόσφαιρο σε υψηλό επίπεδο. Θυμήθηκα όλες τις νίκες μου και όλους τους τίτλους με τη Λάτσιο και τη Μίλαν και, κατά έναν περίεργο τρόπο, έβλεπα και όλα τα γκολ που σκόραρε ο Πίπο, με αυτή τη φανέλα. Εκείνη τη στιγμή, τα θυμόμουν ένα προς ένα... Γιατί, αν πρέπει να περιγράψω τι σημαίνει η λέξη «ποδόσφαιρο», θα το περιγράψω με ένα μικρό όνομα: Φίλιππο Ιντζάγκι...

ΤΖΙΑΝΛΟΥΙΤΖΙ ΜΠΟΥΦΟΝ

Έδωσα μια σκληρή μάχη κόντρα στον ίδιο μου τον εαυτό. Χωρίς τη βοήθεια γιατρών και φαρμάκων. Δεν ήμουν ευτυχισμένος και έπρεπε να μάθω να είμαι. Έπρεπε να αγαπήσω τον εαυτό μου, να αρχίσω να ευχαριστιέμαι τη ζωή και τους δικούς μου ανθρώπους. Δε γινόταν να σκέφτομαι μόνο το ποδόσφαιρο. Αυτή η τραυματική εμπειρία με έκανε πιο ώριμο άνθρωπο. Νίκησα την κατάθλιψη και αυτή είναι η καλύτερη απόκρουση της ζωής μου.

ΡΙΚΑΡΝΤΟ ΚΟΥΑΡΕΣΜΑ

Ήταν τα πόδια μου στραβά και το εσωτερικό με δυσκόλευε και ένιωσα ότι έπρεπε να αγγίζω την μπάλα έτσι: πάντα έξω και πάντα με το δεξί. Ο προπονητής δεν μπορούσε να το ανεχτεί άλλο και μια μέρα λέει: «αν κλωτσήσεις την μπάλα άλλη μια φορά έτσι, θα σε στείλω στα αποδυτήρια...» Με έστειλε στα αποδυτήρια, ήμουν πολύ λυπημένος. Απλά, έτσι με βόλευε. Μετά παραιτήθηκε.

Αλλά εγώ συνεχίζω κανονικά να ελέγχω την μπάλα με το εξωτερικό..

ΣΑΛΒΑΤΟΡΕ ΣΚΙΛΑΤΣΙ, ΡΟΜΠΕΡΤΟ ΜΠΑΤΖΙΟ

Μετά τον οδυνηρό αποκλεισμό στα πέναλτι από την Αργεντινή στο Μουντιάλ του 1990, η Ιταλία έπαιξε για την 3η θέση απέναντι στην Αγγλία.

Στο 86, με το σκορ 1-1, η Ιταλία κερδίζει πέναλτι.

Εκτελεστής ήταν πάντα ο Ρομπέρτο Μπάτζιο.

Ο Σαλβατόρε Σκιλάτσι είχε 5 γκολ στη διοργάνωση μέχρι τότε.

Όταν κερδίσαμε το πέναλτι, ο Μπάτζιο μου έδωσε την μπάλα και μου είπε, «το εκτελείς εσύ και βγαίνεις πρώτος σκόρερ».

Ο Σκιλάτσι ευστόχησε, κέρδισε το χρυσό παπούτσι του τουρνουά και η Ιταλία κατέκτησε την τρίτη θέση...

ΤΙΕΡΙ ΑΝΡΙ ΓΙΑ ΓΙΕΝΣ ΛΕΜΑΝ

Ο Λέμαν ήταν από τους καλύτερους συμπαί-
κτες που είχα. Ήταν ένας τερματοφύλακας που με-
ρικές φορές ήταν χάλια και άλλες θαυματουργός.
Όταν έκανε λάθος, ήταν ήσυχος με όλους, ό,τι κι
αν άκουγε... Φαινόταν σαν να ήθελε να κάνει ένα
λάθος. Όταν έκανε θαύματα, ήταν νευρικός και
αυτή την ψυχολογία την περνούσε σε όλους μας,
ούρλιαζε για να μαρκάρουμε.

Ποτέ δεν κατάλαβα το γιατί. Τον έβλεπα και
αναρωτιόμουν αν ήταν φυσιολογικό.

ΖΛΑΤΑΝ ΙΜΠΡΑΪΜΟΒΙΤΣ

Στην εφηβεία μου, όταν χρειαζόμασταν
κάτι, πηγαίναμε και το κλέβαμε. Είχα μια υπέροχη
σχέση με ποδήλατα. Κλέβαμε επίσης αυτοκίνητα.
Δεν το κάναμε για να πουλήσουμε ή να πάρουμε
κέρδος, το κάναμε για την αδρεναλίνη. Είμαι από
το Ρόζενγκαρντ. Στη Σουηδία θεωρείται μια κακή
γειτονιά, αλλά για μένα ήταν παράδεισος. Μεγά-
λωσα εκεί και είχα πολλούς φίλους. Κανείς δεν θα
πίστευε ότι κάποιος που γεννήθηκε εκεί θα έκανε
μια επιτυχημένη καριέρα στο ποδόσφαιρο.

ΡΟΪ ΚΙΝ ΓΙΑ ΤΟΥΣ ΤΗΛΕΟΠΤΙΚΟΥΣ ΣΧΟΛΙΑΣΤΕΣ

Άραγε αυτούς στην τηλεόραση θα τους
θυμάται κανείς για τα όσα έχουν καταφέρει; Όχι,
κανένας. Δεν θα τους εμπιστευόμουν ούτε για να
πάνε βόλτα τον σκύλο μου. Υπάρχουν πρώην παί-
κτες και πρώην διαιτητές που βγαίνουν στον αέρα,
που δεν θα τους άκουγα ούτε σε παμπ.

Πολ Σκοουλς

Ο Σερ Άλεξ Φέργκιουσον τον αποκάλεσε τον «εξυπνότερο παίκτη που έχει προπονήσει και έναν από τους καλύτερους στην ιστορία της Μάντσεστερ Γιουνάιτεντ».

Στις 21 Σεπτεμβρίου του 1994, έκανε το ντεμπούτο του ένα νεαρό αγόρι, με το όνομα Πολ Σκόουλς... 784 εμφανίσεις και 169 γκολ με Μάντσεστερ Γιουνάιτεντ και Εθνική Αγγλίας. Κατέκτησε 25 τρόπαια σε 19 χρόνια.

Ο ίδιος δήλωσε «όταν τελειώσει όλο αυτό, θέλω να κοιτάξω πίσω και να πω, λοιπόν, ήσουν ένας καλός παίκτης...»

Έπαιζε σκληρά, αλλά ταυτόχρονα θα μπορούσε να είναι τεχνίτης. Μιλούσε λίγο και δούλευε τόσο σκληρά.

Τον αποκαλούσαν «ο σιωπηλός ήρωας».

Χουαν Ρομαν Ρικελμε

Ό,τι έγινα το χρωστάω στον πατέρα μου.

Τα πάντα.

Δούλευε 35 χρόνια στο εργοστάσιο, γυρνούσε αργά το βράδυ και στις 7 το πρωί πήγαινε πίσω στη δουλειά.

Μια μέρα με έπιασε στην πλατεία, έκανα κοπάνα από το σχολείο και έπαιζα ποδόσφαιρο.

Ήρθε και είπε, «Ρομάν, άκουσέ με. Υπάρχει μόνο ένας λόγος που μπορείς να παραλείψεις το σχολείο. Να κάνεις κάτι μέσα από το οποίο, θα βγάλεις τίμια λεφτά. Είναι δύσκολο να γίνεις ποδοσφαιριστής, μακάρι να μπορούσες. Πήγαινε στο σχολείο τώρα...»

Δεν τα πήγαινα καλά στο σχολείο και συχνά μαλώναμε, μέχρι την ημέρα που πάνω στη φασαρία του είπα: «μπαμπά, εγώ θα βγάζω τιμιά λεφτά. Υπέγραψα στην Μπόκα. Θα γίνω ποδοσφαιριστής».

Με αγκάλιασε και ξέσπασε σε κλάματα.

Ήταν η πιο όμορφη στιγμή της ζωής μου...

Παμπλο Γκαρσια

«Επιτρέπεται να πέσεις, επιβάλλεται να σηκωθείς».

Αυτό είναι το σύνθημα της ζωής μου. Το έμαθα από έναν γυμναστή, που είχα σε μία ομάδα. Τον άκουγα να το λέει συνέχεια, μου έμεινε και το ακολουθώ ως στάση ζωής.

Έτσι είμαι εγώ.

Ντανιελε Ντε Ροσι

Όταν ξεκινήσαμε να παίζουμε ποδόσφαιρο, όλα ήταν διαφορετικά.

Όταν τους βλέπω να ανεβάζουν liveInstagram βίντεο μέσα από τα αποδυτήρια, θα ήθελα να τους χτυπήσω με ένα μπαστούνι του μπέιζμπολ στα δόντια.

Ζλαταν Ιμπραϊμοβιτς

Οδηγούσα με έναν φίλο μου σε έναν δρόμο, στον οποίο συχνάζουν όλες οι πόρνες του Μάλμε. Είδα μία γυναίκα να μιλάει με έναν ηλικιωμένο και αποφάσισα να κάνω μια πλάκα. Πάτησα απότομα φρένο, βγήκα έξω και φώναξα αστυνομία, ψηλά τα χέρια. Ο ηλικιωμένος άνδρας τρόμαξε κι έφυγε αμέσως. Λίγο αργότερα επέστρεψε μέσα σε ένα περιπολικό! Ήταν τελικά αστυνομικός. Προσπάθησα να του εξηγήσω ότι έκανα πλάκα. Τελικά γέλασε κατάλαβε ποιος είμαι και βγάλαμε και φωτογραφία.

ΑΝΤΡΕΪ ΣΕΦΤΣΕΝΚΟ

«Ο Αντρέι δε θέλω να γίνει ποδοσφαιριστής. Θέλω να τον δω να ακολουθεί στρατιωτική καριέρα».

Λόγια του πατέρα του, Μίκολα, ο οποίος ήταν μέλος του Σοβιετικού στρατού.

Ο Σπακόφ, μάνατζερ της Δυναμό Κιέβου, ο οποίος ανακάλυψε τον Σεφτσένκο σε ηλικία 10 ετών, προσπάθησε πολύ για να πείσει τον πατέρα του...

«Του είπα ότι το ποδόσφαιρο, θα τον βοηθούσε στη στρατιωτική του καριέρα».

Η Δυναμό Κιέβου δεν ήταν στρατός, αλλά η πειθαρχία ήταν μια από τις σημαντικότερες αξίες. Επίσης εκεί υπήρχε ο πατέρας του Ουκρανικού ποδοσφαίρου, ο συνταγματάρχης Λομπανόφσκι. Ένας καταπληκτικός προπονητής που είχε δημιουργήσει μια ομάδα ικανή να μάχεται με τις καλύτερες ομάδες της Ευρώπης.

Φθινόπωρο του '97, ο Σέβα θυμάται: «Τη θυμάμαι καλά εκείνη τη νύχτα στο Καμπ Νόου. Κάνω ένα γκολ, μετά δύο, μετά τρία... Και πήγα πίσω στ' αποδυτήρια λέγοντας, θα τους βάλω άλλα τρία... Κερδίσαμε 4-0 μέσα στη Βαρκελώνη».

Υπήρχε τόσο ταλέντο σ' αυτή την ομάδα, με πρωταγωνιστές τον Σέβα και τον Ρεμπρόφ, αλλά στη βάση υπήρχε οργάνωση και πολύ αθλητική δουλειά.

Τον ανακάλυψαν σύντομα στο Μιλάνο.

Την ημέρα της πρώτης προπόνησης στη Μίλαν, μετά από δύο ώρες ο Σεβτσένκο λέει: «εγώ θα μείνω λίγο ακόμα» και έκανε δύο ώρες επιπλέον προπόνηση. Και αυτό έκανε συνέχεια, θυμάται ο Τζακερόνι.

Ήταν πολύ καλά εκπαιδευμένος και μπορούσε να ανταπεξέλθει σε οτιδήποτε...

Η βασική εκπαίδευση του Λομπανόφσκι στην Δυναμό Κιέβου λεγόταν «η ανάβαση του θανάτου», μια ανηφόρα η οποία είχε μεγάλη κλίση και επαναλαμβανόταν συνεχώς. Όλοι οι παίκτες έκαναν εμετό, εκτός από έναν: Ο Σεφτσένκο ποτέ δεν ξέρασε...

ΑΝΤΡΕΪ ΣΕΦΤΣΕΝΚΟ

Έλεγα στον εαυτό μου συνεχώς: «μην αλλάξεις γνώμη, μην αλλάξεις γνώμη».

Αποφάσισα να περιμένω την πρώτη κίνηση του Μπουφόν και μετά να κλωτσήσω. Έπρεπε να μείνω κρύος, ψυχρός, ακόμα κι αν δεν είναι εύκολο σε αυτές τις στιγμές. Είχα έναν από τους μεγαλύτερους τερματοφύλακες στην ιστορία, απέναντί μου. Ήξερα ότι ήμουν μπροστά του, ήμουν αγχωμένος, αλλά πάντα έτοιμος. Τα μάτια μου ήταν λαμπερά, είχα ενέργεια, περιμένοντας το σφύριγμα του διαιτητή.

Μετά το γκολ αγκαλιαστήκαμε με τον Ντίντα. Φοβερό! Όλοι ήμασταν τρελοί από χαρά. Το να κερδίσεις το Τσάμπιονς Λιγκ, σημαίνει να αλλάζεις το πεπρωμένο σου, να μπαίνεις και να υπογράφεις την ιστορία του ποδοσφαίρου. Μια μοναδική στιγμή, που δεν θα ξεχάσω ποτέ.

ΚΑΡΛΟ ΑΝΤΣΕΛΟΤΙ ΓΙΑ ΑΝΤΡΕΪ ΣΕΦΤΣΕΝΚΟ

Στην καριέρα μου, ποτέ δεν έβαλα τις φωνές σε δύο παίκτες. Ο ένας ήταν ο Μαλντίνι και ο άλλος ήταν ο Σεφτσένκο. Δεν υπήρχαν διαλείμματα μαζί του. Δεν υπήρχε καθυστέρηση. Γι' αυτόν, υπήρχαν τρία πράγματα: Προπόνηση, προπόνηση και προπόνηση...

Θα μπορούσε να συνεχίσει να εκπαιδεύει πράγματα για μέρες χωρίς να υποφέρει. Τα υπόλοιπα, όπως οι νίκες και τα γκολ, γι' αυτόν ήταν απλά μια συνέπεια όσων έκανε. Αν μπορούσα να επιλέξω την ιδανική ομάδα, θα ήταν τρεις Μαλντίνι, δύο Γκατούζο και πέντε Σεφτσένκο. Νομίζω ότι ο τερματοφύλακας, δεν θα έκανε πολλά...

ΤΖΟΡΤΖΙΟ ΚΙΕΛΙΝΙ

Ο Τζόρτζιο Κιελίνι αποφάσισε να συμμετέχει στην πρωτοβουλία του Χουάν Μάτα για τη δωρεά μέρους του μισθού του σε όσους το έχουν ανάγκη...

Η πρωτοβουλία του Μάτα είχε να κάνει με τη δωρεά μόλις του 1% από τον μισθό του καθενός, που αποφάσιζε να συμμετέχει σε αυτή την καμπάνια.

«Ενδιαφέρομαι να στηρίξω αυτό το πρόγραμμα και θα ήθελα να συγχαρώ τον Μάτα που βρήκε χρόνο και είχε την ιδέα να βοηθήσουμε όλοι, μέσω του ποδοσφαίρου, καθώς υπάρχουν συνάνθρωποί μας που δεν είναι τόσο τυχεροί όσο εμείς. Δε μ' ενδιαφέρει η διαφήμιση, θέλω μόνο να στηρίξω έναν πραγματικά σπουδαίο σκοπό και πρότζεκτ».

ΝΤΙΕΓΚΟ ΣΙΜΕΟΝΕ

Σε ένα ντέρμπι εναντίον της Μίλαν, έχουν σπάσει δύο δόντια του.

Τότε ο προπονητής του, Τζίτζι Σιμόνι τον ρωτάει αν μπορεί να συνεχίσει. Αυτός απαντάει: «Κόουτς, το ποδόσφαιρο παίζεται με τα πόδια, τα δόντια δεν βοηθάνε. Θα μείνω στο γήπεδο!»

ΦΡΑΝΚ ΡΙΜΠΕΡΙ

Το 2013 έκανα ό,τι περνούσε από το χέρι μου για να κερδίσω τη χρυσή μπάλα. Κέρδισα όλους τους τίτλους με την Μπάγερν και ήμουν ο καλύτερος παίκτης της ομάδας. Έκανα την καλύτερη σεζόν της ζωής μου. Τελικά την πήρε ο Κριστιάνο Ρονάλντο, βρήκε τον τρόπο και την κέρδισε.

Εκείνη τη χρονιά η Ρεάλ δεν πηρέ τίποτα. Απλά θυμάμαι ότι ο Κριστιάνο έκανε ένα ματς με την Πορτογαλία κόντρα στη Σουηδία. Στο Τέλος κέρδισε και ο Μέσσι βγήκε δεύτερος. Εκείνη τη στιγμή κατάλαβα ότι ήταν αδύνατο να κερδίσει κάποιος άλλος τη χρυσή μπάλα, πέρα από αυτούς τους δύο... Όχι επειδή δεν το αξίζει κάποιος άλλος, αλλά επειδή πάντα θα κερδίζουν, ό,τι και να γίνει.

Δεν μου αρέσει να τα θυμάμαι.

ΜΠΙΛΙ ΚΟΣΤΑΚΟΥΡΤΑ ΓΙΑ ΑΝΤΡΕΪ ΣΕΦΤΣΕΝΚΟ

Θυμάμαι την πρώτη βδομάδα προπόνησης του Σεφτσένκο. Μετά από δύόμιση ώρες συνεχούς προπόνησης, πηγαίναμε όλοι στα αποδυτήρια. Ο Αντρέι με ρώτησε: «Μπίλι, συγγνώμη, θες να συνεχίσουμε την προπόνηση;»

Νόμιζα ότι με δούλευε, αλλά μετά κατάλαβα ότι ήταν σοβαρός, όταν πέρασε δύο ώρες ακόμα, δουλεύοντας μόνος του.

ΑΘΛΕΤΙΚ ΜΠΙΛΜΠΑΟ, ΡΕΑΛ ΣΟΣΙΕΔΑΔ

5 Δεκεμβρίου 1976, μια ιστορική ημέρα για τη χώρα των Βάσκων. Πριν το ντέρμπι μεταξύ της Αθλέτικ και της Σοσιεδάδ οι δυο αρχηγοί Χοσέ Άνχελ Ιριμπάρ και Ινάκιο Κορταμπαρία, μπαίνουν στο γήπεδο κρατώντας τη σημαία των Βάσκων...

ΛΟΡΕΝΤΖΟ ΑΜΟΡΟΥΖΟ

Εμείς είχαμε την μπάλα που πάντα μας έκανε ευτυχισμένους. Αν μας έλειπαν τα λεφτά για να την αγοράσουμε, θα φτιάχναμε με εφημερίδες και θα τη δέναμε με ταινία. Οι ακαδημίες ποδοσφαίρου έχουν αντικαταστήσει τα παιχνίδια στον δρόμο, αλλά κάντε μια βόλτα σε αυτές τις ακαδημίες.

Θα βρείτε γονείς που ελπίζουν να γίνουν πλούσιοι, γιατί σκοπεύουν να κάνουν τα παιδιά τους ποδοσφαιριστές, με κάθε κόστος...

ΖΟΡΖ ΓΟΥΕΑ

Έφτασα στο Μιλάνο, μετά από ένα κακό πρωτάθλημα.

Η μέρα του πρώτου παιχνιδιού με τη φανέλα της Μίλαν, συνέπεσε με τα γενέθλια του γιου μου, Ζορζ Τζούνιορ.

Δεν ήξερα τι δώρο να του κάνω, γι' αυτό του τηλεφώνησα και τον ρώτησα τι ήθελε. Είπε ότι δεν ήθελε δώρα.

Εκείνη την ημέρα θα έκανα τα πάντα για να σκοράρω, όχι μόνο για να αποδείξω σε όλους την αξία μου, αλλά πάνω απ' όλα για να δώσω στον γιο μου, στα γενέθλιά του, μια αξέχαστη ανάμνηση. Ακόμα και σήμερα, μου θυμίζει τι έγινε στις 27 Αυγούστου. Κερδίσαμε, σκόραρα και μετά έδωσα την ασίστ στον αρχηγό Μπαρέζι, για το τελευταίο γκολ της καριέρας του. Ήταν μια αξέχαστη μέρα.

ΧΟΣΕ ΛΟΥΪΣ ΤΣΙΛΑΒΕΡΤ

Το μοναδικό πράγμα που μαθαίνεις από μικρός -και μαζί το μεγαλύτερο λάθος- είναι να συμβιβάζεσαι. Έχασα, θεωρητικά, επειδή ήμουν ευθύς. Κάποτε επιτέθηκα σε μέλος του τεχνικού επιτελείου επειδή πρόσβαλε την ανατροφή μου και το δικαστήριο αποφάσισε φυλάκιση. Επειδή υπερασπίστηκα τα αυτονόητα. Δηλαδή, εάν έλεγα «ναι, δεν με μεγάλωσαν σωστά» θα ήμουν καλό παιδί.

Δεν μου αρέσει αυτό το καλό παιδί. Δεν εί- μαι τέτοιο.

ΝΤΙΕΓΚΟ ΣΙΜΕΟΝΕ

Πίεση δεν έχει ούτε ο Σιμεόνε, ούτε οι Μέσ- σι και Ρονάλντο αν δεν βάλουν ένα γκολ, ή αν δεν σπάσουν ένα ρεκόρ. Πίεση έχει ο πατέρας, που γυρνά στο σπίτι μετά από μία ημέρα δουλειάς και του ζητούν τα παιδιά του φαγητό και κρύβεται από ντροπή, γιατί δεν έχει να τους δώσει.

ΝΤΙΕΓΚΟ ΜΑΡΑΝΤΟΝΑ ΓΙΑ ΓΚΑΜΠΡΙΕΛ ΟΜΑΡ ΜΠΑΤΙΣΤΟΥΤΑ

Για μένα ήταν το καλύτερο 9άρι. Για μένα δεν υπάρχει άλλος σαν τον Μπατιστούτα, ούτε θα υπάρξει. Στην Ιταλία, έσκισε τα δίχτυα. Τον ξέρω καλά, όχι μόνο ως παίκτη αλλά και ως άνθρωπο. Είναι ένα αξιολάτρευτο άτομο.

ΖΛΑΤΑΝ ΙΜΠΡΑΪΜΟΒΙΤΣ

Η χαοτική ζωή του Ζλάταν τράβηξε το βλέμμα της πρόνοιας, η οποία τον έστειλε να μείνει με τον πατέρα του, ο οποίος ήταν αλκοολικός! Όλα τα λεφτά του τα έδινε στα ποτά, με αποτέλεσμα το ψυγείο να είναι συνεχώς άδειο.

«Ποτέ δεν θα ξεχάσω το συναίσθημα της πείνας που ένιωθα τότε, γι' αυτό θέλω πάντα το ψυγείο της οικογένειάς μου, να είναι γεμάτο...»

ΦΡΑΝΤΣΕΣΚΟ ΤΟΤΤΙ

Τώρα λένε ότι «ήταν τα όριά μου» ο λόγος που ποτέ δεν άλλαξα ομάδα. Στην πραγματικότητα ήταν το όνειρό μου από την παιδική ηλικία. Εδώ έχω τα πάντα και είμαι μια χαρά. Ήταν μια επιλογή τρόπου ζωής. Αυτό που λέει ο κόσμος δεν με ενδιαφέρει. Αν συνεχίζουν την κριτική, σημαίνει πως δεν καταλαβαίνουν τίποτα από ποδόσφαιρο.

ΓΚΑΜΠΡΙΕΛ ΟΜΑΡ ΜΠΑΤΙΣΤΟΥΤΑ

Ήταν οικογενειάρχης και ταπεινός, ρομαντικός και ποδοσφαιρικά συναισθηματικός! Του άρεσε να τα βάζει με τους «δυνατούς» και να τους κερδίζει, με τα γκολ που πετύχαινε! Δεν φοβήθηκε ποτέ, ενώ ενέπνεε και τους συμπαίκτες του να κάνουν και αυτοί το ίδιο!

ΚΡΙΣΤΙΑΝΟ ΛΟΥΚΑΡΕΛΙ

Θυμάμαι, όταν κάποτε έπαιζα στην Cuoiopelli, θα αντιμετώπιζα τη Λιβόρνο. Και θυμάμαι τον πατέρα μου, που ήταν φανατικός οπαδός της Λιβόρνο, πριν το παιχνίδι, είπε: «Δεν σε υποστηρίζω. Θα είμαι με τους φίλους της Λιβόρνο αυτή τη φορά». Μετά το παιχνίδι ερχόταν να με συναντήσει.

Εγώ ήμουν στα αποδυτήρια και βλέπω τον πατέρα μου, που κάνει μια χειρονομία στους οπαδούς της Cuoipelli, όταν περνάει από μπροστά τους, έκπληκτοι μείνανε όλοι, απορούσαν. «Ο γιος του παίζει σε μας. Πώς είναι δυνατόν;»

Από έναν τόσο τρελό πατέρα, ήταν φυσικό ότι θα προκύψει ένας πιο τρελός γιος...

Υπάρχουν παίκτες που αγοράζουν Φεράρι και σκάφη αναψυχής. Εγώ είμαι εδώ και με τα λεφτά που είχα, αγόρασα τη φανέλα της Λιβόρνο.

ΧΟΣΕ ΠΕΚΕΡΜΑΝ ΓΙΑ ΧΟΥΑΝ ΡΟΜΑΝ ΡΙΚΕΛΜΕ

Ο Χουάν Ρομάν Ρικέλμε, είναι η επιτομή του ποδοσφαίρου της Αργεντινής. Είναι ένα γνήσιο ταλέντο. Έχω δει πολύ λίγους παίκτες με την ίδια ικανότητα να διαβάζουν το παιχνίδι. Είναι ένας από αυτούς τους παίκτες που κινδυνεύουν, τώρα πια, να χαθούν.

Το ποδόσφαιρο παράγει σπρίντερ, αλλά χάνει το είδος των παικτών που πραγματικά ξέρουν τι κάνουν μέσα στο γήπεδο.

ΜΑΡΚΟ ΡΟΪΣ

Λένε ότι οι παίκτες υψηλού επιπέδου κερδίζουν πολλά χρήματα, αλλά το πληρώνουν με την υγεία τους. Θα δωρίσω όλα μου τα λεφτά, με αντάλλαγμα την υγεία μου, για να μπορώ να κάνω αυτό που αγαπώ. Θέλω να κάνω αυτό που αγαπώ! Να παίζω ποδόσφαιρο. Μερικές φορές, τα λεφτά δεν έχουν σημασία. Το γόνατο είναι μια χαρά, είναι αρκετά καλό αλλά δεν μπορώ να ανεβάσω την ένταση πάρα πολύ γιατί υπάρχει ένας κίνδυνος ότι το γόνατο δεν θα κρατήσει.

ΖΛΑΤΑΝ ΙΜΠΡΑΪΜΟΒΙΤΣ

Το πρώτο μου κλαμπ λεγόταν Αθλητική Ένωση Μάλμε.

Υπήρχαν και ξένοι και Σουηδοί. Οι γονείς των παιδιών παραπονιόταν για όλα τα κόλπα που έκανα με την μπάλα και δεν ήθελαν να με βλέπουν στην ομάδα.

Σε ένα σημείο τους έβρισα όλους και άλλαξα μερικές ομάδες πριν πάω στην FC Balcan. Υπήρχε άλλος αέρας εκεί. Οι γονείς μάς έδιναν φτερά πάντα. «Ελάτε, παιδιά. Μπράβο». Εκεί ένιωσα πολύ καλά.

Υπήρχαν Σλάβοι που κάπνιζαν σαν καμινάδες και πετούσαν παπούτσια ο ένας στον άλλον.

Σκέφτηκα, εδώ θα είμαστε καλά.

Μια φορά χάναμε 4-0 από μια ομάδα. Ήταν σχεδόν ένας αγώνας, εμείς οι μετανάστες ενάντια στα παιδιά του μπαμπά. Υπήρχε τόση ένταση και ήμουν τόσο έξαλλος που παραλίγο να σκάσω.

Πώς θα μπορούσε αυτός ο ηλίθιος να με κρατήσει στον πάγκο;

«Τι σκέφτεσαι;» είπα στον προπονητή.

«Ήρεμα, ήρεμα, θα σε βάλω σε λίγο».

Μπήκα στο δεύτερο ημίχρονο. Έβαλα 8 γκολ. Κερδίσαμε 8-5

Σαν παιδί, ήμουν φωνακλάς και σίγουρος.

Θα μπορούσες να κάνεις πολλές ταινίες για μένα.

Αν υπάρχουν πέντε ταινίες του Ράμπο, τότε μπορούν να κάνουν 10 για μένα.

ΧΑΒΙΕΡ ΖΑΝΕΤΙ

Έπαιζα σε χωράφια, χωρίς γρασίδι, σε δύσκολους αγωνιστικούς χώρους όπου η μπάλα αναπηδά τυχαία ή δεν κουνιέται. Οι συμπαίκτες μου παραπονιόταν όταν πηγαίναμε να παίξουμε σε τέτοιες καταστάσεις αλλά για μένα ήταν κάτι άλλο. Αυτά τα γήπεδα μου έφερναν στο μυαλό, τα πρώτα ταπεινά μου βήματα στο ποδόσφαιρο. Το είχα συνηθίσει, δεν πονούσα όταν έπεφτα. Οι άλλοι δεν το πίστευαν, αλλά μπορούσα να παίξω ποδόσφαιρο παντού.

Χιντετοσι Νακατα

Όταν σταμάτησα το ποδόσφαιρο, πήρα τους δρόμους, μόνος. Η ιδανική προϋπόθεση για να κατανοήσω τους ανθρώπους. Έχω ταξιδέψει σε όλο τον κόσμο, σε τρία χρόνια. Μετά από μια καριέρα μόνο σε ξενοδοχεία και γήπεδα, ήθελα να δω μέρη, να μιλήσω στους ανθρώπους. Την πολυτέλεια των ανεπτυγμένων χωρών και τη λιτότητα των φτωχών ανθρώπων πρέπει να τη δεις για να την καταλάβεις... Φυσικά, η ζεστασιά ορισμένων τόπων στην Αφρική και στην Ασία, άφησε κάτι σ' εμένα. Παντού με αναγνώρισαν, όχι τόσο πολύ γιατί ήμουν διάσημος, όσο για την παγκόσμια δημοτικότητα του ποδοσφαίρου. Καταλαβαίνω το μεγαλείο αυτού του σπορ και της επικοινωνιακής δύναμής του, όπου σταθώ και όπου βρεθώ...

Αλεσαντρο Ντελ Πιερο

Μερικές φορές αναρωτιόμουν πώς με βλέπουν τα παιδιά. Ήθελα να με βλέπουν όπως τον Σιρέα. Μιλάω για τον άνθρωπο, όχι για τον εξαιρετικό ποδοσφαιριστή. Αυτό ήθελα. Να μπω στις καρδιές των ανθρώπων. Δεν ήταν οι νίκες μου οι μεγαλύτερες χαρές μου. Αυτά είναι μέρος της ιστορίας. Η μεγαλύτερη νίκη μου ήταν να δω χιλιάδες παιδιά να μου ζητούν αυτόγραφο, να φωνάζουν το όνομά μου, να αγνοούν το παιχνίδι όταν ήμουν στον πάγκο και να ζητωκραυγάζουν όταν ήταν να μπω. Αυτή ήταν η πιο όμορφη νίκη μου, γιατί σημαίνει ότι στη ζωή μου άφησα ένα σημάδι, πάνω απ' όλα σαν άντρας.

Αλαν Σιρερ

Δεν το μετάνιωσα ποτέ. Για την ακρίβεια, είναι το καλύτερο πράγμα που έκανα ποτέ. Έζησα το όνειρό μου κι αυτό δεν είναι κάτι που μπορούν να το πουν πολλοί. Όταν υπέγραψα για τη Νιούκαστλ, είχε τερματίσει δεύτερη την προηγούμενη σεζόν. Η επιτυχία και τα τρόπαια έδειχναν να βρίσκονται κοντά, οπότε ήθελα να το κάνω να συμβεί για το αγαπημένο κλαμπ της παιδικής μου ηλικίας. Τελικά δεν συνέβη, αλλά δεν μετάνιωσα και ούτε μετανιώνω που προσπάθησα μαζί τους.

ZOZE MOYPINIO

Δεν ξέρω αν με τον Μαντσίνι ήσασταν κολλητοί, αλλά εγώ δεν είμαι φίλος σας. Ό,τι γίνεται στα αποδυτήρια, μένει στα αποδυτήρια, δεν πρόκειται να πάρετε είδηση, από κανέναν εκεί μέσα.

Ο Ζοζέ Μουρίνιο, ήταν ξεκάθαρος την ημέρα της παρουσίασής του, από την Ίντερ, στους δημοσιογράφους...

ANTPEA ΠIΡΛΟ

Μόλις είχε φύγει από τη Μίλαν...

«Αντρέα, σε θέλουν από το Κατάρ».

«Συγγνώμη, τι;»

«Πήγαινε να παίξεις στο Κατάρ».

«Είσαι τρελός; ΟΧΙ!»

«Εντάξει, αλλά σύμφωνα με το πρωτόκολλο, θα πρέπει τουλάχιστον να τους γνωρίσεις».

«Εντάξει, όταν φτάσουν».

«Είναι ήδη εδώ. Βάλε τη γραβάτα σου και έλα μαζί μου...»

Μας περίμεναν σε ένα πολυτελές ξενοδοχείο. Ήταν μια τεράστια σουίτα, υπήρχε ένας ιδιοκτήτης ομάδας, μερικοί άνθρωποι από τη διοίκηση και ένας μεγάλος αριθμός δικηγόρων.

«Γεια, το συμβόλαιο είναι έτοιμο».

«Καλή σου μέρα, χάρηκα που σε γνώρισα...»

«Η φανέλα μας θα είναι τέλεια».

«Είμαι ο Αντρέα Πίρλο, χάρηκα».

«Δεν χρειάζεται να αποφασίσεις τώρα, έχεις λίγα λεπτά να σκεφτείς

....

«Αντρέα, πόσα παιδιά έχεις;»

«Δύο».

«Έχουμε ένα υπέροχο σχολείο, αγγλόφωνο στο Κατάρ».

«Προτιμώ να τους ακούω να μιλούν ιταλικά».

«Τότε θα φτιάξουμε ένα νέο σχολείο και θα φέρουμε μόνο Ιταλούς καθηγητές. Είσαι φαν της οδήγησης;

«Ναι».

«Θα είμαστε ευτυχείς αν δεχτείς μερικές Φεράρι προς το παρόν, και αν σου λείπει η Ιταλία, θα έχεις πάντα ένα ιδιωτικό αεροπλάνο».

«Αλλά...»

«Το συμβόλαιο είναι έτοιμο».

«Ευχαριστώ, αλλά...»

«40 εκατομμύρια δολάρια...»

Εκείνη τη στιγμή, τα μάτια του μάνατζερ πήραν φωτιά.

Ακόμα κι αν ζητούσα στην έρημο νερό, θα συμφωνούσαν. Αλλά πριν αρχίσω να έχω αμφιβολίες, αποφάσισα να το σταματήσω.

«Ευχαριστώ, αλλά δεν μπορώ. Νομίζω ότι έχω ακόμα να δώσω αρκετά στην Ιταλία. Σε περίπτωση που αλλάξω γνώμη, θα επικοινωνήσουμε...»

ΡΟΜΑΡΙΟ

Κάποτε, όταν έπρεπε να αντιμετωπίσεις την Ιταλία, τα πόδια σου έτρεμαν. Το να αντιμετωπίζεις την Ιταλία, για έναν παίκτη ήταν το καλύτερο και το χειρότερο συγχρόνως. Έπρεπε να σπάσεις την αμυντική παράδοση, που πάντα είχαν, και έπρεπε να είσαι προσεκτικός καθώς οι ευκαιρίες που θα σου παρουσιαζόταν για να σκοράρεις ήταν λίγες, επειδή είχαν πραγματικά γονίδια...

Σήμερα ο πιο ταλαντούχος παίκτης, είναι ο σκόρερ του Τορίνο (Μπελότι). Με όλο τον σεβασμό...

ΒΑΛΤΕΡ ΣΑΜΟΥΕΛ

Όταν ήμουν παιδί, με σταμάτησε ο γιος του προπονητή στη γειτονιά μου και μου είπε, ότι «δεν θα γίνω ποτέ κάποιος».

Μετά από μερικά χρόνια, τον είδα στην Αργεντινή, περίμενε το λεωφορείο και φώναζε το όνομά μου, μόλις με είδε.

Ένα τρομερό αίσθημα ικανοποίησης.

Τονι Ανταμς

Έπινα για να γιορτάσω την επιτυχία, έπινα για να απαλλαγώ από την απογοήτευση, έπινα όλη την ώρα.

Το αλκοόλ με είχε βάλει σε μπελάδες. Θυμάμαι οκτώ εβδομάδες έκανα στη φυλακή γιατί οδηγούσα μεθυσμένος, επίσης έπεσα από τις σκάλες ενός Κλαμπ και έκανα 29 ράμματα στο κεφάλι μου...

Κοιτάζοντας πίσω, το παρελθόν είναι σαν ξένη χώρα. Η αξία μου ως άνθρωπος ήταν σε ό,τι έκανα, όχι σε αυτό που ήμουν.

Ώρα πέντε το απόγευμα, την Παρασκευή 16 Αυγούστου 1996, ήπια την τελευταία σταγόνα αλκοόλ.

Δεν είμαι πια ο ποδοσφαιριστής Τόνι Άνταμς, αλλά ο Κύριος Τόνι Άνταμς, που παίζει ποδόσφαιρο, παίζει πιάνο, είναι πατέρας και ζει.

Το σημαντικό είναι να μην ξεκινήσεις το ποτό ξανά, γιατί το ένα ποτήρι είναι πάρα πολύ και τα εκατό δεν είναι τίποτα.

Σερ Ρομπερτ «Μπομπι» Τσαρλτον

Ο καιρός ήταν άσχημος και όλοι το καταλαβαίναμε όταν ήμασταν μέσα στο αεροσκάφος που προσπαθούσε να απογειωθεί. Εγώ καθόμουν στη θέση μου. Σκέφτηκα πως αν απλά έκλεινα τα μάτια μου θα ξεπερνούσα τη νευρικότητα και τον φόβο, πως όλα θα πήγαιναν καλά. Ο Χάρι Γκρέιβ και ο Μπιλ Φουλκς μου είπαν πως έμοιαζα σαν αναίσθητος για περίπου ένα τέταρτο μετά την πτώση. Αυτοί ήταν τόσο γενναίοι, έτρεχαν συνέχεια για να βοηθήσουν όποιον μπορούσαν, μέσα και έξω απ' το αεροπλάνο, που είχε πιάσει φωτιά. Θα έπρεπε να αποθεωθούν με κάθε τιμή για ό,τι έκαναν εκείνη την ημέρα.

Στο νοσοκομείο, δίπλα μου στο δωμάτιο, ήταν ένας νεαρός άνδρας που κρατούσε μια εφημερίδα. Μου είπε τα πάντα για το ατύχημα, πράγματα που εγώ δεν είχα αντιληφθεί. Πήρα την εφημερίδα και άρχισα να διαβάζω ονόματα κι αυτός μου έλεγε αν ήταν ζωντανοί ή όχι. Ήταν σκέτη φρίκη, ήταν οι συμπαίκτες μου, δημοσιογράφοι, άνθρωποι που σήμαιναν πολλά για το αγγλικό ποδόσφαιρο. Ο Φρανκ Σουίφτ, ο Ντάνκαν Έντουαρντς, ο Μπερτ Γουέιλι, ο Τομ Κάρι, ο Γουόλτερ Κρίκμερ. Τους χάσαμε όλους.

Ήταν άνθρωποι με τους οποίους βγαίναμε για να διασκεδάσουμε. Ήταν αυτοί που θα με καλούσαν τα Χριστούγεννα στο σπίτι τους για φαγητό. Ήταν οι φίλοι μου. Αισθάνθηκα πως μου έπαιρναν τη ζωή, κομμάτι - κομμάτι.

Με το που άρχισα να συνειδητοποιώ το μέγεθος της καταστροφής, σκέφτηκα πως τίποτα πια δεν θα ήταν το ίδιο. Είχαμε νικήσει δυο φορές την Άρσεναλ εκείνη τη σεζόν, είχαμε παίξει καταπληκτικό ποδόσφαιρο, ήμαστον τόσο δεμένοι μεταξύ μας. Όλα όσα συνέβαιναν ήταν υπέροχα κι αυτό που συνέβη στο Μόναχο ήταν απαίσιο, τόσο θλιβερό. Ήταν από τα πράγματα που ακούς και λες πως «αυτό δεν θα συμβεί ποτέ σ' εμένα».

Θα παραμείνει για πάντα το ερώτημα, αν θα κατακτούσαμε το Κύπελλο Πρωταθλητριών εκείνη τη χρονιά. Εγώ λέω πως θα τα καταφέρναμε! Ήμασταν τόσο καλοί, δε φοβόμασταν τίποτα, καμία πρόκληση δεν ήταν πολύ μεγάλη για μας.

ΠΑΟΛΟ ΜΑΛΝΤΙΝΙ

Όταν ήμουν παιδί, έκανα εξάσκηση μόνος μου, απέναντι στον τοίχο, ένα άγγιγμα, κρατούσα δυο φορές την μπάλα στον αέρα. Ο πατέρας μου με κοίταζε και χαμογελούσε. Καθώς πήγαινα στο σχολείο, κατέβαινα δύο στάσεις πριν και έτρεχα. Πάντα το έκανα.

Λοιπόν, υποθέτω ότι η ανταγωνιστικότητά μου γεννήθηκε τότε. Σήμερα, αν δούμε ένα παιδί να κλωτσάει στον τοίχο την μπάλα, οι περισσότεροι θα πουν ότι είναι χαμένος χρόνος. Δεν ξέρουν την ευαισθησία που έχει η επαφή, δεν ξέρουν τι είναι να ελέγχεις την μπάλα και να χαίρεσαι με αυτόν τον τρόπο.

ΟΛΙΒΕΡ ΚΑΝ, ΓΙΑ ΤΟΝ ΤΕΛΙΚΟ ΤΟΥ ΤΣΑΜΠΙΟΝΣ ΛΙΓΚ ΤΟΥ 1999

Είχαμε το ένα χέρι μας στο Κύπελλο και ξαφνικά συνέβη κάτι που δεν μπορούσαμε να είχαμε φανταστεί. Αυτό είναι το ποδόσφαιρο. Δεν ήμασταν συγκεντρωμένοι όπως θα έπρεπε να είμαστε. Το κάθε παιχνίδι διαρκεί 90 λεπτά και όχι 85 ή 88. Κάποιοι παίκτες πήγαν για ύπνο, κάποιοι παίκτες πήγαν στο πάρτι που διοργανώνεται μετά τον τελικό, εγώ ήμουν με τους γονείς μου, κοιτώντας το τραπέζι. Ήταν ένα τεράστιο σοκ για μας. Θα μπορούσαμε να είχαμε κερδίσει το Champions League για πρώτη φορά μετά από 23 χρόνια. Ήταν η πιο σκληρή, η πιο άσχημη, η πιο δραματική ήττα που θυμάμαι. Χρειαστήκαμε έναν ολόκληρο χρόνο για να διαχειριστούμε την απώλεια του τροπαίου.

ΤΙΕΡΙ ΑΝΡΙ, ΜΕΤΑ ΤΟΝ ΤΕΛΙΚΟ ΤΟΥ ΤΣΑΜΠΙΟΝΣ ΛΙΓΚ ΤΟΥ 2006

Οι άνθρωποι πάντα μιλούν για μένα, για τον Ροναλντίνιο, τον Ετό. Σήμερα δεν είδα κανένα από αυτά τα ονόματα στο γήπεδο, είδα όμως τον Χένρικ Λάρσον.

Μπήκε μέσα, άλλαξε την ιστορία, τέλειωσε το παιχνίδι. Αν η Μπαρτσελόνα κέρδισε το Κύπελλο Πρωταθλητριών, το χρωστάει στον Χένρικ Λάρσον.

ΦΡΑΝΣ ΜΠΕΚΕΝΜΠΑΟΥΕΡ ΓΙΑ ΓΙΩΡΓΟ ΔΕΛΗΚΑΡΗ

Δεν πίστευα ποτέ ότι υπάρχει τέτοιος παίκτης στην Ελλάδα. Μου άρεσε πολύ ο Δεληκάρης.

ΦΕΛΙΠΕ ΛΟΥΪΣ

Το 80% των παικτών ζει σε μία φούσκα. Ειδικότερα οι νεότεροι. Πιστεύουν πως με το να γυρίζουν με μία επώνυμη τσάντα στο χέρι, παπούτσια των τετρακοσίων ευρώ και οκτώ τατουάζ, ο κόσμος θα τους θεωρεί αστέρες και θα τους σέβεται. Δεν είναι όμως έτσι. Έχουν ξεχάσει πώς είναι ο πραγματικός κόσμος.

ΑΛΕΣΣΑΝΤΡΟ ΝΕΣΤΑ

Οφείλω τα πάντα στον πατέρα μου, που για χρόνια ολόκληρα έκανε απίστευτες θυσίες για να με παίρνει από το ένα μέρος της πόλης και να με πηγαίνει στο άλλο, για τις προπονήσεις και για τα παιχνίδια, ανεξάρτητα από τις καιρικές συνθήκες. Μόνο τώρα που είμαι και εγώ γονιός, καταλαβαίνω και αναγνωρίζω πόσες και ποιες θυσίες έχει κάνει ο πατέρας μου, εκείνα τα χρόνια και θα του είμαι, για πάντα, ευγνώμων.

ΕΡΙΚ ΚΑΝΤΟΝΑ

Προσπάθησα να παίξω το καλύτερο ποδόσφαιρο που μπορούσα, σε μια εποχή την οποία θεωρώ την καλύτερη που έχει υπάρξει για το ποδόσφαιρο. Πρώτα με τη Λιντς και μετά με τη Μάντσεστερ Γιουνάιτεντ. Είχα την τύχη να πέσω σε προπονητές που μου έδωσαν την ευκαιρία να παίξω επιθετικό, δημιουργικό ποδόσφαιρο, το ποδόσφαιρο που πάντοτε ονειρευόμουν.

ΝΤΙΕΓΚΟ ΣΙΜΕΟΝΕ

Παραμονή του παιχνιδιού της Ατλέτικο με την Μπαρτσελόνα, για το πρωτάθλημα, στη συνέντευξη τύπου των προπονητών ένας δημοσιογράφος ρωτάει τον Ντιέγκο Σιμεόνε: «αν το γρασίδι θα είναι ψηλότερο από το συνηθισμένο...» για να πάρει την απάντηση:

«Δεν είμαι κηπουρός, αλλά προπονητής και όταν πηγαίνω στα σπίτια των άλλων, τρώω με το τραπεζομάντιλο, τα πιάτα και τα ποτήρια των άλλων. Στο σπίτι μου κι εσύ τρως με το τραπεζομάντιλό μου, τα πιάτα μου και τα ποτήρια μου...»

ΤΙΕΡΙ ΑΝΡΙ

16-12-2014

Ο Τιερί Ανρί αποσύρεται από το ποδόσφαιρο.

«Μετά από 20 χρόνια καριέρας αποφάσισα να αποσυρθώ. Ήταν μια υπέροχη περιπέτεια, με απίστευτες αναμνήσεις... Ελπίζω να διασκέδασες με το να με κοιτάς να αγωνίζομαι, καθώς μου άρεσε να είμαι μέρος του ποδοσφαίρου».

ΑΛΕΞ ΦΕΡΓΚΙΟΥΣΟΝ ΓΙΑ ΡΑΪΑΝ ΓΚΙΓΚΣ

Ήταν φθινόπωρο του 2010, παίζαμε με τη Γουέστ Χαμ, αυτός μπαίνει μέσα στην περιοχή και δέχεται ένα σκληρό μαρκάρισμα. Είχε την ευκαιρία να κερδίσει πέναλτι. Τον ρώτησα μετά, γιατί δεν έπεσε; Με κοίταξε σαν εξωγήινο και μου είπε: «Δεν θα πέσω κάτω ποτέ...»

ΑΝΤΡΕΑ ΠΙΡΛΟ

Σκεφτόμουν να σταματήσω επειδή, μετά την Κωνσταντινούπολη, τίποτα δεν είχε πια νόημα. Ο τελικός με έκανε να πεθαίνω από ασφυξία. Στο μυαλό των περισσοτέρων, ο λόγος που χάσαμε στα πέναλτι ήταν ο Γέρζι Ντούντεκ. Ο πόνος όμως γινόταν μεγαλύτερος όταν, με τον καιρό, συνειδητοποιούσαμε ότι εμείς είχαμε την ευθύνη. Πώς έγινε δεν ξέρω, αλλά γεγονός παραμένει πως όταν το απίθανο γίνεται πραγματικότητα κάποιος γαμ@@ται. Σε αυτή την περίπτωση, όλη η ομάδα.

Μία μαζική αυτοκτονία όπου όλοι πιαστήκαμε από το χέρι και πηδήξαμε από τη γέφυρα του Βοσπόρου. Μετά τον τελικό δεν μπορούσαμε να μιλήσουμε, δεν μπορούσαμε να κινηθούμε. Μας είχαν διαλύσει πνευματικά και η ζημιά γινόταν ολοένα και μεγαλύτερη καθώς περνούσαν οι ώρες. Αυπνία, οργή, κατάθλιψη, η αίσθηση του τίποτα. Είχαμε εφεύρει μία νέα αρρώστια με πολλαπλά συμπτώματα: το σύνδρομο της Κωνσταντινούπολης. Δεν αισθανόμουν πια ότι ήμουν παίκτης και αυτό ήταν αρκετά καταστροφικό. Το χειρότερο όμως είναι ότι δεν ένιωθα πια άνδρας.

Εντελώς ξαφνικά το ποδόσφαιρο είχε γίνει το λιγότερο σημαντικό πράγμα, ακριβώς επειδή ήταν το σημαντικότερο: ήταν μία πολύ επώδυνη σύγκρουση. Ντρεπόμουν να κοιταχτώ στον καθρέφτη. Η μόνη πιθανή λύση που σκεφτόμουν ήταν να σταματήσω. Και τι ντροπιαστική απόσυρση θα ήταν αυτή. Ο τελικός στην Κωνσταντινούπολη ήταν στις 25 Μάη και το Ιταλικό πρωτάθλημα δεν είχε ακόμα τελειώσει. Έπρεπε να γυρίσουμε στο Μιλανέλο για να κουβαλήσουμε τον σταυρό μας για τέσσερις ακόμα ημέρες, μέχρι τις 29 Μάη, όπου δίναμε το τελευταίο ματς με την Ουντινέζε... Δεν θα ξαναδώ ποτέ αυτό το ματς με τη Λίβερπουλ.

ΚΡΙΣΤΙΑΝ ΒΙΕΡΙ

Μια μέρα, μετά την προπόνηση της Ίντερ, βγήκα τελευταίος από την Pinetina... Βλέπω, 200 μέτρα πιο μακριά, ένα αυτοκίνητο παρκαρισμένο δίπλα στον δρόμο. Επιβραδύνω, σταματάω, παρατηρώ και σκέφτομαι «κοίτα τι ωραία μελαχρινή!» Πλησίασα για να ρωτήσω αν υπάρχει κάποιο πρόβλημα και χρειάζεται βοήθεια. Κατέβασε το παράθυρο, χαμογέλασε και μου είπε: «γεια σου, είμαι μια οπαδός σου, αν με ακολουθήσεις έχω ένα μικρό δώρο για σένα».

Εκτός από όμορφη, ήταν αποφασιστική, ο τόνος της φωνής της έβγαζε μια σιγουριά. Με ιντριγκάρει όλο αυτό και μπαίνω στο παιχνίδι. «Στις διαταγές σου, αρχηγέ, σε ακολουθώ», της είπα και της κλέβω ένα χαμόγελο που με έκανε να φανταστώ πολλά...

Σταματήσαμε πιο κάτω, σε έναν χώρο που δεν υπήρχε κανείς. Κατεβαίνει από το αυτοκίνητό της και μπαίνει στο δικό μου για να κάνει αυτό που μπορείτε να φανταστείτε. Όταν τελείωσε το όλο σκηνικό, σαν να μην είχε γίνει τίποτα, φεύγει λέγοντάς μου: «Αύριο». Κι εγώ, σαν καλός bomber, τι θέλατε να απαντήσω; «Ναι, αρχηγέ, στις διαταγές σου...»

Από εκείνη την ημέρα γινόταν καθημερινά, πριν την προπόνηση όμως. Ήταν σχεδόν όλες τις μέρες εκεί για έξι χρόνια. Τώρα είναι εύκολο να μαντέψει κανείς γιατί, όταν έμπαινα στην Pinetina, είχα ένα χαμόγελο που έδειχνε και τα 32 δόντια.

ΠΕΝΤΡΟ ΜΟΝΤΣΟΝ ΓΙΑ ΝΤΙΕΓΚΟ ΑΡΜΑΝΤΟ ΜΑΡΑΝΤΟΝΑ

Την ημέρα που ο Ντιέγκο Μαραντόνα έσωσε έναν συμπαίκτη του από την αυτοκτονία.

«Ήμουν έτοιμος να αυτοκτονήσω, είχα το όπλο στο χέρι μου. Ζούσα σε ένα χωριό, είχα χωρίσει και δεν είχα τίποτα. Δεν είχα όρεξη να φάω. Μια μέρα, σκέφτηκα να πάρω τον Ντιέγκο και αν δεν έρθει, θα αυτοκτονήσω. Του τηλεφώνησα και του είπα ότι νιώθω άσχημα, ότι ήθελα να του μιλήσω, ότι δεν είμαι καλά και μου είπε να μην ανησυχώ και να τον περιμένω. Νόμιζα ότι δεν θα ερχόταν, αλλά εμφανίστηκε. Όταν είδα το αυτοκίνητό του, έκρυψα το όπλο από ντροπή, δεν του είπα τίποτα. Όταν έφτασε, του είπα να καθίσει σε μια καρέκλα, η μόνη που υπήρχε στο σπίτι και απάντησε»:

«Όχι! Αν είσαι στο πάτωμα, κάθομαι μαζί σου στο πάτωμα».

Σ' εκείνη τη συζήτηση του είπα ότι η κόρη μου γεννήθηκε στο Τουκουμάν και δεν την ήξερα, φοβόμουν να πάω να τη δω. Χάρη σ' αυτόν πήγα να δω την κόρη μου, χάρη σ' αυτόν ξανάρχισα να ζω. Μου έδωσε δύναμη και κουράγιο.

ΤΖΕΪΜΙ ΒΑΡΝΤΙ

Δούλευα ως συγκολλητής μεταλλικών σωμάτων σε εργοστάσιο που κατασκεύαζε προσθετικά μέλη. Καμίνια, καμινέτα, φλόγιστρα, κουβαλήματα, ζέστες, ταλαιπωρία κανονική. Μαζί με αυτό και λίγη μπάλα στη Στόκμπριτζ, ομάδα 8ης κατηγορίας, για 30 λίρες την εβδομάδα, σε γήπεδα χοιροστάσια. Η δουλειά ήταν πολύ επίπονη. Έπρεπε να κουβαλάμε πράγματα και να τα τοποθετούμε σε καυτούς φούρνους κι αυτό γινόταν εκατοντάδες φορές την ημέρα. Η πλάτη μου κάθε μέρα ήταν χάλια. Κάποια στιγμή έπρεπε να διαλέξω.

Ξυπνούσα στις 7 το πρωί για να πάω κατευθείαν στο εργοστάσιο. Σχολούσα στις 4:15, 4:30. Κατευθείαν στο αυτοκίνητο και τρέξιμο για να προλάβω να πάω στο Χάλιφαξ. Στάση σε οποιοδήποτε βενζινάδικο είχε φαγητό. Έπρεπε να βάλω κάτι στο στομάχι μου. Οτιδήποτε! Δεν γινόταν να πάω νηστικός για προπόνηση. Μετά ποδόσφαιρο, χωρίς κανόνες, χωρίς όρια. Σ' αυτές τις κατηγορίες το ξύλο πέφτει ασταμάτητο ακόμα και σε κάθε προπόνηση. Τελειώναμε κατά τις 10-11 το βράδυ. Επιστροφή στο σπίτι, πτώμα. Το μόνο που μπορούσα να κάνω ήταν να σύρω το κορμί στο κρεβάτι για ύπνο. Τίποτα άλλο.

Στα 20 μου χρόνια αναγκάστηκα να φορέσω για ένα διάστημα ένα ειδικό βραχιόλι της αστυνομίας στο πόδι μου, μετά από καταδίκη μου για επίθεση στο δρόμο. (Ήμουν έξω με έναν φίλο που είχε πρόβλημα ακοής και φορούσε ακουστικό και δύο τύποι θεώρησαν αστείο να αρχίσουν να τον κοροϊδεύουν, να τον προσβάλλουν και να τον χτυπούν. Τον υπερασπίστηκα, όπως θα υπερασπιζόμουν κάθε φίλο μου). Ακόμα κι αν το χτυπούσες με ένα σφυρί ήταν αδύνατον να το σπάσεις! Ένας μεταλλικός κρίκος, με ένα τσιπάκι τον οποίο φορούσα στον αστράγαλο, νύχτα – μέρα, για να μπορεί να με εντοπίζει ανά πάσα ώρα η αστυνομία. Μέχρι τις 8 το βράδυ έπρεπε υποχρεωτικά να είμαι στο σπίτι. Αν τα εκτός έδρας παιχνίδια ήταν πολύ μακριά, μπορούσα να παίξω μόνο μία ώρα. Αν ήμασταν τυχεροί και κερδίζαμε, γινόμουν αλλαγή, πηδούσα τον φράχτη και κατευθείαν στο αμάξι των γονιών μου, ώστε να προλάβω να είμαι στο σπίτι στην ώρα μου.

ΑΛΕΣΑΝΤΡΟ ΝΕΣΤΑ

Έπαιζα στην U. S. Cinecittà, μία ομάδα που ήταν θυγατρική της Ρόμα. Με είχαν δει και με ήθελαν αλλά εγώ προέρχομαι από μία οικογένεια που η Λάτσιο έχει βαθιές ρίζες, οπότε ο πατέρας μου ευχαρίστησε αλλά απάντησε «όχι».

Έμενα σε ένα συγκρότημα κτιρίων όπου υπήρχαν κάπου 3.000 οικογένειες και η δική μας ήταν η μοναδική Λατσιάλε. Όλοι ήταν Λατσιάλε στην οικογένεια, αλλά δε συμπαθούσαν απλά την ομάδα, ήταν οπαδοί της.

ΦΕΡΝΑΝΤΟ ΡΕΔΟΝΤΟ

Το 1990 είπε όχι στην κλήση του Κάρλος Μπιλάρδο για το Μουντιάλ, επειδή ήθελε να ολοκληρώσει τις σπουδές του στο πανεπιστήμιο.

Το 1998 δεν ταξίδεψε στη Γαλλία, καθώς δεν υπέκυψε στην απαίτηση του Ντανιέλε Πασαρέλα να κόψει τα μαλλιά του.

ΣΕΜΠΑΣΤΙΑΝ ΑΜΠΡΕΟΥ

Εάν είσαι τη μία Κυριακή πουτάνας γιος δεν μπορείς την άλλη να είσαι φαινόμενο. Αναφέρομαι στην κοντή μνήμη της φίλαθλης κοινής γνώμης, που ξεχνά ότι η απόδοση ενός αθλητή μπορεί να μεταβάλλεται όχι μόνο από Κυριακή σε Κυριακή, αλλά και από Κυριακή σε Δευτέρα. Ε, ναι λοιπόν, δεν γίνεται να είμαι την Κυριακή πουτάνας γιος και τη Δευτέρα ήρωας.

ΦΑΜΠΙΟ ΚΑΝΑΒΑΡΟ

Ήμουν στις ακαδημίες της Νάπολη και σε μια προπόνηση, βρέθηκα να παίζω αντίπαλος με το ίνδαλμά μου, τον Μαραντόνα.

Σε μια φάση, του κάνω ένα σκληρό τάκλιν και πάγωσαν όλοι, όσοι ήταν παρόντες... Όλοι, εκτός από έναν, τον Μαραντόνα, ο οποίος σηκώνεται, μου δίνει το χέρι και μου λέει:

«Έτσι πρέπει μικρέ».

ΑΛΕΝ ΑΪΒΕΡΣΟΝ

«Δείξε μου τον ανόητο που λέει ότι τα όνειρα δεν γίνονται πραγματικότητα. Γιατί γίνονται...»

ΡΟΜΠΕΡΤΟ ΜΠΑΤΖΙΟ

Ο κόσμος με αποκαλούσε «φαινόμενο» αλλά η πραγματικότητα με κρατούσε με τα δύο πόδια στο έδαφος. Οι γιατροί μου έλεγαν ότι δε θα ξανάπαιζα ποδόσφαιρο. Έκανα τέσσερις επεμβάσεις στο δεξί γόνατο και δύο στο αριστερό. Μια φορά έκανα επέμβαση στη Γαλλία και ήταν κόλαση. Μου έκαναν 220 εσωτερικά ράμματα, είχα τρομοκρατηθεί. Έφτασα να πω στη μητέρα μου «αν μ' αγαπάς, πρέπει να με δολοφονήσεις». Ήταν η απελπισία ενός αγοριού που υπέφερε, βλέποντας το όνειρό του, να γίνει επαγγελματίας ποδοσφαιριστής, να φθίνει. Όταν έλεγα ότι δεν σκέφτηκα ποτέ να πετάξω λευκή πετσέτα, έλεγα ψέματα. Ήθελα όμως να δείξω ότι ήμουν δυνατός και νίκησα τους τραυματισμούς. Το ποδόσφαιρο ήταν το πάθος μου.

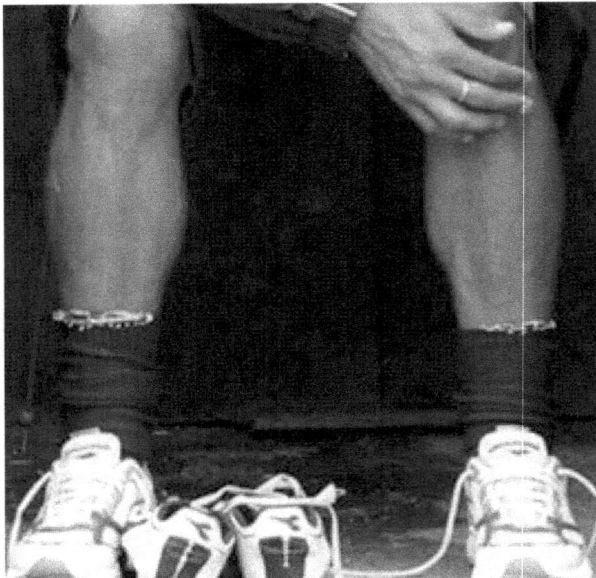

ΛΟΡΕΝΤΖΟ ΙΝΣΙΝΙΕ

Έχω αφήσει πολλά πράγματα, όπως το να βγαίνω Σάββατο βράδυ, ή να γυρίζω αργά με φίλους. Πηγαίνω για ύπνο στις δέκα το βράδυ όταν έχω παιχνίδι την επόμενη μέρα.

Υπάρχουν τόσοι πολλοί ταλαντούχοι παίκτες που δεν πάνε στην κορυφή, επειδή δεν έχουν την ικανότητα να λένε «όχι» σε πολλά πράγματα. Χρωστώ στους γονείς μου πάρα πολλά... Μου έλεγαν να γυρίζω σπίτι στις δέκα και μισή ενώ οι φίλοι μου επέστρεφαν τα μεσάνυχτα. Μεγάλωσα σε μια γειτονιά εργατών, σε ένα συγκεκριμένο περιβάλλον, ένα χάος από το πρωί μέχρι το βράδυ. Οι γονείς μου με βοήθησαν πολύ. Θα τους είμαι για πάντα ευγνώμων γι' αυτό.

Ήρθε μια στιγμή που ο πατέρας μου, μου είπε «αν δε θέλεις να πας στο σχολείο, να πας για δουλειά». Πήγαινα στον ξάδελφό μου που είχε ένα μαγαζί στην αγορά και δούλευα για αυτόν, για 50 ευρώ την εβδομάδα. Ξυπνούσα το πρωί για δουλειά και πήγαινα για προπόνηση το βράδυ. Μερικές φορές ήμουν τόσο κουρασμένος που κοιμόμουν στα αποδυτήρια και ο προπονητής με ξυπνούσε.

Στη γειτονιά μου, όταν είχα ελεύθερο χρόνο, περνούσα την ώρα μου, κλωτσώντας μια μπάλα. Όλοι έκαναν παράπονα για τον θόρυβο, αλλά εμένα μου έκανε καλό.

ΑΛΕΣΑΝΤΡΟ ΝΤΕΛ ΠΙΕΡΟ

Στη ζωή μου, πολύ σύντομα ανακάλυψα τι σημαίνει να είσαι τραυματίας και να μην είσαι σε θέση να παίξεις, ακόμα και αν αυτό που έπαθα δεν είχε σχέση με το ποδόσφαιρο. Ήταν μία από τις πρώτες μου ημέρες στην τετάρτη τάξη του δημοτικού και οι γονείς μου, μου είχαν δώσει την άδεια να πάω με ποδήλατο στο σχολείο.

Στο δρόμο της επιστροφής, ακριβώς μπροστά από το σπίτι μου έπρεπε να περάσω τον δρόμο, τσέκαρα πώς μπορούσα να διασχίσω τον δρόμο με ασφάλεια αλλά τότε εντελώς ξαφνικά εμφανίστηκε ένα αμάξι και με χτύπησε. Χτύπησα το κεφάλι μου και ο γιατρός μου είπε να σταματήσω να παίζω για έναν χρόνο. Ήμουν όμως ξεροκέφαλος και η ανάρρωσή μου ήταν γρήγορη για να φτάσουμε στην 10η Νοεμβρίου 1987 που η ζωή μου πήρε μία νέα τροπή.

Ένας σκάουτ της Πάντοβα, ο Βιτόριο Σκανταμπούρλο, έψαχνε για νέα ταλέντα και το όνομά μου κατέληξε στο μπλοκάκι του με τρία αστέρια δίπλα, η υψηλότερη βαθμολογία που μπορούσε να πάρει κανείς. Ενημέρωσε τον σύλλογο και στις 18 Αυγούστου του 1988 ο προπονητής της μελλοντικής μου ομάδας εμφανίστηκε στην πόρτα του σπιτιού μου.

ΠΡΕΝΤΡΑΓΚ ΣΤΟΓΙΑΚΟΒΙΤΣ

Από τα 14 μέχρι τα 25 έκανα πάντα πάνω από 500 σουτ την ημέρα. Αλλά 500 εύστοχα! Προπόνηση! Επανάληψη. Αυτή είναι η ουσία, γιατί μεγάλωσα σε μια χώρα που έδινε μεγάλη σημασία στις μικρές ηλικίες στα βασικά: στο σουτ και στην πάσα. Μας έλεγαν ότι «για να μάθεις κάτι πρέπει να το κάνεις 1.000 φορές. Δεν θα ξυπνήσεις ξαφνικά και θα ξέρεις να σουτάρεις...»

ΚΑΚΑ

Ο μικρότερος αδερφός του, ο Ροντρίγκο, δεν μπορούσε να προφέρει το όνομα Ρικάρντο. Έτσι συνήθιζε να τον φωνάζει, Κακά, κάτι που έμεινε στη συνέχεια και για πάντα.

ΜΠΕΡΤΙ ΦΟΓΚΤΣ

Αν ο κόσμος με έβλεπε να περπατάω στο νερό, να είστε σίγουροι ότι κάποιος, κάπου, θα έλεγε ότι απλώς δε μπορώ ούτε να κολυμπήσω.

ΝΤΙΕΓΚΟ ΑΡΜΑΝΤΟ ΜΑΡΑΝΤΟΝΑ

Ήταν στις 20 Οκτωβρίου του 1976, όταν ο Ντιέγκο Αρμάντο Μαραντόνα έκανε το ντεμπούτο του στο επαγγελματικό ποδόσφαιρο. Το παιδί ήταν ακριβώς 15 ετών, 11 μηνών και 20 ημερών και φορούσε τη φανέλα της Αργεντίνος Τζούνιορς, με το νούμερο 16. Ο αγώνας ήταν ενάντια στην Ταγέρες και ο Ντιέγκο έκανε την είσοδο του ως αλλαγή.

Πριν μπει στο γήπεδο, ο προπονητής Χουάν Κάρλος Μόντες, του είπε «πήγαινε Ντιέγκο, παίξε όπως ξέρεις».

Στην πρώτη μπαλιά που πήρε, πέρασε την μπάλα, ανάμεσα από τα πόδια του αντιπάλου του, Χουάν Ντομίνγκο Πατρίτσιο Καμπρέρα.

Εκείνη τη στιγμή ξεκίνησε ο θρύλος του Ντιέγκο Αρμάντο Μαραντόνα.

ΤΟ «ΦΑΙΝΟΜΕΝΟ» ΓΙΑ ΤΟΝ ΧΟΥΑΝ ΡΟΜΑΝ ΡΙΚΕΛΜΕ

Ήταν ικανός να κάνει πράγματα με την μπάλα, που μόνο ένας μεγάλος ποιητής θα μπορούσε να αποτυπώσει σε χαρτί. Σαν ένας χορός, λίγο ρομαντικός. Ήταν ένας σιωπηλός, σχεδόν μελαγχολικός παίκτης, που μιλούσε με τα πόδια του. Ένιωθες σαν να ερχόταν πάντα πριν από τους άλλους, ήξερε τι πρέπει να κάνει στο γήπεδο. Γιατί ειλικρινά, αν δεν σου αρέσει ο Ρικέλμε, δεν σου αρέσει το ποδόσφαιρο.

Ρονалдινιο

Το ποδόσφαιρο για μένα είναι χαρά. Όταν ήμουν παιδί, ποτέ δεν ήθελα να σταματήσω να παίζω. Πάντα η χαρά μου ήταν η μπάλα. Με έκανε να ξεχνάω όλα τα άλλα. Έπαιζα όλη μέρα. Δεν ήθελα να κάνω τίποτα άλλο. Κάποια στιγμή, οι φίλοι μου, μετά από ώρες και ώρες, κουραζόταν... εγώ όμως ήθελα να παίξω, να παίξω και να παίξω. Έτσι πήγαινα στο σπίτι και έκανα εξάσκηση στις καρέκλες, ανάμεσα από τα τραπέζια, παντού. Ο φίλος μου στο σπίτι, ήταν ο σκύλος μου. Χάρη σ' αυτόν και στην εξάσκηση που κάναμε, μπορώ και κάνω όλα αυτά τα κόλπα με την μπάλα.

Ουγκο Σαντσεζ

«Αυτόν που ανακάλυψε το ποδόσφαιρο, πρέπει να τον αγαπούν σαν Θεό».

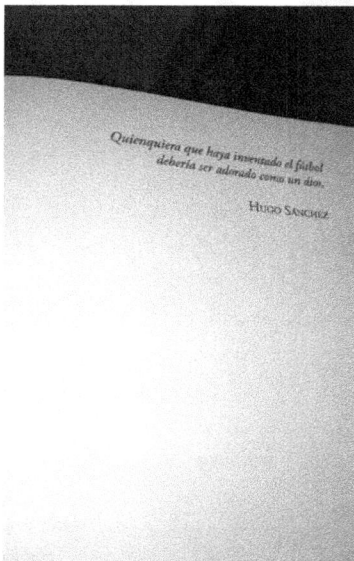

Ντιεγκο Αρμαντο Μαραντονα

Το να βάλω γκολ μπροστά σε 100. 000 κόσμς όπως με την Αγγλία, ήταν φυσιολογικό για μένα, ήταν η ζωή μου. Όταν αποτοξινώθηκα, ήμουν όπως όλοι σας, μπορούσα να σας μιλήσω. Η κοκαΐνη με έκανε χάλια. Όταν άφηναν ελεύθερο τον τίγρη, όταν έβγαινα στο γήπεδο, είχα εγώ τον έλεγχο. Ξέρεις τι παίχτης θα ήμουν αν δεν είχα πάρει κοκαΐνη; Τι παίκτη χάσαμε; Σου αφήνει μία άσχημη γεύση. Θα μπορούσα να είμαι πολύ περισσότερα. Αλήθεια, έτσι είναι. Γεννήθηκα μέσα στο ποδόσφαιρο. Ήξερα τι θα γινόμουν, αλλά δεν ήξερα ότι θα παίρνω κοκαΐνη. Ήξερα ότι θα αγόραζα σπίτι στη μητέρα μου, ότι θα παντρευόμουν και θα έκανα οικογένεια, ότι θα γύριζα τον κόσμο και ότι θα έπαιρνα τίτλο με την Αργεντινή. Τα είχα πει όταν ήμουν τόσος. Υπάρχουν σε ταινία. Τα ήξερα όλα αυτά. Υπάρχουν πολλά πράγματα για τα οποία σήμερα νιώθω τρομερά ένοχος. Ο κόσμος μπορεί να πει ότι είμαι καλά, καλύτερα από πριν, αλλά όχι μέσα μου. Ξέρω τα λάθη που έχω κάνει. Και δεν μπορώ να τα αλλάξω.

ΜΑΝΟΥ ΤΖΙΝΟΜΠΙΛΙ

Όταν κάνεις κάτι καλό, οι Αργεντίνοι δένονται και ταυτίζονται μ' εσένα. Έχουν τόσα πολλά προβλήματα πίσω στην πατρίδα και ψάχνουν κάποιον να είναι υπερήφανοι γι' αυτόν. Το σκέφτομαι αυτό, δεν το ξεχνώ.

ΝΤΙΕΓΚΟ ΜΑΡΑΝΤΟΝΑ

Το να βλέπω την μπάλα και να τρέχω πίσω απ' αυτή με κάνει τον ευτυχέστερο άνθρωπο στον κόσμο.

Μπορούν να πουν πολλά για μένα, αλλά όχι ότι δεν πήρα ποτέ ρίσκο.

Είμαι ο Μαραντόνα που βάζει γκολ, που κάνει λάθη. Μπορώ να τα αντέξω όλα. Έχω μεγάλους ώμους που τα σηκώνουν όλα.

Είμαι μαύρος ή άσπρος. Ποτέ δεν ήμουν γκρι.

ΦΙΛΙΠ ΛΑΜ

Την πρώτη φορά που έπαιξα σε μια επαγγελματική ομάδα, με κοροϊδεύανε για το ύψος μου, μου λέγανε ότι ποτέ δε θα φτάσω ψηλά. Χρόνια αργότερα, ήμουν αρχηγός της Μπάγερν και της Εθνικής.

ΣΕΡ ΑΛΕΞ ΦΕΡΓΚΙΟΥΣΟΝ

Οι σημερινοί παίκτες δεν είναι σαν αυτούς πριν από 25 χρόνια. Διανοητικά, δεν είναι τόσο δυνατοί όπως πριν, επειδή έχουν μεγαλώσει σε ένα πιο εύκολο περιβάλλον. Τους αρέσει να νομίζουν ότι έρχονται από την εργατική τάξη, αλλά δεν είναι η εργατική τάξη που γνωρίζαμε.

ΝΤΙΝΤΙΕ ΝΤΡΟΓΚΜΠΑ

Τα λεφτά ήρθαν στον δρόμο μου, μετά την παιδεία. Ήρθαν, αφού είχα γίνει άντρας.

ΧΟΥΑΝ ΡΟΜΑΝ ΡΙΚΕΛΜΕ

Όταν ο Ρικέλμε πήγε στην Αρχεντίνος Τζούνιορς ως νέος, ήταν πολύ αδύνατος καθώς δεν ακολουθούσε στα τέσσερα καθημερινά γεύματα. Έτσι, η ομάδα προσέλαβε μάγειρα σε μπουφέ, για να διαλέγει ο Ρομάν το καθημερινό του γεύμα. Στο τέλος της βδομάδας, ο πρόεδρος πήγε και ρώτησε τον μάγειρα, αν έφαγε ο Ρομάν και ο μάγειρας απάντησε: «δεν ήρθε εδώ, όλη την εβδομάδα».

Μετά από όλα αυτά, κάλεσαν τον Ρομάν και τον ρώτησαν ποια ήταν η αιτία που δεν είχε πάει για φαγητό και ο Ρομάν τους είπε, ότι «δεν μπορούσε να τρώει, όταν ήξερε ότι τα αδέρφια του δεν έχουν να φάνε». Έτσι η ομάδα επέτρεψε στον Χουάν Ρομάν Ρικέλμε και στα αδέρφια του, να τρώνε όλοι μαζί, στον ίδιο χώρο.

ΡΑΟΥΛ

Όταν έγινε 12 χρονών, ο πατέρας του, φανατικός οπαδός της Ατλέτικο, τον έγραψε στα παιδικά τμήματα της ομάδας. Στην πρώτη του χρονιά, η ομάδα πήρε αήττητη το πρωτάθλημα και παίζοντας στη θέση του αριστερού εξτρέμ πέτυχε 65 γκολ.

Αμέσως μετά ανέβηκε κατηγορία και κέρδισε ακόμα δυο τίτλους, αυτή τη φορά με τους Νέους της Ατλέτικο. Με την ολοκλήρωση όμως της δεύτερης περιόδου, ο Χεσούς Χιλ αποφάσισε να καταργήσει τα τμήματα υποδομών. Ο Ραούλ πρόλαβε σε αυτές τις τρεις χρονιές του στα τμήματα υποδομής της Ατλέτικο, να παίξει σε 80 παιχνίδια σκοράροντας συνολικά 319 τέρματα, με τον απίστευτο μέσο όρο των 4ων γκολ ανά παιχνίδι..

ΚΑΧΑ ΚΑΛΑΤΖΕ

Στις 23 Μαΐου του 2001 ο αδερφός του Κάχα Καλάτζε, ο Λέβαν, φοιτητής της ιατρικής, έπεσε θύμα απαγωγής από δύο αγνώστους που προσποιούνταν τους αστυνομικούς. Οι απαγωγείς, ζητούσαν λύτρα από την οικογένειά του, ύψους 375.000 δολαρίων..

Παρά τις διαβεβαιώσεις του πρωθυπουργού της Γεωργίας για έγκαιρο εντοπισμό και απελευθέρωσή του, ο καιρός περνούσε και ο Λέβαν Καλάτζε παρέμενε στα χέρια των εγκληματιών, οι οποίοι συνεχώς ανέβαζαν τις απαιτήσεις τους. Ακόμα και ο Σίλβιο Μπερλουσκόνι ευαισθητοποιήθηκε και δήλωνε πρόθυμος να πληρώσει τα λίτρα.

Ο Καλάτζε έπαιξε στον τελικό του Τσάμπιονς Λιγκ το 2003 σε όλο το ματς και έχασε και πέναλτι, ωστόσο έγινε πρωταθλητής Ευρώπης με τη Μίλαν, εκείνη τη χρονιά. Ο Κάχα δήλωνε μετά το τέλος του τελικού: «Δεν περνάει ούτε μέρα που να μην ξυπνήσω και να προσευχηθώ για τον αδερφό μου. Έχουν περάσει δύο χρόνια και ακόμα βρίσκεται μακριά μας. Δεν ξέρω καν αν είναι ζωντανός ή νεκρός. Κάθε μέρα ζητάω από τον Θεό να τον φέρει πάλι κοντά μας».

Ο Λέβαν βρέθηκε νεκρός πέντε χρόνια μετά την απαγωγή του, μαζί με άλλα 7 πτώματα.

Ο Κάχα είναι ο νέος Δήμαρχος Τιφλίδας...

ΣΑΜΟΥΕΛ ΕΤΟ

«Δεν νομίζω πως υπάρχει άλλος παίκτης στον κόσμο που θα μπορούσε να ενθουσιάσει περισσότερο τους οπαδούς μας» δήλωνε το 2003 ο πρόεδρος της Μαγιόρκα, Ματέο Αλεμάνι.

Ο Σάμουελ Ετό, έδωσε 30.000 ευρώ για να κεράσει το γεύμα σε όλους τους οπαδούς της Μαγιόρκα, που είχαν ταξιδέψει στη Βαλένθια για να παρακολουθήσουν τον τελικό του Copa del Rey απέναντι στην Ουέλβα. Ο Ετό πέτυχε δυο γκολ και χάρισε στην ομάδα του το πρώτο κύπελλο στην ιστορία της και δεύτερο τρόπαιο συνολικά.

ΓΙΑΝΝΗΣ ΑΝΤΕΤΟΚΟΥΝΜΠΟ

Το να χάνεις κάποιον που αγαπάς, είναι σκληρό. Μέρα με τη μέρα αισθανόμαστε καλύτερα. Είναι λογικό να νιώθεις στενοχωρημένος, αγαπούσαμε τον πατέρα μας. Στο τέλος της ημέρας, όμως, εκείνος έκανε αυτό που έπρεπε να κάνει. Είχε πέντε παιδιά και τα μεγάλωσε με τον σωστό τρόπο. Αυτό ήταν το σημαντικότερο. Μακάρι όταν έρθει και η δική μου ώρα να φύγω από αυτόν τον κόσμο, να έχω αφήσει στα παιδιά μου την επιρροή που είχε ο πατέρας μου σ' εμάς.

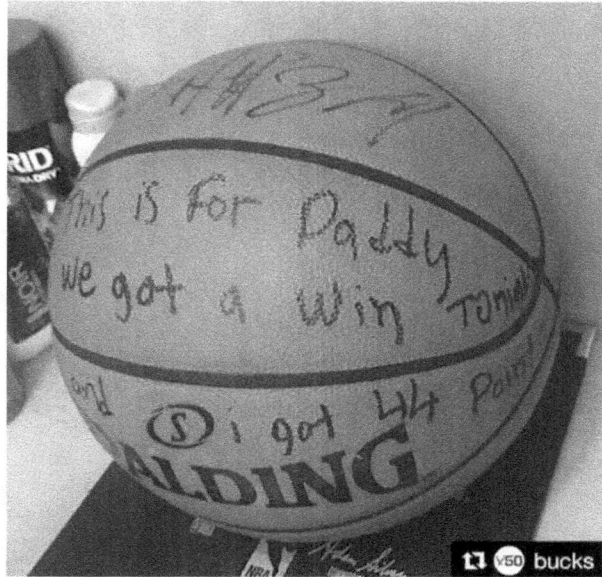

ΚΛΑΟΥΝΤΙΟ ΚΑΝΙΓΙΑ

Πιστεύω πως το Καμπιονάτο τη δεκαετία του '90, όταν παίζαμε εμείς με τον Φαν Μπάστεν, τον Γκούλιτ, τον Λόταρ Ματέους, τον Κλίνσμαν, τους Ιταλούς Μπαρέζι και Μαλντίνι και όλους τους υπόλοιπους, ήταν το καλύτερο πρωτάθλημα που υπήρξε ποτέ στον κόσμο, σε όλη την ιστορία του ποδοσφαίρου.

ΚΛΑΟΥΝΤΙΟ ΚΑΝΙΓΙΑ ΓΙΑ ΝΤΙΕΓΚΟ ΜΑΡΑΝΤΟΝΑ

Είναι υπόδειγμα για όλους, ένας ηγέτης με θάρρος, που ποτέ δεν επηρέασε τις επιλογές του προπονητή. Και μετά, ένα παιδί με χρυσή καρδιά, έτοιμο να βοηθήσει τους φίλους του. Είναι εύκολο να μιλάμε χωρίς να γνωρίζουμε. Πρέπει να βρεθούμε πρώτα στη θέση του. Δεν κατόρθωσε ποτέ να ζήσει μία φυσιολογική ζωή, ήταν πάντα υπό πίεση. Παρ' όλα αυτά, ως άνθρωπος, είναι πολύ καλύτερος από πολλούς που τον κριτικάρουν.

ΦΑΜΠΡΙΤΣΙΟ ΡΑΒΑΝΕΛΙ

Πώς να ξεχάσω εκείνο το βράδυ; Μπορεί να έχουν περάσει τόσα χρόνια αλλά δε σβήνεται τίποτα από το μυαλό μου. Θυμάμαι όλες τις λεπτομέρειες. Ήταν ένα φανταστικό παιχνίδι, απέναντι στον μεγάλο Άγιαξ του Φαν Χάαλ.

Μια μεγάλη ποδοσφαιρική απόλαυση να βρίσκεσαι στο χορτάρι σε έναν τελικό Τσάμπιονς Λιγκ. Εκείνο το γκολ στην αρχή του ματς είναι το πιο σημαντικό στην καριέρα μου. Δεν συγκρίνεται. Στη συνέχεια χρειάστηκε να πάμε στα πέναλτι, μια διαδικασία αρκετά δύσκολη για κάθε ποδοσφαιριστή. Ήμασταν πιο ικανοί και το πήραμε.

ΕΡΝΑΝ ΚΡΕΣΠΟ

Η αγάπη μου για την Ιταλία ήταν μεγάλη και ξεκίνησε το 1982, όταν την είδα εναντίον της Αργεντινής και της Βραζιλίας!

Μοναδική ήττα το 1986 ήταν από την Ιταλία...

Το 1990 η Ιταλία πάλι βρέθηκε στον δρόμο μας. Ήταν στο μυαλό μου σε όλα τα στάδια που διαμόρφωνα τον ποδοσφαιρικό μου χαρακτήρα. Ο Ντιέγκο Μαραντόνα έπαιξε στην Ιταλία, οι κορυφαίοι έπαιζαν εκεί! Είχα γοητευθεί από το ιταλικό ποδόσφαιρο. Ούτε από το αγγλικό, ούτε από το ισπανικό! Ήμουν 21 ετών όταν έφτασα στην Ιταλία και αισθάνθηκα αμέσως άνετα. Εγκλιματίστηκα αμέσως, το προσπάθησα και το πέτυχα!

ΧΟΥΑΝ ΡΟΜΑΝ ΡΙΚΕΛΜΕ

Όταν επέστρεψε στην Αρχεντίνος Τζούνιορς για να κλείσει την καριέρα του, η ομάδα ήταν στη Β' κατηγορία και είχε καταστραφεί οικονομικά. Το πρώτο πράγμα που ζήτησε, ήταν να πάει σε όλες τις προπονήσεις των ακαδημιών και να μιλήσει με όλα τα παιδιά. Μερικές μέρες αργότερα, εμφανίστηκε ένα φορτηγό έξω από το προπονητικό κέντρο της ομάδας, το οποίο μετέφερε ποδοσφαιρικά παπούτσια για όλα τα παιδιά...

ΤΖΙΑΝΛΟΥΙΤΖΙ ΜΠΟΥΦΟΝ

Δεν είναι δυνατόν να πω εγώ ότι είμαι ο καλύτερος τερματοφύλακας στην ιστορία. Δεν είναι λόγια που με αντιπροσωπεύουν. Πάντα πάλευα για το καλύτερο και δούλεψα σκληρά για να φτάσω εδώ που έφτασα.

ΑΛΕΣΑΝΤΡΟ ΝΕΣΤΑ

Όταν έφτασα στο Μιλανέλο είπα στον Σέβα: «τελικά, από σήμερα θα με κάνεις να υποφέρω μόνο στην προπόνηση». Με κοίταξε λίγο περίεργα, αλλά δεν είπε τίποτα. Ήταν ο επιθετικός που άγγιζε την τελειότητα.

Στην καριέρα μου, μπορώ να πω με βεβαιότητα ότι έχω υποφέρει από τρεις παίκτες: Ρονάλντο «το φαινόμενο» Μοντέλα και Σεφτσένκο.

ΖΒΟΝΙΜΙΡ ΜΠΟΜΠΑΝ

Τον Μάιο του 1990, κατά τα επεισόδια μεταξύ Κροατών και Σέρβων στον αγώνα της Ντιναμό Ζάγκρεμπ με τον Ερυθρό Αστέρα, επιτέθηκε σε αστυνομικό που χτυπούσε Κροάτη οπαδό, με αποτέλεσμα να αποκτήσει τη φήμη εθνικού ήρωα στην πατρίδα του.

ΡΕΝΕ ΧΙΓΚΙΤΑ

Δήλωσε δημόσια ότι είναι στενός φίλος του Πάμπλο Εσκομπάρ, ηγέτη των καρτέλ ναρκωτικών στο Μεντεγίν.

Δύο χρόνια αργότερα φυλακίστηκε επειδή έλαβε ένα πολύ ακριβό δώρο από τον έτερο μαφιόζο Κάρλος Μολίνα, καθότι συνέβαλε στην απελευθέρωση της κόρης του από τη συμμορία του «κολλητού» του. Οι αρχές θεώρησαν ποινικό αδίκημα το οποιοδήποτε κέρδος από απαγωγή.

ΡΟΜΠΕΡΤΟ ΜΠΑΤΖΙΟ

Ήθελα το Μουντιάλ, ήθελα την εκδίκησή μου, αλλά υπήρχε ο τραυματισμός στους συνδέσμους, στο ματς με την Πάρμα.

Η γυναίκα μου ήρθε στο νοσοκομείο και μου είπε: «τελείωσε, Ρομπέρτο...»

Εκεί ξεκίνησε η Οδύσσειά μου. Έπρεπε να γυρίσω πριν το τέλος του πρωταθλήματος. Εκείνη την περίοδο, έκανα 10 ώρες γυμναστική την ημέρα για να επιστρέψω. Επέστρεψα σε χρόνο ρεκόρ, στις 21 Απριλίου 2002. Ήταν μόνο 76 ημέρες από τον τραυματισμό μου. Είχα έναν στόχο. Όλη η Ιταλία μιλούσε για την επιστροφή μου. Μετά από δύο εβδομάδες, παίξαμε το απόλυτο παιχνίδι για τη σωτηρία. Ο Ματσόνε ήρθε και μου είπε, «σήμερα στηριζόμαστε σ' εσένα. Σε πιστεύω...»

Κερδίσαμε και σκόραρα. Τώρα το μόνο που ήθελα είναι το τελευταίο κομμάτι, το Παγκόσμιο. Μια εβδομάδα αργότερα, ήμουν στο σπίτι, το τηλέφωνο χτύπησε. Ήταν ο Τραπατόνι, με φωνή τρεμάμενη. Τα λόγια του ήταν:

«Ρομπέρτο, έχω ήδη κάνει τις επιλογές μου, λυπάμαι, αλλά χρειάζομαι υγιείς ανθρώπους». «Κύριε, είμαι καλά, έκανα ό,τι μπορούσα για να επανέλθω, το έκανα γιατί είναι ο τελευταίος μου στόχος. Θέλω να παίξω και να κερδίσω το Παγκόσμιο. Θέλω να είμαι εκεί για όλη την Ιταλία». Μου είπε, «συγγνώμη, συγγνώμη, Ρομπέρτο!!!».

Εκείνο το βράδυ, το πέρασα στη μέση του κήπου και δεν το κρύβω ότι έκλαψα σαν ένα μωρό. Μου αρνήθηκαν το όνειρο.

ΦΑΜΠΙΟ ΚΑΝΑΒΑΡΟ

Πρέπει να είσαι συγκεντρωμένος για να κάνεις το καλύτερο που μπορείς. Αν υπάρχουν παίκτες που βάζουν 60 γκολ αυτή την εποχή, το φταίξιμο είναι των αμυντικών. Μεταξύ των νέων Ιταλών υπάρχουν καλοί παίκτες, αλλά εγώ και ο Νέστα, στην ηλικία τους, ήμασταν πολύ πιο δυνατοί...

ΠΑΟΛΟ ΜΑΛΝΤΙΝΙ

Με είχαν πλησιάσει πολλά μεγάλα κλαμπ. Ο Βιάλι ήθελε να με δει στην Τσέλσι, ο Σερ Άλεξ Φέργκιουσον ήθελε να με φέρει στη Μάντσεστερ Γιουνάιτεντ, ενώ υπήρχαν προσφορές και από τη Ρεάλ Μαδρίτης.

Το πιο απλό πράγμα θα ήταν να το δεχτώ.

Αλλά εγώ πήρα τις ευθύνες μου, ήθελα να μείνω και να εξιλεωθώ στο γήπεδο, βγαίνοντας μπροστά με το πρόσωπό μου, για την ομάδα.

ΝΤΙΕΓΚΟ ΜΑΡΑΝΤΟΝΑ

Θυμάμαι ότι έφυγα στις 10 το πρωί από το σπίτι, στη φαβέλα όπου μεγάλωσα, με το μόνο παντελόνι που είχα, το οποίο ήταν σκισμένο. Όλοι με κοιτούσαν στο τρένο, στον δρόμο, στο λεωφορείο. Αλλά ήταν το μόνο που είχα. Δεν ήξερα αν θα ήμουν στον πάγκο ή αν ο Χουάν Κάρλος Μοντές θα με άφηνε να παίξω. Πήρα το τρένο, μετά το λεωφορείο και πήγα στο γήπεδο.

Παίζαμε ενάντια στην Ταγιέρες, μια μεγάλη ομάδα εκείνη την εποχή. Κατά τη διάρκεια του αγώνα, ο Μοντές είπε «ετοιμάσου, μικρέ» κι εγώ αναρωτιόμουν αν εννοούσε εμένα, αλλά ήμουν το μόνο αγόρι που ήταν κοντά. Άρχισα ζέσταμα, αλλά όχι περισσότερο από 30 δευτερόλεπτα, με έβαλε αμέσως.

ΜΑΤΕΓΙΑ ΚΕΖΜΑΝ

Όταν, πιο παλιά, έκανα επισκέψεις σε μοναστήρια λυπόμουν τους καλόγερους. Τώρα ζηλεύω τον τρόπο ζωής τους. Είναι η μέγιστη προσφορά στον Κύριο. Είναι πολύ δύσκολο να ζεις σε αυτόν τον κόσμο και να σέβεσαι όλες τις Εντολές του Θεού. Προσπαθώ να περνάω όσο το δυνατόν περισσότερο χρόνο αναλογιζόμενος τον Θεό, που μου επέτρεψε να γνωρίζω την αλήθεια και να είμαι στο πλευρό ανθρώπων που τον υπηρετούν.

Όταν είχε πανηγυρίσει στην Τουρκία γκολ, με τον Χριστό στη φανέλα του, είχε προκαλέσει πάταγο με τον κόσμο να αντιδρά.

ΓΙΟΥΣΕΪΝ ΜΠΟΛΤ ΓΙΑ ΡΟΥΝΤ ΦΑΝ ΝΙΣΤΕΛΡΟΪ

Ο Ρουντ Φαν Νιστελρόι ήταν αυτός που με έκανε να υποστηρίξω τη Μάντσεστερ Γιουνάιτεντ. Έβλεπα έναν επιθετικό τέτοιου επίπεδου να αγωνίζεται για τη Μάντσεστερ Γιουνάιτεντ.

Σκεφτόμουν ότι αυτός ο τύπος είναι ένας από τους καλύτερους και για μένα ο λόγος που ξεκίνησα να υποστηρίζω τη Γιουνάιτεντ.

Ποτέ δεν άλλαξα, είναι ο αγαπημένος μου και έχω δει σπουδαίους παίκτες..

ΑΝΤΟΝΙΟ ΝΤΙ ΝΑΤΑΛΕ

Έκανα μία επιλογή ζωής βάζοντας μπροστά σε όλα την αγάπη για την ομάδα αυτή και τους φιλάθλους, το καλό της οικογένειάς μου και τη χαρά τού το να ζεις στο Ούντινε. Αυτοί είναι οι λόγοι για τους οποίους προτίμησα να μείνω εδώ.

Η Ουντινέζε πάντα ήταν η οικογένειά μου, ήταν η καριέρα μου. Η ομάδα αυτή με κατάρτισε ως ποδοσφαιριστή και άνθρωπο.

Κριστιαν Κιβου

Ο Μουρίνιο είχε πάει να δει τον τελικό του Γερμανικού κυπέλλου, Ντόρτμουντ-Μπάγερν, για να μελετήσει τους αντιπάλους μας. Όταν γύρισε, είπε ότι θα κερδίσουμε 2-0.

Την παραμονή του τελικού, μου είπε να είμαι ήρεμος.

Ξέρεις ότι είσαι κοντά στον μεγάλο στόχο, αλλά δεν είσαι ακόμα εκεί. Υπάρχουν χιλιάδες πράγματα στο κεφάλι σου.

Μπήκαμε στο γήπεδο με αντίπαλο την Μπάγερν, ωστόσο, ποτέ δεν ένιωσα ότι θα μπορούσα να χάσω.

Με το τριπλό σφύριγμα, έτρεξα στα αποδυτήρια και κάπνισα ένα τσιγάρο.

Γύρισα από το ατύχημα στο κεφάλι και μετά από τέσσερις μήνες ήμουν με το Κύπελλο Πρωταθλητριών στο χέρι, ήταν μια ιδιαίτερη κατάσταση.

Ποτέ μην τα παρατάς.

Έντιν Τζεκο

Μια μέρα θα έπαιζα με τους φίλους μου σε ένα γήπεδο που ήταν κοντά στο σπίτι μου. Η μητέρα μου είχε ένα κακό προαίσθημα και δεν με άφηνε να φύγω. Λίγο αργότερα έπεσε μια βόμβα στο γήπεδο που παίζαμε ποδόσφαιρο. Όλοι οι φίλοι μου σκοτώθηκαν.

Τζεναρο Γκατουζο

Το 2012 ήμουν κοντά στο να πάω στην Μπόκα Τζούνιορς. Αλλά η γυναίκα μου δεν ήθελε... Τα αγόρια μου ήταν πολύ μικρά και για οικογενειακούς λόγους δεν γινόταν. Επιπλέον, είχα και κάποια προβλήματα τραυματισμού και εγώ ήθελα να πάω να παίξω σκληρά εκεί, όπως ήξερα. Πρέπει να έχεις αρχί@@α για να πας σε εκείνη την ομάδα.

Μαριο Κεμπεσ

Δεν μου αρέσει να γίνεται θόρυβος με το όνομά μου. Η αλήθεια είναι πως δεν ξέρω πώς να αντιδράσω με όλο αυτό και με στεναχωρεί. Είναι που δεν μου φαίνεται δίκαιη όλη αυτή η αποθέωση στο πρόσωπό μου. Όχι ότι δεν το αξίζω ως παίκτης, μα τη θεωρώ υπερβολική. Άλλωστε, δεν είμαι κάτι περισσότερο από ένας ποδοσφαιριστής. Εάν αποθεώνουν και θαυμάζουν εμένα έτσι, τότε τι θα έπρεπε να κάνουν με εκείνους που παίρνουν το Νόμπελ ιατρικής;

Γιοχαν Κροϊφ για Μαρκο Φαν Μπαστεν

Το 1980, όταν ο Φαν Μπάστεν ήταν μόλις 16 ετών, ο Γιόχαν Κρόιφ, είχε δείξει τον, νεαρό τότε, Μάρκο στον Σάντρο Ματσόλα, χαρακτηρίζοντάς τον ως τον «νέο Κρόιφ!»

Ντιεγκο Σιμεονε

Πραγματικά πιστεύω ότι αυτή η Ατλέτικο Μαδρίτης έχει δείξει στους ανθρώπους τι ακριβώς χρειάζονται καθημερινά στη ζωή τους: Ενέργεια.

Για να αποδείξουν πως, παρά τις δυσκολίες και τα προβλήματα που μπορεί να έχουν, με τη δική τους δύναμη μπορούν να παλέψουν, να αναζητήσουν και να βρουν λύσεις, ακόμη κι εκεί που δεν υπάρχουν.

Γνωρίζουμε ότι αυτή την εποχή είναι πολύ δύσκολο να βρει κάποιος δουλειά. Αλλά χάρη στη σκληρή δουλειά και την αφοσίωση αυτοί οι ποδοσφαιριστές έδωσαν τις αποδείξεις και τις αφορμές στους ανθρώπους να πουν: «Ναι μπορούμε!»

Δεν είναι τα πάντα τα χρήματα. Μπορούμε να πετύχουμε πολλά και με λιγότερα χρήματα.

ΕΡΝΑΝ ΚΡΕΣΠΟ

Είμαι από το Μπουένος Άιρες. Έζησα καλά, πήγα σε ιδιωτικό σχολείο και μεγάλωσα χωρίς προβλήματα, χάρη στην καλή οικονομική κατάσταση της οικογένειάς μου.

Φόρεσα τη φανέλα της Ρίβερ Πλέιτ και πάντα έπαιζα εναντίον της Μπόκα! Το πρώτο Superclasico ήταν το 1994, όταν ήμουν 18 ετών και κερδίσαμε 2-0. Ήμουν νευρικός πριν το ντέρμπι, δεν μπορούσα να αισθανθώ τα πόδια μου και δεν μπορούσα να καταλάβω το γιατί.

Όλο το γήπεδο χοροπηδούσε και το αισθανόμασταν στα αποδυτήρια. Σκόραρα, το ίδιο έκανε και ο Ορτέγκα. Είχαν περάσει πέντε χρόνια περίπου από την τελευταία νίκη της Ρίβερ και να κερδίζεις την Μπόκα -στην έδρα της- ήταν απίστευτο! Ο πατέρας μου ήταν στο Μπομπονέρα. Φαντάζομαι πώς αισθάνθηκε όταν είδε τον γιο του να σκοράρει για τη Ρίβερ, μέσα στο γήπεδο της Μπόκα...

ΝΤΙΕΓΚΟ ΑΡΜΑΝΤΟ ΜΑΡΑΝΤΟΝΑ

Είμαι χοντρός, κοντός και αδέξιος. Αλλά όταν έχω μια μπάλα ανάμεσα στα πόδια μου, είμαι τόσο κοντά στο Θεό, όσο μπορείς να φανταστείς.

ΝΤΙΕΓΚΟ ΑΡΜΑΝΤΟ ΜΑΡΑΝΤΟΝΑ

Αν ήμουν σ' έναν γάμο, με άσπρο κουστούμι, και δίπλα μου είχα μια λασπωμένη μπάλα, θα είχα λασπωθεί ολόκληρος παίζοντας με την μπάλα, χωρίς να σκεφτώ.

ΝΤΙΕΓΚΟ ΑΡΜΑΝΤΟ ΜΑΡΑΝΤΟΝΑ

Είμαι περήφανος για την υποδοχή των Να-πολιτάνων, χάρηκα που είδα το στάδιο γεμάτο. Αυτό που μπορώ να υποσχεθώ στους οπαδούς είναι ότι θα δώσω μέσα στο γήπεδο ό,τι έχω, για να ξεπληρώσω τουλάχιστον ένα μέρος αυτής της μεγάλης αγάπης, της πόλης της Νάπολης.

ΝΤΙΕΓΚΟ ΑΡΜΑΝΤΟ ΜΑΡΑΝΤΟΝΑ

Το 1980, έπαιξε στο Αγγλία-Αργεντινή στο Γουέμπλει. Στο 20° λεπτό αγγίζει την μπάλα για πρώτη φορά ένα εικοσάχρονο αγόρι, κινείται και αρχίζει να την αγγίζει με έναν παράξενο ρυθμό, διαφορετικό από τους άλλους και συνεχίζει να την αγγίζει. Δεν ξεπερνάει το 1.70, αλλά έχει δύναμη και ειδικό βάρος. Περνάει όλους τους παίκτες που βρίσκει στον δρόμο του και, στην έξοδο του τερ-ματοφύλακα, με ένα αριστερό άγγιγμα στέλνει την μπάλα άουτ.

Όταν επέστρεψε στο Μπουένος Άιρες, ο αδερφός του, είπε: «Φυσικά, θα μπορούσες να περ-άσεις και τον τερματοφύλακα, τι γκολ θα ήταν!»

Ο Μαραντόνα απάντησε: «Την επόμενη φορά θα το κάνω...» Και το έκανε μετά από έξι χρόνια. Έκανε το ίδιο πράγμα, αλλά αυτή τη φορά πέρασε και τον τερματοφύλακα, σκόραρε το γκολ του αιώνα, ένα από τα πιο όμορφα στην ιστορία του ποδοσφαίρου.

Λουτσιάνο ντε Κρεσένζο (Συγγραφέας)

Οι πιο σημαντικοί χαρακτήρες στη μυθολογία ήταν ο Απόλλωνας και ο Διόνυσος. Ο Απόλλωνας αντιπροσώπευε τη λογική και ο Διόνυσος το συναίσθημα. Όσοι ξέρουν τον Μαραντόνα καταλαβαίνουν ότι ήταν το χειρότερο του Απόλλωνα, αλλά το καλύτερο του Διονύσου.

Ντιεγκο Αρμαντο Μαραντονα

Έχω κάνει τη μητέρα μου, που τώρα δεν είναι εδώ, να κλάψει. Τη σύζυγό μου, τις κόρες μου. Αλλά είμαι ξεκάθαρος, έκανα κακό μόνο στον εαυτό μου, δεν πήρα κανέναν στον λαιμό μου. Θέλω να πω στους νέους να μην δοκιμάσουν ποτέ ναρκωτικά, γιατί προκαλούν τρομερά πράγματα. Μία ημέρα, η κόρη μου Ντάλμα, μου είπε: «μπαμπά μην πεθάνεις, η αδερφή μου σε έχει ανάγκη». Εκεί αποφάσισα να το κόψω.

Ντιεγκο Αρμαντο Μαραντονα

Με αποκαλούν τρελό του χωριού; Μου αρέσει. Οι τρελοί, τα μωρά και οι μεθυσμένοι λένε πάντοτε την αλήθεια. Δεν γονάτισα ποτέ μπροστά σ' αυτούς που θα ήθελαν να με δουν έτσι...

ΜΑΡΚΟ ΦΑΝ ΜΠΑΣΤΕΝ

Ο Σίλβιο Μπερλουσκόνι κάθισε με τον Αντριάνο Γκαλιάνι για να παρακολουθήσουν βιντεοκασέτες με υποψήφιους μεταγραφικούς στόχους, το καλοκαίρι του 1987, και πάτησε «stop» στην κασέτα βλέποντας μερικά μόνο από τα γκολ του.

ΡΟΝΑΛΝΤΟ, ΛΟΥΪΣ ΝΑΖΑΡΙΟ ΝΤΕ ΛΙΜΑ

Το «Φαινόμενο»

Από τα 414 συνολικά γκολ του, τα 88 τα πέτυχε τριπλάροντας τον τερματοφύλακα.

ΑΛΒΑΡΟ ΡΕΚΟΜΠΑ

Είχα την τύχη να ζήσω στον παράδεισο της Ίντερ. Δεν είναι παράδεισος σε όλες τις ομάδες αλλά στην Ιταλία υπάρχει σεβασμός για τον ποδοσφαιριστή.

Όλα τα χρόνια που έζησα εκεί, έζησα πολύ όμορφες στιγμές αναγνώρισης που βέβαια τις κερδίζεις, δε σου τις χαρίζουν. Γιατί, όσο και αν φαίνεται εύκολο και ευχάριστο το επάγγελμά μας, έχει πολλές προσωπικές θυσίες. Και μετά από 12 χρόνια ακόμη και ο παράδεισος γίνεται ρουτίνα. Για μένα το ποδόσφαιρο είναι ένα χόμπι που κάνω όλη μου τη ζωή. Είτε παίζω στην Ίντερ, είτε στον Πανιώνιο, είτε με τον γιο μου, θέλω να το ευχαριστιέμαι.

ΝΤΙΕΓΚΟ ΑΡΜΑΝΤΟ ΜΑΡΑΝΤΟΝΑ

Συμβουλεύω τα παιδιά, να αγαπούν με πάθος το ποδόσφαιρο γιατί είναι ένα άθλημα το οποίο προσφέρει μοναδικές στιγμές χαράς και συγκινήσεις. Μακριά από ό,τι σκοτώνει τα όνειρα και τις ζωές τους. Τους εύχομαι να δουλέψουν σκληρά και να διακριθούν τόσο ψηλά, όσο εγώ, και να μην κάνουν τα λάθη που έχω κάνει εγώ στη ζωή μου.

ΜΑΝΟΥΕΛ ΡΟΥΙ ΚΟΣΤΑ

Όταν πήγαινα στην προπόνηση, άφηνα το αυτοκίνητο (ένα ταπεινό κόκκινο Mitsubishi) μπροστά στο μπαρ «Μαρίσα», απέναντι από το Αρτέμιο Φράνκι. Έτσι μπορούσα να απολαύσω τη ζεστασιά των οπαδών και να πάω κοντά τους, μόλις έφευγα από τα αποδυτήρια.

ΧΟΥΑΝ ΡΟΜΑΝ ΡΙΚΕΛΜΕ

Το τρέξιμο είναι καλό.

Το να ξέρεις ποδόσφαιρο, είναι πολύ πιο περίπλοκο.

Χοσε Μαρια Γκουτιερες «Γκουτι»

Για να παίξεις ποδόσφαιρο δεν είναι απαραίτητο να τρέξεις 30 χιλιόμετρα. Πρέπει απλά να ξέρεις να είσαι σωστά μέσα στο γήπεδο. Στη θέση σου.

Ρομπερτο Μπατζιο για Αντρεα Πιρλο

Ο Αντρέα έχει αποδείξει τα πάντα μέσα στο γήπεδο, με όλο το ταλέντο και την αξία του. Όταν παίζαμε μαζί, πάντα είχε την ευχέρεια να δει εκ των προτέρων τι θα μπορούσε να συμβεί μέσα στο γήπεδο, την ώρα της δράσης. Το όραμά του για το παιχνίδι, το τι μπορεί να κάνει, το τι μπορεί να χτίσει, τον έκανε πρωταθλητή. Ο Αντρέα έχει κάτι που δεν το βλέπεις συχνά.

Τζιανλουιτζι Μπουφον

Είχα κατάθλιψη πριν από κάποια χρόνια και έφτασα στο σημείο να φοβάμαι να μπω στο γήπεδο.

Ποιος ήξερε γι' αυτό; Ήξερα εγώ. Και έπρεπε να κλειστώ στον εαυτό μου, δεν είχα τις ευκαιρίες να ανοιχτώ. Δεν ήξερα αν μπορούσα να μιλήσω σε κάποιον. Αλλά μετά, πολύ σταδιακά, μίλησα γι' αυτό σε φίλους και συμπαίκτες, ανθρώπους πολύ κοντινούς σ' εμένα και ξεκίνησα να καταλαβαίνω ότι είχα πρόβλημα και ότι κάπως έπρεπε να αντιμετωπιστεί και να θεραπευτεί.

Δεν διέκοψα επειδή ένιωσα αυτή τη μεγάλη ευθύνη προς τους συμπαίκτες μου και προς τους ανθρώπους που βασίστηκαν επάνω μου. Δεν ήθελα να τους απογοητεύσω. Και δεν ένιωθα έτοιμος να σταματήσω. Δεν θεωρούσα ότι ήταν ένας πρέπων τρόπος να αντιμετωπίσω τα πράγματα. Είδα ψυχολόγο, αλλά νομίζω ότι το σημαντικότερο ήταν η βοήθεια των φίλων και των συμπαικτών μου.

ΓΙΑΓΙΑ ΤΟΥΡΕ

Η μαγεία του Σαν Πάολο είναι μοναδική. Όταν παίξαμε κατά της Νάπολης, στο Τσάμπιονς Λιγκ, το πρωί πριν τον αγώνα πήγαμε στο γήπεδο. Ο Τέβεζ μου μίλησε γι' αυτό το στάδιο, αλλά έπρεπε να περιμένω να δω «τι θα γίνει!». Τη νύχτα, στον ύμνο του Τσάμπιονς Λιγκ, είδα ογδόντα χιλιάδες ανθρώπους τρελούς και συνειδητοποίησα ότι θα είχαμε προβλήματα. Ήταν ένα μεγάλο παιχνίδι στην καριέρα μου, το έπαιξα, αλλά όταν άκουγα αυτές τις κραυγές, ήταν η πρώτη φορά που ένιωσα δέος...

Τότε κατάλαβα ότι δεν είναι απλά μια ομάδα γι' αυτούς, πρόκειται για μια σπλαχνική αγάπη. Ήταν η μόνη φορά που έχασα και έμεινα στο γήπεδο για να απολαύσω το σόου...

ΡΟΝΑΛΝΤΟ

Σύμφωνα με το βιβλίο «Ρονάλντο: το ταξίδι μίας ιδιοφυΐας», από τον Τζέιμς Μόσλι, το «φαινόμενο» γεννήθηκε στις 18 Σεπτεμβρίου, αλλά καταχωρήθηκε στο ληξιαρχείο στις 22 του ίδιου μήνα...

«Ο Ρονάλντο έκανε το κλασσικό ταξίδι των μυθικών ηρώων, που κατεβαίνουν στην κόλαση και επιστρέφουν για να αλλάξουν τον ρου της ιστορίας» έγραψε ο Λουΐς Φερνάντο Βερίσσιμο στην Γκλόμπο.

ΣΤΙΒΕΝ ΤΖΕΡΑΡΝΤ

Δεν θυμάμαι ποιος κέρδισε το Τσάμπιονς Λιγκ το 2006. Μάλλον ήμουν ακόμα μεθυσμένος από το 2005.

ΦΡΑΝΤΣΕΣΚΟ ΤΟΤΤΙ

Με πειράζουν και με χλευάζουν για την προφορά μου, τους τρόπους μου και επειδή βρίζω. Προφανώς δεν τους αρέσει που υπάρχει ένας πολύ καλός παίκτης στη Ρόμα. Η ποδοσφαιρική δύναμη δεν είναι μόνο στον Βορρά. Εμείς στη Ρώμη μπορεί να είμαστε τεμπέληδες, χοντροί και ευαίσθητοι μαζί, αλλά μπορούμε και να τα λέμε στα ίσια.

Ο ρατσισμός είναι σκληρή λέξη. Ίσως ο «λανθασμένος διαχωρισμός» να είναι η σωστή. Δεν μπορούν να σκεφτούν το πώς θα πρέπει να είναι. Εγώ γεννήθηκα Ρωμαίος και θα πεθάνω Ρωμαίος. Δε θα αφήσω ποτέ την ομάδα αυτή και την πόλη μου. Δε θα τους δώσω ποτέ τέτοια ικανοποίηση.

ΝΤΙΕΓΚΟ ΑΡΜΑΝΤΟ ΜΑΡΑΝΤΟΝΑ

Όταν είσαι δημόσιο πρόσωπο είναι σίγουρο ότι κάποιοι θα προσπαθήσουν να σε διαβάλλουν. Όταν πήγα στη Νάπολη οι Ιταλοί παπαράτσι έκαναν τη ζωή μου κόλαση, καθώς μόνο στην τουαλέτα του σπιτιού μου δεν τους έβρισκα. Ακόμη κι εκεί όμως έπρεπε να κλείνω τα παράθυρα. Είμαι ένας απλός άνθρωπος όπως όλοι, με τις αδυναμίες μου και όλα τ' άλλα. Η πίεση αυτή μου στέρησε τελείως την προσωπική μου ζωή, έπεσα σε κατάθλιψη, έκανα χρήση απαγορευμένων ουσιών και γενικά άσχημη ζωή. Εγώ, μετά από τόσα χρόνια, ξέφυγα από αυτή την κατάσταση και δε με ενδιαφέρει τι λένε.

ΓΙΟΥΡΓΚΕΝ ΚΛΟΠ

Όταν ήμουν προπονητής στη Μάιντς, πήγαμε με την ομάδα σε μια λίμνη στη Σουηδία, όπου δεν υπήρχε ηλεκτρικό ρεύμα. Πήγαμε εκεί για πέντε μέρες, χωρίς φαγητό. Έπρεπε να ψαρέψουμε για να φάμε. Κάποιοι έλεγαν «μα δεν θα ήταν καλύτερο να εξασκηθούμε στο ποδόσφαιρο;».

Ήθελα η ομάδα να νιώσει ότι μπορεί να επιβιώσει από οτιδήποτε. Ο βοηθός μου νόμιζε ότι ήμουν ηλίθιος. Με ρώτησε αν μπορούμε να εξασκηθούμε. «Λυπάμαι» απάντησα. «Αν μπορούσαμε να τρέξουμε». «Όχι! Αλλά θα μπορούσαμε να κολυμπήσουμε και να ψαρέψουμε» απάντησα.

Κάθε βράδυ κοιμόμαστα σε σκηνές με ρίζες κάτω από την πλάτη μας. Ανάβαμε φωτιά και βράζαμε νερό. Έβρεχε συνέχεια. Όταν σταματούσε να βρέχει, ερχόταν τα κουνούπια. Πώς στο διάολο ζουν στη Σουηδία; Αλλά ήταν τέλεια, παρόλα αυτά ήμαστε σαν τον Braveheart. Ξεκίνησε η Bundesliga και όλα ήταν καταπληκτικά, όλοι έλεγαν για το πόσο δυνατή ομάδα είμαστε.

ΜΑΡΤΙΝ ΚΑΣΤΡΟΤΖΙΟΒΑΝΙ

Αγαπούσα το ράγκμπι περισσότερο από τη ζωή μου.

Είχα πολλά σωματικά προβλήματα στην καριέρα μου, αλλά επίσης έπαιξα και τραυματίας. Το 2011, μαθαίνω ότι είμαι χωρίς γλουτένη. Δύσκολο να το δεχτείς, για κάποιον που τρώει 11 φορές τη μέρα. Αλλά μετά συνειδητοποιείς ότι πολλές ασθένειες είχαν έναν σκοπό.

Στη συνέχεια, το 2015, είμαι σε ένα καταφύγιο, στην Αγγλία, με την εθνική ομάδα για προετοιμασία. Η πλάτη μου πονάει αλλά θέλω να παίξω. Ποτέ δεν δούλεψα τόσο σκληρά, με νοιάζει μόνο να είμαι στο Παγκόσμιο Κύπελλο. Μου είπαν ότι έχω μια φλεγμονή, ένα καλό παυσίπονο και είμαι στο γήπεδο. Στο παιχνίδι δεν νιώθω καλά. Ζητώ από το ιατρικό προσωπικό να με δει. Με πάνε στο νοσοκομείο, μου κάνουν μια μαγνητική και περιμένω τα αποτελέσματα. Βλέπω τους γιατρούς, κανείς δεν μου λέει πώς είναι τα πράγματα, ήμουν σε ένα δωμάτιο και φώναζα, «πες μου τι έχω!». «Όγκος», για τον οποίο οι Βρετανοί μου δίνουν έξι μήνες ζωής.

Δεν κατέρρευσα, νομίζω ότι όσο μιλάς, παίζεις, ξυπνάς το πρωί, μπορείς να πολεμήσεις. Τρέχω στην κλινική, στο Μιλάνο, και μου λένε ότι είναι σπάνιο και ότι ο όγκος είναι κακοήθης, αλλά η εγχείρηση θα είναι επικίνδυνη γιατί μπορεί να χάσω το πόδι μου. Βάζω τον γιατρό στον τοίχο και φωνάζω, «καν' την τώρα ή θα σε σκοτώσω!»

Έναν μήνα αργότερα, θα είμαι πίσω στο γήπεδο. Μετά πήγα στο Κάρντιφ με την Εθνική, κατά τη διάρκεια του ύμνου έκλαιγα σαν μωρό. Χάσαμε... Στο τέλος του αγώνα μπήκα στα αποδυτήρια και είδα έναν νεότερο τύπο, να δημοσιεύει φωτογραφίες στο instagram. Ήμουν άρρωστος για την ήττα και έβλεπα αυτό. Ήξερα ότι δεν ήταν ο κόσμος μου πια.

Σήμερα βλέπω και στα δύο -και στο ράγκμπι και στο ποδόσφαιρο- παιδιά που με την πρώτη γρατζουνιά μένουν μια βδομάδα εκτός. Έπαιζα με αίμα που έβγαινε απ' τα μάτια μου.

ΚΟΛΟ ΤΟΥΡΕ

Το 2002, ο τότε πολύ νεαρός αμυντικός Κόλο Τουρέ θα δοκιμαζόταν στην Άρσεναλ. Μόλις ξεκίνησε η προπόνηση, κάνει ένα πολύ δυνατό τάκλιν στο πίσω μέρος του ποδιού, του Τιερί Ανρί, το αστέρι της ομάδας, τον οποίο τον έβγαλε εκτός. Ο Βένγκερ του έβαλε τις φωνές για να μην το ξανακάνει. Λίγο αργότερα, ο Τουρέ κάνει ακόμα ένα τάκλιν αυτή τη φορά στον Ντένις Μπέργκαμπ, ο οποίος βγήκε εκτός και αυτός. Ο Βένγκερ του έβαλε τις φωνές και πάλι. Αργότερα, η μπάλα πάει στα πόδια του προπονητή του και ο Τουρέ κάνει και πάλι το ίδιο... Το ιατρικό τιμ δεν προλάβαινε να ελέγχει τους τραυματίες. Μόλις σηκώθηκε ο Βένγκερ, είπε στους βοηθούς του: «ας υπογράψουμε με αυτό το αγόρι, μου αρέσει η στάση του».

ΑΝΤΟΝΙΟ ΚΑΣΑΝΟ

Μπορούσα να πάω στη Γιούβε το καλοκαίρι του 2001, όλα έδειχναν ότι εκεί θα κατέληγα, αλλά ήθελα να παίξω με τον καλύτερο και ο καλύτερος για μένα ήταν ο Τότι.

Το μεγαλύτερο λάθος μου, ήταν η μεταγραφή μου στη Ρεάλ. Έπρεπε να ακούσω τον Τότι που μου έλεγε ότι «το παν είναι να είσαι ευτυχισμένος εκεί που είσαι, ακόμη κι αν παίρνεις λιγότερα λεφτά». Αν άκουγα το 10% όσων μου έλεγε ο Φραντσέσκο θα είχαν εξελιχθεί αλλιώς τα πράγματα. Το δεύτερο, ήταν η νοοτροπία μου στη Ρεάλ. Μιλάμε για τον χειρότερο 1,5 χρόνο της καριέρας μου.

ΡΟΝΑΛΝΤΟ

Θυμάμαι τα πάντα, σαν να ήταν σήμερα. Κάθε στιγμή και λεπτό του πόνου. Ήταν τόσο άσχημο, που κάποιοι είπαν ότι δεν θα ξαναπαίξω ποτέ ποδόσφαιρο. Ότι δεν θα μπορούσα ποτέ ξανά να περπατήσω. Και τότε ξεπέρασα τα όριά μου.

Πρέπει να είμαι ειλικρινής, πάντα είχα θέματα στο ποδόσφαιρο που μ' ενοχλούσαν, όπως τα ταξίδια. Αλλά ο ενθουσιασμός και οι στιγμές στο γήπεδο έχουν μείνει ανεξίτηλες. Πάντα ένιωθα την ίδια ευτυχία. Η ζωή, για μένα, ξεκίνησε και τελείωσε στο γήπεδο. Γι' αυτό, όταν το γόνατό μου καταστράφηκε, ήταν σαν να είχε πάρει τη ζωή μου.

ΚΑΡΛΟ ΜΑΤΣΟΝΕ ΓΙΑ ΡΟΜΠΕΡΤΟ ΜΠΑΤΖΙΟ

Το ποδόσφαιρο της νιότης μου, τελείωσε την ημέρα που ο Ρομπέρτο έφυγε από το ποδόσφαιρο. Όταν έγινε η αντικατάστασή του στο Σαν Σίρο, ο βοηθός μου είχε ένα ραδιοφωνάκι στον πάγκο. Ήταν ο Κάρλο Νέστα στο ραδιόφωνο που σχολίασε το χειροκρότημα από όλο τον κόσμο. Κάθισα και σκέφτηκα πόσο τυχερός ήμουν που είχα στο πλευρό μου, έναν από τους καλύτερους ποδοσφαιριστές όλων των εποχών. Αυτό που έμεινε στο μυαλό μου είναι ότι, οι άνθρωποι που ήταν στο στάδιο ήταν όρθιοι, κλαίγανε και χειροκροτούσαν. Όταν τελείωσε το παιχνίδι, υπήρχε μια απίστευτη σιωπή, γιατί σχεδόν όλοι καταλάβαμε.

Εκείνη την ημέρα συνειδητοποίησα ότι η καριέρα μου είχε τελειώσει. Συνέχισα να είμαι προπονητής για άλλα δύο χρόνια, αλλά δεν ήταν το ίδιο... Αφού έζησα αυτό, θα μπορούσες να πεις ότι δεν είχα τίποτα να ζητήσω από το ποδόσφαιρο. Έχω δει τα πάντα.

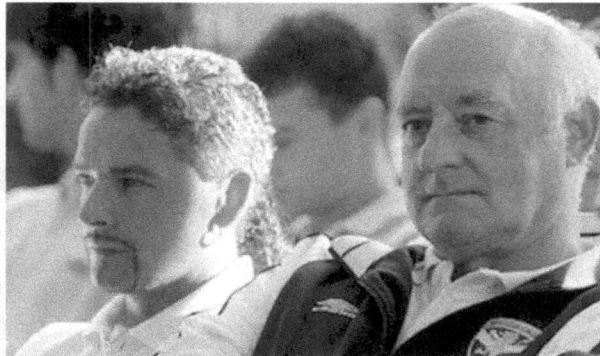

ΑΛΕΣΑΝΤΡΕ ΣΟΑΡΕΣ ΓΙΑ ΡΟΝΑΛΝΤΟ

Όταν εγώ πήγα στην Κρουζέιρο, μόλις είχε έρθει ο Ρονάλντο στην ακαδημία της ομάδας. Αυτός ήταν 15-16 χρονών, εγώ λίγο πιο μεγάλος, περίπου στα 18. Μόλις πήγα εκεί, στην πρώτη προπόνηση με ρώτησαν τι θέση παίζω. Τους λέω είμαι επιθετικός.

Μου λένε: «Μαλ@@α. Μη λες ότι είσαι επιθετικός, γιατί ήρθε ένας εδώ που είναι φοβερός». Τους λέω «ποιος είναι;» Μου λένε «ο Ρονάλντο, από το Ρίο ντε Ζανέιρο, είναι πολύ καλός, μην πας εκεί». Τους λέω «τι να πω; Αφού είμαι επιθετικός, τι να πω ότι είμαι στόπερ; Επιθετικός είμαι». Και μετά έγινε αυτό που έγινε, ο Ρονάλντο το «φαινόμενο». Φαινόταν από τότε ότι ήταν τρομερός.

Υπήρχε η πιθανότητα ο Ρονάλντο να έρθει στην Καλάματα. Τότε στην ομάδα είχε έρθει ένας προπονητής, ο Ζαϊρζίνιο. Κάθισε δύο βδομάδες και μετά ήρθε ο Τεννές. Ο Ζαϊρζίνιο ήταν φίλος με τους ατζέντηδες του Ρονάλντο.

Τον ζήτησε να έρθει στην Καλαμάτα και η μεταγραφή χάλασε για 10.000 δολάρια. Θα μπορούσε η Καλαμάτα να έχει τον Ρονάλντο, δεν ξέρω αν θα γινόταν αυτός ο Ρονάλντο, αλλά θα μπορούσε. Όταν ήρθα στην Καλαμάτα, μου το είπε ο ίδιος ο Ζαϊρζίνιο. Ο Ρονάλντο τότε ήταν 15 χρονών, αλλά στα 16 είχε γίνει ο Ρονάλντο, έπαιζε στην πρώτη ομάδα της Κρουζέιρο».

ΑΝΤΙ ΦΑΝ ΝΤΕΡ ΜΕΪΝΤΕ

Όταν έπαιζα στην Ίντερ, είχα έναν ζωολογικό κήπο στην αυλή... άλογα, σκυλιά, ζέβρες, παπαγάλους, χελώνες. Η Ντιάνα, η πρώτη μου γυναίκα, ήταν πραγματικά άρρωστη. Για αυτήν αρνήθηκα μια μεταγραφή στη Μονακό. «Στο Μόντε Κάρλο υπάρχουν μόνο διαμερίσματα» μου είπε, «πού θα βάζουμε τα ζώα μας;»

Μια νύχτα, πήγα στο γκαράζ, στο σκοτάδι, επειδή άκουσα κάτι παράξενους ήχους. Τελικά είχε αγοράσει μια καμήλα...

ΦΙΛΙΠΠΟ ΙΝΤΖΑΓΚΙ

Παίρναμε το Τσάμπιονς Λιγκ; Αμέσως λέγαμε ότι έπρεπε να πάρουμε το Ευρωπαϊκό Σούπερ Καπ; Το παίρναμε και αυτό; Αμέσως η σκέψη πήγαινε στο Διηπειρωτικό Κύπελλο.

Δεν προλαβαίναμε να απολαμβάνουμε τα τρόπαια. Τώρα που είμαι προπονητής, αυτό που προσπαθώ να τους μεταδώσω είναι εκείνη η πείνα για νίκες που είχαμε εμείς, εκείνη η ατελείωτη φιλοδοξία.

ΝΤΑΝΤΟ ΠΡΣΟ

Στις 5 Νοεμβρίου 2003, έγινε ο τρίτος παίκτης στην ιστορία του Τσάμπιονς Λιγκ, που πέτυχε 4 γκολ σε ένα παιχνίδι.

Συγκεκριμένα στο Μονακό - Ντεπορτίβο Λα Κορούνια: 8-3.

Ακριβώς την ημέρα των γενέθλιων του.

Μόνο ο Μάρκο Βαν Μπάστεν και ο Σιμόνε Ιντζάγκι είχαν πετύχει 4 γκολ σε ένα παιχνίδι Τσάμπιονς Λιγκ, μέχρι τότε...

ΣΕΡ ΑΛΕΞ ΦΕΡΓΚΙΟΥΣΟΝ

Από τη στιγμή που πήγα στη Μάντσεστερ Γιουνάιτεντ, σκεφτόμουν μόνο ένα πράγμα: να χτίσω έναν ποδοσφαιρικό σύλλογο. Ήθελα να ξεκινήσω τα πάντα από την αρχή. Ήθελα να δημιουργήσω μία συνέχεια για να στελεχώνω την πρώτη ομάδα. Με αυτή την προσέγγιση οι παίκτες μεγάλωναν μαζί, δημιουργούνταν στενοί δεσμοί ανάμεσά τους και αυτό, με τη σειρά του, καθόριζε το πάθος και το πνεύμα.

Όταν υπέγραψα, μόνο ένας παίκτης ήταν κάτω των 24 ετών, στην πρώτη ομάδα. Μπορείτε να το φανταστείτε αυτό για έναν σύλλογο όπως η Γιουνάιτεντ; Γνώριζα ότι το να δώσω βάση στις ακαδημίες, θα ταίριαζε στην ιστορία του συλλόγου, ενώ η εμπειρία μου ως προπονητής μου είχε δείξει ότι μπορείς να κερδίσεις τίτλους με παίκτες νεαρούς σε ηλικία, και ότι ήταν απόλαυση να δουλεύεις μαζί τους. Έτσι, είχα την αυτοπεποίθηση ότι, αν η Γουνάιτεντ ήθελε να έχει ξανά νόημα, ήταν κρίσιμο τα πάντα να ξεκινήσουνε από τις ακαδημίες. Μπορείτε να πείτε ότι ήταν γενναίο, όμως η τύχη ευνοεί τους τολμηρούς.

Η πρώτη σκέψη του 99% των νέων προπονητών είναι να επιβιώσουν με φιλοσοφία νίκης ανά ματς. Έτσι, συνήθως αγοράζουν έμπειρους παίκτες. Αυτό, πολύ απλά, συμβαίνει γιατί η βιομηχανία του ποδοσφαίρου είναι βασισμένη στα αποτελέσματα. Σε μερικούς συλλόγους το μόνο που χρειάζεται για να απολυθείς είναι να κάνεις τρία συνεχόμενα αρνητικά αποτελέσματα. Στο ποδόσφαιρο σήμερα, με μία νέα γενιά ιδιοκτητών και τεχνικών διευθυντών, δεν είμαι καθόλου σίγουρος ότ ένας σύλλογος θα έδειχνε την υπομονή που έδειξε η Γιουνάιτεντ σ' εμένα, για να τη χτίσω σε τέσσερα χρόνια.

Το να νικήσεις σ' ένα ματς είναι κάτι πολύ βραχυπρόθεσμο. Μπορεί να χάσεις το αμέσως επόμενο παιχνίδι. Το να χτίσεις έναν σύλλογο μακροπρόθεσμα φέρνει σταθερότητα. Δεν πρέπει ποτέ να αφήσεις την πρώτη ομάδα από τα μάτια σου, όμως η δουλειά μας στις ακαδημίες οδήγησε σε πάρα πολλές επιτυχίες. Οι νέοι παίκτες έγιναν πραγματικά η ψυχή του συλλόγου.

Πάντα νιώθω περηφάνια όταν βλέπω ότι κάποιος νέος εξελίσσεται και φτάνει μέχρι την πρώτη ομάδα. Η δουλειά του προπονητή, όπως και εκείνη του δασκάλου, είναι να εμπνέει τους ανθρώπους να γίνουν καλύτεροι. Μάθε τους καλύτερη τεχνική, κάνε τους νικητές, κάνε τους καλύτερους ανθρώπους και μπορούν να κάνουν τα πάντα στη ζωή τους. Όταν δίνεις ευκαιρίες σε νεαρούς ανθρώπους, δημιουργείς και αφοσίωση. Πάντα θα θυμούνται ότι εσύ ήσουν ο προπονητής που τους έδωσε την πρώτη ευκαιρία. Μόλις δουν ότι τους εμπιστεύεσαι, θα ακολουθήσουν το δικό σου μονοπάτι. Στην ουσία δημιουργείς την έννοια μίας δεύτερης οικογένειας. Αν τους δώσεις προσοχή και την ευκαιρία να πετύχουν, είναι απίστευτο το πόσο μπορούν να σε εκπλήξουν ευχάριστα.

ΑΛΕΞΙΣ ΣΑΝΤΣΕΖ

Δούλευα σε νεκροταφείο και έπλενα αυτοκίνητα, γιατί δεν ήθελα να βλέπω τη μητέρα μου να δουλεύει.

Μια μέρα ορκίστηκα στη μητέρα μου, ότι θα βγάλω πολλά λεφτά από το ποδόσφαιρο και ότι θα τη βγάλω από τη φτώχεια...

ΓΚΑΡΙΝΤΣΑ

Βραζιλιάνικο ρητό «αν ρωτήσεις έναν Βραζιλιάνο, μεγάλης ηλικίας, για τον Πελέ, ο γέρος βγάζει το καπέλο του, ως ένδειξη ευγνωμοσύνης. Αλλά αν του μιλήσεις για τον Γκαρίντσα, ο γέρος θα ζητήσει συγγνώμη, θα κατεβάσει τα μάτια και θα κλάψει...»

Ο Γκαρίντσα για τους Βραζιλιάνους ήταν κάτι περισσότερο από ένα είδωλο, κάτι περισσότερο από ένας ποδοσφαιριστής, ήταν «η χαρά του λαού».

Το αλκοόλ έκοψε τα φτερά του Γκαρίντσα και τον έσυρε σε μια φυσική και οικονομική παρακμή.

Πέθανε μόνος και αυτή η εγκατάλειψη παραμένει για τους περισσοτέρους Βραζιλιάνους που τον αγαπούσαν, μια τεράστια λύπη.

Ίσως γι' αυτό, στον τάφο του, στο νεκροταφείο του Πάου Γκράντε, μιάμιση ώρα από το Ρίο, υπάρχουν πάντα 7 κεριά αναμμένα, μέρα και νύχτα.

Επειδή ήταν το καλύτερο νούμερο 7...

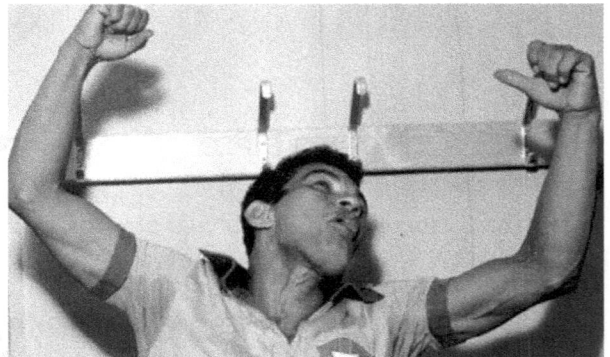

ΤΖΙΑΝΛΟΥΚΑ ΣΙΝΙΟΡΙΝΙ

Θα ήθελα να σηκωθώ και να τρέξω μαζί σου, αλλά δεν μπορώ. Θα ήθελα να φωνάξω μαζί σου, αλλά δεν μπορώ. Μακάρι αυτό να ήταν ένα όνειρο από το οποίο θα ξυπνούσα ευτυχισμένος, αλλά δεν είναι. Εύχομαι η ζωή μου να επιστρέψει εκεί όπου σταμάτησε. Σας ευχαριστώ όλους.

Στις 6 Νοεμβρίου του 2002, ο Τζιανλούκα Σινιορίνι έφυγε για πάντα. Γενναίος στο γήπεδο και γενναίος έξω από αυτό, αποφάσισε να μιλήσει για την ασθένειά του δημόσια. Αποφάσισε να μην κρυφτεί έτσι ώστε να συζητηθεί αυτή η ασθένεια, έτσι ώστε να ενθαρρύνει την έρευνα για την καταπολέμηση της Αμυοατροφικής Πλευρικής Σκλήρυνσης.

ΑΝΤΡΕΑ ΠΙΡΛΟ

Για να είσαι χρήσιμος στην άμυνα και να κερδίζεις την μπάλα δεν χρειάζεται πάντα να κάνεις τάκλιν. Μερικές φορές αρκεί να κάνεις ένα βήμα πίσω. Το μυστικό για τη θέση μου είναι ένα: να κρατάς την κατοχή της μπάλας και να τη μετακινείς γρήγορα, ώστε να κουράζεις τον αντίπαλο. Αυτή είναι η μέθοδός μου.

Όταν κοιτάζω πίσω και σκέφτομαι τη διαδρομή μου, συνειδητοποιώ ότι τα χρωστάω όλα στον Κάρλος Ματζόνε και στον Κάρλος Αντσελότι. Στους δύο σπουδαιότερους προπονητές που είχα ποτέ. Με τον Αντσελότι προσαρμόστηκα κατευθείαν στον ρόλο μου, γιατί με εμπιστεύτηκε, παρότι είχε πιο έμπειρους παίκτες για τη θέση.

Ρίο Φερντινάντ

«Γιατί έφυγε η μαμά;» ήταν η θλιβερή ερώτηση από τα τρία παιδιά μου, μετά τον τραγικό και πρόωρο χαμό της γυναίκας μου, Ρεμπέκα.

Και δεν μπορούσα να απαντήσω, γιατί δεν είχα την απάντηση.

Για τέσσερις μήνες βρήκα καταφύγιο στο αλκοόλ. Ήπια τόσο πολύ, που δεν είχα πια τις αισθήσεις μου.

Ο θάνατος της γυναίκας μου στα 33 της χρόνια, από καρκίνο του μαστού, δεν μου άφησε περιθώρια για σκέψεις. Είχα παρατήσει τα πάντα, δε με ένοιαζε αν θα πέθαινα και ο ίδιος.

Μια φωνή μέσα μου όμως, έλεγε: «πώς μπορείς να είσαι τόσο εγωιστής ώστε να θέλεις να αυτοκτονήσεις;»

Τώρα καταλαβαίνω όλους αυτούς τους ανθρώπους, τους καταλαβαίνω, γιατί καταλαβαίνω τι μπορεί να έρθει και τι μπορεί να συμβεί. Η σκέψη των παιδιών μου, με κράτησε ζωντανό.

Και ξέρω ότι η Ρεμπέκα θα ήταν ευτυχισμένη, αν μπορούσα να βοηθήσω και άλλους ανθρώπους. Ήταν τέτοιου είδους άτομο η Ρεμπέκα και γι' αυτό η ιστορία μας ήταν τόσο συγκινητική.

Τζιτζι Ριβα, ο θρυλος της Καλιαρι και του Ιταλικου ποδοσφαιρου

Έζησα ένα ποδόσφαιρο, όπου οι αμυντικοί ήταν πολύ σκληροί και έπαιζαν σαν να ήθελαν να μας σκοτώσουν. Για να πάρεις πέναλτι στο Μιλάνο ή στο Τορίνο, δεν αρκούσε ένα ιατρικό πιστοποιητικό. Δεν ήμασταν τόσο προστατευόμενοι όσο οι παίκτες τώρα. Αλλά δεν μετανιώνω για τίποτα. Ούτε καν ότι δεν έπαιξα σε άλλα κλαμπ. Όταν είδα ανθρώπους να έρχονται στις 8 το πρωί και να φεύγουν στις 11 το βράδυ από το γήπεδο, για μένα, κατάλαβα ότι δεν γινόταν να τους προδώσω. Η Κάλιαρι ήταν η χαρά για όλους τους κάτοικους της Σαρδηνίας, και δεν μπορούσα να τους πληγώσω. Παρά τα λεφτά και τη φήμη της Γιουβέντους, δεν το έκανα. Ποτέ δεν είχα την παραμικρή αμφιβολία και ποτέ δεν μετάνιωσα...

Ο πρώτος σκόρερ όλων των εποχών με τη φανέλα της Squadra Azzurra...

ΤΖΕΝΑΡΟ ΓΚΑΤΟΥΖΟ

Στη ζωή, όπως λέω πάντα, έχω μόνο ένα πρόσωπο. Δεν το αλλάζω μπροστά στην κάμερα μιας τηλεόρασης ή επειδή είμαι διάσημος. Όπως έχω, ήδη, πει θα μπορούσα να ήμουν ψαράς αλλά είχα την τύχη να γίνω ποδοσφαιριστής. Όποιος όμως με γνωρίζει ξέρει ότι μέσα μου είμαι πάντα ο ίδιος, για μένα δεν έχει αλλάξει τίποτα. Γι' αυτό πιστεύω ότι μ' αγαπά ο κόσμος και όποιος με αγαπά με αγαπά και όποιος με μισεί με μισεί.

ΜΑΟΥΡΙΤΣΙΟ ΣΑΡΙ

Όταν βλέπεις τον Λορέντζο Ινσίνιε να παίζει, είναι σαν να βλέπεις την αγαπημένη σου ταινία το Σάββατο το βράδυ, με μια όμορφη ξανθιά δίπλα σου και να κάνεις τσιγάρο...

ΜΑΟΥΡΙΤΣΙΟ ΠΟΧΕΤΙΝΟ

Η Τότεναμ, δεν είναι ένας σύλλογος που σήμερα μπορεί να χτυπηθεί με τη Μάντσεστερ Γιουνάιτεντ και τη Σίτυ, για έναν παίκτη. Δεν μπορούμε να δώσουμε μια τέτοια μάχη. Εμείς έχουμε διαφορετικό τρόπο. Η γνώμη μου είναι ότι όλο αυτό είναι μη βιώσιμο. Δεν είμαι σίγουρος αν αυτή είναι η γνώμη και των άλλων συλλόγων της Premier League, αλλά με τα ποσά που πληρώνουν δεν μπορώ να δω πώς μακροπρόθεσμα θα γίνει βιώσιμο. Εμείς διαχειριζόμαστε την ομάδα, σκεφτόμαστε με τον πρέποντα τρόπο. Υπάρχουν περίοδοι που ίσως τα καταφέρνουν, αλλά δεν μπορείς μακροπρόθεσμα να ξοδεύεις περισσότερα από όσα βγάζεις.

ΤΟ ΑΝΤΙΟ ΤΟΥ ΦΡΑΝΤΣΕΣΚΟ ΤΟΤΤΙ ΣΤΟ ΠΟΔΟΣΦΑΙΡΟ

Σ' ευχαριστώ, Ρώμη.

Ευχαριστώ τη μητέρα, τον πατέρα, τον αδερφό, τους συγγενείς και τους φίλους μου.

Τη γυναίκα και τα τρία παιδιά μου.

Ήθελα να ξεκινήσω να διαβάζω από το τέλος, από τους αποχαιρετισμούς, επειδή δεν ήξερα εάν θα ήμουν σε θέση να διαβάσω όλες αυτές τις γραμμές.

Είναι αδύνατο να χωρέσεις 28 χρόνια σε λίγες προτάσεις.

Σκέφτηκα να το κάνω με ένα ποίημα ή ένα τραγούδι, αλλά δεν μπόρεσα να γράψω κάποιο.

Σε όλα αυτά τα χρόνια προσπάθησα να εκφραστώ μέσα από τα πόδια μου, τα οποία κατάφερναν να κάνουν τα πάντα πιο απλά για μένα, από τότε κιόλας που ήμουν παιδί.

Μιλώντας για την παιδική ηλικία, μπορείτε να φανταστείτε ποιο ήταν το αγαπημένο παιχνίδι μου. Το ποδόσφαιρο, φυσικά, το ίδιο είναι μέχρι και τώρα.

Από ένα σημείο όμως και έπειτα μεγαλώνεις. Μου το είχαν πει και τώρα έφτασε η στιγμή και για μένα. Η στιγμή να το πάρω απόφαση.

Καταραμένη στιγμή.

Θυμάμαι πίσω στις 17 Ιουνίου του 2001, που όλοι μας θέλαμε η ζωή να κυλήσει πιο γρήγορα.

Δεν μπορούσαμε να κρατηθούμε, περιμένοντας τον διαιτητή να σφυρίξει. Και ακόμα έχω το ίδιο καρδιοχτύπι, όταν θυμάμαι εκείνες τις μέρες.

Ο χρόνος όμως πλέον με χτυπάει στον ώμο και μου λέει: «πρέπει να μεγαλώσουμε. Από αύριο είμαστε ενήλικες. Βγάλε πλέον τα σορτσάκια και τα παπούτσια, από αύριο θα είσαι άντρας. Δε θα μπορείς να μυρίζεις το γρασίδι, να νιώθεις τον ήλιο στο πρόσωπό σου, καθώς επιτίθεσαι προς την αντίπαλη εστία, την αδρεναλίνη να ξεχειλίζει μέσα σου, ενώ πανηγυρίζεις».

Κατά τη διάρκεια των προηγούμενων μηνών έκανα την ερώτηση συνεχώς στον εαυτό μου και αναρωτιόμουν γιατί να πρέπει να ξυπνήσω από το όνειρό μου.

Φαντάσου ότι είσαι ένα παιδί και βλέπεις ένα γλυκό όνειρο και η μητέρα σου σε ξυπνάει για να πας στο σχολείο.

Εσύ θέλεις να συνεχίσεις να ονειρεύεσαι, θέλεις να γλιστρήσεις πίσω στο όνειρο, αλλά δε θα μπορέσεις ποτέ ξανά. Και αυτή τη φορά δεν πρόκειται για όνειρο, μα για τη σκληρή πραγματικότητα.

Και εγώ απλά δεν μπορώ να της ξεγλιστρήσω.

Θέλω να αφιερώσω αυτό το γράμμα σε όλους εσάς -σε όλα τα παιδιά που με έχουν στηρίξει.

Στα παιδιά του χθες, που έχουν μεγαλώσει και θα γίνουν γονείς, σ' αυτούς που φώναξαν «Tottigol».

Θέλω να σκέφτομαι ότι, η καριέρα μου ήταν ένα παραμύθι που θα περάσει σ' εσάς.

Όλα πραγματικά τελείωσαν.

Βγάζω αυτή τη φανέλα για τελευταία φορά.

Θα την κρατήσω, ακόμα και αν δεν είμαι έτοιμος να πω «αρκετά» και προφανώς δε θα είμαι ποτέ.

Συγχωρέστε με για το ότι δεν έδινα συνεντεύξεις και δεν ξεκαθάριζα τις σκέψεις μου, όμως δεν είναι εύκολο να σβήσεις το φως.

Φοβάμαι. Δεν είναι ο ίδιος φόβος με εκείνον που έχεις μπροστά από την αντίπαλη εστία, όταν θέλεις να εκτελέσεις ένα πέναλτι.

Αυτή τη φορά, δεν μπορώ να δω τι κρύβει το μέλλον μέσα από τις τρύπες των διχτυών.

Επιτρέψτε μου να φοβάμαι.

Αυτή τη φορά είμαι εγώ που χρειάζομαι εσάς και την αγάπη που πάντα μου δείχνατε.

Με τη στήριξή σας, θα καταφέρω να γυρίσω τη σελίδα και να ρίξω τον εαυτό μου σε μια νέα περιπέτεια.

Τώρα, είναι ώρα για μένα να ευχαριστήσω όλους τους συμπαίκτες, τους προπονητές, τους διευθυντές, τους προέδρους και καθέναν που δούλεψε μαζί μου όλο αυτό το διάστημα.

Στους τιφόζι και την Curva Sud, ένα φως που οδηγεί όλους τους Ρωμαίους και τους Giallorossi.

Ήταν προνόμιο που γεννήθηκα Ρωμαίος και Ρόμα.

Το ότι ήμουν ο αρχηγός αυτής της ομάδας ήταν τιμή.

Είστε -και θα είστε πάντα - η ζωή μου. Δε θα σας διασκεδάζω πλέον με τα πόδια μου, όμως η καρδιά μου θα είναι πάντα εκεί, μαζί σας.

Τώρα, θα κατεβώ τα σκαλιά και θα μπω στα αποδυτήρια που με καλωσόρισαν σαν παιδί και πλέον φεύγω σαν άντρας.

Είμαι περήφανος και ευτυχισμένος που μου δώσατε 28 χρόνια αγάπης...

ΚΑΡΛΕΣ ΠΟΥΓΙΟΛ

Κατάγομαι από ένα χωριό τριών χιλιάδων ψυχών, ξεχασμένο από τον Θεό. Ονομάζεται Πλότα. Περίπου το 90% του πληθυσμού ανήκει στο εργατικό δυναμικό του εργοστασίου lleida. Κατά τη δεκαετία του '80, οι μέγιστες προσδοκίες για έναν νεαρό, ήταν να γίνει επικεφαλής του τμήματος ή λογιστής στο εργοστάσιο. Η Κυριακή, ήταν η ημέρα που όλοι ξεκουραζόμασταν. Το πρωί εκκλησία και το απόγευμα έβλεπα την Μπαρτσελόνα. Ήταν σε ένα από εκείνα τα απογεύματα που ερωτεύτηκα αυτή την ομάδα.

Ήμουν στον καναπέ με τον πατέρα μου, και η Μπαρτσελόνα έχανε στη Βαλένθια με 2-1. Γύρισα και του είπα: «μπαμπά, όταν μεγαλώσω θα γίνω παίκτης της Μπαρτσελόνα».

Είπε, «είναι καλό να ονειρεύεσαι, αλλά συνέχισε να μελετάς».

Από εκείνη την ημέρα πήρα τα λόγια του πατέρα μου ως πρόκληση. Δεν υπήρχε χρόνος να σκεφτώ κάτι άλλο. Στις προπονήσεις έλεγαν ότι δεν ήμουν καλός, στην πραγματικότητα με έβαζαν τερματοφύλακα, και μια μέρα, χάρη σε ένα χτύπημα στον ώμο μου, μπήκα στο κέντρο. Πάντα έλεγαν ότι δεν μπορώ να παίξω και δεν αξίζω πολλά. Δεν είχα το δικαίωμα να ονειρευτώ. Ήμουν πολύ αδύνατος και δεν είχα δύναμη στα πόδια μου.

Πήγαινα στο σπίτι κάθε φορά λυπημένος.

Μια μέρα, όμως, άλλαξα ριζικά τη σκέψη μου. Άφησα το σχολικό ποδόσφαιρο και κάθε από-γευμα έτρεχα στους λόφους της πόλης μου για να μεγαλώσουν οι μύες στα πόδια μου. Την πρώτη φορά 2 χιλιόμετρα, μετρά 4 και μετρά έτρεχα μέχρι το ψηλότερο σημείο, μέχρι την κορυφή. Όταν έβλεπα ανθρώπους να οδηγούν, προσπαθούσα να τους ανταγωνίζομαι.

Ήμουν 16 χρονών. Φωνάζω στον πατέρα μου, ότι με πήραν. Θα έχω σπίτι στη Βαρκελώνη... Ήταν η μόνη φορά που τον είδα να κλαίει. Άρχισα να παίζω για την Μπαρτσελόνα C. Εκεί τους είδα όλους. Είδα ποδοσφαιριστές καλύτερους από μένα, φαινόμενα, αλλά πολλές φορές δεν ερχόταν στην προπόνηση. Αυτοί ποτέ δεν έπαιξαν πουθενά, πέρα από την Μπαρτσελόνα C. Δεν έχω χάσει ποτέ προπόνηση, ούτε μια μέρα σε όλη μου τη ζωή, γιατί ήξερα ότι έπρεπε να τρέχω περισσότερο. Δεν είχα τεχνική και έπρεπε να συγκεντρωθώ περισσότερο στη σωματική μου δύναμη.

Πάντα πεινούσα για τις νίκες. Ζω όμως για το παιχνίδι, όχι για τη νίκη. Για την έξαψη της μάχης. Το σημαντικό είναι ο ανταγωνισμός.

Θα τρέξω στους λόφους και πάλι σήμερα, και θα θυμάμαι το ξεκίνημά μου. Όλα ξεκίνησαν εκεί.

Πολλοί άνθρωποι μου λένε «πώς μπορείς και συνεχίζεις την προπόνηση σήμερα;»

Πάντα λέω «θα συνεχίσω να εξασκούμαι και στα εβδομήντα μου χρόνια. Δε θα σταματήσω, για να κάθομαι σε έναν καναπέ, και δε θέλω να είμαι έτσι. Θέλω να συνεχίσω να είμαι ανταγωνιστικός. Δεν μπορώ να ανταγωνίζομαι με άλλους πια, αλλά θα έρχομαι αντιμέτωπος με τον ίδιο μου τον εαυτό...»

ΑΛΕΣΑΝΤΡΟ ΝΤΕΛ ΠΙΕΡΟ

Νύχτα. Αυτοκινητόδρομος Μιλάνο-Τορίνο. Ερημιά. Ο Ζιζού, η Σόνια κι εγώ επιστρέφουμε από το Μιλάνο, μετά από μια εκδήλωση που οργάνωσε η Adidas.

Φύγαμε γρήγορα, χωρίς να κάτσουμε στο μπουφέ, για να πάμε στο σπίτι νωρίς. Αλλά η πείνα μας σταμάτησε. Μπαίνουμε σε ένα φαγάδικο, δεν είναι κανείς μέσα, μόνο ο ταμίας και η κυρία στο μπαρ. Συνηθισμένη ματιά στον πάγκο, σάντουιτς, γλυκά κτλ. Τελικά το μάτι πέφτει σε ένα κομμάτι πίτσα Μαργαρίτα, από αυτά που μένουν όταν είναι αργά. Αλλά, όπως είπα, η πείνα ήταν μεγάλη. Κοιτάξτε τον Ζιζού! Έφαγα πολύ γρήγορα, ενώ η κυρία στον πάγκο πίσω μας κάνει καφέ, αδιάφορη. Ο συμπαίκτης μου είναι ακόμα πολύ συγκεντρωμένος στην πίτσα, αλλά εγώ έχω ήδη άλλα ενδιαφέροντα...

Η φωτογραφική μηχανή του Τζιάνι Τζιανισάντι, την οποία είχε πάντα στο λαιμό του, χωρίς να τον προσέξουμε, συλλαμβάνει εκείνη τη στιγμή.

Αυτή είναι μια από τις φωτογραφίες που νοιάζομαι περισσότερο. Μέσα είναι σχεδόν τα πάντα: Η αγάπη, η φιλία, η απλότητα, η κανονικότητα, η τρυφερότητα, η επιθυμία να είμαστε μαζί, να νιώθουμε τυχεροί, γεμάτοι ζωή. Η ανάμνηση μιας νύχτας, με τη Σόνια, τον Ζιζού, τον Τζιάνι, μια πίτσα και μια κάμερα που μας χάρισε, μια εικόνα σαν αυτή».

ΠΑΟΛΟ ΜΑΛΝΤΙΝΙ

«Θα παίζεις μόνο αν είσαι καλός στο σχολείο, αλλιώς σταμάτα!»

Ο μπαμπάς μου δεν ήθελε να νιώθω υποχρεωμένος να ακολουθήσω το δικό του μονοπάτι. Ήθελε να νιώθω ελεύθερος. Πήγα στην ομάδα της Μίλαν. Δε σκεφτόμουν τη φήμη του πατέρα μου. Στο σπίτι, στον δρόμο σε μια μεγάλη βεράντα ενός φίλου, παίζαμε μπάλα ένας εναντίον ενός και δύο εναντίον δύο.

Όταν ήταν στο σπίτι ο πατέρας μου, μας παρακολουθούσε από το μπαλκόνι μας. Ο πατέρας μου ποτέ δεν με ώθησε σ' αυτό, ούτε ήθελε να κόψω το σχολείο. Στα 10 μου ήμουν στη Μίλαν και ο προπονητής ρωτάει τον πατέρα μου: «κύριε Μαλντίνι, πού να τον βάλω να παίξει;» «Δεν ξέρω, πρώτα δες τον» απάντησε ο πατέρας μου και πήγε στη γωνία όσο πιο μακριά γίνεται από το γήπεδο.

Πολλοί λέγανε ότι ο πατέρας μου με οδήγησε στην πρώτη ομάδα, ότι παίζω μόνο και μόνο επειδή είμαι ο γιος του Μαλντίνι, και οι αντίπαλοι αλλά και οι γονείς των συμπαικτών μου. Δεν ήταν εύκολο, αλλά στο τέλος, νομίζω ότι τα πήγα καλά. Μου αρέσει να θυμάμαι μια όμορφη φράση του πατέρα μου. «Δεν είναι πλέον ο γιος του Τσέζαρε, αλλά είμαι ο πατέρας του Πάολο».

ΦΡΑΝΤΣΕΣΚΟ ΤΟΤΤΙ ΓΙΑ ΑΝΤΖΕΛΟ ΠΕΡΟΥΤΣΙ

Με τον Περούτσι στο ίδιο τραπέζι είδα πράγματα που δεν μπορείτε καν να φανταστείτε. Το πιο σημαντικό, τον είδα να κερδίζει ένα στοίχημα μεταξύ φαντασίας και πραγματικότητας και εκείνη τη στιγμή συνειδητοποίησα ότι τα όρια μπαίνουν για να ξεπεραστούν.

Συνέβη κατά τη διάρκεια μιας από τις ελεύθερες νύχτες που μας έδωσε ο Λίπι. Τον προκάλεσα, ήξερα ότι είχε δυνατό στομάχι, αλλά ήθελα να δω πού θα φτάσει. Τον λέω: «Άντζελο πάμε για φαγητό;»

«Σίγουρα; Πού θα με πας;»

«Σε μια πιτσαρία.

«Στη Γερμανία; Δεν είμαστε στη Νάπολη...»

Έκανε μια περίεργη γκριμάτσα. Ήθελα να βάλουμε ένα στοίχημα.

«Δεν νομίζω ότι μπορείς να φας μια πίτσα με μια μπουκιά».

Είχε ένα ονειρεμένο πρόσωπο, η λέξη «πίτσα» τον συγκλόνισε. Η ευτυχία στο πρόσωπό του τα εξηγούσε όλα. Το πρόβλημα είναι, ότι ο Άντζελο δεν μου είχε απαντήσει. Φοβόμουν ότι τον προσέβαλα. Μόλις φτάσαμε, παρήγγειλε πίτσα. Με κοίταξε με ένα πλατύ χαμόγελο. Έκοψε τη Μαργαρίτα στα τέσσερα, άνοιξε τα σαγόνια του και απολάμβανε τον θρίαμβο. Έμοιαζε με ανακόντα.

«Φραντσέσκο, το κέρδισα».

«Το είδα».

«Αλλά υπάρχει ένα πρόβλημα».

«Τι, είσαι άρρωστος;»

«Όχι, ακόμα πεινάω...»

Δεν μπορούσαμε να τα βγάλουμε πέρα με ανθρώπους σαν κι αυτόν.

ΦΑΟΥΣΤΙΝΟ ΑΣΠΡΙΓΙΑ

Πλέον είναι διευθυντής μιας ποδοσφαιρικής σχολής, στην Κολομβία. Παρακολουθεί την επικαιρότητα και τονίζει ότι το ποδόσφαιρο, στα χρόνια του, ήταν πολύ καλύτερο.

«Σήμερα είναι πιο εύκολο να κάνεις τον επιθετικό. Δεν έχεις μπροστά σου τον Μπαρέζι ή τον Βιέρκοβουντ.

Ακόμα τους βλέπω στον ύπνο μου».

ΝΤΙΕΓΚΟ ΣΙΜΕΟΝΕ

Οι ποδοσφαιριστές που βρίσκονται στον πάγκο ή στις εξέδρες είναι το ίδιο σημαντικοί με αυτούς που αγωνίζονται στη βασική ενδεκάδα. Οι τίτλοι δεν κατακτώνται από 11 παίκτες. Ολόκληρη η ομάδα τους κερδίζει.

ΤΖΙΟΡΤΖΙΟ ΚΙΕΛΙΝΙ

Ο... Γκουαρδιολισμός έχει καταστρέψει μια γενιά αμυντικών. Σκέφτονται πολύ πώς θα δημιουργήσουν παιχνίδι, αλλά τους έχει κάνει να μαθαίνουν λίγα για το μαρκάρισμα αντιπάλων. Η αμυντική παράδοση της Ιταλίας είναι μια από τις καλύτερες στον κόσμο. Πρέπει να μείνουμε μακριά από το τικι-τάκα, δεν είναι στο DNA μας. Για να επιστρέψουμε ως εθνική ομάδα στην κορυφή, πρέπει να δημιουργήσουμε καλούς επιθετικούς, αλλά και πραγματικούς αμυντικούς.

ΕΡΝΑΝ ΚΡΕΣΠΟ

Η Πάρμα είχε μια μεγάλη ομάδα, αλλά κοιτάξτε και τις υπόλοιπες. Η Γιουβέντους, η Μίλαν ήταν πολύ δυνατή, η Ίντερ είχε τον Ρονάλντο. Δεν ήταν εύκολο. Η ομάδα μου είχε πολλές αλλαγές, έπρεπε να υπάρξει μια τριετία ή τετραετία για να αποδώσει ακόμα καλύτερα! Αλλά καταφέραμε να κερδίσουμε τρία τρόπαια σε 100 ημέρες, το Σούπερ Καπ, το Κύπελλο Ιταλίας, αλλά και το Κύπελλο UEFA! Είχαμε όλα τα προσόντα να προκριθούμε στο Τσάμπιονς Λιγκ για πρώτη φορά στην ιστορία του συλλόγου. Αλλά ήμασταν ακόμα η Πάρμα, μια μικρή ομάδα από μια μικρή πόλη!

ΙΒΑΝ ΤΖΕΝΕΣ

Είναι ο Ιβάν Τζένες, ένα 14χρονο αγόρι που συνήθιζε να παίζει με την μπάλα στα φανάρια, στην πόλη της Αλουσιόν στην Παραγουάη. Αρκετά βίντεο έκαναν τον γύρο του διαδικτύου, με τον μικρό να δείχνει τις ικανότητές του με την μπάλα. Η ιστορία του παιδιού έφτασε στην Γκουαρανί, (την ομάδα την οποία υποστηρίζει). Η ομάδα επιβεβαίωσε ότι θα έχει στις τάξεις της το παιδί και θα παρέχει τα προς το ζειν, έτσι ώστε να μπορεί να σπουδάσει και να ασχοληθεί επαγγελματικά με το ποδόσφαιρο...

ΦΑΝΤΑΣΙΑ

Στο ποδόσφαιρο, όπως και στην έκθεση, πρέπει να έχεις φαντασία.

ΛΙ ΣΑΡΠ ΓΙΑ ΤΟ ΠΑΙΧΝΙΔΙ ΑΠΕΝΑΝΤΙ ΣΤΗΝ ΚΡΙΣΤΑΛ ΠΑΛΑΣ, ΣΤΙΣ 25 ΙΑΝΟΥΑΡΙΟΥ ΤΟΥ 1995, ΤΟ ΟΠΟΙΟ ΕΜΕΙΝΕ ΣΤΗΝ ΙΣΤΟΡΙΑ ΓΙΑ ΤΗΝ ΚΛΩΤΣΙΑ ΤΟΥ ΕΡΙΚ ΚΑΝΤΟΝΑ ΣΕ ΕΝΑΝ ΟΠΑΔΟ ΣΤΗΝ ΚΕΡΚΙΔΑ

Θυμάμαι τον θόρυβο της πόρτας, ο Φέργκιουσον μπήκε στα αποδυτήρια και σήκωσε τα μανίκια, ο καπνός έβγαινε από τα αυτιά του και τα σάλια από το στόμα του. Φλιτζάνια τσαγιού και πιάτα που περιείχαν σάντουιτς ερχόταν κατά πάνω μας. Κοιτούσαμε ο ένας τον άλλον, στα μάτια, σκεπτόμενοι τι θα γινόταν σύντομα, όταν θα ερχόταν ο Καντονά. Και αντ' αυτού, ο θυμός του Φέργκιουσον είχε άλλους αποδέκτες: « Άντε γαμ@@ ου, Πάλιστερ. Δεν μπορείς να κάνεις ένα τάκλιν, είσαι χάλια. Σαρπ, η γιαγιά μου τρέχει πιο γρήγορα από σένα. Αύριο στις 9 το πρωί, θα σε σπάσω στο ξύλο». Μετά πλησιάζει τον Καντονά και με ένα πολύ πιο μαλακό τόνο είπε: «Έρικ, δεν μπορείς να τριγυρνάς έτσι στο γήπεδο και να κάνεις τέτοια πράγματα...»

ΧΑΡΙ ΡΕΝΤΝΑΠ ΓΙΑ ΠΑΟΥΛΟ ΦΟΥΤΡΕ

Ήρθε σε εμάς (Γουέστ Χαμ) το καλοκαίρι του 1996 και ήταν πραγματικά απίστευτος. Στις προπονήσεις δεν μπορούσες να σταματήσεις να κοιτάς τις εκτελέσεις φάουλ του. Θα τον έβαζα στους 10 καλύτερους που έχω δει.

Το πρώτο μας παιχνίδι ήταν με την Άρσεναλ και οι συνθέσεις είχαν ήδη βγει, αλλά υπήρχε ένα πρόβλημα. Ο Έντι Τζίλαμ του είχε δώσει τη φανέλα με το Νο 16. Την επόμενη στιγμή ο Πάουλο ήταν μπροστά μου. «Ο Φούτρε έχει το 10, όχι το 16. Ο Εουσέμπιο το 10, ο Μαραντόνα το 10, ο Πελέ το 10, ο Φούτρε το 10, όχι το γαμ**νο 16» μου είπε.

Εκείνη τη στιγμή έμεναν 45 λεπτά για την έναρξη της αναμέτρησης. «Δεν μπορεί να αλλάξει τώρα Πάουλο. Έχουμε δώσει τα νούμερα κι εσύ έχεις το 16. Δεν τα επιλέξαμε. Όταν ήρθες όλα τα άλλα νούμερα είχαν δοθεί, επομένως, σου δώσαμε το 16» του εξήγησα.

«Θέλω το νούμερο 10. Ο Φούτρε φοράει το Νο 10. Στη Μίλαν, στην Ατλέτικο Μαδρίτης, στις Πόρτο, Μπενφίκα και Σπόρτινγκ είχα πάντα το 10».

Ήμουν τόσο απεγνωσμένος που του είπα: «Πάουλο, βάλε τη φανέλα και μπες να παίξεις σε παρακαλώ. Έχουμε ένα σημαντικό παιχνίδι. Αν δε θες να τη φορέσεις, δεν παίζεις». Κι επέλεξε να μην παίξει...

Τη Δευτέρα ο Πάουλο είχε έρθει με τους δικηγόρους του να διαπραγματευτεί για το Νο 10. Αρχικά του είπαμε πως είχαν πουληθεί τόσες φανέλες του με το 16 που δε θα γινόταν να αλλάξει νούμερο. «Πόσες;» μας ρώτησε. «Θα πληρώσω £100.000» μας είπε.

Τότε κατάλαβα πως δεν υπήρχε περίπτωση να τον πείσω. Ήταν χαμένο κεφάλαιο. Ο Τζον Μονκέρ, που φορούσε τότε το 10, συμφώνησε να ανταλλάξουν και ο Πάουλο τον άφησε για δύο εβδομάδες να πάει στη βίλα του στο Αλγκάρβε.

ΣΟΚΡΑΤΕΣ

Όταν του έγινε πρόταση να γίνει πρέσβης του ποδοσφαίρου απάντησε: «Δεν μου αρέσει η ιδέα γιατί με απωθεί η εμπορευματοποίηση και όλες αυτές οι βλακείες».

Νομίζω ότι ο ομοσπονδιακός προπονητής πρέπει να εκλέγεται από τον λαό. Πρέπει να εκδημοκρατίσουμε το ποδόσφαιρο και όταν το κάνουμε, θα εκδημοκρατίσουμε και τη Βραζιλία.

ΡΑΜΠΟΝΑ

Χτυπάς την μπάλα, βάζοντας το ένα πόδι πίσω από το άλλο.

Η πρώτη φορά που καταγράφηκε η λέξη ήταν από το περιοδικό «El Grafico», το 1948 στην Αργεντινή, μετά από μια κίνηση του Ρικάρντο Ινφάντε. Σε όλες τις γλώσσες η ονομασία έμεινε η ίδια Rabona

Η προέλευση είναι αβέβαιη, αλλά στην Αργεντινή όταν λένε «Ραμπόνα», εννοούν την κοπάνα από το σχολείο και τα μαθήματα.

Υπαρχει μονο ενασ Ροναλντο

Μάρτιος του 2009 και λίγες μέρες μετά το ντεμπούτο του Ρονάλντο με την Κορίνθιανς, ξεσπά πόλεμος μεταξύ του συλλόγου του, με τη Μάντσεστερ Γιουνάιτεντ. Αιτία, η ενέργεια της αγγλικής ομάδας να διαθέσει προς πώληση μπλουζάκια με την επιγραφή «There is only one Ronaldo». Η απάντηση από τους Βραζιλιάνους δεν άργησε. Κυκλοφόρησε ένα μπλουζάκι το οποίο ανέφερε στα αγγλικά και τα βραζιλιάνικα: «Υπάρχει μόνο ένας Ρονάλντο που σκόραρε 3 γκολ κατά της Μάντσεστερ Γιουνάιτεντ στο Ολντ Τράφορντ, κέρδισε 3 φορές το βραβείο του κορυφαίου παίκτη της FIFA, κέρδισε δύο Παγκόσμια Κύπελλα, είναι ο μεγαλύτερος σκόρερ στην ιστορία των Παγκοσμίων Κυπέλλων και είχε τρεις αναπάντεχες επιστροφές».

Χουαν Ρομαν Ρικελμε

Πάντα οι οπαδοί της Ρίβερ μου συμπεριφερόταν πολύ καλά. Τους είμαι ευγνώμων επειδή μου έχουν δείξει σεβασμό. Μου αρέσει που οι οπαδοί της Ρίβερ με αναγνώρισαν όπως εμείς αναγνωρίζουμε τους Ορτέγκα, Γκαγιάρδο και Αϊμάρ.

Ρομπεpto Μπατζιο

Το πρόβλημα της Ιταλίας είναι η Ομοσπονδία.

Η νεολαία της Ιταλίας, πρέπει να παίξει ποδόσφαιρο. Πρέπει να δώσουμε σε καθένα από τα παιδιά το σωστό συναίσθημα για την μπλε φανέλα. Πρέπει να μάθουν την ιστορία αυτής της φανέλας. Πρέπει να αποκαταστήσουμε το παιχνίδι και τη φαντασία τους. Στην Ιταλία σήμερα, δεν υπάρχει ο παίκτης που θα συμπαρασύρει και τους υπολοίπους, λείπει ένας παίκτης που μπορεί να κάνει τους ανθρώπους να ονειρεύονται, λείπει το πραγματικό νούμερο 10, λείπει ο παίκτης που θα πάρει την ομάδα στις πλάτες του.

Παθοσ για το ποδοσφαιρο

Όταν είμασταν μικροί και μας έλεγαν τη λέξη «μπάλα» τρέχαμε, όπου κι αν μας έλεγαν, σαν μανιασμένοι. Και τώρα που μεγαλώσαμε πάλι το ίδιο κάνουμε. Αλλά, μικροί, πολλές φορές όταν έπεφτε το σκοτάδι και το παιχνίδι ήταν ντέρμπι, ακούγαμε μόνο τον ήχο των δοκαριών. Σε ένα ματς θυμάμαι, στη λεγομένη «βεντέτα» που παίζαμε και είχαμε το ρεκόρ με τριάντα+ σερί νίκες όλο το καλοκαίρι, σε ένα ματς μας δυσκόλεψαν και μας πήρε η νύχτα.

Οι μικρότεροι ήταν πίσω από τις εστίες με τα ψιλοσκισμένα δίχτυα. Στρώνεται η μπάλα, τη στέλνω συστημένη και τρέχουμε όλοι και πανηγυρίζουμε. Σε μια φάση είναι ένας μικρός αναίσθητος κάτω. Τον πήραμε χαμπάρι μετά. Πηγαίνω τον ρωτάω, «τι έπαθες». «Με βρήκε η μπάλα στο στομάχι... Δεν πειράζει. Το γκολ μπήκε; Αυτό μετράει»του είπα και τον σήκωσα.

Έτσι είχαν γαλουχηθεί οι μικρότεροι και τώρα δεν προλαβαίνεις να τους σηκώνεις από τις καφετέριες...

ΓΚΑΣΤΟΝ ΠΕΡΕΪΡΑ ΓΙΑ ΑΛΒΑΡΟ ΡΕΚΟΜΠΑ

Εν έτει 2014, 94° λεπτό του ντέρμπι μεταξύ της Νασιονάλ και της Πενιαρόλ.

Φάουλ για τη Νασιονάλ, αρκετά έξω από τη μεγάλη περιοχή... Ο Αλβάρο Ρεκόμπα στέλνει την μπάλα στην αριστερή γωνία, με αριστουργηματική εκτέλεση.

2-1 και νίκη στο ντέρμπι τίτλου για τη Νασιονάλ.

Λίγες μέρες αργότερα, ο Γκαστόν Περέιρα, εμφανίστηκε στην προπόνηση με μια έκπληξη. Έκανε τατουάζ το πρόσωπο του Ρεκόμπα, στο χέρι του. «Δεν βρήκα καλύτερο τρόπο να δώσω συγχαρητήρια στο είδωλό μου», είπε.

Όταν το έδειξα στον Ρεκόμπα δεν μπορούσε να το πιστέψει, γέλασε και είπε: «ευχαριστώ που μου έβαλες, όλα αυτά τα μαλλιά στο τατουάζ».

ΡΙΚΑΡΝΤΟ ΤΣΑΜΠΑΝΙΑ

Δούλευα 12 ώρες την ημέρα και έπαιζα τις Κυριακές κανονικά. Πήγα σε μια εταιρεία, κοντά στην Περούτζια, και έτσι θα είχα τη μισή μέρα άδεια για να πηγαίνω για προπόνηση. Ξυπνούσα κάθε μέρα στις έξι και στη μία η ώρα έπαιρνα το αμάξι μου και από την Τέρνι πήγαινα στην Περούτζια. Στις 8 το βράδυ, θα πήγαινα στο σπίτι, θα έτρωγα βραδινό και θα πήγαινα για ύπνο.

Ήταν μήνες έντονοι, αλλά δεν μπορούσα να παρατήσω τη δουλειά μου και δεν ήθελα να παρατήσω και το ποδόσφαιρο. Δεν φτύνω στο πιάτο που έφαγα. Για μένα και την οικογένειά μου, η χαλυβουργία Terni μας τάισε, αλλά πήρε έναν πατέρα από μένα, επειδή πέθανε εκεί μέσα. Εύχομαι κάθε αγόρι να έχει την ευκαιρία να μεγαλώνει με έναν πατέρα σαν τον δικό μου. Μια μέρα μου είπε: «Ρικάρντο, μην ακολουθείς τα βήματά μου. Στα χαλυβουργεία, κανείς δεν θα σου δώσει ποτέ ένα χτύπημα στον ώμο για να σου πει ευχαριστώ...»

Κι εγώ ζούσα πάντα για να πάρω αυτό το χτύπημα στον ώμο μου και να είναι χαρούμενος ο πατέρας μου. Θα ήμουν υποκριτής αν πω ότι έπαιζα για τα λεφτά.

Το 2013, ο Ρικάρντο έγινε ο προπονητής στο Μάκιε μια ομάδα σε ένα μικρό χωριό της Ιταλίας. Εκεί, όλοι κάνουν αγροτικές δουλειές και κυνηγούν αγριογούρουνα. Η ομάδα ποδοσφαίρου είναι το πραγματικό καμάρι του χωριού και υπάρχουν πάντα άνθρωποι που μας ακολουθούν. Μια φορά την εβδομάδα, η διοίκηση, οι οπαδοί, μαζευόμαστε τρώμε αγριογούρουνο και πίνουμε κρασί στο γήπεδο. Εδώ μπορείς να αναπνεύσεις αυτή την ανθρωπιά που είναι η ουσία του πραγματικού ποδοσφαίρου...

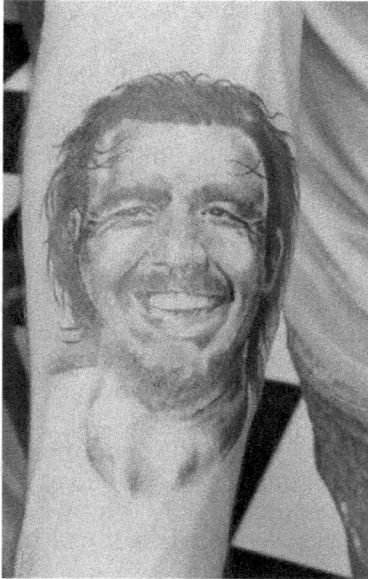

ΓΙΟΧΑΝ ΚΡΟΪΦ

Νιώθω άθλια όταν πραγματικά ταλέντα απορρίπτονται λόγω στατιστικών. Με βάση τα σημερινά κριτήρια, θα με είχαν απορρίψει. Όταν ήμουν 15 δεν μπορούσα να κλοτσήσω την μπάλα πάνω από 15 μέτρα με το αριστερό μου πόδι και 20 με το δεξί. Η τεχνική και το όραμά μου δεν είναι ανιχνεύσιμα από τους υπολογιστές.

ΠΑΘΟΣ ΓΙΑ ΤΟ ΠΟΔΟΣΦΑΙΡΟ

Σταμάτα!
Μην τρέχεις.
Πάρε αναπνοές.
Κάνε ένα διάλειμμα από τη συνηθισμένη ρουτίνα.
Ψάξε τα τηλέφωνα των φίλων σου.
Πάρε τον φίλο σου από το σχολείο, που δεν τον έχεις δει εδώ και χρόνια.
Ρώτα τον αν θυμάται εκείνα τα παιχνίδια στο τσιμέντο.
Πάρε ρεπό απ' τη δουλειά.
Πάνε στο δωμάτιό σου και προσπάθησε να θυμηθείς.
Ψάξε τα πράγματα που σε κάνανε χαρούμενο τότε.
Κοίτα όλα αυτά που βρήκες.
Ένα κομμάτι εφημερίδας, την αφίσα του αγαπημένου σου παίκτη.
Μια βιντεοκασέτα με μεγάλες ποδοσφαιρικές στιγμές.
Μια φωτογραφία από το κορίτσι που νόμιζες ότι θα παντρευτείς, ή τουλάχιστον το σκέφτηκες πριν περάσεις στο πανεπιστήμιο και φύγεις.
Θυμάσαι το πρώτο παιχνίδι που βρέθηκες στο γήπεδο, φορώντας το κασκόλ της αγαπημένης σου ομάδας; Θυμάσαι τότε που μπαίναμε στο γήπεδο χωρίς εισιτήριο;
Κάν' τα όλα απ' την αρχή, ξανά...
Ξέχασέ τα όλα.
Πάρε πέντε φίλους και οργάνωσε ένα» γερμανικό» στην πλατεία.
Όχι, μην ανησυχείς, η γιαγιά που απειλούσε να σου πάρει την μπάλα έχει φύγει.
Παίξε για εκείνο το κορίτσι που πάντα είχε μάτια για σένα, αλλά ποτέ δεν σου το είπε, επειδή το ήξερες ήδη αυτό.
Κοίτα στον καθρέφτη και πες την αλήθεια. Αυτό δε θα ήθελες;

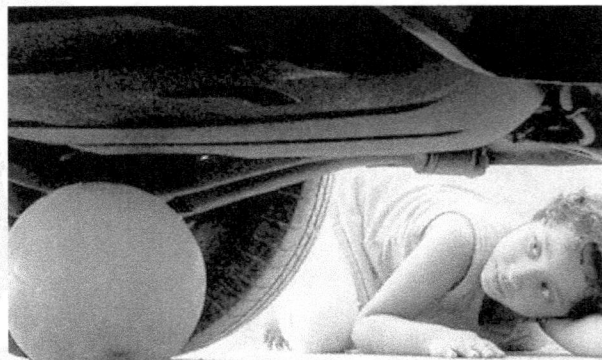

ΝΤΙΝΤΙΕ ΝΤΡΟΓΚΜΠΑ

«Πολίτες της Ακτής Ελεφαντοστού, από νότια, βόρεια, δυτικά και κεντρικά, σας εκλιπαρούμε στα γόνατα να συγχωρέσετε ο ένας τον άλλο. Μια σπουδαία χώρα όπως η Ακτή Ελεφαντοστού δε γίνεται να μείνει βυθισμένη στο χάος για πάντα. Αφήστε κάτω τα όπλα σας και οργανώστε εκλογές». Κατάλαβα ότι είχα μια μοναδική ευκαιρία να ζητήσω ενότητα. Το είχα σκεφτεί ξανά, αλλά περίμενα την ιδανική στιγμή. Όταν, αργότερα, συνειδητοποίησα ότι αντί για ανατολική είχα πει κεντρική, γέλασα και ντράπηκα. Όμως δεν είχα γράψει τον λόγο. Ήταν αυτοσχεδιασμός.

Ο Ντιντιέ δεν θα έμενε στα λόγια. Είχε αποφασίσει να ενώσει τη χώρα, έστω κι αν έπρεπε να ταξιδέψει στο επικίνδυνο και... ντροπιαστικό για τη χώρα Μπουακέ. «Είμαι εδώ για να δείξω σε όλο τον κόσμο ότι είμαι ένας από εσάς και δεν πρέπει να υπάρχει διάκριση ανάμεσα στα νότια, στα βόρεια, τα ανατολικά ή τα δυτικά. Είμαστε μια χώρα», είπε κρατώντας στα χέρια του το τρόπαιο για την ανάδειξή του σε κορυφαίο Αφρικανό ποδοσφαιριστή το 2006. Απαίτησε από την ομοσπονδία να διεξαχθεί στη δεύτερη μεγαλύτερη πόλη της Ακτής Ελεφαντοστού, το τελευταίο ματς για τα προκριματικά του Κόπα Άφρικα. Ο στρατός των ανταρτών ενώθηκε με τον στρατό της κυβέρνησης για να διαφυλάξουν το παιχνίδι. Τραγούδησαν δίπλα-δίπλα τον Εθνικό Ύμνο και η Ακτή Ελεφαντοστού κέρδισε 5-0 τη Μαδαγασκάρη. Πέντε γκολ για τα πέντε χρόνια εμφυλίου, όπως συμβολικά το είδαν...

ΤΟ ΡΕΚΟΡ ΤΗΣ ΜΠΕΝΕΒΕΝΤΟ

Η Μπενεβέντο, έσπασε ένα ρεκόρ: Μπήκε στην ιστορία του ευρωπαϊκού ποδοσφαίρου, με τον δικό της τρόπο.

Είναι η μόνη ομάδα, από τα 5 μεγαλύτερα ευρωπαϊκά πρωταθλήματα, η οποία έκανε 13είς συνεχόμενες ήττες.

Το ρεκόρ κρατούσε από το 1930-31... με 12 συνεχόμενες ήττες τις πρώτες 12 αγωνιστικές, η Μάντσεστερ Γιουνάιτεντ...

ΚΡΙΣΤΙΑΝ ΒΙΕΡΙ

Ο Σέρτζιο Κρανιότι ξόδεψε όσα χρειάστηκε για να τον επαναφέρει στην Ιταλία και στη Λάτσιο, μετά από έναν χρόνο στην Ατλέτικο Μαδρίτης.

Ο Μάσιμο Μοράτι τον έφερε στην Ίντερ, μετατρέποντάς τον στον πιο ακριβό ποδοσφαιριστή του κόσμου. Ο Βιέρι κατηγορήθηκε για τις συνεχείς αλλαγές ομάδων, όπως και για το γεγονός ότι επέλεξε τους Νερατζούρι επειδή η νυχτερινή ζωή στο Μιλάνο ήταν καλύτερη σε σχέση με τη Ρώμη. Εκεί, όπου ένας οπαδός της Λάτσιο θα έπεφτε στις γραμμές του τρένου, φορώντας φανέλα του Βιέρι...

ΜΠΡΑΝΤ ΤΖΟΟΥΝΣ

Στο Ρότερνταμ, διαδραματίστηκε μια συγκλονιστική όσο και ανθρώπινη στιγμή.

Στο 12° λεπτό της συνάντησης Φέγενορντ-Φένλο, οι οπαδοί της Φέγενορντ, φώτισαν με τα κινητά τους τηλέφωνα το γήπεδο και όλοι μαζί τραγούδησαν το «You'll Never Walk Alone» αφιερωμένο στον τερματοφύλακα της ομάδας Μπραντ Τζόουνς.

Ήταν 18 Νοεμβρίου 2011, όταν ο Λούκα, ο 5χρονος γιος του Μπραντ Τζόουνς, πέθανε μετά από άνιση μάχη με τη λευχαιμία.

Όλοι οι οπαδοί στην επέτειο αυτής της τραγικής στιγμής, στάθηκαν στο πλευρό του, μ' αυτόν τον υπέροχο τρόπο...

ΜΠΡΑΝΤΛΕΪ ΛΟΟΥΡΙ

Η Σάντερλαντ αποφάσισε να χτίσει, στη μνήμη του Μπράντλεϊ Λόουρι, ένα σπίτι το οποίο θα το αποκαλούν «Το σπίτι του Μπράντλεϊ» το οποίο θα βοηθάει τα άρρωστα παιδιά και τις οικογένειές τους, να αντιμετωπίσουν τον καρκίνο.

ΚΡΙΣΤΙΑΝ ΒΙΕΡΙ ΓΙΑ ΡΟΝΑΛΝΤΟ

Όταν ήμουν στην Ίντερ, ο Ρονάλντο ήταν ο παίχτης που προπονούνταν λιγότερο απ' όλους, γιατί ήταν τότε ο καλύτερος παίχτης στον κόσμο, και είναι αλήθεια ότι γυρνούσαμε στο σπίτι κατά τις πέντε με έξι το πρωί. Πηγαίναμε σε κλάμπ, γυρνάγαμε, κοιμόμουν ένα δίωρο και μετά πήγαινα για προπόνηση, τη στιγμή που αυτός έπινε καπουτσίνο και έτρωγε μπρίος. Το μεγάλο όμως πρόβλημα ήταν, ότι τα μεσάνυχτα της επόμενης ημέρας εμφανιζόταν στο σπίτι μου και δεν έφευγε μέχρι να με πείσει να ξαναβγούμε έξω.

ΧΑΒΙΕΡ ΖΑΝΕΤΙ

Ένα ασθενοφόρο, φανέλες, μπάλες. Συν μερικές χιλιάδες ευρώ, για να καθαριστεί το υδραγωγείο και να φτιαχτούν μερικά σπίτια, που ήταν σε μια θλιβερή κατάσταση. Με αυτόν τον τρόπο στάλθηκε βοήθεια στο Τσιάπας.

Στα βουνά, νοτιοανατολικά του Μεξικού, υπάρχουν αυτόχθονες άνθρωποι που λένε ότι είναι οι απόγονοι των αρχαίων Μάγια. Ζουν σε ορεινές περιοχές, μιλούν ασυνάρτητα, κρατούν τις παραδόσεις και ο πολιτισμός τους έχει περάσει στους αιώνες. Είναι πολύ φτωχοί...

Ίσως ο Χαβιέρ Ζανέτι, αυτός που σκέφτηκε την ιδέα, είχε ακούσει για τους κατοίκους του Τσιάπας το 1994, όταν ζούσε ακόμα στην Αργεντινή και έπαιζε στη Μπάνφιλντ. Εκείνο το έτος, οι κάτοικοι της περιοχής φοβόταν μήπως χάσουν τον πλούτο των εδαφών τους, από διάφορους επιτήδειους που ήθελαν να τους εκμεταλλευτούν. Με τους Ζαπατίστας να κάνουν την υπόθεση διεθνώς ορατή.

Ίσως εκεί έμαθε ο Ζανέτι για την ύπαρξη του Τσιάπας και της εξέγερσης.

Ο Ζανέτι είναι από τα νότια της Αργεντινής. Ξέρει τι σημαίνει φτώχεια, ήρθε από μια πολύ ταπεινή οικογένεια. Είδε αυτούς τους ανθρώπους, τις απαιτήσεις τους και τον αγώνα τους για αξιοπρέπεια και ότι ήθελαν να επιβιώσουν αξιοπρεπώς.

Είναι ένας από τους μεγαλύτερους ποδοσφαιριστές όλων των εποχών κι αρχηγός στην Ίντερ. Δεν έχει ξεχάσει ότι η καταγωγή του είναι ταπεινή και καθολική και όταν έχει την ευκαιρία βοηθάει πάντα τους άλλους. Έτσι, ζήτησε από τους συμπαίκτες του να βοηθήσουν αυτούς τους ανθρώπους και έγραψε ένα γράμμα που υπέγραφε ο ίδιος ο πρόεδρος Μοράτι: «Θέλουμε να σας βοηθήσουμε στον αγώνα για να διατηρήσετε τις ρίζες σας και την αξιοπρέπειά σας» γράφει ο Αρχηγός Ζανέτι, προσθέτοντας ότι πιστεύει σε έναν καλύτερο κόσμο.

ΕΟΥΣΕΜΠΙΟ ΝΤΙ ΦΡΑΝΤΣΕΣΚΟ ΓΙΑ ΓΚΑΜΠΡΙΕΛ ΟΜΑΡ ΜΠΑΤΙΣΤΟΥΤΑ

Ήταν μεγάλη προσωπικότητα και πάντα το αισθανόσουν.

Εντυπωσιάστηκα όταν μπήκε μέσα στα αποδυτήρια και είπε: «Θυμήσου, ήρθα εδώ για να κερδίσω το πρωτάθλημα...» και το έκανε.

Ήταν ένας αποφασισμένος παίκτης και έδωσε τα πάντα για να πετύχει τον στόχο του.

ΠΑΘΟΣ ΓΙΑ ΤΟ ΠΟΔΟΣΦΑΙΡΟ

Χρειάζεται θάρρος για να βγεις και να παίξεις έξω στην αλάνα πλέον.

Αν δεν υπάρχει το παιχνίδι στον δρόμο, δεν υπάρχει ζωή. Είναι πηγή ζωής, είναι η ουσία μέσα στην επιφανειακή ζωή. Η καρδιά του ποδοσφαίρου χτυπάει στην αλάνα.

Πάντα θα μας βρίσκεις εκεί, κυνηγώντας μια χαμένη μπάλα. Πάντα πιστεύαμε στη χαρά του παιχνιδιού. Είμαστε οι μελανιές στο καλάμι και τα ματωμένα γόνατα. Είμαστε τα δάκρυα της έντασης, είμαστε η ατελείωτη χαρά όταν συνειδητοποιούμε ότι έχουμε κερδίσει τη μικρή ή τη μεγάλη μας μάχη. Είμαστε το κατεβασμένο κεφάλι μετά την ήττα. Είμαστε το νερό που πίναμε από το λάστιχο, κάτω από τον καυτό ήλιο. Είμαστε οι κραυγές και τα ουρλιαχτά, τα οποία δεν θα καταλάβουν όσοι δεν έζησαν την ένταση της στιγμής. Είμαστε οι κουβέντες πριν το παιχνίδι, οι προκλήσεις, τα μαλώματα. Το να κερδίσουμε είναι θείο δώρο. Ο ιδρώτας, το τρέξιμο, το γέλιο και τα χειροκροτήματα. Είμαστε όλα αυτά που είναι αγνά και απλά.

Αυτός ο καημός για ένα γκολ, αυτό που επιταχύνει το στήθος σχεδόν για να σκάσει, η αδρεναλίνη για μια αποφασιστική ενέργεια, η κραυγή της αγαλλίασης, το χτύπημα στους ώμους των συμπαικτών, η χειραψία. Γνωρίζουμε τι είναι σωστό και τι είναι λάθος, τι είναι δίκαιο και τι είναι δειλία. Θυμόμαστε την τελειότητα όλων των παιχνιδιών που κάναμε, που μας έκαναν τους ανθρώπους που είμαστε. Όχι συμβόλαια, όχι βίλες, όχι γονείς που γλείφουν τον εκάστοτε προπονητή. Μόνο μπάλα. Υπάρχει μια μπάλα και υπάρχουν και δυο τέρματα. Αυτό είναι όλο.

Έχουμε υπέροχες ιστορίες να πούμε, αλλά πολλές φορές θέλουμε να τις κρατήσουμε για μας, γιατί είναι πολύτιμες.

ΡΑΪΑΝ ΚΟΛΚΛΟΟΥ

Ένας παίκτης της Γουίγκαν, ο Ράιαν Κολκλόου, πριν τον αγώνα, πήγε στον προπονητή του και του ζήτησε να μην παίξει, επειδή η γυναίκα του θα γεννούσε, οποιαδήποτε στιγμή της ημέρας. Ο Προπονητής είπε «Βάλε ένα γκολ και θα σε αφήσω να φύγεις». Ο Ράιαν έβαλε δυο γκολ και ο προπονητής του τον έβγαλε αλλαγή, για να προλάβει να πάει στο νοσοκομείο εγκαίρως.

Στο νοσοκομείο πήγε απευθείας, χωρίς να αλλάξει.

Με την αθλητική περιβολή, αγκάλιασε για πρώτη φορά τον γιο του...

ΠΑΘΟΣ ΓΙΑ ΤΟ ΠΟΔΟΣΦΑΙΡΟ

Σε μια ομάδα που αποτελείται από παιδιά, πρέπει να υπάρχει η επιθυμία να αναπτυχθεί υγιής ανταγωνισμός ώστε να μάθουν τα παιδιά, να είναι συμπαίκτες και φίλοι στην ομάδα. Ο προπονητής είναι δάσκαλος, γι' αυτό πρέπει να εμποδίζει τους γονείς να συμμετέχουν στις επιλογές του, και το πιο σημαντικό να μην τους επιτρέπει να συμπεριφέρονται άσχημα στα παιδιά.

Έτσι τα παιδιά ανακαλύπτουν την ομορφιά του παιχνιδιού και επίσης τη σημασία της φυσικής κίνησης.

Είναι ντροπή το γεγονός ότι υπάρχουν άσχετοι άνθρωποι σε θέσεις κλειδιά, οι οποίοι μιλάνε με έναν άθλιο τρόπο για τον αθλητισμό και οι οποίοι κανονίζουν το ποιος θα παίξει και ποιος όχι, σύμφωνα με το εκάστοτε συμφέρον τους.

Αν αυτά τα λάθος πρότυπα, χωρίς μόρφωση και χωρίς γνώση, συνεχίζουν να επιβιώνουν ως άνθρωποι του ποδοσφαίρου και του αθλητισμού γενικότερα, με τις «αξίες» που θα μεταδώσουν, δεν θα μπορούμε να περιμένουμε τίποτα καλό, από τους ανθρώπους του αύριο...

ΑΛΕΣΑΝΤΡΟ ΝΕΣΤΑ

Θα μπορούσα να πάω σε πολλές ομάδες, είχα μόνο την αμηχανία της επιλογής, αλλά δεν ήθελα να φύγω από τη Λάτσιο επειδή ήμουν μια χαρά εκεί, ήμουν ο αρχηγός, έπαιρνα πολλά λεφτά, ήμουν στην πόλη μου και έπαιζα στην ομάδα που πάντα υποστήριζα. Για μένα, αυτό ήταν το ποδόσφαιρο, το ποδόσφαιρό μου, ήταν η Λάτσιο. Πολλές ομάδες μου έκαναν προτάσεις, εγώ πάντα έλεγα όχι.

Τότε, τελευταία ημέρα των μεταγραφών, ήμασταν στο γήπεδο και κάναμε προπόνηση, εκεί ήταν και ο γιος του προέδρου. Σε ένα σημείο με κάλεσε και μου είπε ότι έπρεπε να με πουλήσει. Μου είπε ότι έπρεπε να φύγω, ότι έπρεπε να το δεχτώ επειδή η αγορά έκλεισε και η ομάδα θα έπαιρνε τα λεφτά.

Δεν μπορούσα να κάνω τίποτα, με έστειλαν μακριά αμέσως, δεν είχα χρόνο ούτε για να πάρω τα πράγματά μου, γιατί έπρεπε να πετάξω απευθείας για το Μιλάνο. Όταν έφτασα στο Σαν Σίρο, όπου υπήρχε ένα φιλικό παιχνίδι, ήμουν ακόμα πολύ συγχυσμένος, δεν καταλάβαινα τίποτα, από αυτά που γινόταν. Σε κάποια στιγμή, βλέπω τον Κρέσπο, με τον οποίο είμασταν μαζί μερικές ώρες πριν και τον ρωτάω: «τι κάνεις εδώ;» Με κοιτάζει και μου λέει, «με έδωσαν». Δεν ήξερα τίποτα γι' αυτό και το μόνο πράγμα που τον ρώτησα ήταν «άραγε έμεινε κάνεις στη Λάτσιο;» Γέλασε, αλλά κι αυτός ήταν στεναχωρημένος.

ΖΛΑΤΑΝ ΙΜΠΡΑΪΜΟΒΙΤΣ

Η ζωή μου, μια εποχή, δεν ήταν μόνο το ποδόσφαιρο και η οικογένεια. Έχω κι εγώ εξαρτήσεις. Μια από αυτές ήταν το xbox και τα πολεμικά παιχνίδια. Έφτιαξα ένα δωμάτιο και ήμουν κλειδωμένος μέσα για ώρες, μέχρι τα χαράματα. Κάτι σαν καθήκον. Περνούσα όλο μου τον ελεύθερο χρόνο παίζοντας. Δεν μπορούσα να σταματήσω και έπαιζα διαδικτυακά με ανθρώπους από όλο τον κόσμο. Προφανώς, δεν με αναγνώριζαν στο διαδίκτυο. Είχα ψεύτικο όνομα.

Αλλά ορκίζομαι, υπήρχαν μερικοί που με καταλάβαιναν. Πάντα έπαιζα βιντεοπαιχνίδια και ήμουν πολύ ανταγωνιστικός. Αλλά υπήρχε κι άλλος τύπος, ήταν καλός και πάντα συνδεδεμένος σαν κι εμένα. Μερικές φορές τον άκουγα να μιλάει στα ακουστικά μου. Προσπαθούσα να κρατήσω το στόμα μου κλειστό, αλλά δεν ήταν πάντα εύκολο. Είχα αδρεναλίνη και μια από εκείνες τις μέρες, άρχισε να μιλάει για αυτοκίνητα. Είπε ότι είχε μια πόρσε. Ήταν το ίδιο αυτοκίνητο που είχα χρόνια πριν, οπότε άρχισα να μιλάω, αλλά ήξερα αμέσως ότι οι άνθρωποι είχαν αρχίσει να με υποψιάζονται, όλο και περισσότερο. Κάποιος είχε πει «η φωνή του μοιάζει με του Ζλάταν» αλλά τελείωσε εκεί.

Μετά πήγαμε να μιλήσουμε για Ferrari και βγήκα εκτός:

«Έχω μία».

«Τι μοντέλο;»

«Αν σου πω, δεν θα πιστεύεις».

«Τότε μπορεί να είσαι το άτομο, αυτό για το οποίο μιλούσαν πριν».

Όταν δεν παίζαμε προσπαθούσα να μάθω περισσότερα γι' αυτόν. Ανακάλυψα ότι αγαπούσε το ποδόσφαιρο, τα ρολόγια και τα γρήγορα αυτοκίνητα. Μια μέρα, όταν μιλούσαμε για ρολόγια, μου είπε «ότι θα ήθελε να έχει ένα πολύτιμο ρολόι». «Μπορώ να στο φέρω σε μια εβδομάδα για τόσα ευρώ» του είπα τότε.

«Αστειεύεσαι;»

«Όχι. Απλά πρέπει να κάνω ένα τηλεφώνημα και θα είμαι στη Στοκχόλμη σύντομα. Εκεί θα πάρεις το ρολόι σου».

«Είσαι σοβαρός;»

«ΕΙΜΑΙ ΣΟΒΑΡΟΣ» ΤΟΥ ΑΠΑΝΤΗΣΑ.

Έτσι ήρθε εκείνη η μέρα. Δεν είχα ιδέα ποιος ήταν και το μόνο που είδα ήταν ένας αδύνατος τύπος που καθόταν σε μια καρέκλα.

«Είσαι εδώ για ένα ρολόι;»

«Πραγματικά είσαι εσύ;»

Κάτι νέο σε σύγκριση με τους φίλους μου από το Ρόζενγκαρντ, ήταν ένας πολύ έξυπνος άνθρωπος. Από εκείνη την ημέρα, γίναμε φίλοι. Ερχόταν συχνά να με δει στο Μιλάνο. Δεν είχε καμία σχέση με τους φίλους μου από το Ρόζενγκαρντ, με αυτούς που μεγαλώσαμε μαζί. Έτσι τον συμπάθησε και η γυναίκα μου, η Έλενα, που μου είπε «επιτέλους, να και ένας φίλος σου, με τον οποίο μπορείς να μιλήσεις σοβαρά...»

Μαρσελο Μπιελσα

Ο Λουίς Μαρία Μπονίνι είχε λίγες ακόμα ώρες ζωής. Ήθελε να τον δει για τελευταία φορά, έστω για λίγο, και δεν θα τον σταματούσε καμία απαγόρευση. Ο επί 21 χρόνια φίλος του ξεψυχούσε. Πήρε το αεροπλάνο, τον είδε και επέστρεψε, για να βρει κλειστή την πόρτα της Λιλ.

Την ίδια στιγμή ο Μπονίνι, άφηνε την τελευταία πνοή του, εξαιτίας του καρκίνου...

Ρουϊ Κοστα

Το να δημιουργώ γκολ, πάντα με γέμιζε πολύ περισσότερο, από το να σκοράρω ο ίδιος.

Το κινητρο

Τι κίνητρο είχαμε, όταν ερχόταν οι κοπέλες μας, στα χρόνια του λυκείου να μας δουν την ώρα που παίζουμε ποδόσφαιρο; Όχι ντόπα, σαν να σού βάζαν νέφτι ήταν. Μπορούσες να ανεβοκατεβαίνεις πάνω κάτω με μεγάλη ευκολία και φυσικά έβρισκες δύναμη να συνεχίσεις, γιατί αυτό το κίνητρο ίσως να είναι το σημαντικότερο σ' εκείνη την ηλικία.

Μια φορά, στα χρόνια του λυκείου, έχουμε έναν αγώνα σημαντικό και έρχονται να μας δουν όλες οι ενδιαφερόμενες. Φυσικά, οι αντίπαλοι δεν είχαν τύχη. Σε μια φάση κερδίζουμε φάουλ στο κέντρο, και παίρνω φόρα να το πάω απευθείας. Μου λέει ο άλλος παραδίπλα:

«Τι κάνεις, ρε;»

«Άσε, θα το στείλω».

«Ρε, δώσε πάσα...»

«Φύγε...»

Παίρνω φόρα, σουτάρω. Τοίχος δεν υπήρχε. Κοντράρει η μπάλα σε κάποιον στην ευθεία, παίρνει ύψος και σκάει στη γραμμή της μεγάλης περιοχής. Ο τερματοφύλακας έχει κάνει μια έξοδο εκπληκτική, έχει πέσει πάνω σε αμυντικούς και επιθετικούς εκεί κοντά στο πέναλτι, γκρεμίζονται όλοι και η μπάλα, ως δια μαγείας, περνάει από πάνω τους, ξανασκάει στη μικρή περιοχή και μπαίνει γκολ...

Δίνουν φτερά, είναι η αλήθεια.

Το ξέρουμε όλοι.

ΤΖΟΡΤΖ ΜΠΕΣΤ

Κάποια στιγμή θα ξεχαστούν, αυτά που είναι καλύτερα να ξεχαστούν. Μόνο το ποδόσφαιρο θα μείνει. Και αν, έστω ένας, από αυτούς που με είδε να παίζω, θα νομίζει ότι είμαι ο καλύτερος, τότε δεν θα έχω ζήσει μάταια.

ΜΑΡΣΕΛΟ ΜΠΙΕΛΣΑ

«Ένας άνθρωπος με νέες ιδέες είναι τρελός. Μέχρι οι ιδέες του να θριαμβεύσουν».

ΝΤΙΝΤΙΕ ΝΤΡΟΓΚΜΠΑ

Έτρωγα μόνο όταν υπήρχε φαγητό. Όταν ήρθα από την Ακτή Ελεφαντοστού στη Γαλλία, συνειδητοποίησα ότι οι άνθρωποι έτρωγαν τρεις φορές την ημέρα.

Μαουρο Καμορανεζι

Το να κερδίσω το Μουντιάλ ήταν ίσως η μεγαλύτερη χαρά της καριέρας μου. Ο πατέρας μου ήταν πολύ περήφανος για μένα. Είδε τον γιο του να παίζει και να κερδίζει τον πιο πολυπόθητο τίτλο στον κόσμο, όχι με τη χώρα καταγωγής του, αλλά με εκείνη της χώρα που αγάπησε. Χαρά απερίγραπτη.

Ήμουν ευτυχής που αντιμετωπίσαμε τη Γερμανία αντί για την Αργεντινή, επειδή ήταν μια ευρωπαϊκή ομάδα και βασίστηκε σε τακτικές έννοιες παρόμοιες με τις δικές μας, με συγκεκριμένα σημεία αναφοράς. Οι ομάδες της Νότιας Αμερικής δεν έχουν σημεία αναφοράς.

Η τρίπλα είναι αυτή η τεχνική έννοια που αφήνει όλο το σκεπτικό ενός προπονητή και κάθε τακτική εκτός.

Η τρίπλα είναι ένα υπέροχο πράγμα, που μας θυμίζει ότι το ποδόσφαιρο στο τέλος είναι ένα παιχνίδι.

Στη Νότια Αμερική είσαι πρόθυμος να πεθάνεις για μια τρίπλα...

Λυπάμαι για τους Γερμανούς φίλους, αλλά όταν ακούσαμε ότι έπρεπε να αντιμετωπίσουμε τη Γερμανία στον ημιτελικό, γνωρίζαμε ήδη ότι θα πηγαίναμε στον τελικό.

Φαμπιο Γκροσο

Το ματς εναντίον της Γερμανίας, ήταν ένα από αυτά τα παιχνίδια που όλοι ονειρεύονται να παίξουν. Το ονειρευόμουν, αν και δεν μπορούσα καν να το πιστέψω, ότι παίζω σε ένα τόσο μεγάλο παιχνίδι.

Ήλπιζα να πάρω την μπάλα. Όταν είδα ότι η μπάλα πήγε στον Αντρέα Πίρλο, οι ελπίδες μεγάλωναν. Μπορεί να σου δώσει την μπάλα, ακόμα και όταν δεν σε κοιτάει. Έτσι έγινε και σούταρα χωρίς να κοιτάω, απλά φαντάστηκα πού ήταν η εστία. Ευτυχώς, το φαντάστηκα σωστά.

Μετά πανηγύρισα κουνώντας το δάχτυλο «δεν μπορεί να συμβαίνει στ' αλήθεια».

Είναι ένα γκολ που θα κουβαλώ για πάντα...

ΛΟΥΤΣΙΝΤΙΟ ΣΕΝΤΙΜΕΝΤΙ

Ο Λουτσίντιο Σεντιμέντι, ήταν ο τερματο-
φύλακας της Γιουβέντους, την εποχή του Β' Πα-
γκοσμίου Πολέμου. Ήταν διάσημος επειδή ήταν
ο μοναδικός παίκτης της εθνικής Ιταλίας που δεν
έπαιζε στη μεγάλη Τορίνο και γι' αυτό την εποχή
εκείνη, οι εφημερίδες είχαν χτίσει μια έντονη αντι-
παλότητα με τον τερματοφύλακα της Τορίνο Μπα-
τσιγκαλούπο.

Μετά την αεροπορική τραγωδία, όταν βρέ-
θηκε το πορτοφόλι του Μπατσιγκαλούπο, βρέθηκε
και μια φωτογραφία του τερματοφύλακα της Γιούβε
Σεντιμέντι.

Ο Μπατσιγκαλούπο πάντα την κουβαλούσε
μαζί του, ακόμα και σ' αυτό το τελευταίο, το μοι-
ραίο ταξίδι, είχε μαζί του τη φωτογραφία του ινδάλ-
ματός του, αλλά και φίλου του Λουτσίντιο. Αυτή η
αντιπαλότητα για την οποία μιλούσε ο τύπος, δεν
υπήρχε. Αυτά που έγραφαν οι εφημερίδες δεν
ήταν σημαντικά, δεν ήταν γι' αυτούς, δεν μπορού-
σαν να τους επηρεάσουν. Αυτή η φιλία θα ζούσε
για πάντα στη μνήμη των συναισθημάτων...

ΦΡΑΝΤΣΕΣΚΟ ΤΟΤΤΙ ΓΙΑ ΜΑΡΤΣΕΛΟ ΛΙΠΙ

Εγώ, σύμφωνα με πολλούς, δεν έπρεπε να
παίξω στο Μουντιάλ. Στις 19 Φεβρουαρίου 2006,
έσπασα την περόνη μου και τους συνδέσμους
στον αριστερό μου αστράγαλο. Είχε συμβεί κατά
της Έμπολι, μετά από ένα σκληρό μαρκάρισμα. Οι
απαισιόδοξοι είπαν ότι η καριέρα μου θα σταμα-
τούσε εκεί, οι αισιόδοξοι είπαν ότι στη Γερμανία θα
ήμουν οπαδός.

Στις 11 Μαΐου ήμουν ήδη πίσω στο γήπε-
δο, διότι εν τω μεταξύ, μακριά από τα αδιάκριτα
βλέμματα, με επισκέφτηκε ο Μαρτσέλο Λίπι στο
νοσοκομείο και εκεί έκανα τον πιο σημαντικό δι-
άλογο της καριέρας μου. Ο Λίπι με επισκέφθηκε
και αντί για λουλούδια, εμφανίστηκε με σπου-
δαία νέα:

«Φραντσέσκο, πώς είσαι;»

«Δεν ξέρω, κύριε».

«Θα σε πάρω στο Μουντιάλ».

Έτσι, στεγνά, κατευθείαν μίλησε στην καρ-
διά, με λέξεις που επούλωσαν την ψυχή μου.

ΣΕΡ ΑΛΕΞ ΦΕΡΓΚΙΟΥΣΟΝ ΓΙΑ ΡΑΪΑΝ ΓΚΙΓΚΣ

Ο Ράιαν Γκιγκς ήταν ο πιο ξακουστός ποδοσφαιριστής από αυτή τη γενιά. Ήταν ο πιο πιθανός από όλους για να χαρακτηριστεί ως παιδί-θαύμα. Όταν τον επιβραβεύσαμε με το ντεμπούτο του στην πρώτη ομάδα, σε ηλικία 17 ετών, βρεθήκαμε αντιμέτωποι με ένα πρόβλημα που δεν περιμέναμε: Το φαινόμενο Γκιγκς.

Ένας Ιταλός ατζέντης μου τηλεφώνησε, όταν ο Ράιαν ήταν παιδί ακόμα, και με ρώτησε:

«Τι κάνουν οι γιοι σου;»

«Ο Μαρκ είναι στο πτυχίο, ο Τζέισον εργάζεται στην τηλεόραση και ο Ντάρεν είναι στην ομάδα Νέων, εδώ».

«Πούλησέ μου τον Γκιγκς και θα τους κάνω πλούσιους» είπε.

Φυσικά, απέρριψα την προσφορά.

ΠΑΘΟΣ ΓΙΑ ΤΟ ΠΟΔΟΣΦΑΙΡΟ

Συνήθως παίζαμε στον λάκκο, (όχι των λεόντων), σε λάκκο κανονικό, που μόλις τον είχαν σκεπάσει. Εκείνη την ημέρα θα πηγαίναμε στο δημοτικό να παίξουμε, στο προαύλιο. Σάββατο, από τις 8:30 είμασταν στη γύρα, οι πιο πρωινοί για να τους μαζέψουμε όλους. Συγκεντρωθήκαμε λοιπόν μέχρι τις 9 εκτός από έναν, που ήταν πάντα επίφοβος ότι θα αργήσει, αλλά κάθε φορά για διαφορετικό λόγο. Έτσι, εκεί που τον περιμέναμε έξω από το σπίτι του πάντα, προσπαθούσαμε με όλα τα μέσα να έρθει όσο πιο γρήγορα γινόταν. Η φράση που ακουγόταν ήταν η εξής. «Άντε, ρε Γιώργη, καλτσόν βάζεις;» Μας άκουγαν και οι γονείς του και απαντούσαν «τώρα έρχεται». Κάποιος περίεργος γείτονας απ' την άλλη: «Μπράβο, ωραίοι τρόποι, ποιον έχετε δάσκαλο;»

Βγαίνει τέλος πάντων ο άλλος.

«Πού ήσουνα ρε, γιατί άργησες;»

«Έβλεπα τον ροζ πάνθηρα και την τρελοπαρέα του».

«Καλά ρε, είσαι τρελός, σε περιμένουμε και εσύ βλέπεις τον ροζ πάνθηρα και την τρελοπαρέα του;»

Πηγαίναμε στο δημοτικό, ντάλα ήλιος, παίζαμε στο μονόζυγο, το οποίο μας βόλευε για τέρμα. Εκεί είμασταν μέχρι το μεσημέρι. Απόγευμα μπορεί να κάναμε μια αλλαγή με μπάσκετ και το βράδυ κρυφτοκυνηγητό μέχρι τελικής πτώσεως.

Δεν το κάναμε με το ζόρι, το γουστάραμε όσο τίποτα...

Η σύγκριση με το τώρα; Σαν να μιλάμε για χάσμα γενεών μέσα σε μια δεκαπενταετία. Βλέπεις τελειόφοιτο δημοτικού - γυμνασίου και σου λέει «θα βγω να πιω και θα γυρίσω όσο πιο αργά γίνεται στο σπίτι». Και κάνει φασαρία για να φοράει ρούχα της τελευταίας λέξης της μόδας. Εμείς τη φόρμα μας και παιχνίδι. Είχαμε κι εκείνα τα χρόνια τέτοιους τύπους, αλλά ήταν η συντριπτική μειοψηφία, μετρημένοι στα δάχτυλα. Πλέον μειοψηφία είναι αυτοί που διψάνε για παιχνίδι. Έχουν μείνει οι γιαγιάδες και οι παππούδες μόνοι στα σοκάκια και δεν υπάρχουν μπάλες για να τις παίρνουν και να τις σκάνε.

ΦΡΑΝΤΣΕΣΚΟ ΤΟΛΝΤΟ

Το 1986 ο Φραντσέσκο Τόλντο, μαθητής ακόμα και τερματοφύλακας στη μικρή ομάδα της Μοντεμπελούνα, το καλοκαίρι δούλευε στο Sheraton Hotel, στην Πάντοβα. Ένα βράδυ, όταν πλησιάζει ένα τραπέζι για να εξυπηρετήσει τους πελάτες του, παραμένει μαγεμένος και δύσπιστος. Μεταξύ των επισκεπτών είναι ο παγκόσμιος πρωταθλητής Ντίνο Τζοφ, το είδωλό του. Στο τέλος του δείπνου, πλησιάζει τον Τζοφ και του λέει: «Ξέρεις, παίζω τερματοφύλακας». Ο Τζοφ του υπέγραψε ένα αυτόγραφό σε ένα κομμάτι χαρτί, το οποίο ο Τόλντο το κρατάει με ζήλο ως οικογενειακό κειμήλιο.

Περνούν 6 χρόνια από το δείπνο και ο αριθμός 1 της Ραβένα είναι ο Τόλντο και βρίσκεται αντιμέτωπος με τη Λάτσιο του Τζοφ... Ο Τόλντο παίζει πολύ καλά. Στο τέλος του παιχνιδιού, ο Τόλντο πλησιάζει τον Τζοφ και τον ρωτάει: «Με θυμάσαι; Ήμουν ο σερβιτόρος που σας σέρβιρε στο Sheraton, στην Πάντοβα το 1986. Ο Τζοφ γνέφει: «φυσικά θυμάμαι, αλλά σήμερα είδα έναν μεγάλο τερματοφύλακα. Συνέχισε έτσι και θα γίνεις πολύ καλός...»

Ο Φραντσέσκο Τόλντο θα είναι ο τερματοφύλακας της Ιταλικής εθνικής ομάδας με προπονητή τον Ντίνο Τζοφ, στο Euro του 2000...

ΠΑΘΟΣ ΓΙΑ ΤΟ ΠΟΔΟΣΦΑΙΡΟ

Όταν είσαι παιδί και αρχίζεις να κλωτσάς την μπάλα, κάτω από τον ήλιο, μέσα στο γήπεδο, τα όνειρά σου σε πάνε οπουδήποτε. Όλα τα άλλα δεν έχουν σημασία. Μετά μεγαλώνεις και συνειδητοποιείς ότι η ζωή που πάντα φανταζόσουν, με την μπάλα δεμένη στο πόδι σου, είναι πραγματικά η καλύτερη δυνατή.

Πήγαινε πίσω και θυμήσου εκείνες τις ημέρες, με τα πόδια σου λίγο πιο βαριά, αλλά την καρδιά σου πολύ πιο ελαφριά. Είναι το αθάνατο όνειρό σου, η σωτηρία σου.

ΤΑ ΑΠΟΔΥΤΗΡΙΑ

Τα αποδυτήρια, είναι ένας απίστευτος ενισχυτής συναισθημάτων. Βγάζει τους φόβους μας, αποκαλύπτει τις κρυφές πλευρές της προσωπικότητάς μας.

Μας κάνει ανίκητους ή εξαιρετικά ευάλωτους, γι' αυτό όλοι ξορκίζουν την ένταση με τον δικό τους τρόπο.

Υπάρχουν εκείνοι που μιλούν με τον συμπαίκτη τους, υπάρχουν αυτοί που παραμένουν σιωπηλοί και συγκεντρώνονται, υπάρχουν αυτοί που ακούνε μουσική και αυτοί που εκτελούν τα γούρια τους, σαν μανιακοί. Κάθε παιχνίδι, είναι ιερό.

Θα πας στη συνηθισμένη γωνία. Από εκεί μπορείς να δεις τα πάντα. Ξέρεις τους άλλους τόσο καλά που σχεδόν μπορείς να προβλέψεις πώς θα παίξουν.

Παρατηρείς τα παπούτσια σου. Παίρνεις τη φανέλα και το σορτσάκι. Καθώς μιλάει ο προπονητής, έχεις τον νου σου τι πρέπει να κάνεις, σκέφτεσαι την αντίπαλη ομάδα.

Βλέπεις τα πρόσωπα των συμπαικτών, ένα προς ένα, βλέπεις εκείνους που κοιτάνε το έδαφος, δεν υπάρχει τίποτα χειρότερο από τον φόβο και την αδιαφορία.

Το ποδόσφαιρο δεν επιδέχεται τον φόβο και την αδιαφορία, μόνο αφοσίωση και άνευ ορίων πάθος. Το απαιτεί και το αξίζει, μόνο έτσι πρέπει να παίζεις ποδόσφαιρο.

Φοράς τη φανέλα που σου έχει δοθεί στα τυφλά. Ξέρει και η ίδια ότι ανήκει σ' εσένα.

Ο προπονητής έχει ολοκληρώσει, ένα χειροκρότημα και μπορείς να ετοιμαστείς. Πίνεις μια σταγόνα νερό, πας στο μπάνιο και είσαι έτοιμος να βγεις.

Παίζεις πάντα για την περηφάνια, το πάθος και τη δόξα...

ΚΡΙΣΤΙΑΝ ΚΑΡΕΜΠΕ

Γιατί δεν τραγουδάω τον γαλλικό εθνικό ύμνο;

Ο προπάππος μου, ο Γουίλι, μετανάστευσε από τη Νέα Καληδονία στις αρχές του περασμένου αιώνα, αλλά όταν έφτασε στην Ευρώπη, εκτέθηκε στην παγκόσμια αποικιακή έκθεση του Παρισιού και στη συνέχεια σε ζωολογικό κήπο στο Αμβούργο, ως κανίβαλος.

Ένας εθνολόγος μου είπε τη θλιβερή ιστορία του και από εκείνη την ημέρα, πήρα μια απόφαση: Να μην τραγουδήσω ποτέ τη Μασσαλιώτιδα, σε ένδειξη διαμαρτυρίας.

ΑΝΤΡΙΑΝΟ

Δεν είμαι άγιος, φυσικά έκανα κάποια πράγματα στη ζωή μου που ακόμα το μετανιώνω. Αλλά αυτό που με πληγώνει περισσότερο είναι όταν ανακαλύπτουν κάτι που δεν έκανα.

Σήμερα προσπαθώ να αποφύγω να δω αθλητικά προγράμματα, να διαβάζω εφημερίδες, γιατί ξέρω ότι, αν υπάρχει κάτι για τον Αντριάνο, είναι κάτι κακό. Αυτό με κάνει πραγματικά λυπημένο. Πίνω και πηγαίνω στο κλαμπ, όπως όλοι οι άλλοι. Ακόμα κάνω μπάρμπεκιου στο σπίτι, πίνοντας την μπύρα μου -δε βλέπω γιατί δεν πρέπει να το κάνω, είμαστε ελεύθεροι.

Ακούω μερικά τραγούδια. Κανείς δεν μιλάει για τα καλά πράγματα που έκανα. Δέχτηκα μια πολύ άδικη κριτική. Όλοι πίνουν, ένας παίκτης που λέει ότι δεν πίνει, λέει ψέματα...

ΕΡΙΜΠΕΡΤΟ

Όταν ήμουν 19 χρονών, ζούσα στο Ρίο Μπονίτο, ήμουν ένα φτωχό αγόρι, ορφανό από πατέρα και μητέρα, που μεγάλωνε με την αδερφή του Λουσιμάρ και τον κουνιάδο του Χοσέ Κάρλος Ντος Σάντος.

Έπαιζα ποδόσφαιρο στην περιοχή της Μπόα Εσπεράντσα, όταν με πρόσεξε ένας ιερέας της Εκκλησίας και είδε ότι θα μπορούσα να έχω μέλλον. Ήρθε σ' εμένα και μου είπε ότι μια μέρα θα με συστήσει σε έναν τεχνικό διευθυντή.

Το 1996, ήρθε στο Ρίο Μπονίτο ένας συμπαθητικός άνθρωπος, ο Μορένο, που μου είπε ότι είναι διευθυντής ποδοσφαίρου. Μας σύστησε ο ιερέας. Με ρώτησε αν θα ήθελα να παίξω στη Βάσκο ντα Γκάμα. Αμέσως ονειρεύτηκα ότι θα μπορούσα να ζήσω με αξιοπρέπεια, χωρίς να χρειάζεται να βασίζομαι στην αδερφή μου. Εκείνη την εποχή, στην πραγματικότητα, δεν είχα δουλειά.

Με ενδιέφερε το ποδόσφαιρο, αλλά ο τεχνικός διευθυντής μού επέβαλε όρους. Ο πιο σημαντικός ήταν η ηλικία. Ήμουν 19, αλλά ο Μορένο ήδη με θεωρούσε πολύ μεγάλο για ποδόσφαιρο. Μου είπε ότι τα κλαμπ δεν θα με πάρουν ποτέ και ότι θα πρέπει να παρουσιάσω τον εαυτό μου στον προπονητή, με μια άλλη ηλικία. Περίπου δύο εβδομάδες αργότερα, ο Μορένο μου έφερε την πράξη γέννησης ενός άλλου αγοριού, δείχνοντάς μου το έγγραφο και λέγοντας ότι χωρίς την ταυτότητα ενός νεότερου ανθρώπου δεν θα μπορούσα να παίξω ποδόσφαιρο.

Λουτσιανο Ρε Τσεκονι

Τρίτη, 18 Ιανουαρίου 1977, στη Ρώμη υπάρχει βροχή και κρύο. Τρεις άντρες περπατούν στους δρόμους της περιοχής Φλέμινγκ, πριν εισέλθουν σε ένα κοσμηματοπωλείο. Μετά ακούς έναν πυροβολισμό και ένας από τους τρεις άνδρες είναι θανάσιμα πληγωμένος.

Στην κηδεία του, λαοθάλασσα τον οδήγησε στην τελευταία του κατοικία, επειδή αυτός ο άνθρωπος, που σκοτώθηκε στο κοσμηματοπωλείο, ήταν το καμάρι της Λάτσιο: Ο Λουτσιάνο Ρε Τσεκόνι.

Ο τραγικός θάνατος ενός 28χρονου αγοριού ενώνεται με την πίκρα μιας φανταστικής ιστορίας, που εδώ και χρόνια έχει γίνει «Αναγκαστική Αλήθεια». Ο Λουτσιάνο, όταν μπήκε στο κοσμηματοπωλείο με τον συμπαίκτη του Γκεντίν και έναν ακόμα φίλο τους, με καλυμμένα τα πρόσωπά τους, φώναξαν: «σταματήστε, ληστεία», μια φράση που προκαλεί την αμυντική αντίδραση του κοσμηματοπώλη, ο οποίος βγάζει πιστόλι, και ο «ξανθός άγγελος» της Λάτσιο πέφτει νεκρός.

Τραγική ειρωνεία, την ίδια φάρσα την είχαν επαναλάβει πριν λίγο σε ένα άλλο κατάστημα. Ήταν ένα αστείο που εκείνη την περίοδο γινόταν συχνά στην Ιταλία.

Οι τελευταίες λέξεις του Τσεκόνι: «Ήταν ένα αστείο...»

Ο Τσεκόνι έχει μείνει στη μνήμη των οπαδών της Λάτσιο, οι οποίοι πάντα τον τιμάνε. Υπήρξε μεγάλος ποδοσφαιριστής ο οποίος ήταν γνωστός για τα ατέλειωτα χιλιόμετρα που έκανε μέσα στο παιχνίδι, καθώς υπήρξε και από τους πρώτους παίκτες, ο οποίος μπορούσε να πάρει την μπάλα από τον τερματοφύλακα ξεκινώντας ορθολογικά το παιχνίδι και συγχρόνως να χρηστεί και σκόρερ. Από τους πρώτους box to box παίκτες και, φυσικά, μέλος της Εθνικής Ιταλίας.

Ο «ξανθός άγγελος» της Λάτσιο...

Σωκρατησ

Το πιο σημαντικό πράγμα για τον Σόκρατες ήταν το διάβασμα, η μελέτη. Ποτέ δεν σταμάτησε να μελετά, παρά το ταλέντο του και παρά τα χρήματα που κέρδιζε από το ποδόσφαιρο.

Το όνειρο του Σόκρατες δεν ήταν το ποδόσφαιρο, ήθελε να γίνει γιατρός.

Όταν πήρε το πτυχίο του, το 1978, μόνο τότε αποφάσισε να υπογράψει επαγγελματικό συμβόλαιο στη Μποταφόγκο.

Επίσης είχε διδακτορικό στη φιλοσοφία.

ΤΖΕΝΑΡΟ ΓΚΑΤΟΥΖΟ

Η Μίλαν ήταν μια ομάδα που σε έκανε να σκέφτεσαι μόνο το ποδόσφαιρο, ήταν μια τέλεια μηχανή.

Στα τελευταία μου χρόνια ως ποδοσφαιριστής, κάτι έλειπε ήδη και κάποιοι νέοι δε σέβονταν πλέον τους κανόνες, ειδικά κατά τη χρονιά που είχα ένα σοβαρό πρόβλημα με τα μάτια μου. Δεν μπορούσα να είμαι πάντα εκεί, αλλά η ασθένεια μού έδωσε κάποια μαθήματα. Τους τελευταίους μήνες είχα δει πράγματα που δεν είχα δει ποτέ στα 13 χρόνια που ήμουν στη Μίλαν. Παίκτες που αργούσαν στο φαγητό και στην προπόνηση και κανείς δεν έλεγε τίποτα. Δεν μπορούσα να συνεχίσω άλλο.

Όταν ήρθα στη Μίλαν, θυμάμαι ότι μια μέρα ξέχασα να καθαρίσω τον νεροχύτη... Ο Κοστακούρτα μου είπε ακριβώς τι έπρεπε να κάνω. Έζησα τη Μίλαν με υπέροχα πρότυπα, τους κοιτούσα και μάθαινα πώς πρέπει να συμπεριφέρομαι.

ΑΛΕΣΑΝΤΡΟ ΝΤΕΛ ΠΙΕΡΟ

Οι φίλοι που γνωρίζουμε στην παιδική ηλικία δεν είναι οι μόνοι που θα κουβαλάμε στη ζωή μας. Μπορεί να είναι οι πιο ξεχωριστοί, αλλά η ζωή μάς μαθαίνει ότι μερικές φορές μπορείς να αποκτήσεις απροσδόκητα δώρα και μπορείς να βρεις τον θησαυρό των φίλων ακόμα και εκεί που δεν το περιμένεις. Ένας αθλητής -όπως και κάθε άλλο άτομο- μπορεί να βιώσει δύσκολες στιγμές, από βαθιά προσωπική κρίση. Είσαι λυπημένος σχεδόν χωρίς να το ξέρεις -σε ποιον δεν έχει συμβεί- μερικές φορές χάνεις το έδαφος κάτω από τα πόδια σου.

Συνέβη μια νύχτα στο Τορίνο, φεύγοντας από το ξενοδοχείο, όπου η Γιουβέντους διέμενε πριν τα παιχνίδια. Στον δρόμο για το σπίτι, ο Πάολο Μοντέρο με παρατηρούσε. Ένας εξαιρετικός παίκτης, ανάμεσα στους καλύτερους αμυντικούς της ιστορίας της Γιουβέντους και δεν χρειάζεται να μιλήσω για τα χαρακτηριστικά του Πάολο. Ο Μοντέρο κι εγώ δεν ήμασταν φίλοι, ποτέ δεν πήγαμε για φαγητό και δεν ήμασταν ποτέ κολλητοί, απλά είχαμε μια φυσιολογική και σωστή σχέση μεταξύ συμπαικτών. Εκτίμηση, συνεργασία, αλλά τίποτα περισσότερο. Εκείνο το βράδυ, ο Πάολο έρχεται κοντά μου και λέει, «Άλε, τι στο διάολο έχεις; Δεν θέλω να σε βλέπω όλη την ώρα έτσι. Δεν μπορώ. Τι έχεις; Πες την αλήθεια, γαμώτο...» Τον έβλεπα χωρίς να ξέρω τι να πω. Με αιφνιδίασε. Ο Πάολο συνέχισε: «Ό,τι κι αν έχεις, άφησέ το στην άκρη. Δεν βλέπεις τα μάτια των παιδιών που σ' αγαπάνε; Τι μπορούν να λάβουν από ένα θλιβερό πρόσωπο;»

Ήταν η εποχή μετά τον σοβαρό τραυματισμό στο γόνατο και σχεδόν τίποτα δεν λειτουργούσε όπως έπρεπε. Είχα μια δύσκολη στιγμή. Δεν μπορούσα να βρω τον εαυτό μου. Στην καριέρα μου είχα υπέροχους συμπαίκτες, ανθρώπους που με βοήθησαν τόσο πολύ. Ποτέ δεν περίμενα ο Μοντέρο να πάρει τέτοια πρωτοβουλία. Χρειαζόμουν ακριβώς αυτό και ο Πάολο το κατάλαβε. Είναι προφανές ότι με είχε παρατηρήσει εδώ και πολύ καιρό. Διαισθάνθηκε τις μαύρες σκιές μου, όταν άλλοι μπορεί να μην το πρόσεξαν καν. Αυτό, κατά τη γνώμη μου, ονομάζεται «αγάπη». Επειδή η αγάπη, όπως και η φιλία, δεν μετριέται με εντυπωσιακές χειρονομίες, με υψηλές δηλώσεις και με μεγάλα λόγια. Όχι, αυτοί οι άνθρωποι βλέπουν πράγματα και σε τραβάνε απ' τον γκρεμό, όταν χρειαστεί.

Στα αποδυτήρια, την άλλη μέρα, έψαξα για το βλέμμα του Πάολο κι εκείνος έψαξε για το δικό μου. Δεν υπήρχε χώρος για λέξεις. Ήταν σαν να μου έλεγε «πάλεψε». Έπρεπε να το κάνω μόνος μου, διώχνοντας τα φαντάσματα από τα μάτια μου.

ΖΛΑΤΑΝ ΙΜΠΡΑΪΜΟΒΙΤΣ

Κάποιοι αμυντικοί προσπαθούν να με τρομάξουν ή να μου επιτεθούν για να με τρομάξουν. Κάποιοι προσβάλλουν την οικογένειά μου, άλλοι με αποκαλούν «Τσιγγάνο». Το μυστικό ενός επιθετικού ωστόσο, είναι να επικεντρωθεί αποκλειστικά στο παιχνίδι. Όταν οι αμυντικοί συμπεριφέρονται έτσι, φοβούνται, γνωρίζουν ότι είναι κατώτεροι και χρησιμοποιούν αυτά τα κόλπα. Αλλά δεν είναι όλοι έτσι, ο Μαλντίνι και ο Νέστα δεν ήταν έτσι. Τους σέβομαι πάρα πολύ γι' αυτό και, επίσης, επειδή μαζί τους ήταν πάντα δύσκολο να κάνω το παιχνίδι μου.

ΖΙΝΕΝΤΙΝ ΖΙΝΤΑΝ ΓΙΑ ΕΝΤΓΚΑΡ ΝΤΑΒΙΝΤΣ

Έπαιζα ποδόσφαιρο στο τσιμέντο με συμπατριώτες μου μετανάστες. Αυτός όμως, που πολλές φορές με έσπρωχνε ώστε να το κάνω αυτό, ήταν ο συμπαίκτης μου, ο Έντγκαρ Ντάβιντς. Τρελαινόταν, ήταν κάτι που το έκανε πολύ συχνά. Έμπαινε στο αυτοκίνητο και άμα έβλεπε κάποιον να παίζει στον δρόμο, θα σταματούσε για να συμμετάσχει.

Πάντα μου έλεγε «πάμε να παίξουμε στο τσιμέντο;»

«Εντάξει, αλλά έχουμε προπόνηση, ανήκουμε σε ένα κλαμπ υψηλού επιπέδου, δεν μπορούμε να ρισκάρουμε τραυματισμό».

Την ίδια στιγμή, τον θαύμαζα, επειδή ήταν ικανός να κάνει τέτοια πράγματα.

ΚΡΙΣΤΙΑΝ ΒΙΕΡΙ

Όταν η Ελιζαμπέτα θύμωνε γινόταν τρελή και ήταν καλύτερα να το σκάσεις, να ξεφύγεις, με την πραγματική έννοια της λέξης.

Μια φορά, καθισμένος σε ένα τραπέζι σε ένα καφέ, την είδα να πλησιάζει με μεγάλα άλματα.

Σκέφτηκα «δεν μπορεί, κάτι πρέπει να έχω κάνει, σίγουρα». Έτσι το μόνο που θα μπορούσα να κάνω είναι απλά να σηκωθώ και να αρχίσω να τρέχω γύρω από τα παρκαρισμένα αυτοκίνητα και αυτή να με κυνηγάει.

«Σταμάτα, σε παρακαλώ!»

Ο κόσμος μας κοιτούσε, αλλά δεν με ένοιαζε τι θα μπορούσαν να σκεφτούν. Ήξερα ότι εμείς, έτσι είμασταν.

Μια άλλη φορά που καθόμασταν με τον φίλο μου τον Μίμο και με τον Καλόν, την είδα να έρχεται από μακριά. Στρατιωτικό πέρασμα, μετά έτρεξε, είχε τον σκύλο μου μαζί, δεμένο με λουρί, ένα ντόπερμαν, τον Αντρέα, που ήταν κυριολεκτικά τρελός για μένα. Έψαχνα τον Αντρέα να με σώσει από την Ελιζαμπέτα που ήθελε να με χαστουκίσει, ήταν έτοιμη να με στραγγαλίσει. Ο Μίμο και ο Καλόν προσπαθούσαν να μας χωρίσουν και ο Αντρέα να μου γλύφει το χέρι από αγάπη.

Μια ξεκαρδιστική σκηνή.

ΝΟΥΑΝΚΟΥ ΚΑΝΟΥ

Όταν μου διέγνωσαν το πρόβλημα στην καρδιά, ο κάθε πρόεδρος θα είχε σπάσει το συμβόλαιό μου και θα προσπαθούσε να με βγάλει εκτός ομάδας για να γλιτώσει ένα μεγάλο συμβόλαιο. Αν είμαι αυτός που είμαι, αν έχω κάνει την καριέρα αυτή, το χρωστάω στον Μοράτι.

Το θυμάμαι σαν να ήταν χθες. Πήρα τη γνωμάτευση του γιατρού: «Δεν μπορείς να παίζεις ποδόσφαιρο πια». Την επόμενη μέρα, μου τηλεφώνησε ο Μάσιμο Μοράτι. «Πήγαινε στην Αμερική για να χειρουργηθείς. Θα πληρώσω για όλα».

Δεν μιλάμε για μικρούς αριθμούς. Μ' αυτά τα λεφτά, έπαιρνες δεύτερο Ρονάλντο. Αυτό έκανε ο Μοράτι για μένα. Του χρωστάω τη ζωή μου.

ΑΝΤΟΝΙΟ ΚΑΣΑΝΟ ΓΙΑ ΓΙΟΥΤΟ ΝΑΓΚΑΤΟΜΟ

Ο καλύτερος φίλος μου στην Ίντερ ήταν ο Ναγκατόμο γιατί δεν είχα ιδέα για τι πράγμα μιλούσε. Όταν μιλούσαμε ο ένας στον άλλο, συνεννοούμασταν απλά με ένα νεύμα και τα πηγαίναμε μια χαρά.

ΜΑΡΚ ΦΑΝ ΜΠΟΜΕΛ ΓΙΑ ΤΖΙΟΡΤΖΙΟ ΚΙΕΛΙΝΙ

Λένε ότι ο Τζιόρτζιο Κιελίνι δεν μπορεί να παίξει ποδόσφαιρο επειδή έχει τετράγωνα πόδια. Εγώ λέω ότι αυτή τη στιγμή, δεν υπάρχει καλύτερος αμυντικός στο σημερινό ποδόσφαιρο. Στον ρόλο του, δεν χάνει ούτε μια μονομαχία. Μέσα στο γήπεδο, δεν κάνει κάτι για να δείξει πόσο καλός είναι, αλλά για να εκτελέσει την αποστολή του όσο καλύτερα γίνεται, ώστε να μη δώσει την ευκαιρία στον αντίπαλό του.

Το ποδόσφαιρο δεν έχει να κάνει μόνο με την αισθητική. Ο επιθετικός πρέπει να σκοράρει, ο μέσος πρέπει να χτίσει το παιχνίδι και ο αμυντικός πρέπει να υπερασπιστεί την ομάδα στα μετόπισθεν. Αν αρχίσουμε με αυτές τις τρεις αλήθειες, ο Κιελίνι είναι ο τέλειος αμυντικός.

Πρέπει να υπερασπιστείς την ομάδα και να μη δίνεις ευκαιρίες με κανέναν τρόπο. Αυτή τη στιγμή, το κάνει καλύτερα απ' όλους.

ΑΝΤΡΕΑ ΜΠΑΡΤΖΑΛΙ

Δεν ξέρω τι συνέβη στο Βόλφσμπουργκ, αλλά εκεί άλλαξα. Ήμουν διαφορετικός άνθρωπος, ήμουν ένας μέτριος παίκτης. Ένας μέτριος παίκτης ο οποίος, μετά το 2006 στο Μουντιάλ, δεν μπορούσε να αποδεχτεί το γεγονός ότι δεν είχε καταλήξει σε μια μεγάλη ομάδα. Νόμιζα ότι έπρεπε να πάω σε μια μεγάλη ομάδα, οπωσδήποτε και τώρα ξέρω ότι δεν ήμουν έτοιμος. Και σαν δεν έπαιρνα μεταγραφή, έκανα δύο πολύ άσχημες χρονιές στο Παλέρμο. Όταν νομίζεις ότι είσαι σε ανώτερο επίπεδο, δουλεύεις λίγο λιγότερο. Έτσι δέχτηκα την προσφορά της Βόλφσμπουργκ, πρώτα απ' όλα και δεν ντρέπομαι να το πω, για τα λεφτά, που, για τον παίκτη που ήμουν, ήταν υπερβολικά πολλά.

Στη Γερμανία γνώρισα έναν προπονητή που μου άλλαξε το σκεπτικό. Έκανα προπόνηση και έδινα το 70-80 % όπως έκανα στην Ιταλία, μόνο που όλοι εκεί, έδιναν το 100 % και ποτέ δεν ακουμπούσα την μπάλα. Μερικές φορές παραπονιόμουν και ο Μαγκάτ ερχόταν και έλεγε «δεν πιστεύεις σε αυτό που κάνεις».

Από εκεί έμαθα το μάθημά μου και άρχισα να κάνω τα πάντα στο 100 %. Και αυτό με έκανε δυνατό αμυντικό.

Ακόμα και σε πνευματικό επίπεδο, άρχισα να σκέφτομαι με άλλον τρόπο για το ποδόσφαιρο. Παλαιότερα έπαιζα σε μικρότερες ομάδες και μπροστά σε ομάδες όπως η Γιούβε και η Μίλαν σκεφτόμουν ότι «το σημαντικό είναι να κάνεις καλή εντύπωση». Λάθος νοοτροπία.

Όταν κέρδισα τον πρώτο τίτλο με τη Βόλφσμπουργκ, πήγα διακοπές και το μόνο που μπορούσα να σκεφτώ ήταν να κερδίσω και τον δεύτερο. Πεινούσα... πείνα για να κερδίσω. Τώρα έχω αυτή τη νοοτροπία και δεν την αλλάζω.

ΑΛΕΣΑΝΤΡΟ ΝΕΣΤΑ ΓΙΑ ΦΡΑΝΤΣΕΣΚΟ ΤΟΤΤΙ

Κάποιοι δημοσιογράφοι, πριν από κάθε ντέρμπι, έλεγαν ότι ο Φραντσέσκο κι εγώ ήμασταν μαλωμένοι, τόσο στο γήπεδο όσο και έξω από αυτό. Ότι υπήρχε ένα ισχυρό μίσος ανάμεσά μας. Ψέματα όλα. Μεγαλώσαμε μαζί. Είμασταν αντίπαλοι σχεδόν από πάντα. Όλοι γύρω μας έλεγαν πολλά, αλλά ποτέ δε σκεφτήκαμε ότι θα ήμασταν οι αρχηγοί των αγαπημένων μας ομάδων. Όταν βρεθήκαμε για πρώτη φορά σε αγώνα του Καμπιονάτο, χαμογέλασε ο ένας στον άλλον, είμασταν αντίπαλοι, όμως χαιρόμασταν ο ένας για τον άλλον...

ΤΖΙΑΝΛΟΥΚΑ ΠΑΛΙΟΥΚΑ

Τα πέναλτι στον τελικό του Μουντιάλ του '94 ακόμα τα ονειρεύομαι κάθε βράδυ. Είμαι εκεί, μπροστά στον Ντούνγκα, και ενώ αυτός πάει προς την μπάλα, τον κοιτάζω και νομίζω αυτή τη φορά θα το πιάσω και μετά πετάγομαι, με την καρδιά μου να χτυπάει δυνατά, ενώ είμαι καταϊδρωμένος.

ΡΟΝΑΛΝΤΙΝΙΟ ΓΙΑ ΡΟΝΑΛΝΤΟ

Δεν τον είχα δει ποτέ να παίζει. Τον έβλεπα στην τηλεόραση και φαινόταν σαν παίκτης από άλλο πλανήτη. Εκείνη την ημέρα με κάλεσαν για πρώτη φορά από τη Εθνική ομάδα της Βραζιλίας κάτω των 17. Θα πηγαίναμε στο Μπέλο Οριζόντε και η μεγάλη ομάδα ήταν στο ξενοδοχείο δίπλα στο δικό μας. Ήμασταν όλοι ενθουσιασμένοι, ήμασταν παιδιά...

Ο κύριος Ζάγκαλο μας κάλεσε να πάμε στην πρώτη ομάδα για προπόνηση.

Η προπόνηση άρχισε και περίμεναν όλοι τον Ρονάλντο που ήταν στα αποδυτήρια. Μόλις ήρθε το «φαινόμενο» από εκείνη την ημέρα το όραμά μου για το ποδόσφαιρο άλλαξε. Δεν έχω δει ποτέ ζωντανό, έναν παίκτη να κινείται με αυτή την ταχύτητα και να κάνει νούμερα σαν αυτόν. Πολλά πράγματα γίνονταν με την ταχύτητα του φωτός.

Μπροστά στον τερματοφύλακα, δεν έκανε ποτέ λάθος. Αν ο αμυντικός είχε προβάδισμα 3-4 μέτρων, θα τον περνούσε με απίστευτη ευκολία. Ηταν σαν ένα φάντασμα που εμφανίστηκε από το πουθενά. Θα υπάρχουν πολλοί στον κόσμο του ποδοσφαίρου, αλλά ο Ρονάλντο θα παραμείνει στα μάτια μου κάτι από έναν άλλο κόσμο.

Καρλος Αλμπερτο Βαλντεραμα

Η Σάντα Μαρία είναι ένα λιμάνι και τουριστικό κέντρο που βρίσκεται στο βόρειο τμήμα της Κολομβίας. Σε ένα μικρό σπίτι, που βρίσκεται μόλις λίγα βήματα από την ακτή, γεννήθηκε στις 2 Σεπτεμβρίου 1961, ο Κάρλος Αλμπέρτο Βαλντεράμα.

Αλεσαντρο Ντελ Πιερο για Ροναλντο

Ήμασταν αντίπαλοι, πάντα, αλλά ποτέ δεν ήμασταν εχθροί. Υπάρχουν παίκτες που εισέρχονται στην ιστορία του ποδοσφαίρου, εκείνοι που καταλαβαίνουν αμέσως ότι ανήκουν σε μια ομάδα εκλεκτών ανθρώπων επειδή μπορούν να ερμηνεύσουν τον ρόλο τους με διαφορετικό, μοναδικό τρόπο. Έτσι, ο Ρονάλντο, ανήκει σε μια κατηγορία παικτών, που ταιριάζει με ένα καθαρό, εκλεπτυσμένο και με φαντασία ταλέντο. Μυθικό ταλέντο. Ταλέντο και δύναμη. Δε νομίζω ότι μπορεί να υπάρχει ένας οπαδός του ποδοσφαίρου που δεν εκτιμά το «Φαινόμενο!»

Φραντσεσκο Τοττι

Πολύ συχνά πηγαίνω να δω τον γιο μου να παίζει. Το κάνω επειδή δεν χρειάζεται να καυχιέται σε παιδιά της ηλικίας του, μόνο και μόνο επειδή είναι γιος του Τότι.

Στην ηλικία του, υπάρχει ένας κίνδυνος. Πρέπει να ξέρει ότι είναι σαν όλους τους άλλους και ότι αν πέσει σε παράπτωμα δεν παίζει και πρέπει να το βουλώνει και να μην παραπονιέται.

Αν κάποιος αξίζει περισσότερο από αυτόν, τότε θα πρέπει να κάθεται στον πάγκο αδιαμαρτύρητα.

ΣΤΙΒΕΝ ΤΖΕΡΑΡΝΤ ΓΙΑ ΦΕΡΝΑΝΤΟ ΤΟΡΡΕΣ

Ο καλύτερος επιθετικός που είδαν τα μάτια μου... θα δώσω δύο ονόματα. Ο Ρονάλντο «το φαινόμενο» και ο Φερνάντο Τόρρες.

Τα πρώτα χρόνια στη Λίβερπουλ ήταν εκπληκτικός. Σκόραρε με κάθε τρόπο. Τρομερή δύναμη στα πόδια, μετά είχε τον καταραμένο τραυματισμό και από εκείνη την ημέρα, δεν ήταν ο ίδιος. Τον είδα σε κατάθλιψη. Φοβόταν να παίξει. Μια μέρα, μετά από προπόνηση, ήρθε σ' εμένα και είπε «αρχηγέ, δεν μπορώ να κάνω τίποτα...» Οι γιατροί είπαν ότι «θα φτάσεις στο 100%, δεν έχεις κάποιο πρόβλημα. Το πραγματικό πρόβλημα είναι στο μυαλό σου. Προσπάθησε να σκεφτείς θετικά...»

Η απάντησή του ήταν πάντα η ίδια: «Δεν νομίζω».

Αυτές οι δύο λέξεις ακόμα βουίζουν στα αυτιά μου. Ήταν κρίμα. Θα μπορούσε να γράψει ιστορία. Παρ' όλα αυτά, στην καρδιά μου θα παραμείνει ένας από τους πιο δυνατούς επιθετικούς που είδα ποτέ στο Άνφιλντ.

ΖΕ ΡΟΜΠΕΡΤΟ

Νόμιζα ότι μια τέτοια στιγμή θα την ανέβαλα για πάντα. Αλλά ήξερα ότι θα ερχόταν αυτή η ημέρα.

Ξέρετε γιατί;

Έζησα τόσο έντονα. Το ποδόσφαιρο ήταν η ζωή μου. Η ελπίδα μιας μέρας σαν ήμουν παιδί, έγινε πραγματικότητα.

Παίζοντας ξυπόλητος στο δρόμο, ονειρευόμουν να γίνω ποδοσφαιριστής. Πραγματοποίησα αυτό το όνειρο. Κέρδισα. Έφτασα όσο πιο μακριά μπορούσα. Το λέω στον καθένα σας: Ζήστε έντονα, γιατί όλα περνάνε τόσο γρήγορα. Μια μέρα οι τίτλοι θα ξεχαστούν. Αν αυτό που κέρδισα και ήμουν, μια μέρα ξεχαστεί, θα είναι σα να πετάξατε τα πάντα στα σκουπίδια.

Αλλά αυτό που θέλω να αφήσω εδώ απόψε είναι μια ποδοσφαιρική κληρονομιά. Γιατί μια κληρονομιά μένει. Και ξέρω ότι αν μια κληρονομιά έρθει στο σπίτι σου, θα αναπνέει ο γιος σου. Και αν ο γιος σου αγαπήσει το ποδόσφαιρο, θα αναπνέει η γειτονιά. Αν αναπνέει η γειτονιά, θα αναπνέει η πόλη. Αν αναπνέει η πόλη θα αναπνέει όλη η χώρα...

Παίξε για μένα, για να ζω συνεχώς αυτό το συναίσθημα.

Είναι η ομιλία στους συμπαίκτες του, την τελευταία του νύχτα ως ποδοσφαιριστής.

Ένας ύμνος στο ποδόσφαιρο και στη ζωή...

ΖΛΑΤΑΝ ΙΜΠΡΑΪΜΟΒΙΤΣ

Στη Σουηδία, τη Δανία και τη Νορβηγία, οι ομάδες ποδοσφαίρου συχνά πηγαίνουν σε χώρες με καλύτερο καιρό για προετοιμασία. Με την, Μάλμε για παράδειγμα, πήγαμε στην Ισπανία.

Υπήρχε ένας κυνηγός ταλέντων εκεί.

Δεν ήξερα ότι ήταν σκάουτερ στην αρχή και ότι ήταν εκεί για μένα.

Την πρώτη μέρα ήταν αυτός.

Την δεύτερη μέρα, ήρθε ένας άλλος κυνηγός ταλέντων.

Την τρίτη μέρα, έφτασε ο πρόεδρος του Άγιαξ.

Την τέταρτη μέρα ήρθε όλο το τεχνικό τιμ.

Την πέμπτη μέρα, ήρθε ο ίδιος ο Λίο Μπενάκερ.

Την έκτη μέρα δεν ήταν κανένας εκεί...

Αλλά μου άφησαν ένα μήνυμα. Είπαν, «πρέπει να έρθεις σ' εμάς».

Λίγες ώρες αργότερα η συμφωνία έκλεισε και τα νέα έφτασαν στη Σουηδία.

Θυμάμαι ότι η μαμά μου είδε τα νέα στις ειδήσεις, με τη φωτογραφία μου ενώ ο δημοσιογράφος μιλούσε για τη συμφωνία.

Μόνο που η μητέρα μου δεν μιλούσε καλά σουηδικά και ανησυχούσε γιατί όταν μια φωτογραφία βγαίνει στην τηλεόραση, κάτι κακό συνέβη.

Την ακούω με μια θλιμμένη φωνή στο τηλέφωνο να μου λέει: «τι συνέβη; Είσαι καλά;»

«Ναι», απάντησα.

«Τι έκανες πάλι;» ξαναρώτησε.

Της είπα ότι «είμαι καλά, ότι υπέγραψα με τον Άγιαξ και ότι πρέπει να πάω στην Ολλανδία».

Και εκείνη μου απάντησε στα σλάβικα «κλείνω, μη λες ψέματα», είπε και παράτησε το τηλέφωνο επειδή δεν πίστευε, ότι θα πάω στον Άγιαξ...

ΠΑΟΛΟ ΜΟΝΤΕΡΟ

Ο Πάολο Μοντέρο, βάζοντας τα πόδια του στο γήπεδο, ήταν σκληρός και ποτέ δεν έκανε τίποτα για να το διαψεύσει. Ήταν θέμα ταπεραμέντου. Ο Μοντέρο έχει συλλέξει 83 κίτρινες κάρτες και 22 κόκκινες.

Πίσω από αυτό το σκληρό πρόσωπο όμως, υπήρχε μια τεράστια καρδιά.

Ο Τζιανλούκα Πεσότο, μετά την απόπειρα αυτοκτονίας που έκανε το 2006, ήταν στο νοσοκομείο σε πολύ άσχημη κατάσταση.

Ο Μοντέρο είχε ταξιδέψει στη Νότια Αμερική, όμως μόλις έμαθε τα νέα για τον Πεσότο αναχώρησε αμέσως με προορισμό το Τορίνο.

Έξω από το νοσοκομείο υπήρχαν πανό των οπαδών της Γιουβέντους. Ο Μοντέρο ήταν στο νοσοκομείο κάθε μέρα και περίμενε, με διακριτικότητα, να μπορέσει να εισέλθει ακόμα και για λίγα λεπτά, για να είναι κοντά στον Τζιανλούκα, ο οποίος ήταν σε κώμα και ανέπνεε με τεχνητή υποστήριξη.

Ήταν εκεί μέχρι τη στιγμή που έγινε η εγχείρηση και θεωρήθηκε από τους γιατρούς, ότι ο Τζιανλούκα Πεσότο ξεπέρασε τον κίνδυνο.

ΦΕΡΕΪΡΑ ΠΙΝΤΟ

Από τα 15 μου χρόνια, δούλευα με τον πατέρα μου σε ένα εργοστάσιο τούβλων, στην πατρίδα μου, στη Βραζιλία. Δεν είχα χρόνο για ποδόσφαιρο και, μέχρι τα 19 μου, δεν έπαιξα ποτέ σε ομάδα. Μετά έκανα προπονήσεις και ήμουν τυχερός, γιατί ο εργοδότης μου, μού έδωσε την άδεια να φύγω.

Δεν ήθελα να το κάνω. Φοβόμουν μήπως χάσω τη δουλειά μου, αλλά μου έλεγε ότι ακόμα κι αν δεν πάω καλά, θα κρατήσω τη δουλειά μου. Οι ανησυχίες ήταν τόσες πολλές γιατί στα 15, ο πατέρας μου μας άφησε. Ήταν η μεγαλύτερη απώλεια της ζωής μου. Έμεινα με τη μητέρα μου, την αδερφή μου και τον αδερφό μου. Μου πήρε έναν μήνα μέχρι να καταλάβω τι συνέβη. Ποτέ δεν το ξεπέρασα, αλλά έπρεπε να το κάνω για την οικογένειά μου.

10...

Στο σχολείο ονειρευόσουν πάντα το 10.

Στα πρώτα σου αποδυτήρια και στην πρώτη ομάδα, ονειρευόσουν το 10.

Πάνω από μια φορά, βρήκες εχθρούς ανάμεσα σε αυτούς που έπρεπε να είναι φίλοι.

Το πρόσεξες αυτό, ακόμα κι αν δεν μπορούσες να το κατανοήσεις.

Η ζωή σε αλλάζει, παίρνει ανεξήγητα στροφές και τελικά αποφασίζεις να πάρεις το τιμόνι.

Όταν έχεις μυαλό, μπορείς πάντα να παίξεις την τελευταία ευκαιρία που έχεις στη διάθεσή σου.

Απλά, πίστεψε το, αλλιώς δεν θα υπήρχε γκολ στο 90.

Περισσότερες από μια φορά ήσουν τόσο κοντά στα όνειρά σου.

Λες στον εαυτό σου ότι δεν έχεις ελπίδες, αλλά πάντα πέφτεις έξω.

Κρατάς την ισορροπία, κάνοντας δύναμη τις ικανότητές σου.

Βαδίζεις στα άκρα και περιμένεις να κάνεις το άλμα, την κατάλληλη στιγμή, κι ας ξέρεις ότι δεν είναι σίγουρο, ότι θα πετύχεις.

Πάντα με την ελπίδα να προσγειωθείς στον στόχο, αλλά και με την πιθανότητα ότι μπορεί να παραμείνει ένα όνειρο.

Όπως και να 'χει, πίστεψε στον εαυτό σου και επικεντρώσου στον στόχο σου.

ΠΑΘΟΣ ΓΙΑ ΤΟ ΠΟΔΟΣΦΑΙΡΟ

Ένα ταξίδι που ξεκίνησε μια μέρα σε ένα χωράφι, σε ένα γήπεδο, σε μια αλάνα.

Τον χειμώνα αντιμετώπιζες παγωνιές, το καλοκαίρι καύσωνες.

Ήσουν απόλυτα αφοσιωμένος στο να κλωτσάς την μπάλα και έδινες όλη σου την ενέργεια. Το παιχνίδι ήταν πολύ διασκεδαστικό και πάντα υπήρχε μια μπάλα παντού. Το ποδόσφαιρο θα είναι πάντα στην καρδιά μας, οποιαδήποτε στιγμή. Μας έχει δώσει πολλά: έντονες χαρές, θλίψη, φίλους αλλά και στοιχεία για να ξεπερνάς τα προβλήματα ως άντρας.

Το ποδόσφαιρο και ο αθλητισμός γενικότερα, είναι μια υπέροχη εμπειρία, που σε μεγαλώνει σαν άνθρωπο, όταν όμως υπάρχουν οι σωστές βάσεις, για να το ζήσεις όπως πρέπει.

Συνήθως συναντάς λαίμαργους χαρακτήρες, εγκάθετους, οι οποίοι είναι αυτοί που δημιουργούν τα προβλήματα. Όλοι νομίζουν ότι έχουν ταλέντο και ξεκινάνε με όνειρα, πολλές φορές υπάρχει η αναγνώριση από ανθρώπους καλοπροαίρετους και άλλες φορές υπάρχει το συμφέρον και το βόλεμα, μπροστά στο οποίο δε θα μιλήσει ποτέ αυτός, που ευνοείται από την κατάσταση. Θέλει προσωπικότητα για να το κάνεις και στις μέρες μας αυτή η λέξη και το νόημά της είναι δυσνόητο. Ο γονιός θέλει να βλέπει βασικό τον γιο του, ο πρόεδρος τον δικό του προστατευόμενο και το διοικητικό συμβούλιο τους δικούς τους...

Αυτή η κατάσταση είναι μια αλυσίδα, μέσα από την οποία χάνονται τα πραγματικά ταλέντα, για να παίξουν τα αυριανά υποχείρια της εκάστοτε κατάστασης και του εκάστοτε βολέματος. Το ποδόσφαιρο είναι το άθλημα που το παρακολουθεί όλος ο κόσμος. Γι' αυτό υπάρχουν πολλοί οπαδοί και πολλοί δημοσιογράφοι τριγύρω. Οι παίκτες είναι στο κέντρο της προσοχής και έχουν την ευθύνη να κερδίσουν.

Μερικές φορές ακούς τόσα πολλά κομπλιμέντα, τα οποία καταλαβαίνεις ότι είναι στημένα. Μια ερώτηση την οποία πρέπει να κάνεις σε έναν επαγγελματία ποδοσφαιριστή είναι η εξής: «Σ' αρέσει το ποδόσφαιρο;»

Στο ποδόσφαιρο πρέπει να γνωρίζεις τη μεγάλη τιμή και τη μεγάλη ευθύνη που έχεις, όταν φοράς μια φανέλα, γιατί αλλιώς χάνεται το αληθινό συναίσθημα για την μπάλα που είχες όταν ήσουν παιδί. Το ποδόσφαιρο δεν μπορείς ποτέ να σταματήσεις να το αγαπάς. Γι' αυτό και νιώθεις μεγάλη απογοήτευση όταν βλέπεις την κατρακύλα που έχει πάρει, ειδικά όταν προσπαθείς να απο-

μνημονεύσεις την αίσθηση του γρασιδιού, του τσιμέντου και της αλάνας, τότε είναι που δεν μπορείς να ηρεμήσεις, όταν βλέπεις άτομα να μην πανηγυρίζουν τη νίκη, ή να μην στεναχωριούνται με την ήττα και να γελάνε σαν να μην έχει συμβεί τίποτα. Αυτά τα συναισθήματα πάνε να χαθούν και να γίνουν όλα μηχανικά. Είμαι πεπεισμένος ότι όλοι όσοι έχουν κάνει την προσπάθεια να καταλάβουν τι συμβαίνει, θα θέλουν ν' αλλάξουν τα πάντα, έτσι ώστε να στηρίξουν το ποδόσφαιρο του αύριο.

Πάντα να περπατάς με ψηλά το κεφάλι, αυτό πρέπει να γίνει η βάση της ζωής σου και έτσι θα μπορείς να ξεπερνάς κάθε δυσκολία, γιατί δεν υπέκυψες σε κανέναν ούτε για να έχεις χρόνο συμμετοχής σε κάποια ομάδα, ούτε για να γίνεις υποχείριο κάποιων. Αυτό που μπορείς να κάνεις, είναι όπου και να βρίσκεσαι με όποιον και να μιλάς, να μεταδίδεις τις σωστές αξίες του ποδοσφαίρου και να μην το εγκαταλείψεις ποτέ, έτσι ώστε να βάζεις ένα λιθαράκι για να το επαναφέρεις εκεί που πρέπει, και μαζί μ' αυτό να προσπαθήσεις να επαναφέρεις και ολόκληρη την κοινωνία στον δρόμο της ουσίας και του συναισθήματος.

Να κλωτσάς πάντα μια μπάλα και να εξακολουθείς να πηγαίνεις στο πάρκο, στην αλάνα στο τσιμέντο, πάντα με το ίδιο πάθος που είχες όταν ήσουν παιδί. Τότε που έφτυνες αίμα για να κάνεις χαρούμενους τους φίλους σου.

Πολλοί εγκαταλείπουν το ποδόσφαιρο λόγω της απληστίας ορισμένων χαρακτήρων. «Αν πληρώσεις θα παίξεις, αν δεν μιλάς θα παίξεις, αν κάνεις ό,τι σου πω θα παίξεις, αν ξέρω τον μπαμπά σου θα παίξεις, αν έχω συμφέρον από σένα θα παίξεις, αλλιώς όχι». Ασχολούνται με το ποδόσφαιρο, άτομα που δεν έχουν καμία ηθική αξία και καμία ειλικρίνεια στον λόγο τους.

Αυτό πρέπει να αλλάξει και αυτό μπορεί ν' αλλάξει, μόνο αν δημιουργηθούν σωστά πρότυπα και για το ποδόσφαιρο και για ολόκληρη την κοινωνία.

Τελικος Μουντιαλ Κ20, 1997

5 Ιουλίου 1997.

Αργεντινή-Ουρουγουάη: 2-1.

Η Εθνική Αργεντινής κατακτούσε τον τίτλο της Παγκόσμιας πρωταθλήτριας Νέων (Κ20) απέναντι στην Ουρουγουάη.

Το σκορ για την Ουρουγουάη άνοιξε ο Πάμπλο Γκαρσία, ισοφάρισε για την Αργεντινή ο Καμπιάσο, ενώ τη νίκη έδωσε ο Ντιέγκο Κιντάνα. Όλοι οι σκόρερ, γνώριμοι στο ελληνικό ποδοσφαιρικό κοινό.

Ριο Φερντιναντ

«Σαν πατέρας δεν μπορώ να σκεφτώ ότι υπάρχουν παιδιά χωρίς δώρα τα Χριστούγεννα».

Με αυτή την απλή φράση, τον Δεκέμβριο του 2016, ο Ρίο Φέρντιναντ, δικαιολόγησε τη δωρεά του, ύψους 500.000ων ευρώ σε μετρητά για την εκστρατεία του, η οποία προωθήθηκε από το radio key 103, για να φέρει χριστουγεννιάτικα δώρα σε παιδιά που έχουν ανάγκη στην πόλη του Μάντσεστερ...

Ερναν Κρεσπο

Θυμάμαι μια προπόνηση στην Πάρμα. Στο πρόγραμμα υπάρχει μια σειρά από ζευγάρια επιθετικών εναντίον αμυντικών και ο Φάμπιο Καναβάρο με επιλέγει ως αντίπαλο, γνωρίζοντας πολύ καλά ότι είναι πιο γρήγορος. Αρχίζουμε... Ένα, δύο, τρία, τέσσερα, πέντε νίκες. Είμαστε 5-0 υπέρ του Φάμπιο. Στην έκτη φάση ο Καναβάρο είναι απασχολημένος, μιλάει με τον Τουράμ και έτσι τελειώνω τη φάση: 5-1.

Οι επόμενες φάσεις είναι υπέρ του, μέχρι το τελικό 9-1. Έτσι γυρνάει και λέει, «σέντερ φορ, σε κατέστρεψα». Του απαντάω «όχι, αγαπητέ Φάμπιο, αυτό ήταν αναμενόμενο, αλλά εκείνη τη φορά που σε κέρδισα και σκόραρα, είναι σαν να τέλειωσε η παρτίδα 1-0 για μένα».

ΠΑΘΟΣ ΓΙΑ ΤΟ ΠΟΔΟΣΦΑΙΡΟ

Όταν ασχολείσαι με το ποδόσφαιρο, βρίσκεις παντού αναμνήσεις, σε κάθε δρόμο, σε κάθε σοκάκι.

Κάθε μέρα, κάθε ώρα, σου έρχονται πράγματα στο μυαλό.

Βλέπεις ένα μικρό σιντριβάνι και θυμάσαι τότε που έψαχνες απεγνωσμένα μια γουλιά νερό και οι βρύσες ήταν χαλασμένες.

Βλέπεις μια μπάλα και θυμάσαι τα παρακάτω λόγια:

«Η μπάλα είναι δική μου και σήμερα αποφασίζω εγώ τους κανόνες».

Και ποιος δεν έχει αυτή την εικόνα στα μάτια του, ποιος δεν έχει ζήσει τέτοιες στιγμές;

Τότε όλοι διασκεδάζαμε μαζί κάνοντας αυτό που μας κάνει ευτυχισμένους.

Ο αθλητισμός οδηγεί σε ευχάριστες αναμνήσεις.

Μέσα από άτομα που βρέθηκαν εδώ ή εκεί ή πάρα πέρα, κατά τύχη.

Ο αθλητισμός συνδέει εμπειρίες και συναισθήματα.

Ο αθλητισμός είναι παντού.

Στα μάτια και στην καρδιά.

ΦΡΑΝΤΣΕΣΚΟ ΤΟΤΤΙ

Ο Φραντσέσκο Τόττι δεν είναι πια ποδοσφαιριστής. Είναι πλέον το παραμύθι που θα λέει στα παιδιά της μια ολόκληρη πόλη, που λάτρεψε και προστάτεψε τον Τόττι, όχι ως είδωλο και αρχηγό, αλλά με τον τρόπο που οι οικογένειες περιβάλλουν το αγαπημένο τους παιδί.

«Δεν θα γίνω ποτέ προδότης. Προτιμώ να κατακτήσω ένα πρωτάθλημα εδώ, παρά δέκα συνεχόμενα αλλού».

ΤΖΙΑΝΛΟΥΙΤΖΙ ΜΠΟΥΦΟΝ

Είναι η προσωποποίηση της σιγουριάς, της χαράς του παιχνιδιού, της αυταπάρνησης και του ποδοσφαιρικού μεγαλείου. Σίγουρα είναι ο κορυφαίος τερματοφύλακας που έχουμε δει. Γίγαντας, τίμιος, σοβαρός και ταπεινός. Έχει αγωνιστεί δίπλα σε ογκόλιθους από την αρχή της καριέρας του, αλλά ακόμα και οι ογκόλιθοι κατάλαβαν, από την πρώτη στιγμή, το ταλέντο του και τον κοιτούσαν με θαυμασμό.

Ακολουθεί απόσπασμα από συνέντευξη του Νέβιο Σκάλα: «Ο Λούκας Μπούτσι, ο βασικός τερματοφύλακάς μας, ήταν τραυματίας. Εξαιτίας αυτού, αποφάσισα να προσθέσω τον γκολκίπερ μας από την Primavera (ομάδα Νέων), τον Μπουφόν, στην πρώτη ομάδα», «Ξεκίνησε να προπονείται μαζί μας την Τρίτη. Κάθισε κάτω από την εστία και έκανε απίστευτα πράγματα, τα οποία όμως για εκείνον φαίνονταν απολύτως φυσιολογικά. Ξεκινήσαμε τις ασκήσεις μαζί με τους επιθετικούς και ουδείς μπορούσε να σκοράρει απέναντί του. Τότε γύρισα προς τον προπονητή τερματοφυλάκων, τον Βιτσέντσο Ντι Πάλμα, και τον ρώτησα αν έβλεπε και εκείνος εκείνο που έβλεπα εγώ. "Αυτός είναι φαινόμενο" μου απάντησε. Και οι δύο είχαμε μείνει άφωνοι».

Ήταν ένας νεαρός με πολλά ενδιαφέροντα και δεν εστίαζε μόνο στο ποδόσφαιρο. Πιστεύω ότι αυτό έπαιζε ρόλο στο να έχει τόσο μεγάλη ηρεμία μέσα στο γήπεδο. Ήταν πάντα χαρούμενος και μετέδιδε αυτή την εικόνα και στους άλλους. Στο τέλος εκείνης της σεζόν έφυγα από την Πάρμα αλλά δεν είχα την παραμικρή αμφιβολία για την καριέρα που θα έκανε ο Μπουφόν...

Με την Πάρμα έπαιξε στους ομίλους του Champions League, ενώ κατέκτησε Κύπελλο, Σούπερ Καπ και φυσικά το Κύπελλο Ουέφα το 1999, σε μια χρονιά που η ομάδα δίδαξε ποδόσφαιρο. Τουράμ, Βερόν, Σενσινί, Κρέσπο, Μπάλμπο, Βανόλι, Ντίνο Μπάτζιο, Ασπρίγια και πολλοί άλλοι. Ο Μπουφόν πάντα παθιασμένος, δεν έκρυβε τη χαρά και τον ενθουσιασμό του, κάθε επέμβασή του την πανηγύριζε, είτε με σηκωμένη γροθιά, είτε ανεβαίνοντας στα κάγκελα όταν έβλεπε ότι η μπάλα απομακρυνόταν από την περιοχή του. Η απόδοσή του μέχρι και σήμερα αποτελεί ένα φαινόμενο καθώς ακόμα και στα 40 του χρόνια υπερασπίζεται με τον ίδιο ζήλο την εστία της Γιούβε, όπως έκανε από το 2001 και έπειτα.

Πρέπει να σημειωθεί ότι ακολούθησε την ομάδα και στα δύσκολα, όταν έπειτα από το σκάνδαλο Καλτσιόπολι η Γιούβε πήρε τον δρόμο της Serie B και έπαιξε καταλυτικό ρόλο ώστε να μπορέσει η ομάδα να ξανασταθεί στα πόδια της. Δεν κρυβόταν, πάντα έλεγε τη γνώμη του και στη διοίκηση και στον κόσμο και πάντα τον σεβόταν όλοι, γιατί ήξεραν τι έδωσε και τι μπορεί, ακόμα και τώρα, να δώσει.

Τι να πούμε για την πορεία του στην Εθνική, για τις μαγικές εμφανίσεις το 2006, όπου δέχτηκε μόλις ένα αυτογκόλ και ένα πέναλτι, για την επέμβαση στην κεφαλιά του Ζιντάν, που ήταν σαν να του έλεγε «όχι, σήμερα είναι δικό μας» για τον αγώνα του στον ημιτελικό με τη Γερμανία, όπου σε δήλωσή του ο Γκατούζο τόνισε «ότι ακόμα κι όταν με πέρασε ο Κλόζε, ήξερα ότι δεν πρόκειται να βάλει γκολ, γιατί πίσω είχα τον Μπουφόν». Για την τρέλα του να τραγουδάει τον εθνικό ύμνο της Ιταλίας με τέτοιο πάθος, σαν να τραγουδάει τραγούδια του Καρρά. Έχει τον σεβασμό την εκτίμηση και τη συμπάθεια όλων των Ιταλών φιλάθλων και οπαδών... αλλά και όλου του κόσμου, είτε ασχολείται με το ποδόσφαιρο είτε όχι, γιατί το πρόσωπο είναι ο καθρέφτης της ψυχής και ο Μπουφόν είναι από τις λίγες περιπτώσεις ανθρώπων που έχουν απομείνει που δεν μπορεί να προσποιηθεί για τίποτα, δείχνει πάντα το πώς αισθάνεται...

Ρουι Κοστα

Ένα αρχοντικό 10άρι που έπαιζε πάντα με το κεφάλι ψηλά. Έβλεπε όλο το γήπεδο καθώς είχε μάτια και στην πλάτη και μπορούσε να παρασύρει με την απόδοσή του και τους συμπαίκτες του. Όλοι τον θυμόμαστε ως δίδυμο με τον Μπατίγκολ να κάνουν πράματα και θάματα με τη Φιορεντίνα, μια περίοδο που η ομάδα της Φλωρεντίας απέκτησε οπαδούς ανά τον κόσμο, καθώς ήταν τέτοια η αρχοντιά και το πάθος αυτών των παικτών που σε μαγνήτιζαν, πέρα από την προσωπικότητά τους και το ταλέντο τους. Οι πάσες του έκοβαν το γήπεδο στα δυο, ενώ ακόμα και όταν τον μαρκάρανε δυο και τρεις παίκτες, ποτέ δε δίπλωσε το σώμα του, πάντα τους αντιμετώπιζε όλους ως αριστοκράτης...

Κιμπάρικο και αντρίκο παίξιμο, από έναν ποδοσφαιριστή που φυσικά άφησε το στίγμα του στο παγκόσμιο ποδόσφαιρο. Υπήρξε μέλος της Εθνικής Πορτογαλίας, όπου μαζί με τον Φίγκο τράβηξαν κουπί και επίσης έκαναν πολύ κόσμο να θαυμάζει και να υποστηρίζει τη συγκεκριμένη Εθνική καθώς δίδαξαν μπάλα στα χρόνια τους.

Δεν το έπαιξε ποτέ βεντέτα, γιατί δεν είχε την ανάγκη να το κάνει, ήταν σίγουρος για τον εαυτό του και το έβγαζε και προς τα έξω αυτό. Ακόμα και στη μεγάλη Μίλαν της εποχής όταν πήγε, αυτόματα πήρε θέση βασικού και ήταν βαρόμετρο για την ομάδα. Κατέκτησε το Champions League, με συμπαίκτες αρχόντους. Παίκτης νικητής, αέρινος, αρχοντικός και πάντα με το κεφάλι ψηλά, ένας ογκόλιθος αυτοπεποίθησης και σιγουριάς.

Ένας τρανός ποδοσφαιριστής!

Ρομπερτο Μπατζιο

Είναι από τους λίγους ποδοσφαιριστές που όταν τον παρακολουθούμε σε βιντεάκια φαντάζει σαν κάποιος μυθικός ήρωας.Είναι αυτός που έκανε πολλούς ανθρώπους ανά τον κόσμο, να υποστηρίζουν Squadra Azzurra φανατικά, που τον χαζεύαμε, σαν σε παιδικό στο Μουντιάλ του 90, μαζί με τον Τότο Σκιλάτσι και ο άνθρωπος που έσυρε μια ολόκληρη χώρα από την απαξίωση των πρώτων παιχνιδιών ως τον τελικό του Μουντιάλ του 1994.

Είναι η μοναδική περίπτωση ποδοσφαιριστή, όπου ένα χαμένο πέναλτι έχει περάσει στα όρια του εξωπραγματικού, με τις ιστορίες που το συνοδεύουν. Μετά από εκείνο το χαμένο πέναλτι, μας πόνεσε η ψυχή, γιατί τον είχαμε στον μυαλό μας να σαρώνει τους αντιπάλους, αλλά ως μικρά παιδάκια δεν μπορούσαμε να καταλάβουμε ότι στον τελικό έπαιζε και με θλάση και με ένεση και χωρίς γόνατα (όπως πάντα). Εκείνο το Μουντιάλ ήταν το πρώτο που είδα όλους τους αγώνες. Το 90 ήμουν πολύ μικρός, αλλά είχα διαλέξει στρατόπεδο από τότε... Μπάτζιο-Σκιλάτσι...

Το 1994, στο ξεκίνημα των ομίλων η Ιταλία χάνει από την Ιρλανδία, κερδίζει τη Νορβηγία με γκολ του ετέρου Μπάτζιο, του Ντίνο, και στο τρίτο ματς φέρνει ισοπαλία με το Μεξικό. Τριπλή ισοβαθμία στον όμιλο και η Ιταλία προκρίνεται ως τρίτη. Από εκεί και πέρα αναλαμβάνει ο Μπάτζιο. Με δύο δικά του γκολ η Νιγηρία λυγίζει στην παράταση και με παίκτη παραπάνω, την Ισπανία την ξετίναξε καθώς, αν έβγαινε τετ α τετ, δεν το έχανε για κανέναν λόγο, σκοράροντας το δεύτερο γκολ και τη Βουλγαρία την πέταξε έξω μόνος του, με το δεύτερο γκολ που σημειώνει να είναι όπως το αεράκι που μπαίνει από το παράθυρο ή από το μπαλκόνι, μήνα Ιούλιο. Ένα υπέροχο συναίσθημα...

Τελικός. Κι εκεί ο Μπάτζιο και η Εθνική Ιταλίας θα αντιμετωπίσει τη Βραζιλία, μια πολύ καλή ομάδα τότε. Η άμυνα της Ιταλίας λειτουργεί ρολόι, Μαλντίνι-Μπαρέζι κάνουν θαύματα. Ο Μπαρέζι σφαδάζει στο έδαφος από τις κράμπες αλλά δεν τα παρατάει ποτέ, ο Μαλντίνι κάνει διπλό τάκλιν σε μια φάση ενώ η μπάλα αλλάζει πορεία -δεν το έχω ξαναδεί από κανέναν αμυντικό- ενώ ο Παλιούκα, τη στιγμή που του φεύγει η μπάλα από τα χέρια, ήταν ο μόνος που με τόση σιγουριά πίστεψε ότι θα χτυπήσει δοκάρι και θα τη ξαναπιάσει. Το φιλί στο δοκάρι ήταν μια ανακούφιση και για εκείνον και για όλους τους ιταλόφιλους...

Πέρα από τις φάσεις του Μασάρο, ο Μπάτζιο έχει την ευκαιρία του στην παράταση, χορεύει δύο Βραζιλιάνους, αλλά το πλασέ του, που συνήθως καταλήγει στα δίχτυα, εκείνη την ώρα φεύγει αδύναμα από το πόδι του. Εκεί καταλάβανε όλοι ότι πονάει, ότι η θλάση τον έχει καταβάλει, το ξέρει και ο ίδιος ότι είχε την ευκαιρία να τους τελειώσει. Το παιχνίδι πάει στα πέναλτι, αστοχούν ο Μπαρέζι, ο οποίος κατέθεσε την ψυχή του σε όλο το ματς και έσφιξε τα δόντια, με δυο θλάσεις και ο Μασάρο... 3-2 και ο Βούδας πάει προς την μπάλα, τον βλέπουμε, είμαστε με την πλάτη στον τοίχο, καθώς η Βραζιλία θα είχε άλλη μια ευκαιρία για να το πάρει, με το Μπεμπέτο στο τελευταίο πέναλτι. Ο Βούδας είναι κομμένος, καταπονημένος, στενάχωρος γιατί ήξερε ότι θα το είχε τελειώσει το ματς αν ήταν καλά. Παίρνει φόρα και στέλνει την μπάλα άουτ και μας κόβει τα πόδια όταν σκύβει το κεφάλι. Μια σκηνή συγκλονιστική, μια σκηνή συναισθηματική, μια σκηνή ποδοσφαιρική, μια σκηνή μυθική.

Ο ήρωας της Ιταλίας χάνει το τελευταίο πέναλτι, σε μια διοργάνωση που, ακόμα κι έτσι, θα μπορούσε να έχει το όνομά του. Η ουρά του μικρού Βούδα μέχρι και σήμερα είναι σημείο αναφοράς. Ήταν ένας Ιταλός με όλη τη σημασία της λέξης, με το ήρεμο βλέμμα του τρελού μαφιόζου, ο οποίος μπορούσε να χτυπήσει ανά πάσα στιγμή και με οποιονδήποτε τρόπο. Εκείνη η φάση τον σημάδεψε, αλλά ο Μπάτζιο συνεχίζει και το 98 στην Εθνική, ο Τσέζαρε Μαλντίνι ξεκινάει βασικό τον Ντελ Πιέρο, ενώ οι Ιταλοί στις εξέδρες, σε κάθε ματς, φωνάζουν το όνομα του Μικρού Βούδα. Χαρακτηριστικό σκηνικό, όταν η κάμερα πιάνει τον Τσέζαρε Μαλντίνι να συνομιλεί με φίλαθλο στην κερκίδα που του δείχνει τον Μπάτζιο, παρακαλώντας τον να τον βάλει μέσα στο ματς. Ο Μπάτζιο στο παιχνίδι με τη Χιλή σκοράρει με πέναλτι, ενώ οι παίκτες της Χιλής τον σκυλοβρίζουν, για να του σπάσουν την ψυχολογία πριν την εκτέλεση. Δίνει ασίστ σε Ιντζάγκι και Βιέρι γενικά, ενώ στο ματς με τη Γαλλία, φάνηκε ότι η μπάλα στα Μουντιάλ τού έπαιζε άσχημα παιχνίδια. Σε ένα εναέριο βολέ που πιάνει και με τον Μπάρτεζ εξουδετερωμένο, η μπάλα περνάει μέσα από το δοκάρι, σαν να το άνοιξε στα δύο, μια απίστευτη φάση στην οποία ο Μπάτζιο θα μπορούσε να λυτρωθεί.

Στη διαδικασία των πέναλτι, είναι εύστοχος ο Ρομπέρτο Μπάτζιο, αλλά είναι άστοχος ο Ντι Μπιάτζιο. Η Ιταλία αποκλείεται αλλά και πάλι ο ήρωάς της ήταν ο Μπάτζιο. Όση ώρα και να έπαιζε, αυτός ήταν που έσερνε την ομάδα, αυτός ήταν που είχε τις μαγικές ιδιότητες στα πόδια του. Ήταν όνειρο να τον βλέπεις να αγωνίζεται. Ο κάθε ένας είναι ξεχωριστός, αλλά αυτός ήταν σαν κάποιος που, ενώ τον έβλεπες εκείνη την ώρα να αγωνίζεται, συγχρόνως έλεγες «μήπως δεν τον είδα, μήπως ήταν γέννημα της φαντασίας». Τέτοια

μορφή ήταν, τέτοιος παίκτης. Σε συλλογικό επίπεδο, έπαιξε στις περισσότερες μεγάλες ομάδες και γενικότερα σε πολλές ομάδες, μόνο στην Ιταλία. Ήταν το πρώτο βιολί παντού, είτε στη Βιτσέντσα, είτε στη Φιορεντίνα, είτε στη Γιουβέντους, είτε στη Μίλαν, με τόσους παιχταράδες στη θέση του, ενώ και στην Ίντερ βρήκε συμπαίκτες τεράστιους ποδοσφαιριστές και πάλι διέπρεψε. Για Μπολόνια, Μπρέσια δεν το συζητάμε, δεν έχουν ξανακάνει τέτοιες πορείες εκείνες οι ομάδες, όπως τα χρόνια του Μπάτζιο.

Το μεγάλο αγκάθι του Μπάτζιο, ήταν ένας άλλος μεγάλος του ιταλικού ποδοσφαίρου, ο Μαρτσέλο Λίπι, που τον έδιωξε από τη Γιούβε το 95 και έκανε το ίδιο και στην Ίντερ όταν την ανέλαβε. Μόλις έναν χρόνο άντεξαν μαζί. Παρόλα αυτά, όταν έμπαινε, πάντα σκόραρε και σε δηλώσεις του αργότερα τόνισε: «Συγνώμη, αλλά δεν μπορώ να κρατήσω κακία σε κανέναν, γιατί εγώ είμαι ο Roberto Baggio».

Αυτός είναι ο μικρός Βούδας, ένας τρομερός ποδοσφαιριστής, ένας μυθικός ήρωας και ένας υπέροχος άνθρωπος, ο οποίος υπήρξε πρότυπο για όλα τα μεταγενέστερα ιταλικά 10άρια που είδαμε.

ΦΡΑΝΤΣΕΣΚΟ ΤΟΤΤΙ

Το πρώτο ολόκληρο ματς που τον είδα να αγωνίζεται ήταν στις 16 Μαρτίου του 1999, απέναντι στην Ατλέτικο Μαδρίτης, ένα ματς που έδειχνε ζωντανά η ΕΡΤ 3. Η Ρόμα, για μεγάλο όνομα τότε, είχε τον Πάουλο Σέρτζιο πριν πάρει μεταγραφή στην Μπάγερν και από Ιταλούς Ντελβέκιο, Ντι Μπιάτζιο και έναν νεαρό που φορούσε το 10 και το περιβραχιόνιο του αρχηγού, που πραγματικά ξεχώριζε. Δίνει μια πάσα με το εξωτερικό στον Ντελβέκιο, μαγεία, κόβει την άμυνα της Ατλέτικο στα δύο. Σκοράρει ο Ντελβέκιο και το Ολύμπικο, στο οποίο υπήρχε μια μαγική ατμόσφαιρα, παίρνει φωτιά. Αν δείτε ακόμα και τώρα στιγμιότυπα από το παιχνίδι θα καταλάβετε, άσχετα αν η Ρόμα αποκλείστηκε στη συνέχεια με δύο ήττες, με 2-1 εντός κι εκτός.

Το μεγάλο πρόβλημα της Ρόμα ήταν ότι δεν έπαιζε μεγάλα παιχνίδια στην Ευρώπη. Αποκλειόταν νωρίς και έτσι δεν έγινε νωρίτερα γνωστός. Με την Ιταλία, όσοι ασχολούμασταν τον ξέραμε, αλλά όχι όπως τον Ντελ Πιέρο ή τον Ιντζάγκι και τον Βιέρι, που έπαιζαν Champions League και ευρωπαϊκούς τελικούς.

Και πηγαίνω απευθείας στο Euro 2000, εκεί όπου ο Τότι μάγεψε και τον έμαθαν οι πάντες. Προερχόταν από μια πολύ καλή χρονιά με τη Ρόμα, όπου η ομάδα βγήκε 6η αλλά μαζί με Μοντέλα και Ντελβέκιο πυροβολούσαν αδιακρίτως, ειδικά την πρωταθλήτρια εκείνης της χρονιάς, τη Λάτσιο, με τεσσάρες και μια ατμόσφαιρα μαγική στο γήπεδο.

Το 2000 ο Τζοφ τον ξεκινάει βασικό, εγώ ακόμα παλαβός με τον Ντελ Πιέρο, έλεγα βγάλ' τον έξω και βάλε τον Μεγαλέξανδρο, ποιος Τότι τώρα... Και κάνει κάτι φάσεις κι ένα τουρνουά όνειρο. Μπαίνει στην καλύτερη ενδεκάδα του Euro, ενώ η πάσα του, με τακουνάκι, στον Πεσότο, που βγάζει τη σέντρα στο γκολ του Ντελβέκιο στον τελικό, ήταν φανταστική-ονειρική. Η Ιταλία χάνει το τρόπαιο, (από τις μεγαλύτερες αδικίες που έχουν υπάρξει στο ποδόσφαιρο) αλλά ο Τότι πλέον έχει υπόσταση, τον γνωρίζουν όλοι.

Με το τέλος του Euro, δύο μεταγραφές θα άλλαζαν την οπτική μου στα πράγματα. Η μια ήταν του Φίγκο στη Ρεάλ και η άλλη, η σημαντικότερη, του Μπατίγκολ στη Ρόμα. Αυτό ήταν... Είχα πει στον εαυτό μου «όπου υπογράψει ο Μπατίγκολ αυτή την ομάδα θα υποστηρίζω». Παρακολουθώ τα παιχνίδια της Ρόμα ανελλιπώς και όσο τα παρακολουθώ, μελετάω τον Τότι. Δεν υπήρχε, ήταν το κάτι άλλο, μαζί με Μπατίγκολ ήταν το καλύτερο δίδυμο που είδα ποτέ. Ό,τι ήθελαν έκαναν και

μαζί με Μοντέλα και Ντελβέκιο γαζώνανε τους πάντες... Ο Τότι γίνεται το ίνδαλμα στα χρόνια της εφηβείας. Ό,τι έκανε το έκανα. Άφηνε μαλλί που το ξύσιζε πλάγια, άφηνα μαλλί με τον ίδιο τρόπο. Κορδέλα άσπρη στα μαλλιά, κορδέλα άσπρη κι εγώ... Έφτυνε κάνα αντίπαλο ή κοπανούσε κανέναν, τα ίδια κι εγώ. Ό,τι κινήσεις έκανε με την μπάλα, είτε πάσα, είτε τελειώματα, τις έβλεπα και τις ξαναέβλεπα στο βίντεο.

Τη χρονιά του πρωταθλήματος έτυχε να δω την ομάδα της Ρόμα από κοντά, ήταν άλλο πράγμα. Όνειρο! Μεγάλη μπάλα, μεγάλες προσωπικότητες! Στο σχολείο, στο θρανίο μου, στα βιβλία μου και σε ένα κόντρα πλακέ στα πλάγια της αίθουσας, έγραφε το παρακάτω: «ΠΑΟΚ...ΤΟΤΤΙ». Μακάρι να είχα φωτογραφία από τότε. Αφού σε κάποια φάση, και στην μπάλα στην ομάδα που ήμουν στη Γερμανία, και στο σχολείο, οι φίλοι με φωνάζαν «Φραντσέσκο». Η Ρόμα εκείνη τη χρονιά πήρε το πρωτάθλημα, όπως ήταν φυσικό και δικαιώθηκε και ο Μπατίγκολ, ο τεράστιος Μπατίγκολ...

Η συνέχεια όμως για την ομάδα δεν ήταν η ίδια. Οι παίκτες -ηγέτες- έφευγαν, ενώ ο μόνος που έμενε και έκανε μάγκες τους πάντες δίπλα του ήταν ο Τότι, ο οποίος από το 2000 έως το 2004 ήταν το κορυφαίο 10 της εποχής, η επιτομή του δεκαριού, ο οποίος αν έπαιρνε την απόφαση να πάει στη Μίλαν του Μπερλουσκόνι, ο οποίος ακόμα και τώρα του κάνει δεκαετές κλειστό συμβόλαιο, ή στη Ρεάλ -που ήταν ο διακαής πόθος του Περέζ- όλα θα ήταν διαφορετικά.

Η μεγαλύτερη παράσταση που έδωσε ήταν ίσως μέσα στο γήπεδο της Βαλένθια. Τον χειροκροτούσε όλο το γήπεδο για δέκα λεπτά. Μπορεί παντού να έχει εισπράξει τον θαυμασμό, αλλά εκεί τους συγκλόνισε. Στο 27ο λεπτό του παιχνιδιού το σκορ έγραφε ήδη 0-3 με σόου του Capitano... Η Ρόμα είναι μια δύσκολη ομάδα για να υποστηρίξει κάποιος και γι' αυτό ευθύνεται η διοίκησή της. Αν συνέχιζαν οι προσθήκες, όπως αυτές που έγιναν από το 1999 ως το 2003 και έμεναν οι παίκτες που υπήρχαν στο ρόστερ, η Ρόμα θα χτυπούσε τσάμπιονς λιγκ. Έγινε όμως το αντίθετο. Έφυγαν όλοι και έμεινε ο Καπιτάνο να φυλάει Θερμοπύλες.

Όσο και να σε στεναχωρήσει η Ρόμα, όσο και να βλέπεις ότι θα χύνει την καρδάρα με το γάλα, στο τέλος υπάρχει ο Τότι που δεν την πρόδωσε ποτέ και ίσως το όνομά του, αυτή τη στιγμή, να μετράει σαν μέγεθος πάνω από όλη την ομάδα. Το θετικό είναι ότι, έστω και από μια φορά έχει πάρει όλους τους τίτλους στην Ιταλία, ενώ είναι και παγκόσμιος πρωταθλητής με την Ιταλία το 2006, όπου, όντας τραυματίας, έκανε μια πολύ καλή διοργάνωση, με έναν προπονητή που τον πίστευε όσο τίποτα και τον περίμενε μέχρι την τελευταία μέρα, τον Μαρτσέλο Λίπι...

Ίσως, αν δεν είχε τιμωρηθεί το 2004 για το φτύσιμο στον Πόουλσεν, η Εθνική Ιταλίας να είχε και πάλι διαφορετική τύχη αλλά εκεί ήταν ο Ρεχάγκελ τελικά, αυτός που τους έβαλε όλους σε τάξη. Ο Τότι είναι μία ποδοσφαιρική διάνοια, μια προσωπικότητα, μια σημαία πιστή σε μια ομάδα. Αυτή η ομάδα βέβαια τον πλήγωσε γιατί δεν βοήθησε ποτέ ώστε να κάνει το παραπάνω βήμα, ειδικά στην Ευρώπη, αλλά για όσους ξέρουν ο Capitano είναι σύμβολο... Είναι σαν να γεννήθηκε με το περιβραχιόνιο του αρχηγού στο μπράτσο και να μην το αποχωρίζεται ποτέ.

Όταν λέμε «Capitano» το μυαλό μας πάει απευθείας στον Τότι... Όχι απλά γιατί δεν παράτησε ποτέ την ομάδα του, αλλά και γιατί είναι ένας μεγάλος του ποδοσφαίρου. Πάντα η φωνή του Κάρλο Ζάμπα θα αντηχεί στ' αυτιά μας...

è il momento del capitano del nostro Capitano del Gladiatore giallorosso del simbolo di Roma del bimbo de oro con il numero 10(Dieci)... FRANCESCO TOTTI.

Ρομπερτο Μπατζιο

Ό,τι κι αν κάνεις, πάντα θα υπάρχουν κάποιοι έτοιμοι για κριτική. Ζηλιάρηδες, άνθρωποι που θα προσπαθήσουν με κάθε τρόπο να υπονομεύσουν την εμπιστοσύνη που έχεις στον εαυτό σου. Αλλά μην τα παρατάς. Μην τους αφήσεις να κερδίσουν.

Να θυμάσαι, «ένας άντρας δεν είναι αυτό που λέει, αλλά αυτό που κάνει.

Αν δεν πιστεύεις στον εαυτό σου, κανείς δεν θα το κάνει για σένα».

Παολο Μαλντινι

Ο Μαλντίνι έκανε το ντεμπούτο του στο πρωτάθλημα στις 20 Ιανουαρίου 1985, όταν αντικατέστησε τον τραυματισμένο Σέρχιο Μπατιστίνι, σε έναν αγώνα ενάντια στην Udinese. Ήταν μόλις 16 ετών. Ήταν η μόνη εμφάνιση στο πρωτάθλημα της περιόδου, αλλά ήταν στην αρχική ενδεκάδα από την επόμενη περίοδο.

Πέρασε και τις 25 περιόδους της σταδιοδρομίας του στη Μίλαν, πριν αποσυρθεί στην ηλικία των 40 ετών, με την οποία έχει πάνω από 1000 επίσημες συμμετοχές και έχει σημειώσει 29 γκολ. Κατά τη διάρκεια εκείνης της περιόδου, ο Μαλντίνι κέρδισε το UEFA Champions League 5 φορές, καθώς και 5 τίτλους Serie A, 1 Coppa Italia,

1 Supercoppa Italia, 5 European Super Cup, 2 διηπειρωτικά κύπελλα και 1 παγκόσμιο κύπελλο λεσχών της FIFA.

Έπαιξε για 14 έτη για την Ιταλική εθνική ομάδα, όπου έκανε το ντεμπούτο του το 1988 πριν αποσυρθεί το 2002 με 126 εμφανίσεις και σημειώνοντας 7 γκολ. Δεν είναι μόνον οι τίτλοι, οι εμφανίσεις, τα χρόνια, τα ρεκόρ, η δημοσιότητα. Είναι κυρίως η πίστη στη φανέλα ή «η διά βίου δέσμευση».

Στα γραφεία της Μίλαν υπάρχει μια μεγάλη ασπρόμαυρη φωτογραφία που δείχνει τον αρχηγό των «ροσονέρι», τον Μαλντίνι, να σηκώνει το Κύπελλο Πρωταθλητριών. Το μικρό του όνομα είναι Τσέζαρε και είναι ο πατέρας του Πάολο. Η φωτογραφία είναι από το 1963, μετά τη νίκη της Μίλαν επί της Μπενφίκα με 2-1 στον τελικό του Κυπέλλου Πρωταθλητριών. Του πρώτου που κατέκτησε η Μίλαν. Και επειδή η μοίρα μερικές φορές είναι ιδιαίτερα γενναιόδωρη, η Μίλαν αλλά και η ποδοσφαιρική οικογένεια Μαλντίνι έχουν την ίδια φωτογραφία πατέρα και γιου, με περίπου 40 χρόνια χρονική απόσταση.

Η μεγαλύτερη ποδοσφαιρική προσωπικότητα που πρόλαβε η γενιά μας, αδιαμφισβήτητα. Τον σεβόταν ακόμα και το γρασίδι, δείγμα του ότι δεν τραυματίστηκε ποτέ. Αρχοντικός σε όλα του και υπόδειγμα αθλητή, ποδοσφαιριστή, αρχηγού, οικογενειάρχη και ανθρώπου. Ένα σωστό πρότυπο για όλους και ένας μύθος του ποδοσφαίρου!

ΑΛΕΣΑΝΤΡΟ ΝΤΕΛ ΠΙΕΡΟ

Όταν έφυγε ο Μπάτζιο από τη Γιουβέντους, θα αναλάμβανε να τον αντικαταστήσει κάποιος που έμαθε τα μυστικά της μπάλας από τον μικρό Βούδα και τα μυστικά της κίνησης και της τακτικής στο γήπεδο από τον Μαρτσέλο Λίπι. Η κόντρα του Μπάτζιο με τον Λίπι, έφερε τον Ντελ Πιέρο, πολύ νωρίς, βασικό σε μια ομάδα-όνειρο τότε της Γιούβε, όπου, αν δεν πήγαινε σε τελικό του Champions League θεωρούνταν αποτυχία. Ο Ντελ Πιέρο την περίοδο εκείνη ήταν ό,τι καλύτερο από πλευράς ταλέντου, ήταν ένας μικρός μάγος, τεχνιτάρης, μπαλαδόρος, απρόβλεπτος καθώς δοκίμαζε το πόδι του από παντού, με την κλασική κίνησή του, το κρύψιμο της μπάλας και την εμφάνισή της όταν ο αντίπαλος είχε πλέον εξαφανιστεί από μπροστά του. Μεγάλος σπεσιαλίστας στα φάουλ και με την Ιταλική φινέτσα του κέρδισε τους πάντες, όχι μόνο τους οπαδούς της Γιούβε, αλλά και ολόκληρου του ιταλικού ποδοσφαίρου. Τρελός με την Εθνική Ιταλίας,εγώ από μικρός και με τη Γιουβέντους μετέπειτα, παρακολουθούσα εκείνη την ομάδα, τη θαύμαζα και την υποστήριζα φανατικά.

Αγαπημένος μου παίκτης, μετά τον Ρομπέρτο Μπάτζιο, έγινε ο Ντελ Πιέρο. Σε κάποια φάση, τον είχα πιο πάνω και από τον δάσκαλο. Την αφίσα του, με την ασπρόμαυρη φανέλα να τη φοράει ανάποδα και να δείχνει το όνομά του και τον αριθμό του, την είχα στο προσκέφαλό μου. Την μπλε φανέλα της Γιούβε που φορούσε στον τελικό της Ρώμης, δεν την έβγαζα από πάνω μου. Όταν έπαιζα μπάλα και πήγαινα να βαρέσω φάουλ, για γούρι (παιδιά δημοτικού τότε) σχεδίαζα με τα δάχτυλα τις φαβορίτες και το μουσάκι του. Μέχρι να τραυματιστεί, ήταν πραγματικά από άλλον πλανήτη και μόνο που δεν φάνηκε στη Γιούβε το κενό του Μπάτζιο λέει πολλά.

Μεγάλη στεναχώρια όταν η Γιούβε έχανε τους τελικούς, αλλά και μεγάλη χαρά η προσμονή να παρακολουθήσεις, ξανά, αυτή την ομάδα και τον Ντελ Πιέρο. Να θυμηθούμε το γκολ του στον τελικό του Μονάχου, που γύρισε τραυματίας, να θυμηθούμε το χατ τρικ με τη Μονακό, την γκολάρα στο Μάντσεστερ, την 1η Οκτωβρίου του 1997, όταν στο γήπεδο παραβρέθηκαν κάποιοι γνωστοί μου, που είχαν πάει την προηγουμένη μέρα στο Άρσεναλ-ΠΑΟΚ. Να θυμηθούμε το σπαγγάτο τού Ιερό, που φήμες λένε ακόμα τον ψάχνει. Να θυμηθούμε όμως και, μετά τον τραυματισμό του, τις χαμένες ευκαιρίες στον τελικό με τους Γάλλους στο Euro 2000, όπου στέρησε από την Ιταλία ένα άνετο τρόπαιο και μια άνετη νίκη.

Δεν πρέπει να ξεχνάμε όμως τη δικαίωση του Άλεξ, όταν σκόραρε και σφύριξε τη λήξη στο ματς με τους Γερμανούς. Και ενώ στο πρώτο γκολ του Γκρόσο, οι πανηγυρισμοί μου πρέπει να ακούστηκαν μέχρι το Ντόρτμουντ, στο δεύτερο γκολ, μόλις σκοράρει ο Άλεξ, δάκρυσα... «Το χρωστούσες, Μεγαλέξανδρε... Το χρωστούσες... ΤΟ ΧΡΩΣΤΟΥΣΕΣ!» φώναζα. Βέβαια αυτοί που ήταν δίπλα δεν καταλάβαιναν γιατί το έλεγα, αλλά εγώ ήξερα πολύ καλά, γιατί επρόκειτο για το παιδικό ίνδαλμά μου. Χάρηκα που δικαιώθηκε. Τέλος, η πίστη στη Γιούβε -ακόμα και όταν ξέσπασε το σκάνδαλο Καλτσιόπολι- δείχνει το ήθος του ανθρώπου. Σαν έβαλε την φανέλα της Γιούβε δεν την έβγαλε, τίμησε με το παραπάνω την ομάδα, μέχρι που η διοίκηση δεν τον άφησε να συνεχίσει και να κλείσει την καριέρα του στην ομάδα που αγάπησε.

Σημαντικό ότι πρόλαβε το νέο γήπεδο της Γιούβε και ότι έφυγε σαν πρωταθλητής από την ομάδα. Ένας θρύλος, μια ιστορία.

ΝΟΛΜΠΕΡΤΟ ΣΟΛΑΝΟ

Ο πρώτος Περουβιανός που έπαιξε στην Πρέμιερ Λιγκ. Αγαπήθηκε από τους οπαδούς της Νιούκαστλ.

Ήταν σπεσιαλίστας στις εκτελέσεις φάουλ και θεωρούνταν ένας από τους καλύτερους εκτελεστές στημένων φάσεων στην Αγγλία, στα τέλη της δεκαετίας του '90 και αρχές του 2000...

ΓΙΟΧΑΝ ΚΡΟΪΦ

«Γιατί να μην μπορείς να νικήσεις μια πιο πλούσια ομάδα; Δεν έχω δει ποτέ ένα τσουβάλι με λεφτά να βάζει γκολ».

ΚΛΑΟΥΝΤΙΟ ΤΖΕΝΤΙΛΕ

Όταν βλέπω πλέον κάποιες κινήσεις μέσα στην περιοχή, καταλαβαίνω ότι το ποδόσφαιρο έχει αλλάξει πάρα πολύ. Βλέπω παίκτες, όπως ο Μέσσι και ο Ρονάλντο, να κάνουν 60+ γκολ τον χρόνο. Απλά λέω ένα πράγμα: Αν ποδοσφαιριστές όπως ο Φαν Μπάστεν, ο Ζίκο ή ο Μαραντόνα έπαιζαν σήμερα, τα γκολ τους θα ήταν αμέτρητα.

Όταν βλέπω τα παιχνίδια, βλέπω τους αμυντικούς άνετους, ούτε κλωτσιές, ούτε σκληρό παιχνίδι και όλα αυτά οφείλονται σε κανόνες που ωφελούν τους επιθετικούς. Όταν μου είπαν να μαρκάρω τον Μαραντόνα και τον Ζίκο, στο Παγκόσμιο Κύπελλο του '82, ορκίστηκα να τους ακολουθήσω οπουδήποτε. Δεν θα τους άφηνα να αναπνεύσουν. Θυμάμαι τον Ντιέγκο στο τέλος του πρώτου ημίχρονου στο παιχνίδι Αργεντινή-Ιταλία μου είπε: «Μπορώ να πάω στο μπάνιο ή θα με ακολουθήσεις κι εκεί;» Του είπα, «πήγαινε, ένα δεκάλεπτο και θα γυρίσεις πίσω στον εφιάλτη σου».

ΜΑΞΙΜΙΛΙΑΝΟ ΠΑΡΙΕΝΤΕ, 10 ΕΤΩΝ

Νιούελς Ολντ Μπόις εναντίον Ροζάριο Σεντράλ, εν έτει 2016. Αγώνας για το παιδικό πρωτάθλημα.

Η ομιλία ενός πιτσιρικά, του αρχηγού της Νιούελς, συγκλονίζει:

«Σήμερα έχουμε έναν τελικό. Είναι ένα παιχνίδι στο οποίο παλεύουμε για όσα έχουμε κάνει κατά τη διάρκεια της χρονιάς. Θυμηθείτε την πρώτη ημέρα που σας είδα, στις 20 Ιανουαρίου. Θυμηθείτε εκείνη την ημέρα, όλες τις προπονήσεις, όλες τις στερήσεις.

Σήμερα είμαστε εδώ για να νικήσουμε. Σήμερα θα είμαστε πρωταθλητές. Θα πρέπει να αφήσουμε τα πάντα στον αγωνιστικό χώρο. Όταν θα έχει τελειώσει το ματς, θέλω να σας αγκαλιάσω, ανεξάρτητα από το αποτέλεσμα, και θέλω να πω ότι δώσαμε τα πάντα γι' αυτή τη φανέλα, επειδή είναι η μεγαλύτερη στο Ροζάριο».

ΖΑΝ ΤΟΝΤ (ΠΡΟΕΔΡΟΣ ΤΗΣ ΦΕΡΑΡΙ) ΓΙΑ ΜΙΚΑΕΛ ΣΟΥΜΑΧΕΡ

Έχουν περάσει 4 χρόνια, αλλά μοιάζουν αιώνες. Μου λείπει ο Μάικλ, αλλά ξέρω ότι ακόμα παλεύει. Είναι ένα ιδιαίτερο πρόσωπο για όλους, για τους ανθρώπους των κινητήρων, για την ιστορία του αθλητισμού και για όλους τους Ιταλούς, παρά τη Γερμανική του ιθαγένεια. Δεν έχω συναντήσει ποτέ έναν ταπεινό άνθρωπο σαν αυτόν. Ήταν πάντα ανασφαλής, πάντα φοβόταν μην κάνει λάθος, ήθελε να εκπληρώσει τα όνειρά του. Θυμάμαι όταν ήταν έτοιμος να ξεκινήσει τη σεζόν του 2001, πολύ δειλά μια μέρα μου τηλεφώνησε και με ρώτησε αν μπορούσε να δοκιμάσει στην πίστα του Φιοράνο.

Απάντησα, «γιατί πρέπει να κάνεις αυτές τις εξετάσεις;»

«Για να δω αν μπορώ ακόμα να οδηγήσω».

Τότε δεν μπορούσε να καταλάβει.

Είπα, «Μίκαελ, τι λες; Είσαι ο πρωταθλητής του κόσμου».

«Νιώθω την ανάγκη να κάνω αυτά τα τεστ», απάντησε.

Έκανε τις εξετάσεις και δεν υπήρχε πρόβλημα. Μια βδομάδα αργότερα, χτύπησε την πόρτα μου:

«Μπορώ να έρθω μέσα;»

«Φυσικά και μπορείς...»

Ήρθε κοντά και είπε:

«Σ' ευχαριστώ, Ζαν, για τις εξετάσεις. Συνειδητοποίησα ότι μπορώ ακόμα να είμαι ο καλύτερος. Είμαστε η Φεράρι και θα τρέξω γι' αυτά τα χρώματα μέχρι να νιώσω μέσα μου ότι μπορώ να αγωνιστώ για το υψηλότερο επίτευγμα».

Αυτός είναι ο Μίκαελ. Είναι κάποιος με πλήρη έλλειψη αλαζονείας. Κάποιος που θα μπορούσε να κατακτήσει τον κόσμο, αλλά παρ' όλα αυτά, πάντα ρωτούσε: «Μπορώ;»

ΕΡΝΙ ΚΡΑΟΥΤΣ

Πριν δύο χρόνια, έφυγε από τη ζωή, ο Έρνι Κράουτς.

Ποιος ήταν ο Έρνι Κράουτς;

Όταν η Άρσεναλ είχε μια χρυσή εποχή, πριν τον Β' Παγκόσμιο Πόλεμο, ήταν εκεί.

Όταν η Άρσεναλ πάλεψε, μετά τον πόλεμο, για να σταθεί στα πόδια της, ήταν εκεί.

Όταν η Άρσεναλ κέρδισε το κύπελλο το 1970, ήταν εκεί.

Όταν η Άρσεναλ κέρδισε τον τίτλο την τελευταία στιγμή το 1989 ήταν εκεί.

Όταν έμπαιναν οι βάσεις για την ομάδα που οδηγούσε ο Βένγκερ την δεκαετία του '90, ήταν εκεί.

Ο Έρνι Κράουτς, από το 1934, ακολουθούσε την Άρσεναλ παντού. Το έκανε και την τελευταία του μέρα, όταν ήταν 90 ετών.

Αυτός ο άνθρωπος είναι ένα σύμβολο για τους οπαδούς της Άρσεναλ, που ακόμα πιστεύουν ότι όταν παίζει η ομάδα τους, ο Έρνι Κράουτς θα είναι εκεί.

Όπως πάντα...

ΜΠΑΛΑ ΣΤΗ ΒΡΟΧΗ

«Βρέχει. Θα παίξουμε μπάλα;»

Η βροχή τρομάζει τόσο πολύ στις μέρες μας. Αυτό που είναι κακό, είναι να παραμείνεις με τα βρεγμένα ρούχα για αρκετή ώρα. Η κίνηση αυξάνει τη θερμότητα που παράγεται, η οποία -με τα σωστά ρούχα- δε θα χαθεί. Έτσι διατηρείς τη θερμοκρασία του σώματος, εκτός βέβαια από τα άκρα, ιδίως τα χέρια.

Το ανθρώπινο σώμα είναι μια τέλεια μηχανή, η οποία προσαρμόζεται συνεχώς στο περιβάλλον. Το να κάνεις οποιοδήποτε σπορ στη βροχή βοηθάει να σκληρύνει το σώμα, να τονώσει τους μύες και να ενισχύσει το ανοσοποιητικό σύστημα.

Για να μην υπάρχει κίνδυνος, είναι σημαντικό να εκτιμηθεί αν στο γήπεδο είναι εφικτό να γίνει προπόνηση. Καλύτερα να χρησιμοποιούνται σημεία του γηπέδου όπου δεν υπάρχουν νερά καθώς η πολλή βροχή αυξάνει τον κίνδυνο για συχνές πτώσεις.

Αν βρέχει δυνατά, αποφύγετε την άμεση εκκίνηση της προπόνησης ή του παιχνιδιού. Ξεκινήστε την προθέρμανση εντός αποδυτήριων, δίνοντας στο σώμα τη σωστή θερμότητα. Η θέρμανση του σώματος πρέπει να είναι πλήρης, γιατί με κρύο, βροχή, άνεμο και χιόνι, ο κίνδυνος τραυματισμού των μυών αυξάνεται.

Όλες οι ασκήσεις πρέπει να γίνονται στα αποδυτήρια, έτσι ώστε να μειωθεί, όσο το δυνατόν περισσότερο, ο νεκρός χρόνος και να μένει ο οργανισμός σε κίνηση.

Η χρήση των εσωθερμικών επιτρέπει να διατηρήσουμε τη θερμότητα που παράγεται από το ανθρώπινο σώμα, διατηρώντας το σώμα θερμότερο.

Ένα ζεστό ντους για να επαναφέρουμε το σώμα στη σωστή θερμοκρασία, στο τέλος είναι απαραίτητο. Ένα ντους αφαιρεί όλους τους κινδύνους ψύξης, φέρνοντας τον οργανισμό στην ιδανική θερμοκρασία, αφαιρώντας όλες τις τοξίνες και πρακτικά τον κίνδυνο των ασθενειών. Μπορείς να παίξεις 90 λεπτά στη βροχή, στο χιόνι και τον άνεμο. Το σημαντικό είναι μετά να κάνεις ένα ζεστό ντους. Το κρυολόγημα δε θα έρθει ποτέ, ούτε με χιόνι, ούτε με βροχή, ούτε με άνεμο.

Ο ΡΙΚΑΡΝΤΟ ΚΑΚΑ, ΑΝΑΚΟΙΝΩΣΕ ΤΟ ΤΕΛΟΣ ΤΗΣ ΠΟΔΟΣΦΑΙΡΙΚΗΣ ΤΟΥ ΚΑΡΙΕΡΑΣ

«Πατέρα,

Μου έδωσες περισσότερα, απ' όσα μπορούσα να φανταστώ.

Σ' ευχαριστώ!

Τώρα είμαι έτοιμος για το επόμενο ταξίδι.

Στο όνομα του Θεού... Αμήν».

ΣΕΝΤΕΡ ΦΟΡ

Τι χρειάζεσαι για να γίνεις επιθετικός;

Σίγουρα πολλά πράγματα, αλλά αν πρέπει να κάνεις ένα, πρέπει να είσαι «κακός» με την μπάλα.

Όχι όπως το καταλαβαίνεις.

Πρέπει να έχεις το σωστό βλέμμα.

Πρέπει να είσαι πρόθυμος, πρέπει να είσαι προσεκτικός γιατί σε κάθε ευκαιρία πρέπει να είσαι έτοιμος να χτυπήσεις χωρίς δισταγμό.

Διαύγεια και τσαγανό, ξεκινώντας με την ιδέα ότι «κάθε μπάλα μέσα στην περιοχή πρέπει να είναι δική σου, με οποιοδήποτε κόστος».

Πρέπει να πας εκεί πρώτος.

Όπως όταν σου αρέσει μια γυναίκα.

Να την καταλάβεις λίγο πιο νωρίς από τους άλλους, να τη δεις και να κάνεις τα πάντα για να την κατακτήσεις.

Αν διστάσεις θα πάει κάποιος άλλος και θα χαθεί η σωστή στιγμή και η ευκαιρία σου.

Πρέπει να είσαι καλός στο να κάνεις τον εαυτό σου να εμφανίζεται από το πουθενά.

Στην πραγματικότητα, απλά, πήγαινε εκεί πρώτος.

Με το «κακό» και το σωστό βλέμμα.

Αν το έχεις, μπορείς να το καταλάβεις, όταν το κάνεις... όταν το κάνεις, δίνεις στο σουτ ό,τι έχεις μέσα σου, συμπεριλαμβανομένου του θυμού και της οργής. Η αποφασιστικότητα, οδηγεί στην επιθυμητή στιγμή.

Πρέπει να είσαι ο καλύτερος σ' αυτό, μα και ο πιο γρήγορος, πάνω απ' όλα.

Εκείνη τη στιγμή...

Μέσα στην περιοχή...

Ένας συνεχής αγώνας για το ποιος έρχεται πρώτος, κάθε μέρα...

ΣΑΝΤΙΑΓΟ ΜΠΕΡΝΑΜΠΕΟΥ, Ο ΕΜΒΛΗΜΑΤΙΚΟΣ ΠΡΟΕΔΡΟΣ ΤΗΣ ΡΕΑΛ ΜΑΔΡΙΤΗΣ

Η φανέλα της Ρεάλ Μαδρίτης είναι λευκή. Μπορεί να λερωθεί από τη λάσπη, μπορεί να λερωθεί από τον ιδρώτα, μπορεί να λερωθεί ακόμα και από το αίμα, αλλά ποτέ να μην ντρέπεσαι να τη φοράς.

ΓΚΑΜΠΡΙΕΛ ΟΜΑΡ ΜΠΑΤΙΣΤΟΥΤΑ

Αγάπησα το ποδόσφαιρο και όλα όσα το συμπεριλαμβάνουν κατά τη διάρκεια των χρόνων που αγωνίστηκα. Αυτό που δεν μου αρέσει τόσο είναι οι συνεντεύξεις και οι άνθρωποι οι οποίοι μέχρι πρόσφατα είχαν τον έλεγχο του ποδοσφαίρου. Μου αρέσει το ποδόσφαιρο αλλά όχι όλα τα πράγματα σχετικά με αυτό.

ΤΖΙΑΝΛΟΥΙΤΖΙ ΜΠΟΥΦΟΝ

Το να παίξω στη Serie B δεν ήταν λογική επιλογή, αλλά μία από αυτές που παίρνεις με την καρδιά. Άλλοι παίκτες στην ομάδα έκαναν άλλες επιλογές. Οι επιλογές που παίρνεις στη ζωή μπορούν να είναι σκληρές, ίσως δεν κάνουν τη ζωή σου ευκολότερη, αλλά σε κάνουν το άτομο που είσαι. Η Serie B ήταν σίγουρα μια εμπειρία, αλλά έχω ανάμικτα συναισθήματα για αυτή. Το να πω ότι το απόλαυσα δεν θα ήταν η σωστή λέξη, αλλά ναι, η σεζόν ήταν μια εμπειρία...

ΦΡΑΝΤΣΕΣΚΟ ΤΟΤΤΙ ΓΙΑ ΠΑΟΛΟ ΜΑΛΝΤΙΝΙ

Όταν έπαιζα εναντίον της Μίλαν, ήξερα ότι εκεί θα υπήρχε ο Πάολο Μαλντίνι. Δεν σε άφηνε να αγγίξεις την μπάλα. Δεν έπρεπε να κάνεις λάθος. Όταν ήρθα αντιμέτωπος, πρώτη φορά μαζί του, προσπαθούσα να βρω τον ρυθμό μου. Δεν μπορούσα να φερθώ φυσιολογικά και να παίξω το παιχνίδι μου. Φοβόμουν ακόμα και να τον κοιτάξω...

ΜΙΡΟΣΛΑΒ ΚΛΟΖΕ

Τα παιδιά πάνε σε σχολές ποδοσφαίρου σήμερα, αλλά υπάρχουν πράγματα που δεν μαθαίνεις εκεί. Για μένα, ήταν σημαντικό το γεγονός, ότι ήμουν μαθητευόμενος σε ξυλουργείο. Αφού τελείωσα το σχολείο, πέρασα τρία χρόνια σαν μαθητευόμενος σε ξυλουργείο. Ήταν μια σημαντική στιγμή που με διαμόρφωσε ως άνθρωπο. Πέρασα μέρες και μέρες να στέκομαι κόβοντας ξύλα, για να τα βάζω στις στέγες των σπιτιών. Από τότε, κατάλαβα το αποτέλεσμα των προσπαθειών που έγιναν. Το σημαντικό είναι να μπορέσουμε να δούμε τα αποτελέσματα για να συνειδητοποιήσουμε την ποιότητα της εργασίας που έχει γίνει.

Η σχέση μου με τα κοινωνικά δίκτυα; Δεν μου αρέσουν. Υπάρχουν εκατοντάδες προφίλ με το όνομά μου, αλλά δεν είμαι εγώ. Δε νομίζω ότι είναι τόσο ενδιαφέρον να δείξω τι κάνω στην προσωπική μου ζωή. Δεν ξέρω αν υπάρχει κάποιος που να θέλει να δει πώς τρώω, πώς πίνω ή πώς παίζω με τα παιδιά μου. Δεν νομίζω...

ΑΛΕΞΙΣ ΣΑΝΤΣΕΖ

Το δικό μου ποδόσφαιρο, είναι το ποδόσφαιρο του δρόμου.

Αυτό που αναπτύσσεται στον δρόμο, ξυπόλητος, με άλλα παιδιά που παίζουν με μια μπάλα.

Μου αρέσει να τους δείχνω κόλπα με την μπάλα. Το θέμα είναι, ότι όταν παίζω μερικά παιχνίδια μαζί τους, ξέρω ότι τα παιδιά είναι ενθουσιασμένα, γιατί τους αρέσουν αυτά τα πράγματα.

Μου δίνουν έμπνευση. Το κάνω και τώρα, γιατί ποτέ δεν πρέπει να σταματήσεις να παίζεις και να μαθαίνεις.

ΑΝΤΡΕΑ ΜΠΕΛΟΤΙ

Κάνω ό,τι μπορώ, για να γίνουν τα όνειρά μου πραγματικότητα. Για μένα, αλλά και για τους γονείς μου.

Ο πατέρας μου δουλεύει σε ένα φωτοτυπικό κέντρο, η μητέρα μου δούλευε σε μια εταιρεία που φτιάχνει ρούχα.

Μου έμαθαν την αξία της θυσίας. Πέρυσι ήθελα η μαμά μου να σταματήσει να δουλεύει γιατί δεν μπορούσα να τη βλέπω τόσο αδύναμη και κουρασμένη.

Αν έχω πετύχει κάτι σήμερα, τους το χρωστάω...

ΖΙΝΕΝΤΙΝ ΖΙΝΤΑΝ

Όταν ήμουν παιδί έκλαιγα επειδή δεν είχα λεφτά να αγοράσω παπούτσια ποδοσφαίρου. Μέχρι που είδα έναν άντρα χωρίς πόδια και είδα πόσο πλούσιος ήμουν.

ΣΕΡ ΑΛΕΞΑΝΤΕΡ ΜΑΘΙΟΥ «ΜΑΤ» ΜΠΑΣΜΠΙ,Ο ΠΡΟΠΟΝΗΤΗΣ ΘΡΥΛΟΣ ΤΗΣ ΜΑΝΤΣΕΣΤΕΡ ΓΙΟΥΝΑΪΤΕΝΤ

Το 90% των Βρετανών παικτών ομολογούν ότι θέλουν να παίξουν στη Manchester United. Το άλλο 10% αποτελείται από ψεύτες.

ΑΡΙΕΝΤΟ ΜΠΡΑΙΝΤΑ (ΚΥΝΗΓΟΣ ΤΑΛΕΝΤΩΝ ΤΗΣ ΜΙΛΑΝ) ΓΙΑ ΑΝΤΡΕΪ ΣΕΦΤΣΕΝΚΟ

Τον είδα από την τηλεόραση και έτσι αποφασίσαμε να πάμε να τον δούμε ζωντανά. Σ' αυτό το παιχνίδι, έπαιξε άσχημα, οπότε μου λέει ο Γκαλιάνι ειρωνικά: «Είσαι τρελός και θέλεις να αγοράσουμε αυτόν;»

Αλλά ήμουν πεπεισμένος, επειδή κανείς δεν μπορεί να παίξει όλα τα παιχνίδια καλά. Έτσι πήγα πίσω στο Κίεβο, έδωσα στο αγόρι μια φανέλα της Μίλαν και του είπα: «Με αυτή τη φανέλα, θα κερδίσεις τη Χρυσή Μπάλα».

Λίγα χρόνια αργότερα, όταν του δόθηκε η χρυσή μπάλα, με κοίταξε χαμογελώντας και είπε, «Τα ήξερες όλα, ε;»

ΕΝΤΣΟ ΜΠΕΑΡΖΟΤ, Ο ΠΡΟΠΟΝΗΤΗΣ Ο ΟΠΟΙΟΣ ΟΔΗΓΗΣΕ ΤΗΝ ΙΤΑΛΙΑ ΣΤΗΝ ΚΑΤΑΚΤΗΣΗ ΤΟΥ ΜΟΥΝΤΙΑΛ ΤΟΥ 1982

Δεν έχω πάει στο γήπεδο εδώ και πολύ καιρό. Έχω ακούσει αποτρόπαιες προσβολές.

Στο Μουντιάλ του '90 άκουσα να γιουχάρουν τον ύμνο της Αργεντινής και ντρεπόμουν.

Κατά τη διάρκεια του παιχνιδιού μπορείς να υποστηρίζεις την ομάδα σου και να αποδοκιμάζεις τους αντιπάλους, αλλά ο εθνικός ύμνος είναι ιερός. Το γιουχάρισμα είναι μια κακή κουλτούρα ποδοσφαίρου και αθλητισμού γενικότερα.

ΖΛΑΤΑΝ ΙΜΠΡΑΪΜΟΒΙΤΣ ΓΙΑ ΦΑΜΠΙΟ ΚΑΠΕΛΟ

Ο Καπέλο μια μέρα με φωνάζει στο γραφείο του. Εκεί υπάρχει μια μικρή τηλεόραση. Βάζει μια κασέτα στο βίντεο και λέει: «δες αυτόν τον ποδοσφαιριστή. Μου τον θυμίζεις. Έχεις καλύτερη τεχνική από αυτόν, αλλά δεν έχεις τις κινήσεις του στην περιοχή. Αυτό που σου λείπει είναι αυτό. Κοίτα και μελέτησε τις κινήσεις του».

Στο βίντεο υπήρχαν τα γκολ του Φαν Μπάστεν.

Βλέπω... γκολ, γκολ κι άλλα γκολ.

Την επόμενη εβδομάδα, ένιωσα καλά. Μετά από μια κουβέντα, στον δρόμο για τα αποδυτήρια, ακούω μια κραυγή «Ίμπρα...»

Θα γυρίσω και θα δω ένα δάχτυλο να δείχνει την περιοχή.

Ήταν ο συνεργάτης του Καπέλο. Θα πάω εκεί και θα πω «η προπόνηση δεν τελείωσε;»

«Τώρα πρέπει να συνεχίσεις...»

Και έτσι ένιωσα τις κινήσεις στην τηλεόραση και προσπαθούσα να τις κάνω κάθε μέρα.

Μερικές ημέρες, όταν ήμουν πιο κουρασμένος, προσπαθούσα να πηγαίνω πιο γρήγορα στα αποδυτήρια, αλλά υπήρχε πάντα η κραυγή «Ίμπρααα...» και το νεύμα.

Δύσκολο, αλλά έτσι ήταν καλύτερα.

ΡΙΚΑΡΝΤΟ ΚΑΚΑ ΓΙΑ ΡΟΝΑΛΝΤΟ

Ήμασταν στα αποδυτήρια και μιλούσαμε πριν την προπόνηση. Ο κ. Αντσελότι έφτασε και μεταξύ σοβαρού και αστείου, ρώτησε:

«Γιατί δεν είσαι συγκεντρωμένος στο αυριανό παιχνίδι;»

«Γιατί μιλάμε ο ένας στον άλλο, η προπόνηση δεν έχει ξεκινήσει ακόμα» απάντησε ο Ρονάλντο.

Τότε ο Αντσελότι είπε:

«Ρονάλντο, τουλάχιστον ξέρεις με ποιον θα παίξουμε αύριο;»

Ναι, φυσικά. Ενάντια στη Σιένα»

Και τότε ο προπονητής συνέχισε:

«Λοιπόν, και ποιοι είναι οι αμυντικοί τους;»

Η απάντηση του Ρονάλντο ήταν ωμή και ειλικρινής:

«Δεν ξέρω. Αλλά είμαι σίγουρος ότι αυτοί με ξέρουν...»

ΧΟΥΑΝ ΡΟΜΑΝ ΡΙΚΕΛΜΕ

Την ημέρα της παρουσίασής μου από την Μπαρτσελόνα, ήταν και ο πρόεδρος και ο προπονητής Λουίς Φαν Γκάαλ. Στο τέλος της συνέντευξης τύπου, ο Φαν Γκάαλ μου είπε ότι έπρεπε να μιλήσει σ' εμένα. Καθίσαμε μπροστά σε ένα τραπέζι γεμάτο βίντεο.

Είπε, «είσαι ο καλύτερος παίκτης στον κόσμο όταν έχεις την μπάλα, αλλά όταν η ομάδα σου δεν έχει την μπάλα, την αφήνεις με έναν παίκτη λιγότερο. Έχουμε ένα σύστημα εδώ, 4-3-3, και θα πρέπει να παίξεις όπως σου πω».

Δεν μου άρεσε αυτός ο ρόλος. Ήθελα να είμαι στη δράση, κοντά στο κέντρο.

Μου είπε ότι ήμουν τσαπατσούλης. Δεν τον ένοιαζε για τις τριπλές και τις ασίστ που έκανα.

Δεν το είχα πάρει καλά, αλλά τουλάχιστον ο Φαν Γκάαλ ήταν ειλικρινής. Εκτιμώ τους ανθρώπους που μου λένε πράγματα απευθείας.

ΧΡΙΣΤΟΥΓΕΝΝΑ ΤΟΥ 1914

Ήταν η πιο αυθόρμητη ανακωχή της παγκόσμιας ιστορίας. Κανένας δεν μπορεί να πει με σιγουριά, ποιο ήταν το σημείο του μετώπου απ' όπου έγινε η αρχή.

Φαίνεται ότι την πρωτοβουλία πήρε ένας Γερμανός στρατιώτης, που εκτός από τη μητρική του γλώσσα, μιλούσε και αγγλικά. Πρόκειται για τον οπλίτη Μέκελ, όπως αφηγείται, σε διασωθείσες επιστολές του, ο συστρατιώτης του Κουρτ Τσέμις: «Ο στρατιώτης Μέκελ από τον λόχο μου, που για πολλά χρόνια είχε ζήσει στη Βρετανία. Φώναξε μιλώντας αγγλικά, απευθυνόμενος στο απέναντι εχθρικό χαράκωμα. Οι στρατιώτες βγήκαν από τα χαρακώματα. Έσφιξαν τα χέρια και αλληλοευχήθηκαν Χαρούμενα Χριστούγεννα...»

Στο χαράκωμά μας είχαμε τοποθετήσει ήδη γιορτεστικά δεντράκια και κεριά. Μετά την πετυχημένη συνάντησή μας με τους Άγγλους, βάλαμε ακόμα περισσότερα στολίδια. Οι Άγγλοι έδειχναν τη χαρά τους για τα φωταγωγημένα χαρακώματά μας. Φώναζαν, σφύριζαν και χειροκροτούσαν. Εγώ, όπως και οι περισσότεροι, όλη τη νύχτα την πέρασα ξάγρυπνος. Μπορεί να έκανε κρύο, αλλά ήταν υπέροχα.

Ο Τσέμις επέζησε του Α' Παγκοσμίου Πολέμου. Έχασε τη ζωή του περί τα τέλη του Β' Παγκοσμίου Πολέμου, αιχμάλωτος των συμμάχων.

Ανήμερα τα Χριστούγεννα οι Γερμανοί βγήκαν πρώτοι από τα χαρακώματα κι άρχισαν να κατευθύνονται προς το μέρος των Άγγλων, που τους αντέγραψαν αυθόρμητα. Χαιρετήθηκαν και άρχισαν να παίζουν ποδόσφαιρο.

Το περιστατικό αυτό, έγινε και κινηματογραφική ταινία.

Έχει τον τίτλο «Καλά Χριστούγεννα».

ΝΕΒΕΝ ΣΟΥΜΠΟΤΙΤΣ

Υπάρχουν άνθρωποι που περνάνε τα Χριστούγεννα σε ζεστά μέρη, μακριά από το ευρωπαϊκό κρύο.

Οι ποδοσφαιριστές συχνά δείχνουν εικόνες από λευκές παραλίες με κρυστάλλινα νερά.

Υπάρχουν επίσης και εκείνοι που πήγαν σε ένα ζεστό μέρος, αλλά όχι για διακοπές.

Στην πραγματικότητα, ο Νέβεν Σούμποτιτς, αμυντικός της Μπορούσια Ντόρτμουντ, πέρασε τα Χριστούγεννα στην Αιθιοπία, για να ελέγξει μόνος του, τα επιτεύγματα του Ιδρύματος που δημιούργησε για να βοηθήσει τα παιδιά σε φτωχές χώρες.

Στην Αιθιοπία, προκειμένου να βρεθεί λίγο νερό, πρέπει να περπατήσουν πολλά χιλιόμετρα και συχνά τα παιδιά είναι αυτά που κάνουν τα μεγάλα ταξίδια. Το Ίδρυμα προσπάθησε να βελτιώσει την κατάσταση εντοπίζοντας περισσότερες από 100 πηγές σε 5 χρόνια.

Ο Σούμποτιτς, λοιπόν, στις διακοπές του, πήγε στην Αφρική για να δει προσεκτικά την πρόοδο.

«Εδώ νιώθω σαν στο σπίτι μου, για τους υπέροχους ανθρώπους που συναντώ. Νιώθω να έχω πολλούς φίλους. Όλοι θέλουμε έναν καλύτερο κόσμο, θέλουμε παιδιά τα οποία θα ζουν σε έναν αξιοπρεπή κόσμο».

Σ' αυτούς που τον ρώτησαν γιατί έκανε αυτό το ταξίδι, απάντησε:

«Είμαι πεπεισμένος ότι είναι το σωστό. Το να περάσω τα Χριστούγεννα στην πισίνα, για μένα δεν είναι επιλογή...»

ΠΑΘΟΣ ΓΙΑ ΤΟ ΠΟΔΟΣΦΑΙΡΟ

«Ρώτησέ μας για την παιδική ηλικία και θα θυμόμαστε τα παιχνίδια μας στο τσιμέντο.

Πες μας για ισότητα και θα σκεφτούμε τις ομάδες που δημιουργούσαμε αυθόρμητα, αλλά πάντα ισοδύναμες.

Πες μας για νοσταλγία και θα θυμόμαστε τις πύλες των παλιών σπιτιών, δύο πέτρες, δύο ρούχα, δύο ξύλα να γίνονται εστίες.

Ρώτησε τι έχει μείνει στην καρδιά μας και θα εξηγήσουμε την ομορφιά του πραγματικού ποδοσφαίρου που το μαθαίνει κάθε παιδί στον δρόμο... Το ποδόσφαιρο που θα κρατάμε πάντα, σαν ανάμνηση στις καρδιές μας.

Γιατί αυτοί που ποτέ δεν έξυσαν τα γόνατά τους στην άσφαλτο, δεν μπορούν να πουν ότι αγαπούν το ποδόσφαιρο.

ΣΕΜΠΑΣΤΙΑΝ ΦΡΕΪ

Πήγα να δω τα παιδιά να παίζουν ποδόσφαιρο. Βλέπω και τον γιο μου, τον Ντάνιελ. Μπορεί να φταίνε οι γονείς, δεν ξέρω, αλλά τα πράγματα έχουν πάρει λάθος τροπή. Θέλουν το μεγάλο αυτοκίνητο, τα παπούτσια με το όνομά τους πάνω, ενώ το ποδόσφαιρο είναι κάτι άλλο. Δεν ξέρω τι θα έδινα για να επιστρέψω στην ηλικία που σκέφτεσαι «μόνο να κλωτσήσεις την μπάλα». Στην περίπτωσή μου, να ξαναφορέσω γάντια και να παίξω με τους φίλους μου.

Όταν άρχισα να παίζω, υπήρχε σεβασμός. Ο λόγος ενός ατόμου είχε την ίδια αξία με μια υπογραφή. Τώρα δεν μετράει καν η υπογραφή...

ΓΙΟΧΑΝ ΚΡΟΪΦ ΓΙΑ ΡΟΜΑΡΙΟ

Μια μέρα ο Ρομάριο μου ζήτησε 3είς μέρες άδεια για να πάει στο καρναβάλι του Ρίο. Είπα, «αν βάλε s 2 γκολ αύριο, θα σου δώσω 2 μέρες».

Την επόμενη μέρα ο Ρομάριο σκόραρε 2 γκολ στα πρώτα 20 λεπτά και αμέσως μετά μου ζήτησε να βγει. Τον ρώτησα τι συνέβη, και απάντησε «κύριε, το αεροπλάνο μου για το Ρίο φεύγει σε μια ώρα...»

Δεν είχα άλλη επιλογή, κράτησε την υπόσχεσή του.

ΤΖΙΤΖΙ ΡΙΒΑ

Συνειδητοποίησα πόσο αγαπούσα τη Σαρδηνία πηγαίνοντας μέσα στα σπίτια των Βοσκών της περιοχής. Πήγα σε μια μικρή πόλη, στη Σεούι, στην επαρχία Νουόρο. Εκεί μέσα σ' ένα σπίτι παρατήρησα μια φωτογραφία μου, ανάμεσα σε οικογενεια‹ές φωτογραφίες.

Ο φίλος που με συνόδευε ζήτησε τη φωτογραφία μου και η γυναίκα του σπιτιού, χωρίς να με αναγνωρίσει, είπε: «αυτός είναι ο Τζίτζι Ρίβα, καλός ποδοσφαιριστής και καλός άνθρωπος, είναι το καμάρι της περιοχής μας».

ΡΟΝΑΛΝΤΟ

Την ημέρα του αποχαιρετισμού μου στο ποδόσφαιρο, στο τελευταίο παιχνίδι με τη Βραζιλία, στο τελευταίο σφύριγμα, αφού αποχαιρέτησα τους οπαδούς του ποδοσφαίρου και βλέποντας το γήπεδο για τελευταία φορά, το μυαλό μου πήγε στην ημέρα του τραυματισμού μου. Θυμάμαι όλους να λένε «το φαινόμενο τελείωσε».

Ειλικρινά, έτσι νόμιζα κι εγώ. Αλλά μετά ήρθαν στο μυαλό μου όλα τα γκολ και οι μεγάλες στιγμές της καριέρας μου και μπορώ να πω με βεβαιότητα ότι μετά τον τραυματισμό μου, έβαλα 110 γκολ σε 178 εμφανίσεις, με όλες τις ομάδες, παίζοντας σχεδόν με μισό πόδι. Κέρδισα το παγκόσμιο Κύπελλο με τη Βραζιλία, το 2002, και έγινα ο πρώτος σκόρερ της Εθνικής. Τότε χαμογέλασα. Χαμογέλασα γιατί συνειδητοποίησα ότι δεν ήμουν τόσο τελειωμένος...

ΑΛΕΣΑΝΤΡΟ ΝΤΕΛ ΠΙΕΡΟ

Οι γονείς μου ήταν πολύ καλοί γιατί ποτέ δεν με ανάγκασαν να κάνω κάτι που δεν ήθελα. Αυτό είναι το μεγάλο λάθος που κάνουν οι γονείς γενικά. Η συμπεριφορά των γονιών είναι καθοριστική για τα παιδιά, είτε γι' αυτά που θέλουν, είτε γι' αυτά που δε θέλουν ν' ασχοληθούν με τον αθλητισμό.

ΡΟΝΑΛΝΤΟ

Όταν ήμουν παιδί λάτρευα να παίζω στην αυλή του σπιτιού μου. Δεν είχαμε πολύ μεγάλο σπίτι, αλλά είχαμε αρκετό χώρο για να παίξουμε ποδόσφαιρο. Το σπίτι μας ήταν περιτριγυρισμένο από οπωροφόρα δέντρα όπως μάνγκο, αχλαδιές κλπ. Έτσι, έκανα ντρίπλες ανάμεσα από τα δέντρα όταν τα αδέρφια μου δεν ήθελαν να παίξουν. Όσο ήμουν εκεί, πάντα σκεφτόμουν το ίδιο πράγμα: Θέλω να είμαι ο καλύτερος ποδοσφαιριστής που υπήρξε ποτέ.

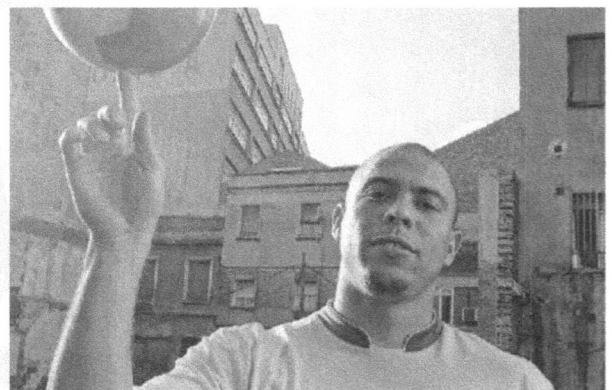

ΑΛΕΣΑΝΤΡΟ ΝΤΕΛ ΠΙΕΡΟ ΓΙΑ ΦΡΑΝΤΣΕΣΚΟ ΤΟΤΤΙ

Οι εποχές στο ποδόσφαιρο αλλάζουν και δεν τελειώνουν ποτέ. Όλα γίνονται και όλα περνάνε πάντα. Είμαστε πολύ διαφορετικοί, αλλά έχουμε κάνει πολύ παρόμοια ταξίδια. Γι' αυτό είμαστε τόσο κοντά και η σχέση μας ήταν πάντα ξεχωριστή. Τον σέβομαι τόσο πολύ και ξέρω ότι αισθάνεται το ίδιο για μένα. Ο ανταγωνισμός υπήρχε, η εκτίμηση και η φιλία όμως πάνε πιο μακριά. Το γεγονός ότι είμασταν συμπαίκτες στην εθνική ομάδα, μας ένωνε. Στην πραγματικότητα και οι δύο θέλαμε πάντα να παίζουμε μαζί...

ΧΑΡΙ ΚΕΪΝ

Ήταν 1η Ιανουαρίου του 2004. Ήμουν 11 ετών και ο παππούς μου με ρώτησε: «Χάρι, τι θέλεις να γίνεις όταν μεγαλώσεις;» Είπα, «θέλω να γίνω όπως ο Άλαν Σίρερ».

Είναι μια φράση που θυμάμαι πολύ καλά, γιατί ήμουν στον διάδρομο του σπιτιού, με την μπάλα ανάμεσα στα πόδια μου, προσπαθώντας να μιμηθώ τον Σίρερ, σε ένα από τα γκολ του. Δεν ξέρω αν κάποια μέρα θα γίνω σαν αυτόν, αλλά ήταν το πρότυπό μου, από τότε που ήμουν παιδί.

Σήμερα μπορώ να πω ότι κάτι κατάφερα. Το 2017 ήταν μια καλή χρονιά για μένα. Παίζω στην Εθνική, βάζω πολλά γκολ με την Τότεναμ. Νομίζω ότι τα αγόρια πρέπει πάντα να έχουν ένα θετικό και καλό πρότυπο για να ακολουθήσουν, όπως είχα εγώ τον Σίρερ. Εύχομαι μια μέρα πολλά παιδιά να ακολουθήσουν το παράδειγμα του ποδοσφαιριστή Κέιν. Μακάρι κάποιοι στο μέλλον να απαντήσουν το ίδιο πράγμα που είπα κάποτε στον παππού μου: «Θέλω να γίνω σαν τον Χάρι Κέιν!»

ΤΙΕΡΙ ΑΝΡΙ

Γεννήθηκα στο Les Ulis, ένα προάστιο του Παρισιού και στον δρόμο έχω μάθει πολλά πράγματα έτσι ώστε, αν μπορούσα να επιλέξω, θα ήθελα να ξαναζήσω κάθε στιγμή που ζούσα εκεί. Αλλά αν έγινα ο άντρας που είμαι τώρα, τα χρωστάω όλα στον πατέρα μου. Έχω δει κάποια απαίσια πράγματα στην παιδική μου ηλικία, αλλά ευτυχώς είχα καλούς γονείς. Δεν μπορούσα να καταλάβω γιατί οι φίλοι μου μπορούσαν να βγαίνουν έξω τη νύχτα και να διασκεδάζουν, κάτι που εγώ δεν έκανα και αυτό με θύμωνε τόσο πολύ. Αλλά σήμερα, οι ίδιοι φίλοι είναι όλοι στη φυλακή. Οι γονείς μου ήταν πολύ σκληροί μαζί μου, αλλά γι' αυτό έγινα κάποιος, επειδή το να μεγαλώνεις σε ένα προάστιο σαν το δικό μου, δεν είναι ποτέ εύκολο.

ΑΛΕΣΑΝΤΡΟ ΝΕΣΤΑ

Ήμουν σε διακοπές στο Μαϊάμι με τον Πάολο και τις οικογένειές μας. Σχεδόν κάθε πρωί ο Πάολο κι εγώ πηγαίναμε για το συνηθισμένο τρέξιμο κατά μήκος της παραλίας. Μια μέρα, ασυνήθιστα νωρίς, μου είπε να πάμε για τρέξιμο εκείνη την ώρα γιατί αργότερα θα είχε ένα σημαντικό ραντεβού. Δεν αισθανόμουν καλά εκείνη την ημέρα, ένιωθα μια παράξενη κούραση. Το σώμα μου έστελνε σήματα, αλλά πήγα κανονικά για τρέξιμο.

Ξεκινήσαμε την προπόνηση και μετά από λίγα μέτρα έπεσα στο έδαφος. Εκείνη τη στιγμή, δεν ένιωθα τα πόδια μου. Δεν μπορούσα καν να σηκωθώ. Ο Πάολο νόμιζε ότι ήταν αστείο, αλλά δεν ήταν. Με πήρε και με πήγε στο πρώτο νοσοκομείο. Είχα κολλήσει στο κρεβάτι. Ανησυχούσα σοβαρά για την καριέρα μου. Κατά τη διάρκεια αυτής της περιόδου έβλεπα τον γιο μου να μεγαλώνει μέρα με τη μέρα

και μέσα μου μεγάλωνε όλο και περισσότερο η επιθυμία να τον πάρω τουλάχιστον μια φορά μαζί μου, στην παιδική χαρά... Επίσης ήθελα να δει ζωντανά αυτό που έκανε ο πατέρας του.

Μια μέρα, όταν ήμουν ξαπλωμένος στο κρεβάτι, είπα στη γυναίκα μου να φέρει τον γιο μου τον Τόμας δίπλα μου. Τον κοίταξα, χαμογελούσε και μετά τον αγκάλιασα δυνατά και του υποσχέθηκα ότι θα αναρρώσω αποκλειστικά γι' αυτόν. Ήθελα να με δει να παίζω τουλάχιστον μια φορά. Ήταν τεσσάρων μηνών. Δεν μπορούσε να καταλάβει. Έτσι έγινε, βρήκα τη δύναμη. Την τελευταία μέρα με τη Φιορεντίνα ήταν το τέλος μιας δοκιμασίας. Τα τελευταία 4-5 χρόνια της καριέρας μου, πάντα έπαιζα με τον φόβο, ότι θα κολλούσα στο έδαφος ξανά... Τι κακό συναίσθημα!

Έπαιζα τόσα χρόνια σε υψηλό επίπεδο, τα κέρδισα όλα, αντιμετώπισα τους μεγαλύτερους πρωταθλητές, στα πιο όμορφα γήπεδα του κόσμου... Η ζωή μου ήταν ένα συνεχές συναίσθημα αλλά, πιστέψτε με, αυτό που ένιωσα στο τελευταίο παιχνίδι, ήταν κάτι φανταστικό. Το να πάω στο γήπεδο με την κόρη μου και τον γιο μου και να χαιρετήσω το κοινό, είναι πράγματα που έχουν απομείνει περισσότερο από κάθε κύπελλο. Τα συναισθήματα της ζωής είναι αυτά και εκείνη τη μέρα θα μπορούσα να δείξω στον γιο μου, ποιος ήταν ο πατέρας του. Ακόμα κι αν δεν το ήξερε, του είχα δώσει μια υπόσχεση, δεν μπορούσα να μην την κρατήσω.

ΣΤΙΒΕΝ ΤΖΕΡΑΡΝΤ

Κάνω την πιο όμορφη δουλειά στον κόσμο, με πληρώνουν αδρά για να δίνω χαρά σε έναν ολόκληρο λαό.

Παίρνω πολλά περισσότερα χρήματα από πολλούς ανθρώπους που δουλεύουν όλη την ημέρα, προσπαθώντας να τα βγάλουν πέρα.

Αυτοί είναι οι αληθινοί ήρωες, όχι εγώ.

Εμένα πρέπει να με θυμούνται σαν κάποιον που έδωσε τα πάντα για να τους κάνει ευτυχισμένους.

Τίποτα άλλο, μόνο αυτό.

ΑΝΤΟΝΙΟ ΚΟΝΤΕ

Πριν το παιχνίδι, όταν βλέπω τα αγόρια λίγο πιο χαλαρά, έχω ένα περίεργο συναίσθημα. Προσπαθώ να καταλάβω την ψυχική τους κατάσταση κατά τη διάρκεια της προθέρμανσης. Όταν στην προθέρμανση είδα πολλούς να γελάνε και να διασκεδάζουν και την ίδια στιγμή τους οπαδούς να μου ζητάνε να κερδίσω την Άρσεναλ... τους πήρα πίσω στα αποδυτήρια και ήμουν τσαντισμένος. Είπα στα παιδιά, «σας έχω δει να διασκεδάζετε, αλλά υπάρχουν άνθρωποι εκεί έξω που θέλουν να σας δουν να πολεμάτε για 90 λεπτά. Είναι εκεί για μας και εσείς είστε χαλαροί. Υπάρχουν άνθρωποι εκεί έξω που ζουν γι' αυτά τα χρώματα. Θέλω να δω σε όλους σας το πεινασμένο βλέμμα, που πάει να πολεμήσει για να φέρει δόξα σε έναν ολόκληρο λαό. Τους εξήγησα ότι δεν ήρθαν εκεί για να μας δουν να χάνουμε. Τους είπα ότι ήταν Σάββατο και αντί να είναι στο πάρκο με την οικογένεια για να ζήσουν τις μέρες τους όμορφα, ήταν εκεί για να μας υποστηρίξουν. Τα παιδιά πήραν το μήνυμα και μπήκαν στο γήπεδο όπως έπρεπε. Ο Αζάρ μετά την ομιλία μου, φώναξε, "θα το κάνουμε γι' αυτούς!". Ήμουν χαρούμενος γι' αυτό...γιατί έδωσα στην ομάδα μου να καταλάβει τη σημασία του να είσαι οικογένεια. Στο δεύτερο γκολ, έγινα ένα με τους οπαδούς για να τους ευχαριστήσω και να τους αγκαλιάσω».

Η ΣΦΑΓΗ ΣΤΗΝ PUERTA 12

23 Ιουνίου του 1968 στο Μπουένος Άιρες, ντέρμπι ανάμεσα στη Ρίβερ και στην Μπόκα, στο Μονουμεντάλ.

Ήταν δύσκολα χρόνια για την Αργεντινή, αλλά το ποδόσφαιρο δίνει πνοή στη χώρα.

Κάποιοι οπαδοί της Μπόκα αποφασίζουν να βγουν από το γήπεδο. Κάποιοι από αυτούς θα είναι στη θύρα 12 και δε θα βγουν ποτέ. Κάτι παράξενο συμβαίνει, οι άνθρωποι στέκονται όρθιοι δεν μπορείς να καταλάβεις γιατί δεν μπορούν να βγουν, ενώ πανικός κυριεύει τους πάντες. Όλοι σπρώχνονται ενώ πολλοί δεν αντέχουν, μπροστά σε μια θύρα που δεν ανοίγει. Φόβος εκτός ελέγχου.

Περιέργως, η αστυνομία είναι μπροστά από τη θύρα 12, αλλά δεν κινείται. Για την κυβέρνηση της Αργεντινής, μια ατυχία, για τον λαό της Αργεντινής η εκδίκηση ενός δικτάτορα, καθώς όλοι ορκίζονται ότι η αστυνομία ήταν αυτή που έκλεισε τις πόρτες.

Οι ιστορίες όσων καταθέτουν εθελοντικά δεν γίνονται δεκτές.

Πολλοί από τους αυτόπτες μάρτυρες απειλούνται.

Η δικτατορία πληρώνει τις οικογένειες των νεκρών να μην κάνουν μηνύσεις.

71 νεκροί, μέση ηλικία 19 χρόνων.

Σιωπή...

Στο επόμενο ντέρμπι, οι οπαδοί της Μπόκα και της Ρίβερ τραγουδάνε όλοι μαζί ενάντια στη δικτατορία.

ΠΑΟΛΑ, ΣΥΖΥΓΟΣ ΧΑΒΙΕΡ ΖΑΝΕΤΙ

Αύγουστος 2012 στο αεροδρόμιο της Μαδρίτης. Είχαμε πάει να δούμε κάποιους φίλους από την Αργεντινή.

Είχαμε μόλις τρεις μέρες άδεια και αποφασίσαμε να πάμε με τα παιδιά. Έχουμε καθυστέρηση πτήσης, το επιβεβαιώνει ο φωτεινός πίνακας. Στη συνέχεια, όπως πάντα σε αυτές τις περιπτώσεις, η καθυστέρηση αυξάνεται, από λίγα λεπτά έως πάνω από μια ώρα.

Με μια αθώα ματιά ο Χαβιέρ λέει «Πάολα, σε πειράζει αν...»

Αλλάζει στην τουαλέτα και αρχίζει να τρέχει σε κύκλους, γύρω γύρω από το αεροδρόμιο. Σκέφτομαι, «παντρεύτηκα έναν τρελό». Ο Χαβιέρ μετά από ώρα επιστρέφει απτόητος και φρέσκος σα να μην συμβαίνει τίποτα.

Έτσι είναι σε όλη του τη ζωή...

ΓΚΑΜΠΡΙΕΛ ΟΜΑΡ ΜΠΑΤΙΣΤΟΥΤΑ

Ο πανηγυρισμός μου, κρατώντας το σημαι-άκι του κόρνερ, έγινε τυχαία χάρη στον συμπαίκτη μου στη Νιούελς Ολντ Μπόις, Τζεράρντο Μαρτί-νο. Πολύ συχνά όταν σκόραρε, ο Τζεράρντο πή-γαινε στο σημαιάκι του κόρνερ. Μια μέρα του είπα: «Τζεράρντο, την επόμενη φορά που θα σκοράρω θα κάνω το ίδιο».

Όταν πήγα στη Φλωρεντία, σκόραρα αρκε-τά συχνά. Ήταν κάτι που είχα στο μυαλό μου και αποφάσισα να πανηγυρίζω έτσι τα γκολ μου. Ήταν ένας τρόπος να θυμάμαι από πού ξεκίνησα...

ΧΑΒΙΕΡ ΖΑΝΕΤΙ ΓΙΑ ΡΟΜΠΕΡΤΟ ΚΑΡΛΟΣ

Την πρώτη φορά που βρεθήκαμε στο γήπε-δο με τον Ρομπέρτο Κάρλος, τη θυμάμαι ακόμα.

Είχαμε προπόνηση και κάποια στιγμή κάνα-με ένα σύντομο παιχνίδι. Πρώτη εναέρια μπαλιά στον Ρομπέρτο Κάρλος. Πυροβολεί αμέσως. Στην πραγματικότητα η μπάλα έφυγε με απίστευτη δύ-ναμη από τα πόδια του. Σ' αυτά τα 3 δευτερόλεπτα του σουτ, το γρασίδι στο σημείο που σούταρε είχε στεγνώσει, λόγω της μεγάλης θερμότητας.

Υπήρχε μια απίστευτη σιωπή. Αυτός είχε δυ-ναμίτη στα πόδια του. Κανείς μας δεν πίστευε αυτό που είδε...

ΠΑΘΟΣ ΓΙΑ ΤΟ ΠΟΔΟΣΦΑΙΡΟ

Πάρε πέντε λεπτά από τον χρόνο σου για να επιστρέψεις στην παιδική σου ηλικία.

Όλα αρχίζαν έτσι. Ποιος θα χωριστεί; Το τελετουργικό πριν από κάθε παιχνίδι ήταν αυτό: η στιγμή που ξεκινούσε η πρόκληση. Πολλές φορές η επιλογή των συμπαικτών ήταν αποφασιστικής σημασίας, στην αρχή διάλεγες πάντα τους καλύτερους. Αρχηγοί ήταν οι δυο ισχυρότεροι, έτσι ώστε να είναι όλοι σίγουροι ότι δε θα έπαιζαν μαζί και ότι, τουλάχιστον θεωρητικά, το παιχνίδι θα ήταν ισορροπημένο. Η επιλογή των συμπαικτών από μόνη της ήταν μια κρίσιμη στιγμή για το αποτέλεσμα του αγώνα, αλλά και για τη φήμη όλων όσων θα συμμετείχαν. Η στιγμή ήταν σημαντική, ειδικά γι' αυτούς που παρακαλούσαν να είναι στην ομάδα σου κι εσύ έπρεπε να τους κάνεις το χατίρι και να τους διαλέξεις.

Ο πρώτος που θα διάλεγες ήταν αυτός που όλοι ήθελαν να έχουν μαζί τους. Αυτός που θα μπορούσε να συνεργαστεί με τον κάθε παίκτη. Στη συνέχεια, διάλεγες πάντα ανάλογα με τις δεξιότητες και τη συμπάθεια. Δεν ήταν ποτέ εύκολο να διαλέξεις, τα προβλήματα ήταν μεγάλα καθώς, πολλές φορές, οι φιλίες χαλούσαν, έστω και για λίγες μέρες.

Ένα κρίσιμο ερώτημα: «Ποιος θα είναι τερματοφύλακας;» Σε ένα πράγμα που όλοι συμφωνούσαν, ήταν ότι «ο καλύτερος ποτέ δε θα καθόταν στο τέρμα... Είτε βάλλουμε δύο γκολ, είτε φάμε, αλλάζουμε, εντάξει;»

«Εντάξει, εντάξει» και πολλές φορές ξεχνούσαμε να αλλάξουμε τέρμα και ο άλλος συνήθιζε στην ιδέα όσο περνούσε η ώρα.

Υπήρχαν ατελείωτες μάχες και φωνές στον τερματοφύλακα ο οποίος διάλεγε να παίζει μακριά από την εστία του.

Ένα άλλο ζήτημα το δημιουργούσαν αυτοί που ήταν πάντα αργοπορημένοι και ρωτούσαν, «αν μπορούν να παίξουν» ενώ το παιχνίδι είχε ανάψει για τα καλά. Συνήθως, αν ήταν δυο άτομα, έβαζαν ''μήλο-ρόδο'' και διαλέγαμε.

Αυτός, που ήταν δική του η μπάλα, ανά πασά στιγμή μπορούσε να διακόψει το παιχνίδι, να πάρει την μπάλα του και να σηκωθεί να φύγει. Όλες οι αποφάσεις του έπρεπε να γίνουν αποδεκτές, ειδικά αν δεν υπήρχε δεύτερη μπάλα.

Έτσι έζησαν οι περισσότεροι. Παίζαμε παντού. Στο πάρκο, στους δρόμους, στο πάρκινγκ, όπου μπορούσες να φτιάξεις δύο τέρματα, ή ακόμα και να φανταστείς δύο τέρματα.

Στο σχολείο, οι αγώνες είχαν το ημίχρονο όταν χτυπούσε το κουδούνι για μάθημα, ενώ πολλές φορές οι μάχες συνεχιζόταν μετά το σχολείο. Ιδανικές στιγμές για μπάλα ήταν οι καλοκαιρινές διακοπές, ένα παιχνίδι με άπειρη διάρκεια, κάθε μέρα, από το πρωί μέχρι το βράδυ. Το σημαντικό ήταν να είμαστε τουλάχιστον τέσσερις για να παίξουμε ακόμα και δύο εναντίον δύο. Φορούσαμε τη φανέλα του ινδάλματός μας, η οποία δεν χρειαζόταν να είναι αυθεντική, αλλά για μας ήταν ιερή και έτσι αισθανόμαστε υπερήρωες.

Αν δεν φορούσες τη φανέλα του ινδάλματός σου, επαναλάμβανες σε κάθε φοβερή ενέργεια που έκανες με την μπάλα, ποιος ποδοσφαιριστής είσαι και φώναζες το όνομά του, να το ακούσουν όλοι.

Ένα άλλο τεράστιο πρόβλημα ήταν πάντα το δοκάρι, συνήθως ποτέ δεν ξέραμε αν ένα γκολ έπρεπε να μετρήσει όταν η μπάλα περνούσε ψηλά πάνω από τα χέρια του τερματοφύλακα και υπήρχαν στιγμές όπου χάναμε πολύ ώρα μέχρι να βρεθεί η χρυσή τομή και να συνεχιστεί το παιχνίδι.

Ο δρόμοι, τα χωράφια, το τσιμέντο, τα αγριόχορτα, ο λάκκος ήταν το Σαν Σίρο και το Μπερναμπέου μας, και τα παιδιά που δεν έπαιζαν -συνήθως μικρότερα- καθόταν και μας παρακολουθούσαν με κομμένη την ανάσα.

Τις στιγμές που δεν παίζαμε μπάλα, το θέμα μας ήταν το παιχνίδι, το ποιος κέρδισε τις περισσότερες φορές, τα γκολ που μπήκαν, ποιος έπαιξε καλά ενώ δεν το περίμενες και άλλα πολλά. Πολλές φορές κάναμε πλάκα και άλλες φορές μαλώναμε για να υπερασπιστούμε το γεγονός ότι η ομάδα μας ήταν καλύτερη. Ενώ τα έκανες όλα αυτά, ήλπιζες να φορέσεις την αυθεντική φανέλα της ομάδας σου μια μέρα, με το επώνυμο σου πίσω και να γίνεις εσύ είδωλο.

Το παιχνίδι τελείωνε όταν κάποιος έφευγε επειδή είχε αργήσει. Αυτό ήταν το σήμα. Τον φωνάζανε οι γονείς του, «το φαγητό είναι έτοιμο, δεν θα σ' αφήσω αύριο να βγεις». Και ξόδευες όλο τον χρόνο σου στο σπίτι να παρακαλάς για να σ' αφήσουν να βγεις και την άλλη μέρα και ορκιζόσουν ότι θα γυρίσεις νωρίς, πριν νυχτώσει, και έπλεκες το εγκώμιό σου για το πόσο καλός είσαι και ότι σκόραρες ένα γκολ απίστευτο και ότι χωρίς εσένα δεν μπορεί να παίξει η ομάδα σου γιατί είσαι ο καλύτερος.

Λείπουν εκείνες οι ημέρες, οι ημέρες που κλώτσαγες την μπάλα με τους φίλους σου όλη την ώρα, όπως και οι συζητήσεις καθισμένοι στο πεζοδρόμιο, εξηγώντας ο ένας στον άλλον τα κατορθώματά του. Υπήρχε μαγεία στον αέρα, υπήρχε η μαγεία των ονείρων, η επιθυμία να κάνεις αυτό που είδες στην τηλεόραση, υπήρχε η μαγεία του ποδοσφαίρου. Δεν έχουν περάσει τόσα πολλά χρόνια, αλλά φαίνεται ξεκάθαρα ότι τα πράγματα έχουν αλλάξει.

Δύσκολα βλέπεις παιδιά να παίζουν μπάλα στις γειτονιές, δεν ακούς κανέναν να φωνάζει «γκολ», με το πάθος εκείνων των χρόνων, δεν υπάρχουν πια τα ματωμένα γόνατα, τα οποία μάτωσαν για να σώσουν ένα σίγουρο γκολ.

Νοσταλγείς αυτά τα χρόνια, τα γκολ που έβαλες, τα παιχνίδια που έπαιξες, γιατί στην παιδική ηλικία ήμασταν όλοι «φαινόμενα».

Είμαστε οι αναμνήσεις μας, είμαστε αυτά που έχουμε περάσει -και έχουμε περάσει ένα μεγάλο μέρος της ύπαρξής μας πίσω από μια μπάλα. Τα θυμόμαστε όλα, γελάμε και ταξιδεύουμε πίσω στον χρόνο, στις αναμνήσεις μας, στις προκλήσεις μας, στα γκολ και στις βεντέτες με τις γειτονιές...

ΝΤΕΪΒΙΝΤ ΜΠΕΚΑΜ

Ακόμα θυμάμαι το παιχνίδι με την Αργεντινή για το Μουντιάλ του '98. Προφανώς εύχομαι να μην συνέβαινε ποτέ ό,τι έγινε με τον Σιμεόνε. Αντέδρασα σαν παιδί. Νομίζω ότι έκλαιγα για πέντε με δέκα λεπτά αφού αποβλήθηκα. Με απειλούσαν για χρόνια... Η δύναμη της οικογένειας, αυτή με κράτησε. Και στο παιχνίδι με την Ελλάδα, στο Ολντ Τράφορντ, στα τελευταία λεπτά υπήρχε σιγή, όλοι παρακολουθούσαν με κομμένη την ανάσα. Ήμασταν πίσω στο σκορ 2-1. Στις καθυστερήσεις κερδίσαμε ένα φάουλ 25 μέτρα απόσταση, πήγα έστησα την μπάλα και ήξερα ότι ήταν η ευκαιρία μου να σκοράρω. Ήταν ένα απίστευτο πράγμα για μένα. Όταν έχεις μια δύσκολη στιγμή, πρέπει να βγεις μπροστά. Κατά μία έννοια εκείνη τη μέρα ένιωσα σαν τον Σωτήρα της χώρας μου.

ΧΑΒΙΕΡ ΖΑΝΕΤΙ ΓΙΑ ΕΣΤΕΜΠΑΝ ΚΑΜΠΙΑΣΟ

Μερικές φορές οι δημοσιογράφοι μιλούν για παίκτες που είναι προπονητές στο γήπεδο. Αν αυτή η ετικέτα ταιριάζει σε κάποιον, αυτός είναι ο Καμπιάσο. Αγαπάει την τακτική, όσο κανένας. Μια μέρα, μετά από μια κουραστική προπόνηση, μέσα Ιουλίου, αντί να χαλαρώνει απολαμβάνοντας τα μακαρόνια του, μιλούσε για παιχνίδια του παρελθόντος και «πώς θα πρέπει να μπούμε στη νέα χρονιά».

Αν κλείσω, τα μάτια μου, ακόμα βλέπω τον Καμπιάσο να μετακινεί το αλάτι, το πιπέρι, το λάδι, να φτιάχνει διαδρόμους στο τραπέζι και να μας δίνει οδηγίες. Και ενώ οι σερβιτόροι είναι σε αμηχανία, μετακινεί πιρούνια, κουτάλια και μαχαίρια σαν να είναι πραγματική άμυνα, ενώ το κινητό τηλέφωνο, το είχε για τέρμα...

ΑΝΤΟΝΙΟ ΚΑΣΑΝΟ

Μέχρι τα 17 μου χρόνια έζησα την πείνα με την αληθινή έννοια της λέξης. Η μητέρα μου δεν δούλευε, ήταν νοικοκυρά. Έπαιζα στον δρόμο, στα σοκάκια και φυσικά υπήρχαν οι μεγαλύτεροι άνθρωποι που με διάλεγαν στην ομάδα τους κι εγώ κοιτούσα ποιος θα μου έδινε περισσότερα χρήματα. Μπορούσα να το κάνω γιατί ήμουν ο καλύτερος. Έλεγα «διάλεξέ με και θα κερδίσεις» και κάθε μέρα θα έπαιζα στον δρόμο για να κερδίσω κάτι. Η μεγάλη μου ευκαιρία ήταν πάντα το ποδόσφαιρο.

Il provino del 1995

Un fenomeno già a 13 anni

Nel 1995 Antonio Cassano, che era già un talento, firmò un contratto con il settore giovanile del Parma, guidato da Fabrizio Larini. Cassano aveva 13 anni: era necessaria la firma della madre che si oppose al passaggio in

ΦΡΑΝΤΣΕΣΚΟ ΤΟΤΤΙ

Χρόνια πριν, χτύπησαν την πόρτα του διαμερίσματός μας, στη Ρώμη. Η μητέρα μου, Φιορέλα, πήγε να απαντήσει. Αυτοί οι άνθρωποι καθόρισαν την ποδοσφαιρική μου καριέρα. Όταν άνοιξε την πόρτα, ένα γκρουπ ανδρών είπαν ότι είναι παράγοντες ποδοσφαίρου. Δεν ήταν όμως από τη Ρόμα. Φορούσαν κόκκινα και μαύρα ρούχα. Ήταν από τη Μίλαν. Και ήθελαν να παίξω εκεί με οποιοδήποτε κόστος.

Όταν είσαι παιδί στη Ρώμη, υπάρχουν δύο επιλογές: Η Ρόμα, ή Λάτσιο. Αλλά στην οικογένειά μου υπήρχε μόνο μία επιλογή. Η Ρόμα ήταν κάτι παραπάνω από μία ομάδα. Ήταν μέρος της οικογένειάς μου, του αίματός μας και των ψυχών μας.

Σε ηλικία 7 ετών ο πατέρας μου αγόρασε εισιτήρια και πήγαμε στο Ολύμπικο. Κλείνω τα μάτια και θυμάμαι το συναίσθημα. Τα χρώματα, οι οπαδοί. Δεν μπορώ να περιγράψω την εμπειρία.

Στην περιοχή μου, στο San Giovanni, δε νομίζω ότι με είδε κανείς χωρίς μια μπάλα στα χέρια ή στα... πόδια. Ξεκίνησα να παίζω στις ακαδημίες. Είχα πόστερ και αποκόμματα εφημερίδων με τον Τζιανίνι, τον αρχηγό της Ρόμα, στο δωμάτιό μου. Ήταν σύμβολο. Ήταν παιδί από τη Ρώμη, όπως εμείς. Μετά, στα 13 μου, χτύπησαν την πόρτα του σπιτιού μου. Ήταν αυτοί οι άνθρωποι της Μίλαν που ήθελαν να πάω στην ομάδα τους. Η μητέρα μου ήταν το αφεντικό. Ακόμα είναι το αφεντικό. Και ήταν πάντα δίπλα στα παιδιά της. Δεν ήθελε να φύγω από το σπίτι, επειδή φοβόταν να μην πάθω κάτι. «Όχι, όχι». Αυτή ήταν η απάντηση που έδωσε στους ανθρώπους της Μίλαν. Αυτό ήταν. Η πρώτη μου μεταγραφή ματαιώθηκε από το αφεντικό. Ήταν δύσκολο να πεις όχι στη Μίλαν. Ήταν πολλά τα χρήματα που θα έπαιρνε η οικογένειά μου. Αλλά η μητέρα μου μού έμαθε κάτι εκείνη την ημέρα: «Ότι το σπίτι σου είναι το πιο σημαντικό πράγμα στη ζωή».

Μερικές εβδομάδες αργότερα, αφού με τσέκαραν σε ένα παιχνίδι νέων, η Ρόμα μου έκανε πρόταση. Θα φορούσα τη φανέλα της. Η μητέρα μου ήξερε. Με βοήθησε με πολλούς τρόπους στην καριέρα μου. Ναι, ήταν υπερπροστατευτική. Ακόμα είναι, αλλά έκανε πολλές θυσίες για να είμαι καθημερινά στο γήπεδο. Αυτά τα πρώτα χρόνια ήταν δύσκολα για εκείνη. Αυτή με πήγαινε στις προπονήσεις και με περίμενε να τελειώσω. Περίμενε δύο, τρεις, ακόμα και τέσσερις ώρες. Με περίμενε στη βροχή, στο κρύο, δεν την απασχολούσε.

Όταν περπατούσα στον αγωνιστικό χώρο -για το πρώτο μου ματς- είχα κυριευτεί από υπερηφάνεια που θα έπαιζα για το... σπίτι μου. Για τη γιαγιά μου. Για την οικογένειά μου.

Για 25 χρόνια η πίεση, το προνόμιο, δεν άλλαξε ποτέ. Φυσικά και έγιναν λάθη. Υπήρξε μια στιγμή που σκέφτηκα να φύγω για να παίξω στη Ρεάλ Μαδρίτης. Όταν μια τόσο επιτυχημένη ομάδα, σε ζητάει, σκέφτεσαι πώς θα ήταν η ζωή σου κάπου αλλού. Έκανα συζητήσεις με τον πρόεδρο της Ρόμα, αλλά στο τέλος η οικογένειά μου μού υπενθύμισε τι είναι η ζωή: «Ότι το σπίτι είναι τα πάντα».

Δεν έφυγα ποτέ από το σπίτι μου, παρά μόνο όταν αρραβωνιάστηκα με τη σύζυγό μου, την Ιλάρι. Όταν θα σκέφτομαι τι πέρασα εδώ, θα μου λείπουν πολλά πράγματα. Οι πολλές ώρες προπόνησης, οι κουβέντες με τους συμπαίκτες μου στα αποδυτήρια. Με ρωτάνε οι άνθρωποι, γιατί έμεινα όλη μου τη ζωή στη Ρώμη. Η Ρώμη είναι η οικογένειά μου, οι φίλοι μου, οι άνθρωποι που αγαπώ. Η Ρώμη είναι η θάλασσα, τα βουνά, τα μνημεία. Η Ρώμη είναι, φυσικά, οι Ρωμαίοι. Η Ρώμη είναι η Ρόμα. Είναι ο κόσμος για εμένα. Η ομάδα, η πόλη, η ζωή μου.

ΜΑΡΚΟ ΣΙΜΟΝΕ, ΤΑ ΛΕΥΚΑ ΠΑΠΟΥΤΣΙΑ..

Το βράδυ της 24ης Μαΐου του 1995 ο τελικός του Τσάμπιονς Λιγκ, ανάμεσα στον Άγιαξ και στη Μίλαν... Βλέποντας τις ομάδες, πολλοί αναρωτήθηκαν: «Ο Μάρκο Σιμόνε μπήκε ξυπόλητος στο γήπεδο;»

Εκείνη την ημέρα ο Μάρκο Σιμόνε φορούσε λευκά παπούτσια, αλλάζοντας έναν μη γραπτό κανόνα του ποδοσφαίρου, ότι όλοι οι ποδοσφαιριστές πρέπει να φοράνε μόνο μαύρα παπούτσια.

Από εκεί ξεκίνησε αυτή η αλλαγή που μας οδήγησε σε παπούτσια κάθε χρώματος στα γήπεδα ποδοσφαίρου.

«Μόδα» που ξεκίνησε ο Μάρκο Σιμόνε.

ΒΑΛΕΡΙ ΛΟΜΠΑΝΟΦΣΚΙ

Όταν αντιμετωπίζεις έναν αντίπαλο, πρέπει να δώσεις περισσότερα από αυτόν.

Αν ο αντίπαλος είναι πιο δυνατός από σένα, πρέπει να τρέξεις περισσότερο.

Αν ο αντίπαλος τρέχει περισσότερο από σένα, πρέπει να παλέψεις περισσότερο από αυτόν.

Αν παλέψει περισσότερο από σένα, πρέπει να τον προσπεράσεις.

Και αυτό ισχύει για κάθε παίκτη, επειδή η ομάδα είναι σαν ρολόι.

Ο άνθρωπος που έβαλε την τεχνολογία στο ποδόσφαιρο: Ο «Συνταγματάρχης» Βαλερί Λομπανόφσκι, η σοβιετική ιδιοφυΐα.

Ο Αντρέι Σεφτσένκο τον θεωρούσε δεύτερο πατέρα, στον οποίο αφιέρωνε πάντα τις μεγαλύτερες νίκες του...

ΤΖΕΝΑΡΟ ΓΚΑΤΟΥΖΟ

Η προπόνηση με Μπόμπαν, Λενάρντο, Σεφτσένκο, Ζέεντορφ, Κακά, Ρονάλντο και με πολλούς άλλους, σε κάνει να συνειδητοποιείς πόσο μεγάλη διαφορά υπάρχει μεταξύ μιας ιδιοφυΐας και ενός «κανονικού» παίκτη. Ειδικά τις πρώτες μέρες σχεδόν ντρεπόμουν να παίξω με τους ανθρώπους αυτούς. Αυτοί με μια μπάλα κάνουν ό,τι τους αρέσει... παιχνίδια, νούμερα του τσίρκου, τριπλάρουν όποτε θέλουν. Αλλά χάρη στην επιμονή, τη διδασκαλία, την προπόνηση και τις συμβουλές πολλών συμπαικτών μου, συνειδητοποίησα ότι το ταλέντο δεν είναι αρκετό και ότι για να σχηματίσεις μια πραγματική ομάδα ποδοσφαίρου, πρέπει να συνδυάζεις τεχνική, δύναμη, καλά πόδια και πνεύμονες.

Δεν υπάρχουν πολλοί ποδοσφαιριστές που έχουν όλα αυτά τα προσόντα μαζί. Έτσι έμαθα να έχω έναν ελεύθερο ρόλο, δηλαδή να βάζω τον εαυτό μου στη διάθεση της ομάδας. Η δουλειά μου είναι να κλέβω τις μπάλες από τα πόδια των αντιπάλων και να σερβίρω στους δικούς μας δημιουργικούς παίκτες. Μερικές φορές όταν βλέπω τον Πίρλο ή τον Κακά να κάνουν νούμερα με την μπάλα, προσπαθώ να τα κάνω κι εγώ. Αλλά μπορείς να πεις αμέσως ότι αυτά τα πράγματα είναι φυσικά, πρέπει να πιέσω τον εαυτό μου και κάθε φορά που ρισκάρω, μπορεί να σπάσω κάτι.

Κάποιος με κατηγορεί ότι είμαι πολύ μετριόφρων, αλλά είμαι και πολύ περήφανος. Όταν μιλάω για μένα, προσπαθώ να είμαι όσο το δυνατόν πιο αντικειμενικός, αλλά σε ένα πράγμα είμαι πεπεισμένος: Δεν αισθάνομαι σαν ένα θαύμα. Φυσικά, πολλοί άλλοι παίκτες θα μπορούσαν να είναι στη θέση μου, αν δεν είχαν χαθεί στον δρόμο ή αν είχαν περισσότερη τύχη. Αλλά δεν νομίζω ότι έκλεψα κάτι. Κανείς δεν μου έχει κάνει ποτέ φιλανθρωπία στη ζωή, έχω κατακτήσει τα πάντα με το πνεύμα της θυσίας, πάντα δίνω τον εαυτό μου.

ΤΖΕΝΑΡΟ ΓΚΑΤΟΥΖΟ

Ο πατέρας μου ήταν ο πρώτος μου δάσκαλος. Είναι αυτός που μου μετέδωσε το πάθος για το ποδόσφαιρο. Μου φαίνεται σαν χθες να βάζω στην πλάτη μου την τσάντα του, για να πάω προπόνηση.

Ονειρεύτηκε ότι θα ήμουν ο Ριβέρα. Αλλά εγώ ήμουν από τους ανθρώπους που κάνουν ένα μάτσο πράγματα, μικρά αλλά απαραίτητα. Είχα μια καρδιά τόσο μεγάλη όσο ένα μπαλόνι γι' αυτή την ομάδα.

Και ενώ ονειρευόμουν το μέλλον μου, ονειρεύτηκα ότι μια μέρα θα γίνω ποδοσφαιριστής, καθώς οανταζόμουν τον εαυτό μου να τρέχει γύρω από το Σαν Σίρο, φορώντας τη φανέλα της Μίλαν.

Το Σαν Σίρο ήταν μίλια μακριά, αλλά πρέπει να πιστεύεις στα όνειρα γιατί, πίστεψέ με, μπορούν να γίνουν πραγματικότητα. Η επιθυμία είναι δύναμη.

ΤΟ ΓΡΑΜΜΑ ΤΟΥ ΚΑΡΛΟ ΑΝΤΣΕΛΟΤΙ ΣΤΟΝ ΤΖΕΝΑΡΟ ΓΚΑΤΟΥΖΟ ΓΙΑ ΤΑ 40Α ΤΟΥ ΓΕΝΕΘΛΙΑ

«Σαράντα χρόνια, αγαπητέ Ρίνο, αξίζουν ένα σοβαρό γράμμα, όχι μόνο ένα τηλεφώνημα, τα συνηθισμένα μας λόγια, τα αστεία μας. Σαράντα χρόνια είναι μια στιγμή προβληματισμού, υπάρχει αρκετός χρόνος για να θυμόμαστε, και υπάρχει επίσης αρκετός χώρος για να ξεκινήσεις κάτι καινούριο. Τώρα που σε βλέπω στον πάγκο της Μίλαν, να ουρλιάζεις σαν τρελός στους παίκτες, νομίζω ότι είσαι το σωστό άτομο στο σωστό μέρος... Χρειάζεται το πάθος σου, ο χαρακτήρας σου, το πνεύμα σου, η θυσία για να ξεπεραστούν τα εμπόδια. Επίσης χρειάζεται το χιούμορ σου για να υποβαθμίζονται ορισμένες εντάσεις όπως και η οργή σου για να ξυπνήσεις κάποιους που κοιμούνται, γιατί σε μια ομάδα, υπάρχει πάντα κάποιος που κοιμάται.

Ήσουν ο πολεμιστής μου. Πάντα σ' έβλεπα να τα δίνεις όλα, ποτέ δεν είδα τη φανέλα σου καθαρή, ούτε μια φορά δεν σε είδα να μην παλεύεις. Αυτό είναι που πάντα θαύμαζα σ' εσένα: Η ικανότητα να φτάνεις στον στόχο σου, παρά το γεγονός ότι δεν είχες τα τεχνικά μέσα. Τα πόδια σου μπορεί να μην έκαναν κόλπα με την μπάλα, αλλά το πάθος σου δεν ήταν συνηθισμένο. Πόσες φορές σε έχω δει να μιλάς σε έναν συμπαίκτη για να τον βοηθήσεις. Το ποδόσφαιρο είναι αυτό: πέρα από τα μοτίβα και την πίεση υπάρχουν άνθρωποι... και είναι οι άνθρωποι που κάνουν τη διαφορά. Εσύ, αγαπητέ Ρίνο, για μένα και για τη Μίλαν το έκανες. Πριν τα παιχνίδια ήσουν απρόσιτος, νευρικός, γκρινιάρης. Ήταν ο τρόπος σου να ετοιμαστείς, ήξερα πώς να σε χειριστώ, ένα αστείο για να μειώσει το επίπεδο του άγχους και το βάδισμά σου έξω από τα αποδυτήρια.

Εσύ, Ρίνο, σ' εκείνη τη Μίλαν ήσουν η ψυχή. Το αξίζεις να είσαι στον πάγκο της ομάδας».

Η ΜΗΤΕΡΑ ΤΟΥ ΓΙΟΧΑΝ ΚΡΟΪΦ ΠΡΟΣ ΤΟΝ ΤΟΤΕ ΠΡΟΠΟΝΗΤΗ ΤΟΥ ΑΓΙΑΞ, ΒΙΚ ΜΠΑΚΙΓΧΑΜ

Μια μέρα, η καθαρίστρια του γηπέδου του Άγιαξ πηγαίνει στον προπονητή της ομάδας και λέει: «Κύριε Μπάκιγχαμ, βλέπετε αυτό το μωρό που έχω; Είναι το παιδί μου. Το ξέρω, είναι κοκαλιάρης, έχει παραμορφωμένα πόδια, αλλά τον βλέπω στο σπίτι, έχει ένα όραμα για το ποδόσφαιρο. Κάνει ό,τι του πεις και συγχρόνως τίποτα όταν τον διατάξεις. Θα αφήσω αυτό το μωρό σε εσένα. Ίσως μπορείς να το βοηθήσεις...

ΡΟΪ ΚΙΝ

Είχα μια μάχη με τον Πίτερ, το 1998, μόλις επέστρεψα από τον τραυματισμό μου. Ήμασταν στο Χονγκ Κονγκ και είχαμε πιει. Είπε ότι ήρθε η ώρα να το λύσουμε, οπότε του είπα εντάξει. Κράτησε περίπου 10 λεπτά και επικράτησε ένα μεγάλο χάος. Ο Πίτερ είναι φοβερός τύπος. Ξύπνησα το επόμενο πρωί, αμυδρά θυμόμουν τι έγινε. Το χέρι μου πραγματικά πονούσε και είχα ένα δάχτυλο γυρισμένο ανάποδα. Όσο ήμασταν στο λεωφορείο, όλοι μιλούσαν για τον καυγά στο ξενοδοχείο το προηγούμενο βράδυ. Άρχισα να θυμάμαι. Εν τω μεταξύ απ' αυτά που λέγανε, ο Πίτερ με άρπαξε και του έδωσα μια κεφαλιά. Έτσι ξεκίνησε η μάχη.

Το γραμμα της Σοφι προς την αγαπημενη της ομαδα, τη Νοργουιτς και η απαντηση της ομαδας

Η Σόφι είναι 7 ετών, φίλαθλος της Νόργουιτς και το περασμένο Σαββατοκύριακο ήταν έτοιμη να παρακολουθήσει το πρώτο της παιχνίδι ζωντανά από το γήπεδο.

Δυστυχώς, οι φίλοι της την κάλεσαν σε ένα πάρτι, το οποίο ήταν την ίδια ώρα με τον αγώνα. Έτσι, συγκλονισμένη από τις τύψεις, η Σόφι έγραψε ένα γράμμα στην ομάδα, στο οποίο ζητούσε συγγνώμη για την απουσία της, υποσχόμενη να πάει στο γήπεδο το συντομότερο δυνατόν.

Η ομάδα απάντησε, με ένα χειρόγραφο γράμμα, καθησυχαστικό, και της είπε να μην ανησυχεί.

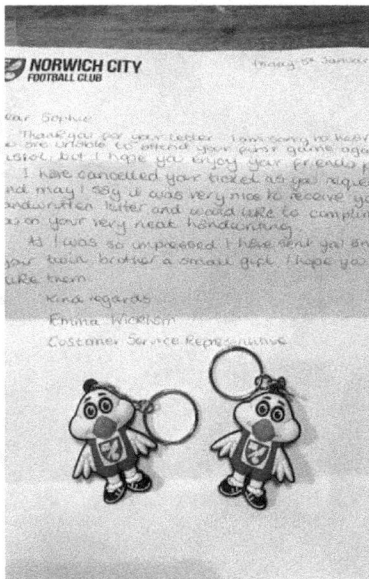

Γιουργκεν Κλοπ

Δεν μου αρέσει το γραμμικό ποδόσφαιρο και η κατοχή μπάλας. Δεν είναι η φιλοσοφία μου, ούτε και θέλω να το παρακολουθώ.

Μου αρέσει η μάχη. Γιατί το ποδόσφαιρο είναι μια μάχη. Η βροχή, η λάσπη. Μ' αρέσουν τα παιχνίδια που θα βγεις από το γήπεδο με τη φανέλα και το πρόσωπο μέσα στις λάσπες. Με τα πόδια σου τόσο βαριά, ώστε να πιστεύεις ότι δε θα μπορείς να παίξεις για βδομάδες. Μπαίνεις και τα δίνεις όλα. Αν δεν τα δώσω όλα, δεν είμαι ευχαριστημένος. Δε θέλω να κερδίζω με άλλο τρόπο.

Είμαι χαρούμενος όταν οι στατιστικές, στο τέλος του παιχνιδιού, λένε ότι τρέξαμε περισσότερο από τους αντιπάλους. Είναι ο πρώτος κανόνας που σου δίνουν ως παιδί: Τρέχα.

Λένε ότι πρέπει να είμαι «καθώς πρέπει». Δεν μ' αρέσουν τα κουστούμια. Το ποδόσφαιρο είναι άλλο πράγμα.

Το μεγαλειο του Αντονιο Ντι Ναταλε

Το 2012 υπήρξε μια τραγωδία στον αγώνα μεταξύ της Λιβόρνο και της Πεσκάρα, σε αγώνα για τη Serie B, του ιταλικού πρωταθλήματος. Ο μέσος Πιερμάριο Μοροζίνι, που έπαιζε στη Λιβόρνο, δανεικός από την ομάδα της Ουντινέζε, πέθανε μετά από καρδιακή ανακοπή κατά τη διάρκεια του παιχνιδιού. Η αναταραχή μεταξύ των παικτών ήταν πολύ μεγάλη, γιατί εκτός από τον Πιερμάριο, που ήταν πολύ μικρός σε ηλικία, έμενε πίσω και μια αδερφή.

Αυτή και ο Πιερμάριο ήταν ορφανά από την εφηβεία. Η μητέρα τους πέθανε όταν το κορίτσι ήταν 15 και ο πατέρας της δύο χρόνια αργότερα. Έχασαν ακόμα έναν αδερφό ο οποίος αυτοκτόνησε. Μετά το τραγικό γεγονός, η Κάρλα Μαρία δεν θα είχε κανέναν που θα μπορούσε να τη φροντίσει. Ο πρώην επιθετικός και ίνδαλμα των οπαδών της Ουντινέζε, ο Αντόνιο Ντι Νατάλε, ήταν ένας από τους αθλητές που ένιωσαν έντονα τον θάνατο του συναδέλφου του και θέλησε να τον τιμήσει και να βοηθήσει με τον πιο ευγενικό τρόπο: Ο Ντι Νατάλε πήρε την επιμέλεια της αδερφής του Μοροζίνι, που έπασχε από ψυχική αναπηρία, και δεν θα μπορούσε να υποστηριχθεί από άλλους συγγενείς. Η συμπεριφορά του Ντι Νατάλε επαινέθηκε και βρήκε μιμητές, καθώς και η Ουντινέζε και η Αταλάντα, όπου ξεκίνησε την καριέρα του ο Μοροζίνι, θα βοηθούσαν οικονομικά για ό,τι χρειαζόταν η κοπέλα για όλη της τη ζωή...

Κλαρενσ Ζεεντορφ

Ρεάλ Μαδρίτης, σεζόν 1996-97. Προπονητής της Ρεάλ ο Φάμπιο Καπέλο. Το συμβάν διαδραματίζεται στο παιχνίδι με την Εσπανιόλ και ενώ όλοι οι παίκτες ακούν τις οδηγίες του προπονητή, κάποιος νεαρός θα τον διακόψει και θα του μιλήσει για τα κενά που έχει η ομάδα: «Κύριε, εγώ θα έκανα αυτό, θα άλλαζα αυτό και θα έπαιζα έτσι». Όλοι οι παίκτες παραμένουν αποσβολωμένοι και τρομαγμένοι. Ο Καπέλο μένει έκπληκτος. Αυτός ο ποδοσφαιριστής που τόλμησε να αντικρούσει τον μεγάλο προπονητή Φάμπιο Καπέλο ήταν ο Κλάρενς Ζέεντορφ.

Αυτό επιβεβαιώνει μια τακτική αίσθηση, ένα χάρισμα και μια προσωπικότητα έξω από τα καθιερωμένα.

ΚΑΡΛΕΣ ΠΟΥΓΙΟΛ

Δεν έχω την τεχνική του Ρομάριο, την ταχύ-τητα του Μαρκ Όφερμαρς ή τη δύναμη του Πα-τρίκ Κλάιφερτ. Αλλά δουλεύω περισσότερο από όλους τους άλλους. Είμαι σαν τον μαθητή που δεν είναι τόσο έξυπνος, αλλά επιστρέφει για τις εξετά-σεις και τελικά θα τις περάσει.

ΖΟΖΕ ΜΟΥΡΙΝΙΟ

Δεν είμαι ο καλύτερος στον κόσμο, αλλά δεν νομίζω ότι κάποιος είναι καλύτερος από μένα.

ΒΑΛΤΕΡ ΣΑΜΟΥΕΛ

Ήμουν ένα παιδί σαν τόσα άλλα παιδιά, που ζούσα για το ποδόσφαιρο. Έτρωγα ψωμί και έπαι-ζα ποδόσφαιρο.

Στην Αργεντινή, πάντα έπαιζα χωρίς μπλου-ζάκι, έριχνα ένα φανελάκι κάτω, το έβαζα στο έδα-φος και έλεγα στους φίλους μου: «προσπάθησε να με προσπεράσεις...» Μου άρεσε να προκαλώ στο «ένας εναντίον ενός». Μου άρεσε να υπερα-σπίζομαι αυτά τα μπλουζάκια, που ήταν κάτι σαν φανταστική εστία.

Όταν πήγα σε ομάδα για να δοκιμαστώ ο προπονητής μου, που θα με έβαζε να παίξω μπροστά λόγω της σωματικής μου διάπλασης, μου είπε: «άκουσέ με, γιε μου, το ποδόσφαιρο δεν είναι για σένα». Του είπα «ίσως έχεις δίκιο, αλλά γιατί δεν με δοκιμάζεις στην άμυνα; Θέλω να παί-ξω και είμαι πρόθυμος να κάνω τα πάντα για να αποφύγω ένα γκολ».

Από εκείνη τη στιγμή, δεν βγήκα από αυτόν τον ρόλο πια και ορκίστηκα στον εαυτό μου ότι αυτό θα έκανα στο ποδόσφαιρο.

Στην καριέρα μου έχω «φάει» πολλές κλω-τσιές, γροθιές και αγκωνιές, όπως έχω δώσει πολλές, ίσως πάρα πολλές, αλλά πάντα ήμουν στη θέση μου. Όπως τότε που έπαιξα με ένα μάτι. Υπήρχε αίμα στο πρόσωπό μου δεν έβλεπα, ο προπονητής ήθελε να με βγάλει αλλά εγώ είπα «δεν βγαίνω έξω. Κάντε μου μερικά ράμματα, αλ-λιώς θα βγάλω το μάτι μου, αλλά από εδώ δεν φεύγω». Αυτή ήταν η δουλειά μου, το όνειρό μου σαν παιδί, και θα είχα σκοτωθεί για να συνεχίσω να παίζω. Στο τέλος της καριέρας μου, στη Βασι-λεία, είδα ανθρώπους μετά από μια ήττα να δη-μοσιεύουν σέλφι στα μέσα κοινωνικής δικτύωσης. Εγώ στην ηλικία τους μετά από μια ήττα ήμουν τσαντισμένος με όλο τον κόσμο. Εκείνη τη στιγμή αποφάσισα να πω «αρκετά...»

Το ποδόσφαιρο έχει αλλάξει πάρα πολύ. Σήμερα βλέπω πολλούς αμυντικούς που δεν μαρκάρουν πια και για μένα αυτό είναι λάθος.

Αν κοιτάξεις την μπάλα, χάνεις την εικόνα του επιθετικού και αντίο. Συνέβη και σ' εμένα, και έκανα λάθος. Στην περιοχή, απλά είσαι ένας με έναν, γιατί δεν μπαίνει η μπάλα στα δίχτυα μόνη της, ποτέ...

ΦΡΑΝΚ ΡΙΜΠΕΡΙ

Η ουλή...

Μου έδωσε αυτόν τον χαρακτήρα και τη δύναμη. Γιατί όταν είσαι παιδί και έχεις ένα σημάδι σαν αυτό δεν είναι εύκολο, ο τρόπος που σε βλέπει ο κόσμος, σε κριτικάρει, σε προσβάλλει...

Η οικογένειά μου έχει υποφέρει τόσο πολύ.

Ο κόσμος λέει πράγματα όπως «κοίτα την ουλή του, το κεφάλι του είναι άσχημο...» Όπου κι αν πήγαινα οι άνθρωποι πάντα με κοίταζαν και όχι επειδή ήμουν καλός άνθρωπος, όχι επειδή το όνομά μου ήταν Φρανκ, όχι επειδή ήμουν καλός στο ποδόσφαιρο, αλλά για την ουλή. Υπέφερα.

Όμως δεν θα κάνω ποτέ πλαστική χειρουργική για να τις εξαλείψω, οι ουλές μου είναι κομμάτι μου.

ΦΙΛΙΠΟ ΙΝΤΖΑΓΚΙ

Με τον Σιμόνε πάντα παίζαμε μπάλα στο σπίτι. Η απελπισία των γονιών μου ήταν μεγάλη, ειδικά της μαμάς μου. Είχαμε μια σοφίτα και κάναμε χίλια ματς την ημέρα με μια μπάλα, φτιαγμένη από κάλτσες. Το ένα τέρμα ήταν η πόρτα του μπάνιου και το άλλο το υπνοδωμάτιο. Μερικές φορές χρησιμοποιούσαμε σαν εστία και το τζάκι. Κάθε απόγευμα γινόταν αυτό, ήταν η χαρά μας. Από τότε που ήμασταν παιδιά, κάναμε πολλά γκολ...

Η σχέση μας ήταν πάντα απίστευτη, ήμασταν και είμαστε δεμένοι, χάρη στην ανατροφή που μας έδωσαν οι γονείς μας. Θυμάμαι, κανονίζαμε παιχνίδια στην πλατεία της πόλης και συνήθιζα να κουβαλάω τον αδερφό μου, που ήταν δυόμισι χρόνια μικρότερος από μένα. Μερικές φορές δεν τον αφήνανε να παίζει, γιατί ήταν μικρός. Αλλά αν δεν τον έπαιζαν, τότε ούτε εγώ έπαιζα.

Ο πατέρας μου ήταν ένας μεγάλος αθλητής, οπαδός της Μίλαν και μας πήρε μικρά παιδιά, να δούμε την ομάδα. Εκείνη την ημέρα ο αδερφός μου κι εγώ, πήγαμε στο Σαν Σίρο για πρώτη φορά. Θυμάμαι, τρέχαμε πίσω από παίκτες και προπονητές.

Ήμασταν ενθουσιασμένοι, δεν μπορούσαμε να φανταστούμε πώς θα εξελιχθούν τα πράγματα...

Ο ΑΛΕΣΑΝΤΡΟ ΝΤΕΛ ΠΙΕΡΟ ΓΙΑ ΤΟ ΓΚΟΛ-ΠΟΙΗΜΑ ΣΤΟ ΜΠΑΡΙ, ΜΕΤΑ ΤΟΝ ΘΑΝΑΤΟ ΤΟΥ ΠΑΤΕΡΑ ΤΟΥ

Ήταν 61 ετών όταν έφυγε... Ήταν σημαντικό για μένα να παίξω.

Δεν θυμάμαι τίποτα. Αυτό το γκολ το είδα στην τηλεόραση. Είναι εντελώς διαφορετικό από αυτό που έμοιαζε στη μνήμη μου.

Ζήτησα να παίξω αμέσως μετά την κηδεία. Ο Αντσελότι και οι συμπαίκτες μου ήταν υπέροχοι. Δεν είχα κάνει προπόνηση για μέρες. Αλλά πήγα στο γήπεδο και έκανα το καθήκον μου. Αυτό θα ήθελε ο πατέρας μου και έκανα αυτό ακριβώς.

ΑΪΡΤΟΝ ΣΕΝΑ

Έδωσε πολλές χαρές στον λαό της Βραζιλίας. Ο μεγάλος οδηγός Άιρτον Σένα Ντα Σίλβα έχτισε μια σταθερή καριέρα και το όνομά του έμεινε αθάνατο στην ιστορία της ανθρωπότητας. Θεωρείται από πολλούς ως ο καλύτερος οδηγός που υπήρξε. Ο Σένα ήταν παγκόσμιος πρωταθλητής ο οποίος πέτυχε σαρωτικές νίκες. Επίσης, εκπλήρωσε την κοινωνική λειτουργία της διανομής, έδωσε χαρά στα σπίτια της Βραζιλίας τα οποία χτύπησε η οικονομική κρίση, η οποία έπληξε τη χώρα στα τέλη της δεκαετίας του '80.

Ο Σένα πέθανε σε ατύχημα την 1η Μαΐου 1994, αφού χτύπησε στον τοίχο σε μία από τις καμπύλες της πίστας. Ο θάνατός του ήταν τόσο τραυματικός, που οι περισσότεροι άνθρωποι θυμούνται τι έκαναν όταν έμαθαν τα νέα.

Ο Σένα έφυγε, αλλά η εικόνα και η ιστορία του εξακολουθούν να κατοικούν στη φαντασία των Βραζιλιάνων. Ο Σένα εκπλήρωσε τον ρόλο του, άφησε όμορφες αναμνήσεις και είναι η αιτία της περηφάνιας για τον λαό της Βραζιλίας.

Ο ΜΕΓΑΛΟΣ ΠΟΔΟΣΦΑΙΡΙΣΤΗΣ ΚΑΙ ΑΝΘΡΩΠΟΣ ΡΟΝΑΛΝΤΙΝΙΟ

«Φεύγω τον Ιούνιο, θα πάω στη Ρεάλ. Ο αδερφός μου, μου είπε πως η πρόταση είναι αληθινή. Μιλάμε για απίστευτα νούμερα, πολλά λεφτά, δεν μπορώ να πω όχι, είσαι νέος, μπορείς να με καταλάβεις, αλλά μην πεις τίποτα στα αποδυτήρια και στην ομάδα γενικότερα, μη με προδώσεις, σε εμπιστεύομαι περισσότερο από τον καθένα».

Αυτό ήταν το μήνυμα που έστειλε ο Ροναλντίνιο στους συμπαίκτες του, μια μέρα πριν το ματς στο Μπερναμπέου με αντίπαλο τη Ρεάλ.

Την επόμενη μέρα στα αποδυτήρια υπήρχε μια παράξενη σιωπή. Όλη η ομάδα ήταν περίεργη, όπως δεν ήταν ποτέ πιο πριν. Υπήρχε μια σουρεαλιστική ατμόσφαιρα. Ο Ροναλντίνιο λίγο πριν βγει η ομάδα στο γήπεδο πήρε τον λόγο:

«Παιδιά, σήμερα παίζουμε ένα σημαντικό παιχνίδι, αλλά αυτές τις μέρες ανακάλυψα ότι εμείς είμαστε οικογένεια. Σας κάλεσα όλους τη νύχτα λέγοντας ότι θα φύγω τον Ιούνιο, αλλά κανείς σας δε μίλησε. Θα μείνω εδώ για πολλά χρόνια. Τώρα ας βγούμε έξω στο γήπεδο και ας διδάξουμε ποδόσφαιρο».

Ήταν το βράδυ που τον χειροκρότησε όλο το Μπερναμπέου, ήταν το βράδυ που έδωσε μια μεγάλη ποδοσφαιρική παράσταση, από αυτές που μόνο αυτός ήξερε να προσφέρει.

ΜΑΪΚΛ ΤΖΟΡΝΤΑΝ

Τα εμπόδια δεν πρέπει να σε σταματούν. Αν τρέξεις και πέσεις σε έναν τοίχο, μη γυρίσεις πίσω και το βάλεις κάτω. Βρες πώς θα μπορέσεις να σκαρφαλώσεις, να περάσεις μέσα από αυτόν, ή να πας γύρω του. Για να γίνεις επιτυχημένος πρέπει να είσαι εγωιστής, αλλιώς δεν θα τα καταφέρεις ποτέ. Και όταν φτάσεις στο υψηλότερο επίπεδό σου, τότε πρέπει να πάψεις να είσαι εγωιστής. Να είσαι προσιτός. Να μην απομονωθείς.

ΡΟΝΑΛΝΤΙΝΙΟ

Σ' ευχαριστώ, Θεέ μου, γι' αυτή τη ζωή που μου έδωσες, την οικογένεια, τους φίλους και το επάγγελμα μου! Μετά από σχεδόν τρεις δεκαετίες αφιερωμένες στο ποδόσφαιρο, λέω αντίο στο μεγαλύτερο όνειρό μου, το όνειρο που έγινε πραγματικότητα!

Έκανα αυτό που αγαπούσα, επαγγελματικά για 20 χρόνια, και 10 ως βασική εκπαίδευση. Έζησα έντονα αυτό το όνειρο του παιδιού... κάθε στιγμή... ταξίδια, νίκες, ήττες, την κριτική, τον εθνικό ύμνο, τη βόλτα πριν βγω στο γήπεδο, τα αποδυτήρια, την είσοδο στο γήπεδο, τα παπούτσια που χρησιμοποίησα, τίτλους που κέρδισα. Όλα ήταν καταπληκτικά! Ο πατέρας μου και η οικογένειά μου με στήριξαν πολύ για να φτάσω ως εδώ, ήταν ομαδική δουλειά. Φτάσαμε στο τέλος μιας όμορφη ιστορίας.

Ξέρετε καλά ότι είμαι ντροπαλός και δεν μιλάω πολύ, αλλά πρέπει να σας πω ευχαριστώ πολύ, από καρδιάς, γιατί έκανα αυτό που αγαπώ με τη βοήθεια όλων. Ευχαριστώ, φτιάξαμε αυτή την ιστορία μαζί, χωρίς εσάς τίποτα δεν θα ήταν δυνατό.

Σας ευχαριστώ όλους για τα μηνύματα και την στοργή!

Μια δυνατή αγκαλιά.

ΝΤΑΝΙΕΛΕ ΝΤΕ ΡΟΣΙ

Το πιο σημαντικό πράγμα είναι αυτό που αφήνεις στα αποδυτήρια, αυτό που αφήνεις στις ανθρώπινες σχέσεις που έχεις δημιουργήσει όλα αυτά τα χρόνια, με ποδοσφαιριστές, προπονητές με τους σερβιτόρους στην Τριγκορία (προπονητικό κέντρο της Ρόμα), τα παιδιά στις αποθήκες και τους ανθρώπους που είναι μπροστά και πίσω από τις κάμερες.

Πάντα λέω ότι η πραγματική αξία ενός παίκτη, είναι οι ιστορίες που αφήνει πίσω του, ώστε να τον θυμούνται οι συμπαίκτες του για όλη τους τη ζωή. Αυτό είναι το σημαντικό όχι οι ιστορίες που λένε οι οπαδοί.

Όχι επειδή οι οπαδοί είναι λιγότερο σημαντικοί, αλλά γιατί οι οπαδοί βλέπουν συγκεκριμένα πράγματα. Τι μπορούν να δουν; Τα 90 λεπτά συν ό,τι τους δείξουμε μέσω κοινωνικών δικτύων ή μέσω συνεντεύξεων. Αλλά αυτό που πραγματικά κάνεις μέσα στα αποδυτήρια, αυτό που κάνεις με τον συνεργάτη σου όταν σε χρειάζεται, τι κάνεις όταν ένας προπονητής σε βάζει σε μπελάδες, το ξέρουν μόνο αυτοί που ζουν αυτά τα πράγματα από κοντά. Και όλοι αυτοί οι τύποι δεν ξεχνάνε.

Τζον Τερι για Τζιανφρανκο Τζολα

Ήταν μεγάλος πρωταθλητής, αλλά νοιαζόταν τόσο πολύ για τους νέους. Ήμουν μόνο 16 χρονών και θυμάμαι ότι είχε χρόνο για όλους. Πάντα ήθελε να βοηθήσει τα παιδιά και να δώσει τη συμβουλή του. Πάντα προσπαθούσα να δω πώς προετοιμάζεται για τα παιχνίδια και την προπόνηση. Πήγαινα στο γήπεδο γύρω στις 7 και ο Τζόλα ήταν ήδη εκεί. Πήγαινε στο γυμναστήριο να δουλέψει πιο μπροστά από όλους. Ήταν ωραίο να ακούω τις ομιλίες του, να του κάνω ερωτήσεις σχετικά με το τι έκανε και τι θα έκανε με το καθετί.

Συχνά, μετά την προπόνηση, ο Τζιανφράνκο έπαιρνε πολλές μπάλες και μας φώναζε, μας δίδαξε μια ολόκληρη σειρά κινήσεων. Ήταν μια συνεχής μάθηση, μου έμαθε πώς να βάζω το σώμα για να δυσκολεύω τους επιθετικούς. Μας έδινε συμβουλές πάντα.

Παθος για το ποδοσφαιρο

Αυτοί που έπαιρναν την απόφαση να φέρουν την μπάλα εντός αλάνας, όταν αυτή ταξίδευε είτε σε κεραμίδια, είτε σε στέρνες, είτε σε ποτάμια, είτε σε ξένες αυλές, έπρεπε να κάνουν κάποια δύσκολα ακροβατικά. Αλλά όταν τα κατάφερναν αντιμετωπιζόταν ως ήρωες, με χειροκροτήματα και συνθήματα.

Η διαφορά στα παιχνίδια είχε να κάνει με το είδος της μπάλας. Αν η μπάλα ήταν αερομπάλα δύσκολα μπορούσες να προβλέψεις πού θα καταλήξει μετά από ένα δυνατό σουτ.

Σήμερα το ποδόσφαιρο έχει αλλάξει ακόμα και στην αλάνα. Τα παιδιά δεν παίζουν στις αυλές και όταν παίζουν θέλουν δερμάτινες μπάλες ποδοσφαίρου. Στη χρυσή εποχή της αερομπάλας, των γεμάτων με άμμο μπουκαλιών, της κουκουνάρας και οτιδήποτε άλλο μπορούσε να επινοήσει ο ανθρώπινος νους, το θέμα ήταν ένα: Το παιχνίδι με κάθε τρόπο.

Πάνω στην αερομπάλα μπορεί να υπήρχαν γραμμένες δηλώσεις αγάπης και μίσους, συνθήματα ή το όνομα του κατόχου, έτσι ώστε να μη την κλέψει κανένας.

Πολλές φορές ήταν η συλλογική περιουσία μιας παρέας.

Ήταν οδυνηρό όταν μια μπάλα χανόταν και αναγκαζόσουν να την εγκαταλείψεις.

Ο ΜΠΟΜΠΙ ΡΟΜΠΣΟΝ ΓΙΑ ΤΟΝ ΑΛΑΝ ΣΙΡΕΡ

Στην Αγγλία, εκείνη την περίοδο, υπήρχαν κάποιοι από τους πιο επικίνδυνους και σκληρούς αμυντικούς στην ιστορία: Ο ψυχάκιας ο Πιρς, ο Βίνι Τζόουνς, ο Τόνι Άνταμς, άνθρωποι που μπορούσαν να σου σπάσουν την κνήμη και την περόνη μόνο με μια ματιά. Αλλά ο Σίρερ δεν έπαιρνε χαμπάρι. Ήταν αυτός που του έσπαγαν τα πόδια αλλά το μόνο που τον ένοιαζε ήταν να βάλει γκολ και να τρέξει να πανηγυρίσει. Δεν ένιωθε την κλωτσιά. Ήταν τόσο ωμός, που δεν έδινε δεκάρα για τίποτα και για κανέναν. Κέρδισε το πρωτάθλημα με την Μπλάκμπερν, το μόνο τρόπαιο της καριέρας του, και αντί να πάει να το γιορτάσει, γύρισε στο σπίτι και άρχισε να ζωγραφίζει έναν φράχτη...

ΕΡΩΤΙΚΟ ΓΡΑΜΜΑ ΣΤΑ ΓΚΟΛΠΟΣΤ ΑΠΟ ΤΟΝ ΤΖΙΑΝΛΟΥΙΤΖΙ ΜΠΟΥΦΟΝ

«Ήμουν 12 όταν σου γύρισα πλάτη. Έσβησα το παρελθόν μου για να εγγυηθώ ένα ασφαλές μέλλον. Μια επιλογή καρδιάς. Μια επιλογή από ένστικτο. Την ημέρα που σταμάτησα να σε κοιτάζω, άρχισα να σ' αγαπώ. Υποσχέθηκα στον εαυτό μου ότι θα έκανα τα πάντα για να σταματήσω οτιδήποτε θα σε πλήγωνε. Ή να το κάνω λιγότερο δυνατό. Αλλά σε κάθε περίσταση υπέφερα, έπρεπε να γυρίσω για να καταλάβω ότι σε απογοήτευσα και πάλι. Άλλη μια φορά.

Πάντα ήμασταν διαφορετικοί και συμπληρωματικοί, όπως το φεγγάρι και ο ήλιος. Αναγκασμένοι να ζουν δίπλα ο ένας στον άλλο, χωρίς να αγγίζουν ο ένας τον άλλο. Σύντροφοι της ζωής που δεν τους επιτρέπεται η επαφή. Πριν από 25 χρόνια, έδωσα τον όρκο μου: Ορκίστηκα να σε προστατέψω και σε προστατεύω. Εγώ, έβαλα τον εαυτό μου ενάντια στους εχθρούς σου. Πάντα σκεφτόμουν το δικό σου καλό. Και όλες τις φορές που γύρισα να σε κοιτάξω, προσπαθούσα να στηρίξω το απογοητευμένο πρόσωπό σου, έχοντας το κεφάλι μου ψηλά, αλλά νιώθοντας συνειδητά ένοχος. Ήμουν 12 χρονών όταν γύρισα την πλάτη μου στην εστία. Και θα συνεχίσω να το κάνω μέχρι τα πόδια, το κεφάλι και η καρδιά μου το αντέχουν...

ΚΟΥΜΠΑ ΜΠΛΑΤΣΙΚΟΦΣΚΙ

Είναι κάτι που δε θα ξεχάσω ποτέ. Είναι κομμάτι μου. Εκείνη την ημέρα η ζωή μου άλλαξε, αλλά έχω κερδίσει μεγάλη δύναμη μέσα από αυτό. Όταν ήμουν 10, είδα τον πατέρα μου να σκοτώνει τη μητέρα μου. Δε θα ξεχάσω ποτέ εκείνη την ημέρα, μου αναστάτωσε τη ζωή, αλλά επίσης μου έδωσε δύναμη να συνεχίσω και να γίνω αυτό που είμαι.

Τίποτα δεν με τρομάζει πια. Ήμουν έξω απ' όλα, για χρόνια δεν δεχόμουν φίλους στο σπίτι. Έχω αντιμετωπίσει τόσα πολλά προβλήματα στη ζωή μου, πράγματα που άλλοι άνθρωποι θα ζούσαν ως τραγωδία. Δεν το έκανα, γιατί ήξερα ότι είχα ήδη ζήσει χειρότερα. Δύο άτομα συγκεκριμένα με βοήθησαν πολύ. Η γιαγιά μου, που μεγάλωσε εμένα και τα αδέρφια μου -σαν να ήμασταν παιδιά της- και ο θείος μου Γέρζι Μπρέζεκ (πρώην πολωνός ποδοσφαιριστής) που με διαμόρφωσε ως άνθρωπο και με προετοίμασε ώστε να γίνω ποδοσφαιριστής. Δεν έχω συγχωρέσει ποτέ τον πατέρα μου. Αναρωτήθηκα πολλές φορές γιατί, αλλά τώρα δεν έχει νόημα. Το παρελθόν είναι παρελθόν, τώρα σκεφτόμαστε το παρόν.

ΧΑΒΙΕΡ ΖΑΝΕΤΙ

Τραυματίστηκα τόσες λίγες φορές στην καριέρα μου που κανείς δεν σκέφτηκε τον τραυματισμό μου εκείνη την εποχή.

Ένιωσα τρομερό πόνο. Έπεσα και ήξερα ότι ήταν κάτι σοβαρό. Η γυναίκα μου, η Πάολα, μου είπε ότι δεν ανησύχησε καν, αφού δεν είχα τραυματιστεί μέχρι τότε. Η κόρη μου, η Σολ, από την άλλη, το συνειδητοποίησε αμέσως και έκλαιγε: «Μαμά, ο μπαμπάς χτύπησε».

Ένας φίλος μου με ρώτησε: «τι νομίζεις ότι είσαι, καθισμένος στο γήπεδο, σε αυτή την ηλικία, με τον σχισμένο αχίλλειο τένοντα;». Δεν χρειάστηκε να κάνω μεγάλη προσπάθεια να θυμηθώ για να απαντήσω τι είμαι, είχα την απάντηση στο μυαλό μου. Του είπα: «απλά πρέπει να σηκωθώ και να ξεκινήσω ξανά, όπως έκανα πάντα. Αυτός είμαι».

ΠΑΘΟΣ ΓΙΑ ΤΟ ΠΟΔΟΣΦΑΙΡΟ (ΟΤΑΝ Η ΜΠΑΛΑ ΕΧΕΙ ΦΩΝΗ)

Τι σου συνέβη, με θυμάσαι; Φυσικά με θυμάσαι.

Ήμασταν πάντα μαζί, αχώριστοι, πονούσε η ψυχή σου όταν έπρεπε να με αλλάξεις.

Πάντα θα υπάρχει κάτι να της πεις, όπως όταν την κλωτσούσες στον μικρό τοίχο, όταν σερνόσουν κάτω από τα αυτοκίνητα, όταν πήγαινε σε αγκάθια κι εσύ τη χάιδευες με αγωνία για να δεις αν ξεφούσκωνε.

Ωραίες αναμνήσεις...

Πού είσαι, δεν έχεις εμφανιστεί εδώ και χρόνια. Κάποτε ούτε η βροχή δε θα σε σταματούσε. Έκανες τα μαθήματά σου και αμέσως με έπαιρνες και κατέβαινες στον δρόμο. Εκεί βρίσκαμε κι' άλλους. Η μητέρα σου σε φώναζε: «Μην ιδρώσεις και όταν σκοτεινιάσει έλα αμέσως».

Ίσως η μαμά σου να σε τιμώρησε όλα αυτά τα χρόνια.

«Δεν καταλαβαίνω...»

Κι όμως πάντα ήμουν εκεί, για σένα!

Ήμουν εκεί όταν ξεκίνησες, θυμάσαι; Πάντα σούταρες στις πόρτες.

Ήμουν εκεί όταν η δύναμή σου άρχισε να ανεβαίνει και με πέταξες στο μπαλκόνι αυτής της παλιογυναίκας, που με αντιπαθούσε. Ποτέ δεν ήθελε να παίζεις κάτω από το σπίτι της και συνήθιζα να περνάω κάθε μέρα στον ήλιο μόνη σε εκείνο το μπαλκόνι χωρίς εσένα.

Ναι. Ήμουν εκεί όταν άρχισες να γίνεσαι πραγματικά δυνατός, όταν είπες «τώρα αρχίζει να γίνεται σοβαρό».

Ήσουν τρομερός όταν έστειλες εκείνο το σουτ στο ''Γ''.

Πύλες, πόρτες, ο χώρος ανάμεσα σε δύο σακίδια ή δύο πέτρες. Θυμάσαι;

Η γειτονιά ήταν για σένα το Σαν Σίρο και το Μπερναμπέου.

Πολλές φορές διάλεγες ποιος έπρεπε να με κρατήσει στο σπίτι του ως την επόμενη μέρα.

Τώρα δεν το σκέφτεσαι καν, αλλά εγώ πάντα σε βλέπω να περνάς, όταν παίζω με τα παιδιά στον δρόμο. Πάντα με κοιτάς, ελπίζεις ότι θα έρθω ανάμεσα στα πόδια σου, έστω και μόνο για να μ' αγγίξεις. Να παίξεις και πάλι, όπως παλιά.

Απλά υποσχέσου ένα πράγμα.

Σε λίγα χρόνια, όταν θα έχεις ένα μικρό παλιόπαιδο, κοίτα στην ντουλάπα, στο κελάρι ή στο γκαράζ, κοίτα καλά, κάπου θα είμαι εκεί, μπορεί μέσα στη βρωμιά, μπορεί χωρίς αέρα, αλλά δώσε με στον γιο σου: «Πες ότι είμαι η μπάλα, ο καλύτερος φίλος του μπαμπά...»

ΑΡΝΤΑ ΤΟΥΡΑΝ

Ο Αρντά Τουράν, ο οποίος μεγάλωσε σε μια φτωχική γειτονιά της Κωνσταντινούπολης, στη περιοχή Φατίχ, δεν ξέχασε ποτέ από πού ξεκίνησε.

Έχει αναλάβει τα έξοδα, όσον αφορά λογαριασμούς και είδη πρώτης ανάγκης, όλων των οικογενειών στη γειτονιά στην οποία μεγάλωσε.

ΣΙΝΙΣΑ ΜΙΧΑΪΛΟΒΙΤΣ

Όταν ξέσπασε ο πόλεμος, οι γονείς μου δεν ήθελαν να φύγουν από το σπίτι. Θέλαν να μείνουν. Πάντα τους έλεγα να φύγουν, αλλά δεν άκουγαν, «δεν κάναμε τίποτα κακό» έλεγαν, αλλά ήταν επικίνδυνο.

Μια μέρα ο καλύτερός μου φίλος, ένας Κροάτης που για μένα ήταν αδελφός, πήγε στο σπίτι των γονιών μου και είπε, «πρέπει να φύγετε γιατί δεν είναι πια το σπίτι σας!». Ο πατέρας μου δεν μπορούσε να καταλάβει. «Γιατί το κάνεις αυτό;» ρώτησε.

Επέστρεψε μετά από δύο μέρες και τους βρήκε εκεί. Πήρε το όπλο, πήγε μπροστά από τη φωτογραφία μου με το κόκκινο αστέρι και πυροβόλησε την εικόνα μου και οι γονείς μου έπρεπε να παραδοθούν. Έφυγαν, άφησαν το σπίτι τους και πήραν το τελευταίο τρένο και ήρθαν σ' εμένα. Μόλις βγήκαν, ο φίλος μου πέταξε μια βόμβα και ανατίναξε το σπίτι.

Για πολύ καιρό αναρωτιόμουν πώς ήταν δυνατόν αυτός, που ήταν αδελφός μου, να είχε κάνει κάτι τέτοιο.

Ήμουν με αυτή την αμφιβολία για σχεδόν 10 χρόνια.

Τότε, μια μέρα, το '99, ήμουν στο Ζάγκρεμπ

για το πρώτο παιχνίδι μεταξύ της Κροατίας και της Σερβίας μετά το τέλος του πολέμου.

Ήρθε στο ξενοδοχείο που ήμασταν και τα είπαμε. «Ξέρεις όλα όσα συνέβησαν, αλλά θέλω να σου εξηγήσω. Όλοι ήξεραν ότι εσύ κι εγώ ήμασταν οι καλύτεροι φίλοι, ότι ήμασταν αδέρφια και μου είπαν ότι έπρεπε να αποδείξω ότι ήμουν Κροάτης, αλλιώς θα με σκότωναν. Για να το αποδείξω, έπρεπε να κάψω το σπίτι των γονιών σου. Πυροβόλησα τη φωτογραφία σου επειδή οι γονείς σου δεν ήθελαν να φύγουν. Προσπάθησα να σώσω τους γονείς σου.

Τον ευχαρίστησα, γιατί εκτός από το να σώσει τη ζωή του, σκέφτηκε να σώσει και τη δική μας. Ποιος νοιάζεται για το σπίτι.

Πήγα πίσω στη πόλη μου, όταν οι Σέρβοι την ελευθέρωσαν. Δεν έμεινε τίποτα.

Μετά πήγα στην περιοχή που ήταν το σπίτι μου, αλλά δεν αναγνώρισα τίποτα. Τότε είδα ένα πράγμα που δεν θα ξεχάσω ποτέ. Δύο παιδιά 10 ετών πλησίασαν με όπλα στα χέρια τους.

Πάντα θα θυμάμαι τα μάτια τους. Ήταν τα θλιμμένα μάτια αυτών που είχαν ζήσει τα πάντα, εκτός από την παιδική τους ηλικία.

ΜΙΡΟΣΛΑΒ ΚΛΟΖΕ

Όταν έπαιζα στη Λάτσιο, μετά την προπόνηση μάζευα τις μπάλες, ήταν κάτι που το έκανα πάντα στην καριέρα μου. Μετά βοηθούσα τα παιδιά στην αποθήκη.

Εν τω μεταξύ, έβλεπα τα παιδιά των ακαδημιών όταν έμπαιναν στα αποδυτήρια να τραβάνε σέλφι.

Νόμιζαν ότι εργαζόταν σκληρά.

Μια μέρα, ρώτησα έναν από αυτούς: «Έι, άκου! Γιατί δεν σταματάς ποτέ να πάρεις τα πράγματα που αφήνουμε στο γήπεδο;» Και μου είπε: «Δεν είναι δική μου δουλειά».

Του εξήγησα ότι θα του έκανε καλό αν περίμενε να βοηθήσει τον άντρα στις αποθήκες που θα μπορούσε να είναι ο παππούς του και μου απάντησε «λυπάμαι, Μίρο, αλλά όλοι έχουν μια δουλειά, η δική μου είναι να παίζω ποδόσφαιρο, η δική του είναι να μαζεύει τα πράγματα και να τα συγκεντρώνει».

Οι γονείς του είχαν πολλά λεφτά και πλήρωναν για να τον δουν να παίζει στη Λάτσιο.

Έτσι πήγα στα γραφεία, στον προπονητή των νέων και τον έπεισα.

Τον έστειλε δύο εβδομάδες για να δουλέψει σε ένα εργοτάξιο. Με τη στολή της Λάτσιο κανονικά.

Γύρισε και με αγκάλιασε κλαίγοντας.

«Ευχαριστώ, Μίρο. Μ' έκανες να ανακαλύψω την ταπεινότητα».

Την επόμενη μέρα του έδωσα τα παπούτσια, με τα οποία κέρδισα το Παγκόσμιο Κύπελλο του 2014.

ΠΑΘΟΣ ΓΙΑ ΤΟ ΠΟΔΟΣΦΑΙΡΟ

«Μια μέρα, όταν θα κάθεσαι σ' εκείνα τα σκαλάκια όπου συνήθιζες να αράζεις με φίλους και θα βλέπεις μικρά παιδιά να τρέχουν με μια μπάλα, θα σου έρθουν στο μυαλό εκείνα τα απογεύματα και εκείνο το γηπεδάκι, το οποίο, για σένα, ήταν το κέντρο του κόσμου».

Μπορώ να σκεφτώ τον καλύτερο φίλο με τον οποίο είμασταν πάντα συμπαίκτες. Μπορώ να σκεφτώ τα παιχνίδια που έπρεπε να τελειώσουν στις 9 και τελείωναν στις 10, χωρίς να βλέπει κανένας τι γίνεται, φεύγαμε μόνο όταν δεν μπορούσαμε να δώσουμε κάτι παραπάνω στο παιχνίδι. Μπορώ να σκεφτώ όλους αυτούς τους φίλους με τους οποίους μοιραστήκαμε δύο τέρματα και μια έκταση πράσινου, ή ένα μικρό κομμάτι γης το οποίο για μας ήταν παράδεισος. Μπορώ να σκεφτώ τους αγώνες που για μας έμειναν στην ιστορία, όπως εκείνο το 6-4 στην Παναγία, όταν κόντρα σε όλα τα προγνωστικά και με τριάδα αμυντικών -τον Κώτσο, τον Πανό και τον Μισέλ- κερδίσαμε κάποιους που νόμιζαν ότι ήταν παικταράδες.

Μπορώ να σκεφτώ πολλά πράγματα, αλλά μάλλον το συναίσθημα θα μας συντρίψει. Δεν μπορείς να γυρίσεις πίσω, αλλά μπορείς ακόμα να ζεις με υπέροχες αναμνήσεις, ευτυχώς. Μπορείς να ξεκινήσεις από την αρχή και να μην χάσεις ποτέ την παιδικότητά σου. Να μην χάνεις ευκαιρία για παιχνίδι, γιατί το παιχνίδι είναι ζωή. Ο υγιής αθλητισμός είναι ζωή.

ΑΝΤΡΕΑ ΠΙΡΛΟ ΓΙΑ ΖΟΥΝΙΝΙΟ ΠΕΡΝΑΜΠΟΥΚΑΝΟ

Η πηγή της έμπνευσής μου είναι πάντα η ίδια, ο Ζουνίνιο Περναμπουκάνο.

Τον μελέτησα, είδα βιντεάκια, είδα παλιές φωτογραφίες των παιχνιδιών του, αλλά δεν κατάλαβα τη μέθοδό του στην αρχή. Βγήκα στο γήπεδο και προσπάθησα να τον μιμηθώ, αλλά χωρίς αποτέλεσμα. Προσπαθούσα για εβδομάδες και εβδομάδες, αλλά η σωστή έμπνευση ήρθε αργότερα. Η μαγεία που κυνηγούσα δεν εξαρτάται από το σημείο που χτυπούσα την μπάλα, αλλά από το πως ο Ζουνίνιο δεν σούταρε με όλο του το πόδι, αλλά με μόνο τρία δάχτυλα.

Την επόμενη μέρα πήγα πολύ νωρίς για προπόνηση και χωρίς να βγάλω τα παπούτσια μου, άρχισα να προσπαθώ. Έκανα ένα τέλειο χτύπημα στη γωνία. Επιτέλους...

ΤΕΛΟΣ

ΛΙΓΑ ΛΟΓΙΑ ΓΙΑ ΤΟΝ ΣΥΓΓΡΑΦΕΑ

Ο Κώστας Ραμπότας γεννήθηκε το 1984 στο Ράινμπεκ (Δυτικής Γερμανίας), κατάγεται από το Ρο- δολίβος Σερρών και είναι τελειόφοιτος της Φιλοσοφικής σχολής του Αριστοτελείου Πανεπιστημίου Θεσ- σαλονίκης.

Έχει ζήσει το ποδόσφαιρο έντονα από κάθε πόστε στις ερασιτεχνικές κατηγορίες, ενώ ορόσημο αποτελούν τα χρόνια όπου αγωνίστηκε στην γερμανική VFL Lohbrugge του Αμβούργου, όπου έζησε όλα εκείνα που είχε ονειρευτεί όταν ήταν παιδί.

Πιστεύει πως το ποδόσφαιρο είναι μικρογραφία της κοινωνίας και «σμιλεύει» ανθρώπους με προσωπικότητα μέσα στα γήπεδα και στις αλάνες. Μέσα από το ποδόσφαιρο μπορούμε να βάλουμε τις βάσεις για μια καλύτερη κοινωνία.

www.ingramcontent.com/pod-product-compliance
Lightning Source LLC
Chambersburg PA
CBHW081416090426

42738CB00017B/3389